IM SCHULBUCH MARKIEREN

Im **gedruckten Schulbuch** darfst du auf den Seiten nichts anstreichen oder markieren. Du kannst aber die Folientechnik nutzen:
Schneide eine Prospekthülle an der Längsseite und unten auf und schneide sie in zwei Hälften. Schiebe die Prospekthülle über die Buchseite. Schreibe mit einem wasserlöslichen Folienstift auf die Folie und wische deine Notizen mit einem feuchten Papiertuch ab, wenn du sie nicht mehr brauchst.

Wenn du Klartext als **digitales Schulbuch** nutzt, kannst du darin ohne weitere Hilfsmittel anstreichen und markieren, deine Markierungen speichern und jederzeit wieder entfernen.

LERNBEGLEITBOGEN

Der **Lernbegleitbogen** begleitet dich durch das Kapitel.
Hier trägst du ein, wie du mit den Teilkompetenzen zurechtgekommen bist, und findest Verweise auf Aufgaben zum Weiterüben.

FACHWORTSCHATZ

Im **Fachwortschatz** findest du wichtige Fachwörter und Methoden kompakt zusammengefasst. Optimal, um dich auf die Klassenarbeit vorzubereiten.

FREIRAUM

Im **Freiraum** bekommst du spannende und lustige Aufgaben zum Thema des Kapitels – falls du schneller fertig bist oder einfach nicht genug bekommst!

westermann

Klar|text 6

Differenzierende Ausgabe
Nordrhein-Westfalen

Erarbeitet von

Martina Feldhues
Andrea Heinrichs
Jana Tillmann
Johanna Wand
Martina Wolff

Herausgeberinnen

Andrea Heinrichs
Martina Wolff

Auf Weltraumexpedition | *Aufgabentyp 1: Erzählendes Schreiben* 8–37

Lernen ganz anders | *Aufgabentyp 2: Informierendes Schreiben* 38–63

Sprache untersuchen 244–275

Richtig schreiben 276–307

Auf Weltraumexpedition

1 Wart ihr schon einmal in einem Planetarium? Tauscht euch über eure Erfahrungen und Vorstellungen dazu aus.

Freiraum, S. 36

2 **a)** Lest die Graphic Novel: Was ist an der Situation besonders? Welche Absichten haben die Figuren?

b) Führt ein Verständnis-Quiz durch. Beantwortet folgende Fragen zu zweit und notiert danach eure Fragen und Antworten jeweils auf einer Karteikarte: *Wo befinden sich die Figuren jeweils? Wie heißen sie? Was passiert, als Selma den Lichtstrahl entdeckt? Wie kommt es dazu, dass die Freunde schließlich selbst ins Weltall reisen? ...*

c) Überlegt euch weitere Fragen und Antworten zur Geschichte. Nutzt dazu die **SPRACHBOX**.

d) Führt mit einem anderen Team ein Verständnis-Memory durch: Team A liest die Frage vor und deckt eine Antwort auf. Wenn die Antwort zur Frage passt, erhält das Team die Karten. Ansonsten ist Team B an der Reihe .

Wo befinden sich die Figuren jeweils?

Ayse, Maxi und Selma befinden sich ...

SPRACHBOX

Nomen: der Planet – das Raumschiff – die Astronautin – der Außerirdische – das Sonnensystem – die Raumstation – die Milchstraße – der Besuch – die Galaxie – das Teleskop – der Notruf – das Raumfahrzeug – der Lichtblitz – der Hilferuf – der Notfall – das Planetarium – die Sternwarte – das Weltall – der Weltraum – die Notlandung – die Mitfahrgelegenheit

Verben: notlanden – starten – glühen – um Hilfe bitten – sich informieren – beobachten – benachrichtigen – jemanden retten – besichtigen – abheben – erklären – etwas zeigen – etwas entdecken – auftanken – nachfragen

Adjektive: aufgeregt – dunkel – überrascht – seltsam – außerirdisch – schwerelos – überraschend

Digital+
Interaktive Aufgabe
WES-126426-001

AUSBLICK

Auf den folgenden Seiten begleitest du die Freunde Selma, Ayse und Maxi auf ihrer Reise durch den Weltraum mit der Außerirdischen Alexa Stern in deren Raumschiff „Galacto". Du lernst in diesem Kapitel, wie du zu den Ereignissen auf dieser Weltraumexpedition spannende Geschichten nach Vorgaben schreiben kannst.

Raketenstart ins All
Eine mündliche Erzählung untersuchen

In der Klasse 6c findet regelmäßig eine „Erzähl-uns-was"- Runde statt, in der die Schülerinnen und Schüler Erlebnisse oder Geschichten frei erzählen. Heute ist Mia an der Reihe. Sie möchte erzählen, wie es dazu gekommen ist, dass die drei Freunde die Außerirdische Alexa in den Weltraum begleiten.

1 Höre dir die Erzählung von Mia an.

Digital+ Audio WES-126426-002

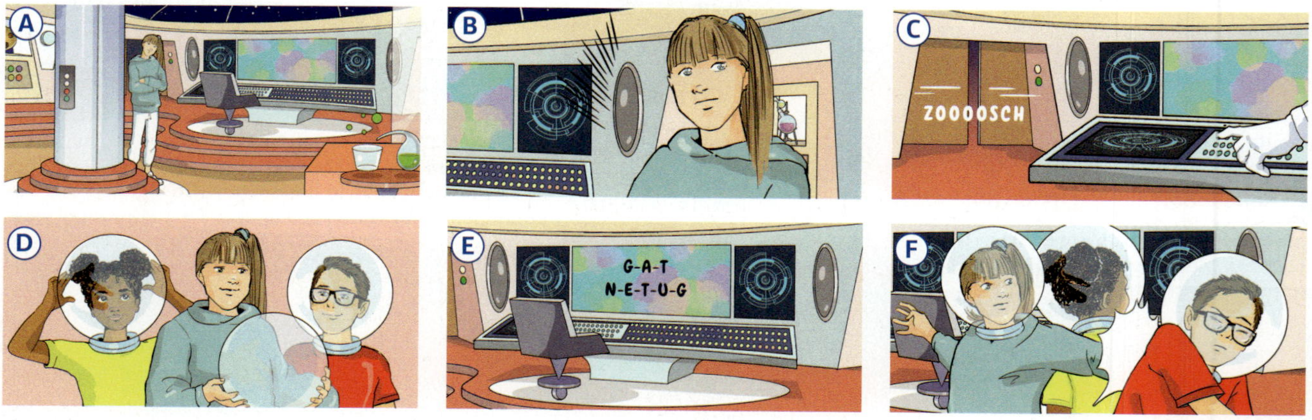

2 Überprüfe dein Hörverständnis:
- Ordne die Bilder nach dem Inhalt der Erzählung in der richtigen Reihenfolge an.
- Beschrifte jedes Bild mit einer kurzen Überschrift.
- Erzähle einer Lernpartnerin oder einem Lernpartner den Inhalt der Geschichte nach.

3 Mias Klasse hat die Erzählung gut gefallen. Finde heraus, wie die Schülerinnen und Schüler zu ihren Kommentaren gekommen sind:

Wow! Was eine tolle Idee!

Ich habe dir richtig gespannt zugehört!

a) Lies dazu die Erzählung.
b) Untersuche sie mithilfe des 1. Hinweises der **LERNBOX** rechts genauer.
c) Benenne, was Mia mit ihrer Erzählung bei den Zuhörerinnen und Zuhörern erreichen wollte: Mia möchte ihre Zuhörenden …
Wähle daraus aus: *informieren / unterhalten / beschreiben / berichten / erklären.*
d) Erkläre anhand von Textstellen, was die Erzählung inhaltlich spannend macht.
e) An einigen Stellen ist Mia nicht bei der Geschichte geblieben. Markiere die Textstellen, an denen die Schülerin abschweift.

AH S. 5

„Also, ich stelle mir die Geschichte so vor: Weil Alexa sich bei den Freunden für ihre Hilfe bedanken will, zeigt sie ihnen nun das Raumschiff. Aber dann kommt plötzlich alles anders: Ayse, Selma und Maxi sind in der *Galacto* und sehen sich völlig sprachlos um. Ein Raumschiff sieht man ja nicht jeden Tag! Immer wieder rempeln[1] sich die Freunde gegenseitig an. Ich glaube nämlich, dass es im Raumschiff ganz schön eng ist! Jetzt entdecken sie echt ungewöhnliche Sachen. Auf einem großen Bildschirm werden komische Wörter angezeigt: „G-a-t / N-e-t-u-g" steht da. „Das ist mein Übersetzungsprogramm", erklärt Alexa. „Gerade seht ihr meine Heimatsprache. Die Übersetzungs-

Erklärung

Adjektiv =anschaulich

1 **anrempeln:** sich anstoßen

hilfe habe ich aber gestoppt. Mittlerweile kann ich eure Sprache schon sprechen." Mitten im Raum entdeckt Selma eine große Glassäule. Ihr müsst sie euch wie eine Duschkabine vorstellen. Alexa erklärt: „Das ist mein Verwandler." „Dein Verwandler? Was ist das denn?", fragt Selma. Und Alexa antwortet ihr: „Nun, ich sehe nicht immer so aus wie jetzt. Ich habe mich eurem Aussehen angepasst. Dazu gehe ich in den Verwandler und gebe ein, welche Form ich annehmen möchte". „Ach, daher siehst du aus wie ein Mensch und nicht wie eine Außerirdische", ruft Maxi. Wahrscheinlich hätten die drei sich sonst auch gar nicht zu einer Außerirdischen ins Raumschiff getraut! Plötzlich kreischt es aus einem Lautsprecher: „S-O-S! S-O-S! S-O-S!' Das muss ein Hilferuf sein! Ich weiß, dass normalerweise ein S-O-S ja mit Morsezeichen[2] abgegeben wird. Hier ist es aber anders. Selma ruft aufgeregt: „Alexa! Alexa! Aus dem Weltraum kommt ein Hilferuf!" Dann hört Alexa genauer hin und sagt: „Der Notruf scheint von der Raumstation zu kommen. Ich muss sofort die *Galacto* starten!" Und dann drückt Alexa auf den Startknopf und Folgendes passiert: Klack! Alle Türen verriegeln sich. Keiner kann sie öffnen. Das liegt nämlich an dem Notrufsystem. Im Notfall wird das Raumschiff sofort gestartet und hebt ab. Wahnsinn! Stellt euch das mal vor! Die drei müssen jetzt Alexa begleiten! Schnell setzen sie Helme auf. Die sollen sie vor Erschütterungen schützen. Und dann geht es ab! Die *Galacto* rauscht noch etwas wacklig ins Weltall und ihr Motor stottert ab und zu dabei. Das war's! Aber ich frage mich, von wem der Notruf jetzt tatsächlich kommt!"

2 **das Morsezeichen:** ein Signalruf: dreimal kurz – dreimal lang – dreimal kurz

4 Die anderen haben auch Rückmeldungen zur Vortragsweise gegeben:

a) Höre dir ihren Vortrag noch einmal an (Webcode S. 10).

b) Untersuche den Vortrag mithilfe des 2. Hinweises der **LERNBOX**: Markiere Beispiele, die zu den Rückmeldungen passen: Welche Stellen betont Mia besonders deutlich? Wo wird die Stimmung der Figuren anschaulich dargestellt?

c) Was würdest du Mia zu ihrer Vortragsweise sagen? Ergänze eine Sprechblase und begründe deine Rückmeldung mithilfe der Hinweise der **LERNBOX** (vgl. 2a–c).

d) Vergleicht eure Ergebnisse miteinander.

Ich konnte mir alles richtig gut vorstellen!

Ich konnte gut hören, wie aufgeregt Selma ist!

Freiraum, S. 36

LERNBOX

So untersuchst und erzählst du spannende Erlebnisse:

Wenn du deine Zuhörenden **unterhalten** willst, musst du spannend erzählen:

1. Achte auf den **Inhalt** deiner Erzählung:
   a) Ist das dargestellte Erlebnis **erzählenswert** und **interessant** *(lustig, aufregend, ungewöhnlich, ...)?*
   b) Bleibe in der Geschichte und **schweife nicht ab** (= **roter Faden!**).
2. Achte bei deinem Vortrag darauf, **wie** du erzählst:
   a) Erzähle **anschaulich**, indem du *sprachliche Bilder, Adjektive, ...* verwendest, so dass sich die Zuhörenden das Geschehen gut vorstellen können.
   b) Trage deine Erzählung **lebendig** und **spannend** vor, indem du **Pausen** machst, **Wichtiges betonst** und **Stimmungen** (z. B. *aufgeregt, ängstlich, vorsichtig, ungeduldig ...)* der Figuren **anschaulich wiedergibst.**
   c) Sprich **laut** und **deutlich.**

Fachwortschatz, S. 35

Die Galacto hebt ab
Mit Nomen und Verben treffend bezeichnen

Jetzt geht das Abenteuer erst richtig los! Mias Klasse möchte sich gerne weitere Geschichten über die *Galacto* und die Weltraumreisenden ausdenken und aufschreiben. Um sich das Raumschiff gut vorstellen zu können, haben sie eine Zeichnung der *Galacto* angefertigt:

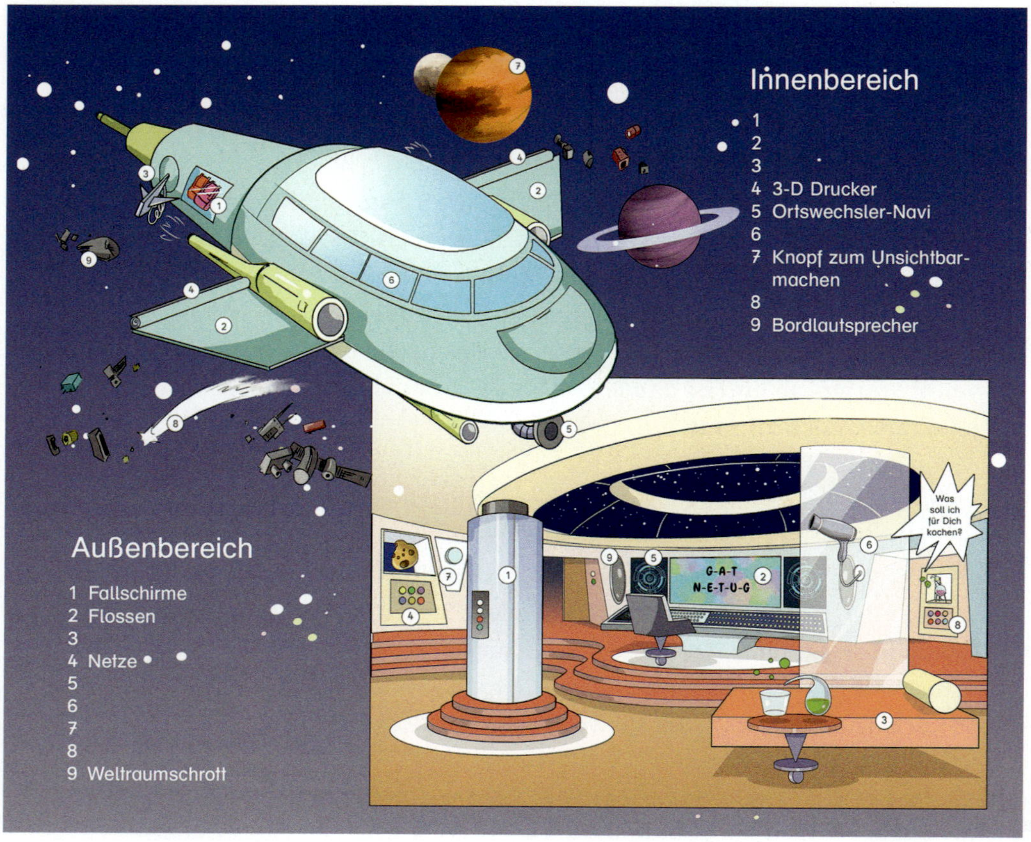

Freiraum, S. 36

1 **a)** Wozu dient die Zeichnung?

b) Die *Galacto* ist sehr gut ausgestattet. Was erkennst du auf den ersten Blick?

c) Schaue nun genauer hin und ergänze die Legende mit den Ausrüstungsgegenständen unten:
der Verwandler – der Sprachcomputer – das Schwebebett – der Kochautomat – der Körperföhn – der Anker – die Fenster – der Saugrüssel – Planet Ergo – die Sternschnuppe

SPRACHBOX

übersetzen – verwandeln – befestigen – einfangen – anhängen – schweben – fernsehen – voraussehen – reisen – trocknen – sichern – sich unterhalten – sich treffen – etwas, jemanden abwehren – schlafen – tauchen – bremsen – ausrutschen

d) Wie kreativ bist du? Erkläre die Funktion der Ausrüstungsgegenstände. Du kannst die Verben in der **SPRACHBOX** nutzen. Wähle 5, 8, 10 Gegenstände aus. Schreibe so: In einem Verwandler kann man sich in eine andere Form verwandeln, zum Beispiel von einem Alien zu einem Menschen.

Ein seltsamer Notruf aus dem All I
Handlungsschritte ermitteln

1 Erschließt zu zweit den folgenden Text mit der **Methode des verzögerten Lesens**: Lest still den jeweiligen Absatz. Beantwortet dann abwechselnd die Fragen am Rand.

» Fachwortschatz, S. 35

Mit der Galacto auf Rettungsaktion

(1) Da saßen sie nun eingezwängt im Raumschiff einer Außerirdischen auf dem Weg ins All: Ayse, Maxi und Selma wurde langsam klar, dass es sich bei ihrer Reise um eine Rettungsaktion handelte, die sie in die Weite des Weltraums führen sollte. Wer war wohl in Not geraten? Wo würde die *Galacto* landen? Wie lange würde ihre Weltraumreise dauern? Würden sie überhaupt jemals zur Erde zurückkehren? Statt des aufregenden Kribbelns im Bauch machte sich nun ein Gefühl darin breit, als säße dort ein fetter Kloß.

1. Wo befinden sich die Freunde?
2. Wie fühlen sich die Kinder?

---

(2) Maxi sah auf seine Uhr und stellte fest, dass sie erst seit Minuten unterwegs waren und trotzdem bereits 500 Kilometer zwischen Erde und Raumschiff lagen. Atemlos verfolgten die Kinder durch die Fensterluken der *Galacto*, was das Weltall ihnen bot: Sternschnuppen prasselten wie Regentropfen herab, Satelliten umkreisten elegant das Raumschiff. Plötzlich kam ein Stück Weltraumschrott gefährlich nah auf sie zu. „Gleich stoßen wir zusammen!", ging es Ayse durch den Kopf. In letzter Sekunde konnte die Raumfähre aber ausweichen. „Mann, das war knapp!", rief Maxi erleichtert. Er hatte sogar aus Reflex[1] den Kopf eingezogen, aus Angst vor dem Zusammenprall!

3. In welcher Höhe befindet sich das Raumschiff?
4. Was schwebt außen im All herum?

---

(3) Alexa Stern versuchte währenddessen, einen Kontakt zur Raumstation herzustellen, um zu erfahren, wer ihre Hilfe so dringend benötigte. Gespannt spitzten alle die Ohren, als es überraschend aus dem Lautsprecher knisterte. „Krrr, krr, krrr...", ertönte es in diesem Moment. „Trollvist ... krr ... braucht Hilfe ... krrr, krrr ... sitzt fest auf ... krr, kkrr, ... echt ärgerlich .... krrr, krrr ... hat Astro-Auto .... kkkkrr, kkr, ... nun leerer Tank ... krrr ... Trollvist ... nach Delta 12 gefahren ... kkrr ... brauchen Astro-Auto dringend zurück ... kkkrr ... Können nicht ... weiterarbeiten ... kkrk ... Notfall..."
„Typisch! Trollvist hat sich schon wieder unerlaubt das Astro-Auto der Raumstation gemopst[2]! Dieser Schlingel! Er ist ein absoluter Albtraum!", schimpfte Alexa und schüttelte den Kopf. „Trollvist? Lebt er auf der Raumstation?", fragte Maxi neugierig.

5. Wie lautet der vollständige Notruf?
6. Wer braucht Hilfe?
7. Wo befindet sich das Astro-Auto?
8. Was denkt Alexa über Trollvist?

---

(4) „Trollvist wohnt wie ich auf dem Planeten Ergo, doch da ist es ihm oft zu langweilig. Also schwirrt er mit seinem selbstgebauten Raummofa durchs All und stiftet überall Unsinn. Er liebt es, die Raumstation der Astronauten zu besuchen und ist ein absoluter Fan des Astro-Autos. Bei jeder günstigen Gelegenheit stibitzt[3] er es und düst damit durch die Galaxie. Wie es scheint, sitzt er jetzt auf Delta 12 fest. Wir sind sogar verwandt. Er ist der 85. Sohn meines Bruders. Deshalb werde ich immer gerufen, wenn der Blödmann wieder etwas angestellt hat.

9. Was erfahrt ihr über Trollvist?
10. Warum wird Alexa gerufen, wenn Trollvist etwas angestellt hat?

1 **Reflex:** eine schnelle Reaktion des Körpers 2 **mopsen:** etwas stehlen 3 **stibitzen:** etwas stehlen

(5) Verdient hat er es eigentlich nicht, dass wir ihn auf Delta 12 abholen", meinte Alexa streng. „Aber ich weiß, dass das Forscherteam das Astro-Auto benötigt." „Äh, und jetzt? Was ist mit uns?", wollte Selma verunsichert wissen. „Wir sammeln Trollvist auf Delta 12 ein, betanken das Astro-Auto und bringen es zurück zur Raumstation. Dann geht es für euch zurück auf die Erde", erläuterte Alexa ihren Plan. „Dann bleibt uns ja genug Zeit, um mit dir auf Weltraumexpedition zu gehen", stellte Ayse zufrieden fest und kuschelte sich gemütlich in ihre Schwebekoje.

11. Warum will Alexa Trollvist helfen?

12. Wie soll die Weltraumreise für die Freunde weitergehen?

2 Die Freunde wollen eine Nachricht nach Hause schicken. Versetze dich dazu in eine der Figuren (Selma, Ayse oder Maxi). Nutze die **SPRACHBOX**.

- Formuliere die Nachricht und beantworte darin diese Fragen: *Warum sitzt du im Raumschiff? Wer begleitet dich? Wer steuert das Raumschiff? Wie fühlst du dich? Wohin fährt das Raumschiff? Wann kommt ihr wieder?*
- Berichte, warum und mit wem du dich im Weltall befindest, und wie es dir geht. Erzähle, was Alexa plant: Sind auf Weltraumreise mit ...
- Informiere die Familie über die Gründe deiner Reise in den Weltraum und beruhige sie, damit sie sich möglichst keine Sorgen machen.

SPRACHBOX

Uns geht's gut ...
Macht euch keine Sorgen!
Wir passen auf uns auf!
Ihr müsst euch keine Gedanken machen!

3 Spüre die Handlungsschritte in der Erzählung auf, orientiere dich an der **LERNBOX**.

a) Notiere zuerst die Ausgangssituation der Erzählung.

- Wähle daraus aus: *Auf der Raumstation: Besuch der Astronauten / Auf Delta 12: Diebstahl des Astro-Autos / Im Inneren der Galacto: Die Crew folgt dem Notruf*

b) Notiere die Figuren und die einzelnen Handlungsschritte der Erzählung hintereinander: ... → Selma, Ayse, Maxi: Die Freunde machen sich Gedanken über Weltraumreise → Beobachten das Weltall → Alexa: ...

- Sortiere die folgenden Handlungsschritte in der Reihenfolge der Erzählung: Alexa plant die Rettungsaktion – Alexa ist wütend auf Trollvist – Alexa sucht nach Kontakt zur Raumstation – Trollvist hat Astro-Auto gestohlen – Tank leer – Trollvist auf Delta 12 – Alexa informiert über Trollvist – Die Freunde freuen sich aufs Kennenlernen – Gestörter Notruf von Raumstation – Ayse macht es sich gemütlich

c) Vergleicht eure Handlungsschritte (roter Faden) miteinander.

Ausgangssituation

ROTER FADEN

» Freiraum, S. 36

LERNBOX

So ermittelst du Handlungsschritte:

Du teilst die Handlung deiner Erzählung in **Handlungsschritte** ein und entwickelst einen **roten Faden,** das heißt, die Handlung orientiert sich an den vorgegebenen Figuren und dem Ort des Geschehens. Sie stehen im Mittelpunkt der Erzählung. Sie bauen aufeinander auf und folgen nacheinander.

- Die Erzählung beginnt mit der **Ausgangssituation:** *Wo befinden sich die Hauptfiguren? Was ist passiert?*
- In den Handlungsschritten wird geschildert, wie die **Hauptfiguren handeln** bzw. wie sie auf das Erlebte **reagieren.** Die Erzählung folgt der **Erzählaufgabe** (z. B. *Wer ist in Not geraten?)* und schweift nicht ab.
- Zum Abschluss kommt die **Auflösung** und die **Fortsetzung der Reise.**

» Fachwortschatz, S. 35

Ein seltsamer Notruf aus dem All II
Die Erzählweise untersuchen

Die Klasse 6b klärt, wann eine Erzählung für sie unterhaltsam ist:

Neulich hat eine Autorin in einer Buchvorstellung von „Erzähltricks“ gesprochen. Sie hat gesagt, dadurch wird eine Erzählung ganz lebendig.

Ich mag spannende Geschichten. Am spannendsten wird es für mich, wenn es Textstellen gibt, die mich neugierig machen.

1 **a)** Tauscht euch paarweise darüber aus, was die Schülerinnen von einer guten Erzählung erwarten. Ergänzt, was für euch persönlich Geschichten unterhaltsam macht.

b) Besprecht, welche „Erzähltricks“, die sogenannten „erzählerischen Mittel“, dazu führen können, dass eine Erzählung lebendig wirkt. Vergleicht anschließend euer Ergebnis mit der **LERNBOX** auf Seite 16.

(1) ... Maxi sah auf seine Uhr und stellte fest, dass sie erst seit fünf Minuten unterwegs waren und trotzdem lagen bereits 500 Kilometer zwischen Erde und Raumschiff. Atemlos verfolgten die Kinder durch die Fensterluken der *Galacto*, was das Weltall ihnen bot: Sternschnuppen prasselten wie Regentropfen herab, Satelliten umkreisten elegant das Raumschiff. Plötzlich kam ein Stück Weltraumschrott gefährlich nah auf sie zu.

(2) „Gleich stoßen wir zusammen!“, ging es Ayse durch den Kopf. In letzter Sekunde konnte die Raumfähre aber ausweichen „Mann, das war knapp!“, rief Maxi erleichtert. Er hatte sogar aus Reflex den Kopf eingezogen, aus Angst vor dem Zusammenprall!

(3) Alexa Stern versuchte währenddessen, Kontakt zur Raumstation herzustellen, um zu erfahren, wer ihre Hilfe so dringend benötigte. Gespannt spitzten alle die Ohren, als es völlig überraschend aus dem Lautsprecher knisterte. Gleich würden sie erfahren, wer in Not geraten war. ...

2 Den Textauszug oben hast du bereits auf Seite 13 gelesen. Er enthält einige erzählerische Mittel, die du mithilfe der folgenden Leiste aufspüren kannst, um die Erzählweise zu untersuchen.

Digital+ Textvorlage WES-126426-003

a) Drucke dir dazu die Vorlage der Leiste aus. Auf der Leiste findest du erzählerische Mittel und das dazugehörige Symbol.

Digital+ Vorlage Leiste WES-126426-004

b) Untersuche die Erzählweise des Textauszuges genauer. Lege dazu die Leiste unter die Textzeile, auf die sich die Symbole am Rand beziehen.

Benenne die unterstrichenen erzählerischen Mittel in Textabschnitt (1) und ergänze die fehlenden drei Symbole, die zu den unterstrichenen Textstellen gehören.

In Textabschnitt (2) findest du bereits Symbole. Unterstreiche die Textstellen, auf die sie sich beziehen.

Spüre die erzählerischen Mittel in Textabschnitt (3) auf: Unterstreiche die erzählerischen Mittel im Text. Zeichne am Rand die passenden Symbole von der Leiste ein.

c) Stellt eure Ergebnisse einer Partnerin oder einem Partner vor, die oder der das Gleiche bearbeitet hat.

3 Findet weitere Beispiele für erzählerische Mittel in der Erzählung „Mit der Galacto auf Rettungsaktion" auf den Seiten 13 und 14.

a) Setzt euch zu fünft zusammen und teilt die Felder der Leiste unter euch auf.

b) Findet zu jedem Symbol weitere Beispiele.

c) Stellt euch anschließend eure Ergebnisse gegenseitig vor. Die Zuhörer überprüfen, ob die Zuordnung richtig ist.

4 Beurteile, ob die Aussagen der Schülerinnen auf Seite 15 auf den Textauszug zutreffen. Tauscht euch darüber aus und begründet eure Meinung anhand der Erzählung.

LERNBOX

Fachwortschatz, S. 35

So gestaltest du eine Erzählung lebendig, spannend und anschaulich:

Verwende **erzählerische Mittel:**

1. **Vorausdeuter/Neugierwecker:** Mit Vorausdeutern **weckst** du die **Neugierde** und **erhöhst** die **Spannung:** *Aufgeregt betraten sie die Raumstation. Was sie hier wohl erwarten würde?*
2. **Mitfühler:** Mit Mitfühlern beschreibst du die **Gefühle** der Figuren, zum Beispiel
   - als **Gedanken** mit **wörtlicher Rede:** *„Wie aufregend!", dachte sich Maxi.*
   - **als Gesprochenes:** *„Das ist wahnsinnig schnell!", stellte Ayse fest.*
   - mit **anschaulichen Adjektiven:** *Ihm wurde ganz komisch.* Diese Formulierungen bewirken, dass Leserinnen und Leser mit den Figuren mitfühlen.
3. **Spannungswörter:** Damit **kündigst** du etwas **Aufregendes an:** *plötzlich, auf einmal, völlig überraschend …*
4. **Treffende Verben:** Mit treffenden Verben wird **das Erlebte** besser **vorstellbar**. Du kannst den **Leseeindruck** dadurch also **verstärken:** z. B. statt *zuhören = lauschen,* statt: *regnen = prasseln.*
5. **Anschauliche Adjektive:** Mit anschaulichen Adjektiven verstärkst du ebenfalls den Leseeindruck und erzeugst eine bildliche Vorstellung: *Das Raumschiff wirkte geheimnisvoll und gigantisch.*

Geheimnisvolle Gedankennachrichten
Zeichen der wörtlichen Rede setzen

1 Was ist denn nun wieder passiert? Tauscht euch zu zweit darüber aus, wie die Geschiche weitergehen könnte. Entschlüsselt dabei auch die Gedankennachrichten.

» Freiraum, S. 36

2 Wer sagt bzw. denkt hier was? Schreibe die wörtliche Rede der Bilder 2 bis 6 mit einem passenden Redebegleitsatz auf. Lies dazu die **LERNBOX** und nutze die **SPRACHBOX**.
- Verwende vorangestellte und nachgestellte Redebegleitsätze.
- Bilde auch Redebegleitsätze zwischen den Sätzen der wörtlichen Rede.

SPRACHBOX

Selma schlug vor: „...“
Maxi erwiderte: „...“
„...“, rief Alexa.
„...“, dachte Ayse.
„...“, jammerte Selma, „...“

3 **a)** Ergänze weitere Sätze mit wörtlicher Rede zu den Bildern. Was könnten die Figuren außerdem denken oder sagen? Beachte dabei die Zeichensetzung.
b) Formuliere die entschlüsselten Gedankennachrichten ebenfalls in wörtlicher Rede.

AH S. 8

LERNBOX

Zeichensetzung bei der wörtlichen Rede

Der Redebegleitsatz kann an unterschiedlichen Stellen stehen:
1. Wörtliche Rede mit **nachgestelltem** Redebegleitsatz:
„Was soll das denn heißen?“, murmelte Selma.
2. **Vorangestellter** Redebegleitsatz und wörtliche Rede:
Selma murmelte: „Was soll das denn heißen?“
3. **Eingeschobener** Redebegleitsatz zwischen der wörtlichen Rede:
„Ich frage mich“, murmelte Selma, „was das denn heißen soll?“

» Richtig schreiben, S. 295, S. 300

» Fachwortschatz, S. 35

Eine Pause muss sein!
Im Präteritum erzählen

Ein Schüler hat die Erzählung fortgesetzt:

(A) Selma, Ayse und Maxi tut die Galacto sehr leid. Das arme Raumschiff konnte nicht mehr richtig fliegen. Es gab sich alle Mühe, doch jedes Mal, wenn Alexa Gas gibt, stottert, der Motor und das Raumschiff sackt nach unten ab. Den Freunden wurde richtig schlecht. Ein gemütlicher Flug ist das sicherlich nicht! Sie mussten dringend der Galacto eine Pause gönnen! Alexa schaut kurz auf ihr Navigationsgerät. „Gleich kommen wir an einer Weltraumraststätte vorbei. Da machen wir eine Pause", entscheidet sie.

tat

gab

(B) Kurze Zeit später gelingt die etwas holperige Landung. Die Freunde stöhnten erleichtert. Während die Galacto parkte, schauten sie sich neugierig an der Raststätte um. Selma zeigte auf eine Gruppe von kugelartigen Außerirdischen, die aus Schläuchen trinken. „Das sind Murmels vom Planeten Chronos", erklärte Alexa. „Äußerst nette Allwesen." Maxi beobachtete fasziniert, wie einige große bunte Tropfen auf den Rastplatz fallen.

(C) Das Besondere war, dass sie sich beim Aufprallen in menschenähnliche Körper verwandeln. „Das sind Tropfwandler", sagte Alexa, „sie leben auf einem sehr nassen Planeten. Daher passt ihre Tropfenform gut zu ihnen." Sie konzentriert sich einige Sekunden und schickte Trollvist eine neue Gedankennachricht: „n-e-d-r- u-W / n-e-t-l-a-h-e-g-f-u-a".

1 **a)** Gib wieder, was die Freunde nun erleben. Lies den gesamten Text.
b) Entschlüssele die Gedankennachricht in Teil C.

2 Tauscht euch zu zweit mithilfe der **LERNBOX** über die Frage aus.

*Schreibe ich eigentlich: „Die Galacto **konnte** nicht mehr fliegen oder **kann** nicht mehr fliegen?"*

3 Kontrolliere die Verben in der Erzählung. Überarbeite sie, falls sie nicht im Präteritum stehen. Nutze dazu das Korrekturzeichen „ersetzen" ⌊→←⌋.
Korrigiere die Verben im Abschnitt A, in A–B, in A-C.

LERNBOX

So bildest du das Präteritum:

Das **Präteritum** ist eine Zeitform der **Vergangenheit**. Du verwendest es, wenn du etwas **schriftlich erzählst**, was schon geschehen ist.

1. Bei **regelmäßigen Verben** bildest du die Zeitform, indem du ein **-te** an den Wortstamm hängst: *fühlen – ich fühl-**te**, du fühl-**test**, er, sie, es fühl-**te**, ihr fühl-**tet***
2. Bei **unregelmäßigen Verbe**n (starke Verben) veränderst du den **Vokal im Wortstamm**: *gehen – ich ging, fliegen – ich flog.*

» Fachwortschatz, S. 35
» Sprache untersuchen, S. 250, S. 252
» Verbtabelle, S. 308

Abenteuer im Weltraum I
Eine spannende Erzählung planen

Ayse, Maxi und Selma begleiten die Außerirdische Alexa Stern weiter durchs All. Auf dem Weg zu ihrem Ziel, der Rettung von Trollvist auf Delta 12, erleben sie viel Aufregendes. Auf den nächsten Seiten wirst du dich mit den Abenteuern genauer auseinandersetzen, indem du dir spannende Erzählungen zu den Bildern ausdenkst.

1 Betrachtet die Abbildung und tauscht euch darüber aus, in welche Situationen die *Galacto* auf ihrer Weltraumexpedition geraten könnte.

» Sprache untersuchen, S. 251

METHODEN

„All"-erhand Erzählenswertes
Eine Erzählkarte anlegen

1 Greife eine der Situationen von Seite 19 auf, um diese in einer Erzählrunde zu erzählen.

a) Lege dir für deine Erzählung eine Erzählkarte an, mit der du deine Geschichte vorstellen kannst. Lies dazu die **LERNBOX**.

b) Entscheide dich für eine Situation und fülle die Erzählkarte mithilfe der Erschließungsfragen wie im Beispiel aus.

Du kannst die Beispielkarte nutzen und ergänzen.

Nutze die Symbole der Leiste von S. 15.

Digital+
Erzählkarte
WES-126426-005

2 Führt nun eine Erzählrunde durch, in der ihr eure Erzählungen mithilfe der Erzählkarte vortragt.

a) Übt euren Erzählvortrag im Tandem: Die Ältere oder der Ältere beginnt und trägt der Partnerin oder dem Partner die Geschichte anschaulich und frei vor.

b) Die oder der Zuhörende gibt dir eine Rückmeldung zur Vortragsweise. Orientiert euch an den Hinweisen der **LERNBOX** auf Seite 11. Anschließend wechselt ihr die Aufgaben.

c) Erzählt nun eure Geschichten in der Klassenrunde und gebt euch gegenseitig Rückmeldungen zum Inhalt und zur Vortragsweise.

Erzählkarte **So geht es weiter: Piratenbegegnung**	
Ausgangssituation a) Wer? Wo? Was?	– Ayse, Maxi, Alexa – …
b) Was passiert jetzt? Wen treffen sie?	– **Piraten-Raumschiff** mit Piratenflagge – Piratenkapitän Pelle will Kommando der Galacto übernehmen
Lösungsmöglichkeit Wer hat welche Idee?	Maxi: „Wir nutzen die **Schleimspurschleuder!**"
Umsetzung der Lösung Wie gehen sie vor? Wie fühlen sie sich?	– Galacto dreht Hinterteil Richtung Piraten – wartet ab: Piraten kommen ganz nah – Maxi startet **stolz** Schleuder: schießt Schleimspur auf Piraten …
Auflösung am Ende Was ist das Ergebnis?	– Pelle kann nichts mehr sehen: Raumschiff steuerlos
Fortsetzung der Reise	Galacto reist weiter Richtung …

LERNBOX

Eine Erzählkarte anlegen und für den Erzählvortrag nutzen

Auf einer **Erzählkarte** kannst du die **Handlungsschritte** deiner Geschichte **notieren**, um diese vor Publikum **frei vortragen** zu können. Bei deinem Vortrag dient dir die Erzählkarte als „**Spickzettel**" (= Orientierungshilfe).

a) Du nennst die **Situation** (z. B. *Piratenbegegnung)*, zu der du erzählen willst.

b) Anschließend notierst du die **Ausgangssituation** (*Wo sind die Figuren? Was haben sie vor? Was passiert plötzlich? Auf wen treffen sie?)*, nennst eine **Lösungsmöglichkeit** (*Wer hat welche Idee?)*, schilderst die **Umsetzung der Lösung** (*Wie handeln die Figuren? Wie fühlen sie sich?)* und **Auflösung am Ende** (*Was ist das Ergebnis?)* sowie die **Fortsetzung der Reise** (Wie geht es weiter?)

c) Du kannst auf deiner Karte auch kleine **Zeichnungen** oder **Symbole** als Erzählhilfe verwenden oder etwas besonders Wichtiges **markieren**.

Abenteuer im Weltraum II
Einen Erzählanfang fortsetzen

Die *Galacto* war zügig unterwegs auf dem Weg zu Trollvist, als Alexa plötzlich rief: „Schaut mal! Vor uns liegt der Planet Magnus!“ Gespannt blickten Ayse, Maxi und Selma durch die Fenster der *Galacto* auf die tiefen Krater des Planeten. Plötzlich wurde das Raumschiff hin- und hergeschleudert. Es machte einen Riesenhopser, trudelte in die Tiefe und drohte abzustürzen. Die Kinder hielten sich krampfhaft an den Sitzen fest, während Alexa alles tat, um das Raumschiff wieder unter Kontrolle zu bekommen. „Verflixt!“, rief sie, „wir werden von seinem Magneten angezogen.“ Und schon klebten sie an dem hufeisenförmigen Magneten fest. Was sollten sie jetzt nur tun? Wie könnten sie sich befreien? Eines stand fest: Trollvist musste erneut auf sie warten …

SPRACHBOX

die Anziehungskraft – anziehen – magnetisch – der Magnet – unkontrolliert – der Planet – außer Kontrolle – die Krater – löcherig – kraftvoll

1 Bereite die Fortsetzung der Geschichte vor:

a) Erkläre anhand der Bilder von Seite 19, welches Ereignis aufgegriffen wurde.

b) Markiere im Text die Antworten auf folgende Fragen, damit du den roten Faden einhalten kannst: Wo befindet sich die *Galacto* gerade? Was passiert mit ihr? Was sorgt dafür, dass das Raumschiff in Schwierigkeiten gerät? Welcher Ausrüstungsgegenstand des Raumschiffes (Seite 12) könnte helfen?

c) Halte deine Ergebnisse als Ausgangssituation in der 1. Zeile des Schreibplans fest. Nutzt die **SPRACHBOX**.

2 Setze die Geschichte fort: Erzähle, was die Figuren erleben, und wie sich die *Galacto* befreit. Wie könnte die Besatzung der *Galacto* die Situation lösen?

a) Lege dir einen Schreibplan wie unten an. Lies dazu die **LERNBOX** auf Seite 22.

Digital+ Schreibplan WES-126426-006

Überschrift	**Galacto und …**	
Ausgangssituation Wer ist beteiligt? Wo sind die Figuren? Was ist passiert?	– Galacto kommt Planet Magnus zu nahe – klebt an Magneten fest – …	Maxi: „Was war das?“ Ayse: Wie können wir den Magneten lösen?
Lösungsmöglichkeit Wer hat welche Idee?	Selma: stärkere Magnetkraft einsetzen	einfallsreich
Umsetzung der Lösung Wie handeln die Figuren? Welcher Ausrüstungsgegenstand?	– Angel – Magnet an Angel hängen – Angelmagnet ist stärker als Planet	befestigen, ausprobieren
Auflösung am Ende Was ist das Ergebnis?	Galacto löst sich	erleichtert
Fortsetzung der Reise	Und weiter geht es auf dem Weg zu Trollvist	

Fachwortschatz, S. 35

b) Halte deine Ideen für die Geschichte im Schreibplan in der mittleren Spalte fest. Orientiere dich an den Fragen der linken Spalte und nutze auch die **SPRACHBOX**.

Nutze die Stichpunkte im Beispiel-Schreibplan und ergänze sie.

Fülle den Schreibplan mit eigenen Ideen für diese Geschichte aus. Du kannst auch Teile der Notizen nutzen.

c) Ergänze in der rechten Spalte Ideen zur Erzählweise, wie im 3. Hinweis der **LERNBOX** beschrieben.

SPRACHBOX

zu **2 b)**: festhängen – befestigen – sich lösen – durchstarten – überlegen – auf die Lösung kommen – einverstanden sein – ausprobieren – die Vorgehensweise – der Plan – als Erstes – herstellen – programmieren – nach außen hängen – anziehen – die Anziehungskraft – einhaken – anhängen

3 **a)** Setze nun auf der Grundlage deines Schreibplans die Erzählung fort. Nutze dazu das Wortmaterial aus der **Weltraumexpertensprachkapsel** auf Seite 23.

Setze den Anfang so fort: Maxi rief erschrocken: „Was war das? Wir hängen doch wohl jetzt nicht fest!“ Auch Ayse fragte sich, wie sie sich von dem Magneten lösen könnten. Doch da hatte Selma die rettende Idee: …

b) Gib deiner Erzählung eine passende Überschrift.

Formuliere mithilfe der folgenden Bausteine und der **SPRACHBOX** eine passende Überschrift: Der … Magnet – … Kräfte – Festgeheftet am … – Mit aller Kraft … – Die Galacto und der … – Magnus und seine magnetische …

Formuliere mithilfe der Wörter in der **SPRACHBOX** eine interessante Überschrift.

Ergänze eine passende Überschrift, die neugierig macht.

SPRACHBOX

zu **3 b)**: unheimlich – die Anziehungskraft – magnetisch – ausgetrickst – der Planet – entkommen – der Magnet

» Richtig schreiben, S. 295

LERNBOX

So planst du eine Erzählung:

1. Lege eine **Tabelle** als **Schreibplan** mit den **Oberbegriffen** *Überschrift / Ausgangssituation / Lösungsmöglichkeit / Umsetzung der Lösung / Auflösung am Ende / Fortsetzung der Reise* an.
2. Notiere stichwortartig Antworten zu folgenden Fragen: *Was erleben die Figuren? Welche **Lösungsmöglichkeiten** gibt es? Welcher Ausrüstungsgegenstand der Galacto kann in der Situation helfen? Wie wird die Lösung umgesetzt? Wer ist an der Lösung beteiligt? Was ist das Ergebnis? Wie geht die Reise weiter?*
3. Ergänze in der rechten Spalte **Vorausdeuter/Neugierwecker**, **Mitfühler**, **anschauliche Adjektive**, **treffende Verben** und **Spannungswörter**, um die Geschichte lebendig, spannend und anschaulich zu formulieren.
4. Denke an den **roten Faden**: Behalte die **Namen der Figuren** bei und bleibe beim Thema der Erzählung.

» Freiraum, S. 37

SPRACHBOX

Weltraumexpertensprachkapsel

WELTRAUMEXPEDITIONSWÖRTER:

das All – der Weltraum – der Planet – der Satellit – der Komet – die/der Außerirdische – der Alien – die Sternschnuppe- die Schatzkarte – der Praktikant – der Magnet – der Weltraumschrott – der Piratenkapitän

VORAUSDEUTER/NEUGIERWECKER:

Schon immer wollte Ayse einmal in den Weltraum fliegen, … – Jetzt bot sich ihnen die Gelegenheit, an einer Weltraumexpedition teilzunehmen – darauf hatten alle gewartet … – Was sie im Weltall wohl erwarten würde? – Irgendetwas ging hier vor. – Auf Delta 12 war etwas geschehen, womit niemand gerechnet hatte. – Keiner konnte sich vorstellen, was dann passierte … – Wenn sie das vorher gewusst hätten, wären sie nicht in … gestiegen. – Was sie dann sahen, hätten sie sich niemals vorstellen können. – Sie ahnten nicht, dass sie bald … – Gleich sollten sie die Gelegenheit haben, etwas ganz Neues zu entdecken, nämlich …

MITFÜHLER:

GESAGTES:

„Was soll ich als Nächstes tun?“, fragte Selma.
Maxi murmelte: „Das ist wirklich unglaublich!“ –
„Ihr seid ein tolles Team“, sagte Alexa Stern,
„so wie ihr mich unterstützt habt!“

GEDANKEN:

„Das glaubt mir keiner!“, dachte Ayse. – Sie fragte sich:
„Was macht Trollvist wohl, während er auf uns wartet?“

GEFÜHLE:

Die *Galacto* fühlte sich furchtbar schlecht. – Sie hielten aufgeregt die Luft an. – Maxi war sehr stolz auf seinen Einfall.

ANSCHAULICHE ADJEKTIVE:

mutig – entschlossenes Handeln – furchtlos – waghalsig – draufgängerisch – einfallsreiche Lösung – neugierig – fröhlich – interessiert – blitzschnell – magnetisch – wissbegierige Kinder

TREFFENDE VERBEN:

durchqueren – gleiten – betreten – zurückschrecken – erforschen – erkunden – entdecken – etwas bzw. jemanden erkennen – etwas bzw. jemanden treffen – kennenlernen – etwas bzw. jemanden befreien – schweben – etwas bzw. jemanden beobachten – teilnehmen – landen – trudeln

SPANNUNGSWÖRTER:

plötzlich – schlagartig – aus heiterem Himmel – völlig überraschend – augenblicklich – auf einmal – genau in diesem Moment – gerade als … – allmählich – ohne Ankündigung

Weg mit dem Weltraumschrott!
Eine Erzählung planen und schreiben

Begleite Ayse, Selma, Maxi und Kommandantin Alexa Stern weiter auf ihrer Weltraumexpedition und schildere in einer Erzählung, welche Abenteuer sie noch erleben.

1 Lies den folgenden Erzählanfang. Überprüfe anhand der Bilder von Seite 19, welches Ereignis hier aufgegriffen wurde :

Die Galacto raste mit Vollgas durchs All, als plötzlich ein riesiges Warnschild vor ihr auftauchte: „Achtung! Müllsammelaktion Weltraumschrott“ war darauf zu lesen. „Das ist wichtig! Hier müssen wir mithelfen“, sagte Alexa, „ihr könnt euch gar nicht vorstellen, wie viel Müll im Weltall kreist: alte Satelliten, verloren gegangenes Werkzeug oder sogar Zahnbürsten! Da muss Trollvist noch ein wenig warten.“ Sie stoppte das Raumschiff. „Lasst uns überlegen, wie wir den Weltraumschrott am besten einsammeln können.“ Ayse hatte da schon eine Idee ...

2 Tauscht euch über den Anfang der Erzählung aus: Wo befindet sich das Raumschiff? Was ist passiert? Wozu wird eine Lösung gesucht?

3 Schreibe deine eigene Weltraumerzählung, in der die Galacto in eine aufregende Situation gerät, und wie die Besatzung die Situation löst.

a) Setze dazu den Anfang oben fort.

Du kannst auch eine andere Situation von Seite 19 auswählen.

b) Lege eine Tabelle als Schreibplan an: *Überschrift – Ausgangssituation – Lösungsmöglichkeit – Umsetzung der Lösung – Auflösung am Ende – Fortsetzung der Reise.*

Wenn du Lösungsideen zur Fortsetzung der Geschichte brauchst, orientiere dich an den folgenden Abbildungen. Nutze auch die Wörter in der **SPRACHBOX**.

SPRACHBOX

das Netz – gespannt – wie eine Spinne – umschlingen – einfangen – verheddern – greifen – ausfahren – ausklappen – der Saugrüssel – der Müllfresser – verschlingen – ansaugen – vertilgen – hungrig – kraftvoll – zielsicher

Digital+ Schreibplan WES-126426-007

Überschrift		
Ausgangssituation Wer ist beteiligt? Wo sind die Figuren? Was ist passiert?	– Reise wird unterbrochen ... – Weltraumschrott: Werkzeug, Satellit, Raumanzug – ...	Alexa: „Achtung! Weltraumschrott!“
Lösungsmöglichkeit Wer hat welche Idee?	Ayse: Roboter mit Fangarmen einsetzen	einfallsreich
Umsetzung der Lösung Wie handeln die Figuren? Welcher Ausrüstungsgegenstand?	Ayse: Schrott in Müllpresse zerlegen Saugrüssel ...	eifrig ausklappen, ansteuern ... kraftvoll ...
Auflösung am Ende Was ist das Ergebnis?	Weltraum ist sauber: ...	erleichtert...
Fortsetzung der Reise	Und weiter geht es ...	

4 **a)** Schreibe auf der Grundlage der **LERNBOX** den Entwurf deiner Weltraumerzählung. Nutze dazu Formulierungen aus der **Weltraumexpertensprachkapsel** auf Seite 23.
b) Ergänze am Schluss eine spannende Überschrift. Verwende dazu passende Adjektive oder nutze die **SPRACHBOX**.
Wähle eine Überschrift aus und ergänze sie so, dass sie neugierig macht: Die ... Weltraumschrott-Sammelaktion / ... gegen den Müll / Die ... Jagd nach Weltraumschrott / ... Müllabfuhr im All

SPRACHBOX

unheimlich – geheimnisvoll – fies – spannend – gefährlich – rasant – aufregend – turbulent – gemeinsam

LERNBOX

AH S. 6-7

So schreibst du eine eigene Erzählung:

1. Orientiere dich an den **inhaltlichen Vorgaben der Aufgabenstellung**:
   a) – Nenne die **Ausgangssituation**, z. B. *Warnschild stoppt Galacto;*
   – Nenne eine **Lösungsmöglichkeit**: *Die Roboterfangarme sammeln Schrott.*
   – Schildere die **Umsetzung** der **Lösung**: *Wie handeln die Figuren?*
   – Schildere die **Auflösung am Ende**: *Was ist das Ergebnis?*
   – Beende deine Erzählung mit einem Schlusssatz zur **Fortsetzung der Reise**.
   b) Denke an den **roten Faden**.
   c) Formuliere eine **Überschrift**, die neugierig macht.
2. Schreibe **lebendig, spannend und anschaulich**:
   a) Verwende dazu die **erzählerischen Mittel**: Vorausdeuter/Neugierwecker, Mitfühler, Spannungswörter, treffende Verben und anschauliche Adjektive.
   b) Schreibe im **Präteritum**.

Mülleinsatz für den Saugrüssel
Die Erweiterungsprobe anwenden

Hier findest du das Ende der Erzählung eines Schülers über die Müllsammel-Aktion:

... Am Abend waren Alexa und die Kinder völlig geschafft. Sie hatten den ganzen Tag ⌐ gearbeitet. Jetzt standen sie vor einem Staubhaufen, der aus den Schrottteilen entstanden war. Sie zählten auf, was sie alles gesammelt hatten: Schrauben, einen Raumschiffauspuff, ein Sonnensegel und tatsächlich eine Zahnbürste! Dabei war der Müll ihnen ganz schön nahegekommen. Maxi konnte einer Metallflosse ausweichen und Selma war fast ein Stiefel vor den Kopf geknallt. Ayse hatte Muskelkater in den Armen. Sie hatte mit dem Saugrüssel der Galacto stundenlang kleine Schrottteile angesaugt. „Gut, dass du die Idee mit der Müllpresse hattest!“, sagte Alexa. „Stellt euch mal vor, wir hätten den Weltraummüll mitnehmen müssen.“ Zuletzt schnappte sich Maxi noch den Laser-Besen und machte damit sauber. Und weiter ging die Fahrt zu Trollvist ...

⌐ pausenlos

1 Tauscht euch darüber aus, was die Freunde eingesammelt haben, und wie sie dabei vorgegangen sind.

» Freiraum, S. 37

2 Der Schüler hat bereits einige Stellen, die er erweitern möchte, mit den bekannten Symbolen markiert, um lebendiger zu erzählen. Lies dazu die **LERNBOX**.

Erweitere die gekennzeichneten Stellen. Wähle aus: *unermüdlich, zufrieden, riesig, fassungslos, gesammelt, pausenlos, in letzter Minute, ungläubig, rostig, klapprig, löcherig, zerfetzt, gebraucht, gerade noch, mächtig, spitz, plötzlich, stinkig, heftig, kräftig, stark, komplett, praktisch, gründlich.*

Setze an den gekennzeichneten Stellen ein Adjektiv oder ein Spannungswort ein.

3 Vergleicht die verschiedenen Möglichkeiten: Wie hat sich der Text nun verändert?

LERNBOX

So überarbeitest du einen Text mit der Erweiterungsprobe:

1. Wenn du einen Text **lebendiger, spannender** und **anschaulicher** gestalten willst, musst du **Bilder im Kopf** erzeugen.
2. Nicht immer gelingt dies schon im ersten Entwurf einer Geschichte. Mit der **Erweiterungsprobe** kannst du Texte gezielt überarbeiten und sie, zum Beispiel durch die Ergänzung von **anschaulichen Adjektiven** *(der riesige Staubhaufen)* und **Spannungswörtern** *(gerade eben noch)* abwechslungsreicher und anschaulicher gestalten.

» Fachwortschatz, S. 35

Besuch der Raumstation
Eine Erzählung planen und schreiben

Die *Galacto* kommt auf dem Weg zu Trollvist auch an einer Astronauten-Raumstation vorbei. Alexa wird um Hilfe gerufen: Astronautenpraktikant Bastian braucht Unterstützung, um sicher im All schweben zu können. Bisher hat er das Schweben nicht unter Kontrolle und droht, im Weltall zu verschwinden. Die Ausbilderin ist ratlos und bittet Alexa als Expertin um Hilfe.
Schreibe eine Geschichte, in der es darum geht, wie Alexa und die Kinder helfen, dass Bastian lernt, im Weltraum kontrolliert zu schweben.

- Schildere die Ausgangssituation.
- Erzähle, wie es Alexa und ihrem Team gelingt, das Problem zu lösen.
- Nenne das Ergebnis der Aktion und formuliere einen Schlusssatz zur Fortsetzung der Reise.

Digital+ Schreibplan WES-126426-008

1 Plane deine Geschichte und ergänze den vorgegebenen Schreibplan.

Überschrift		
Ausgangssituation	– Praktikant Bastian hilflos: kann nicht richtig schweben	Ausbilderin: „Ich bin völlig verzweifelt!“ gefährlich
Lösungsmöglichkeit	Ayse: Seil könnte helfen	Ayse: „Lasst uns …“
Umsetzung der Lösung	– Bastian anbinden	vorsichtig ausklappen, ansteuern …
Auflösung am Ende (Ergebnis)	…	fröhlich …
Fortsetzung der Reise	Und weiter geht es …	

Diese Lösungsmöglichkeiten kannst du nutzen: *Bastian übt am Seil / Bastian hängt an Angelhaken / Raumanzug wird beschwert durch / Sicherheitsnetz gespannt.*

Orientiere dich an diesen Hilfsfragen: *Mit welchen Geräten kann Bastian gesichert werden? Welche Ausrüstungsgegenstände der Galacto könnten beim Schweben helfen? Wo könnte Bastian üben? Mit wem könnte Bastian üben?*

Finde eine eigene kreative Lösungsmöglichkeit.

2 **a)** Formuliere den Entwurf deiner Weltraumerzählung. Schreibe lebendig, spannend und anschaulich. Orientiere dich an den Hinweisen in der **LERNBOX** auf Seite 25.
So kannst du beginnen: Alexa und die Kinder beobachteten den Praktikanten Bastian bei seinem Versuch, im Weltall zu schweben. Das sah äußerst gefährlich aus: Er ruderte unkontrolliert mit Armen und Beinen …
b) Ergänze am Schluss eine Überschrift, die neugierig macht.

Astronautenschwebeschule
Eine Erzählung gemeinsam überarbeiten

Digital+ Textvorlage WES-126426-009

Ein Schüler hat die folgende Erzählung geschrieben:

Und wieder musste die Galacto die Rettung unterbrechen. Jetzt war es wichtig, dem Astronautenpraktikanten Bastian zu helfen.
Bastian zappelte an der Angel. Zum Glück konnte er noch eingefangen werden. Sie mussten unbedingt eine Lösung für sein Schwebeproblem finden! Ayse dachte nach. „Ich habs!“, rief sie, „wir üben in der Schwebeschule“. In der Schwebeschule?, fragte Bastian „Genau!“ Wir machen dir eine Übungsfläche, bis du das Schweben im All sicher beherrschst!“, erklärte Ayse.
Zuerst steckten sie eine Fläche im Weltraum ab, aus der Bastian nicht wegkonnte. Ayse gab Anweisungen und alle packten an, um sie umzusetzen. Nun spannte sich ein großes Netz um vier Satelliten. Die erste Übungsphase konnte beginnen: An einem Seil wurde Bastian runtergelassen. Er war aufgeregt. Würde er es dieses Mal schaffen? Dann begann das alte Problem: Bastian schlug mit Armen und Beinen, verlor die Orientierung und stieß mit dem Helm an das Sicherungsnetz. „Bastian, suche dir einen festen Punkt, auf den du schaust. Zum Beispiel den Stern dort drüben“, schlug Ayse vor.
„Guck ihn genau an!“ Bastian schwebt ganz ruhig in der Übungsfläche. „So, und jetzt nimm dir einen anderen Stern als Ziel“, forderte ihn Maxi auf. Auch das gelang Bastian gut. Er schaffte es nun, in die Richtung zu schweben, in die er wollte. Würde ihm das auch ohne Netz gelingen? Gemeinsam nahmen die Kinder das Sicherheitsnetz weg. Jetzt hing Bastian nur an einer Sicherungsleine. Jetzt begann Übungsphase zwei: Auf geht's, Bastian! Mach es genauso wie gerade!, sagte Selma. Bastian konzentriert sich, lässt sich langsam von der Raumstation ins All gleiten und … trudelte erneut umher. Alexa reagierte, schwebte auf ihn zu und hielt ihn fest. „Denk daran, dir ein Ziel zu suchen“, erinnerte sie ihn. Dann blitzte ein ganz toller Stern hell auf. Bastian konzentrierte sich auf den Stern und schwebte um die Raumstation herum. Er ließ den Stern nicht aus den Augen. Völlig entspannt und immer sicherer schwebte der Schwebeschüler in alle Richtungen. Er hatte es nun raus. Aus ihm war ein schwebender Astronautenpraktikant geworden!
Zum Glück hatten die Freunde und Alexa schnell eine Lösung gefunden und konnten wieder Richtung Delta 12 fliegen …

zuerst

Der arme

Z Z

schwebte

Wie fühlt er sich genau? Herz klopfen, Hände zittern

Z

Ergänze Bastians Gedanken!

Was sagt / denkt Bastian?

1 Tauscht euch zu zweit darüber aus, wie der Astronautenpraktikant Bastian das Schweben lernt.

2 **a)** Überarbeitet die Erzählung in einer Schreibkonferenz (drei Personen). Teilt dazu die Kriterien 1–8 der **CHECKLISTE** unter euch auf. Jeder verwendet für seine Kriterien eine unterschiedliche Farbe als Korrekturstift.
b) Untersucht in Einzelarbeit die Erzählung nach den Kriterien, für die ihr zuständig seid. Setzt ein Korrekturzeichen (einfügen/ersetzen) an die Stelle, wo ihr noch etwas überarbeiten könnt, und markiert am Rand ein passendes Überarbeitungssymbol aus der **CHECKLISTE**.
c) Wenn ihr alle Kriterien überprüft habt, stellt euch in der Schreibkonferenz eure Korrekturvorschläge vor.

Korrekturzeichen:
- = streichen
- = erweitern
- = ersetzen
- = Absatz
- = Reihenfolge

3 Besprecht gemeinsam die Textstellen, an denen ihr noch etwas ändern wollt. Setzt dazu die Randnotizen fort und notiert die abgesprochenen Änderungen. Nutzt auch die **SPRACHBOX**.
So könnt ihr die Punkte der **CHECKLISTE** unter euch aufteilen: Punkt 1, 3 und 7, Punkt 2, 5 und 8 und Punkt 4 und 6.

4 Überarbeitet eure eigenen Erzählungen ebenfalls nach den Kriterien der **CHECKLISTE**. Nutzt dazu die Leiste mit den erzählerischen Mitteln (vgl. S. 15).

SPRACHBOX

verzweifelt – klar – wunderschön – leuchtend – hilflos – angestrengt – erstaunt – verwirrt – ängstlich – vorsichtig
aufmuntern – ermutigen – abstecken – markieren – einrichten – anfassen – rudern – entschweben – flüchten – Herzklopfen haben – zittern – auffordern – entfernen – sich beeilen – ansehen – anstarren
plötzlich – in diesem Moment – auf einmal – schlagartig – augenblicklich

» Freiraum, S. 37

CHECKLISTE

Eine Erzählung überarbeiten

1. Hat die Erzählung eine passende **Überschrift**? ☑
2. Folgt die Erzählung der **Struktur**: Ausgangssituation – Lösungsmöglichkeit – Umsetzung der Lösung – Fortsetzung der Reise? (roter Faden) ☑
3. Ist die Handlung nachvollziehbar? ☑
4. Enthält die Erzählung **Vorausdeuter/Neugierwecker**? ☑
5. Wo können **Mitfühler** (Gedanken / Gesprochenes in der wörtlichen Rede oder anschauliche Adjektive) eingesetzt werden? ☑
6. An welchen Stellen kannst du die Erzählung durch erzählerische Mittel, wie **Spannungswörter**, **treffende Verben** **anschauliche Adjektive**, lebendiger, spannender und anschaulicher machen? ☑
7. Ist die die **Zeichensetzung der wörtlichen Rede** richtig? ☑
8. Wurde die Geschichte im **Präteritum** geschrieben? ☑

» Sprache untersuchen, S. 272

Trollvists Rettung
Eine Graphic Novel untersuchen

Sicherlich wollt ihr wissen, wie die Weltraumexpedition endet:

1 Tauscht euch zu zweit darüber aus, wie sie Trollvist finden, und womit er die Zeit auf Delta 12 verbracht hat.

2 Ihr habt die Erlebnisse der Crew intensiv begleitet. Was ist das Besondere an der Darstellung? Untersucht die Graphic Novel genauer:

» Fachwortschatz, S. 35

a) Gehe Bild für Bild vor und mache dir Notizen zu folgenden Fragen:
- Welche Handlungsschritte werden dargestellt?
- Welche Figuren sprechen auf den einzelnen Bildern?
- Welche Gedanken äußern die Figuren?
- Welche Gefühle der Figuren kannst du entnehmen?
- Welche Geräusche erkennst du in Bild 3 und 5 und woher kommen sie?

b) Fasst nun die Handlung zu zweit zusammen: Erzählt abwechselnd, was auf den Bildern passiert.

3 Obwohl dies kein Text ist, kannst du die Handlungsschritte sowie die Gefühle und Gedanken der Figuren verstehen. Untersuche, durch welche Gestaltungsmittel dies gelingt:

a) Beschreibe, wie sich die Graphic Novel von einer Erzählung unterscheidet.

b) Untersuche mithilfe der **LERNBOX**, welche Gestaltungsmittel du in der Graphic Novel entdecken kannst. Ordne diese Gestaltungsmittel den einzelnen Bildern zu.

Ordne zu: *Panel / Textbox / Symbol / Sprechblase / Geräuschblase / Denkblase*

Erkläre, was mit den Symbolen in Bild 1, 2 und 6 ausgedrückt werden soll.

4 Ergänze die Graphic Novel mit weiteren Gestaltungsmitteln.

Ergänze in den Panels z. B. *Geräusche, die Lautstärke/ Gedanken/Gesprochenes.*

Gib die Handlung zwischen Bild 5 und 6 in einem Panel wieder: *Was passiert, als sie auf Trollvist treffen? Wie reagiert Trollvist? Was sagen/denken die Figuren?*

Füge zwischen Bild 5 und 6 ein stummes Panel ein, auf dem du die Handlung zwischen den beiden Bildern darstellst.

Digital+
Vorlage Panels
WES-126426-010

LERNBOX

So erkennst du eine Graphic Novel:

Du kannst ein **Graphic Novel** auch als „illustrierte Erzählung“ oder als „Bildroman“ bezeichnen. Darin werden Geschichten mit einer längeren Handlung (so wie in einem Buch) mit den **Gestaltungsmitteln** eines Comics dargestellt.

AH S. 9

Die folgenden Gestaltungsmittel sind typisch für eine Graphic Novel:
- das **Panel:** ein **Einzelbild**, in dem du einen Handlungsschritt oder einen Zeitraum mithilfe von Textblasen oder Symbolen darstellst;
- das **Image Panel**: ein **„stummes“ Einzelbild**, in dem du die Handlung nur über Bilder darstellst;
- eine **Textbox:** ein kleiner Kasten, in dem du einen erklärenden Text notierst. Diese Textbox fügst du in ein Panel ein.
- **Textblasen,** mit denen du **Gedanken**, **wörtliche Rede** oder **Geräusche** wiedergibst;
- **Symbole:** mit Symbolen kennzeichnest du Gefühle oder Begriffe, z. B. **?** = *Ratlosigkeit,* ✶ = *Schmerzen,* ☹ = *Angst,* ♫ = *Musik*
- **fette Schrift und Schriftgröße:** damit kennzeichnest du die **Lautstärke** innerhalb einer Sprech- oder Geräuschblase, je fetter, desto lauter spricht jemand.

KOMPETENZCHECK – A

Erzählendes Schreiben

Auf dem Rückflug zur Erde gerät die Galacto mitten in das Rennen um die Weltraummeisterschaft der Raumschiffe, an der die besten Raumschiffkapitäninnen und -kapitäne teilnehmen. Die Flugstrecke ist für die Zeit des Rennens gesperrt. Alexa und die Kinder unterbrechen also ihren Flug.

Schreibe eine Weltraumgeschichte, in der es darum geht, welches Abenteuer die Besatzung bei der Weltraummeisterschaft der Raumschiffe erleben.

- Schildere die Ausgangssituation.
- Erzähle lebendig, spannend und anschaulich, was die Besatzung der *Galacto* während des Rennens erlebt.
- Nenne das Ergebnis der Teilnahme und formuliere in einem Schlusssatz, wie es für die *Galacto* weitergeht.

1 Plane deine Geschichte mithilfe einer Tabelle als Schreibplan:

Digital+ Schreibplan WES-126426-011

Überschrift	**Alexa**	
Ausgangssituation Wer ist beteiligt? Wo sind die Figuren? Was ist passiert?	– Galacto wird gestoppt – Grund: Raumschiffrennen – Flugraum ist versperrt	Alexa: „Wir machen einfach mit!“
Lösungsmöglichkeit Wer hat welche Idee?	Alexa: Galacto nimmt an Rennen teil	abenteuerlustig
Umsetzung der Lösung Wie handeln die Figuren? Welcher Ausrüstungsgegenstand?	Galacto mit Besatzung: alle stellen sich am Start auf – Flossen als Beschleuniger	geschickt, schnell wie der Blitz, elegant, rasant … rasen, überholen, durchstarten, beschleunigen, ausklappen, wackeln…
Auflösung am Ende Was ist das Ergebnis?		
Fortsetzung der Reise	Und …	

2 Verfasse einen Entwurf und schreibe lebendig, spannend und anschaulich.
So kannst du beginnen: Mitten im Weltall ging es plötzlich nicht mehr weiter. Die Raumschiffe drängelten sich aneinander. Was war hier los? Alexa und die Kinder waren mitten in die Weltraummeisterschaft der Raumschiffe geraten. Der Flugraum war der Galacto versperrt, denn der Start stand kurz bevor. Alexa überlegte nicht lange und beschloss, …

3 Überprüfe, ob du alle Kriterien der Aufgabenstellung umgesetzt hast und überarbeite den Text mithilfe der **CHECKLISTE** von Seite 29.

KOMPETENZCHECK – B

Erzählendes Schreiben

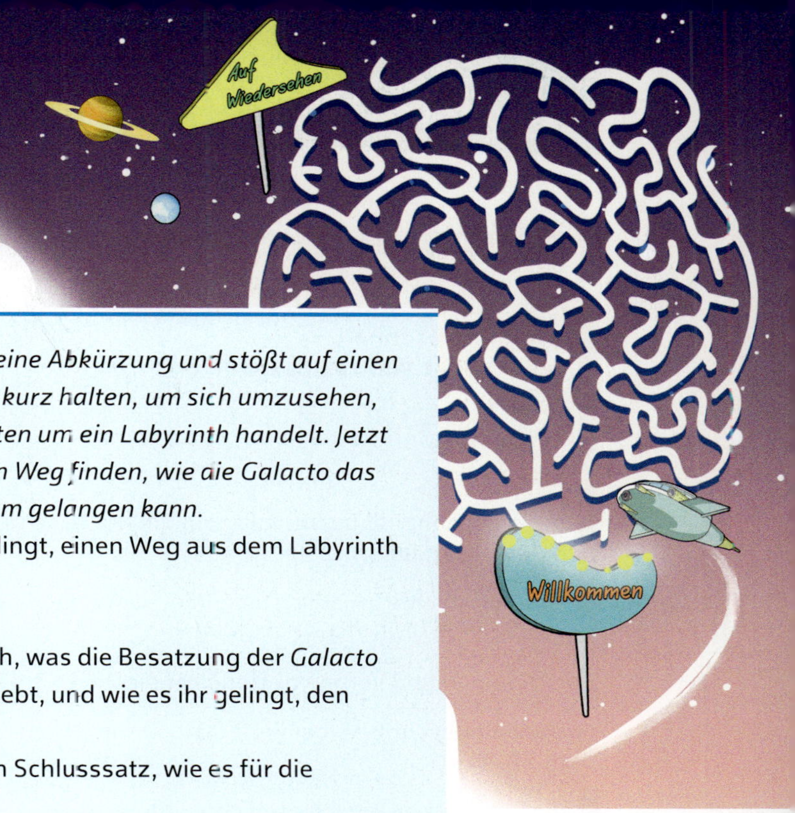

Auf dem Rückflug zur Erde nimmt die Galacto eine Abkürzung und stößt auf einen bisher unentdeckten Planeten. Sie wollen dort kurz halten, um sich umzusehen, als Alexa feststellt, dass es sich bei dem Planeten um ein Labyrinth handelt. Jetzt muss sie gemeinsam mit ihrer Besatzung einen Weg finden, wie die Galacto das Labyrinth verlassen und wieder in den Weltraum gelangen kann.

Schreibe eine Geschichte, in der es *Galacto* gelingt, einen Weg aus dem Labyrinth zu finden.

- Schildere die Ausgangssituation.
- Erzähle lebendig, spannend und anschaulich, was die Besatzung der *Galacto* während des Fluges durch das Labyrinth erlebt, und wie es ihr gelingt, den Ausgang aus dem Labyrinth zu finden.
- Nenne das Ergebnis und formuliere in einem Schlusssatz, wie es für die *Galacto* weitergeht.

1 Plane deine Geschichte mithilfe einer Tabelle als Schreibplan:

Digital+ Schreibplan WES-126426-012

Überschrift	Alexa	
Ausgangssituation	– Aufenthalt auf unbekanntem Planeten	Alexa: „Wir machen einfach mit!“ orientierungslos, unsicher …
Lösungsmöglichkeit	Alexa: Wir nutzen die Navigationsdrohne	hoffnungsvoll
Umsetzung der Lösung	Alexa startet Drohne – Drohne überfliegt Labyrinth	Alexa: „Gut, dass wir die Drohne haben!“ abbiegen, überfliegen, kreuzen, sich orientieren
Auflösung am Ende (Ergebnis)		
Fortsetzung der Reise	Und …	

2 Verfasse einen Entwurf und schreibe lebendig, spannend und anschaulich:
So kannst du beginnen: Auf dem Rückflug zur Erde tauchte plötzlich ein unbekannter Planet vor der Galacto auf. Alexa beschloss, dort kurz zu halten. Zu spät stellte sie fest, …

3 Überprüfe, ob du alle Kriterien der Aufgabenstellung umgesetzt hast und überarbeite den Text mithilfe der **CHECKLISTE** von Seite 29.

LERNBEGLEITBOGEN

Erdachtes erzählen

Kompetenz / Inhalt zum Kapitel: Weltraumexpedition	Selbsteinschätzung ☺ 😐 ☹	Fremdeinschätzung ☺ 😐 ☹	Bemerkungen	Hier kannst du weiterüben:
Ich kann ...				
die Rahmenhandlung mithilfe von Bildern beschreiben und verstehen. (S. 8–9)				
eine Geschichte mündlich lebendig, spannend und anschaulich vortragen. (S. 10–11)				AH, S. 5
mit Nomen und Verben treffend bezeichnen. (S. 12)				
Handlungsschritte einer Erzählung ermitteln (S. 13–14)				
die Erzählweise einer Geschichte untersuchen. (S. 15–16)				
Zeichen der wörtlichen Rede richtig setzen. (S. 17)				SB, S. 295, S. 300 AH, S. 8
im Präteritum erzählen. (S. 18)				SB, S. 250 S. 252
eine Erzählkarte anlegen. (S. 20)				
eine eigene Erzählung planen und schreiben: – dazu Ideen in einer Tabelle sammeln; – die Reihenfolge der Handlungsschritte festlegen; – eine passende Überschrift formulieren. (S. 21–22)				SB, S. 295
meinen Wortschatz erweitern und die neuen Ausdrücke anwenden. (S. 23)				
eine Erzählung lebendig, spannend und anschaulich schreiben. (S. 24–25)				AH, S. 6-7
die Erweiterungsprobe anwenden. (S. 26)				
mein Wissen vertiefen. (S. 27)				
fremde oder eigene Texte mithilfe der Checkliste und der Leiste für erzählerische Mittel überarbeiten. (S. 28-29)				SB, S. 272
eine Graphic Novel untersuchen und gestalten. (S. 30–31)				AH, S. 9

FREIRAUM
Diese Aufgaben aus dem Freiraum habe ich gemacht:

AH = Arbeitsheft, SB = Schülerband

Fachwörter und Methoden

die Erweiterungsprobe
Führst du durch, um überprüfen zu können, ob du deinen Text durch Adjektive ergänzen kannst, um ihn anschaulicher zu gestalten. Beispiele: *mit einem lauten Knall; Es knallte laut.*

erzählerische Mittel
Um Aufmerksamkeit bei Lesenden und Zuhörenden zu erzeugen, verwendest du erzählerische Mittel, z. B.:
1. **Vorausdeuter:** Mit Vorausdeutern **weckst** du die **Neugierde** und **erhöhst** die **Spannung**: *Aufgeregt betraten sie die Raumstation. Was sie hier wohl erwarten würde?*
2. **Mitfühler:** Mit Mitfühlern beschreibst du die **Gefühle** der Figuren:
   - als **wörtliche Rede in Gedanken:** *„Wie aufregend!", dachte sich Maxi.*
   - als **Gesagtes:** *„Das ist wahnsinnig schnell!"*, stellte Ayse fest.
   - oder durch **anschaulichen Adjektiven:** *Ihm wurde ganz komisch.*
3. **Spannungswörter:** Damit **kündigst** du etwas **Aufregendes** an: *plötzlich, auf einmal, völlig überraschend ...*
4. **treffende Verben:** Mit treffenden Verben wird **das Erlebte vorstellbarer**. Du kannst den **Leseeindruck** dadurch **verstärken**: z. B. *statt zuhören → lauschen,* statt: *regnen → prasseln*
5. **anschauliche Adjektive:** Mit anschaulichen Adjektiven erzeugst eine **bildliche Vorstellung:** *geheimnisvoll, sternenklar, geräumig ...*

die Graphic Novel
Eine „illustrierte Erzählung" oder ein „Bildroman". Darin werden Geschichten mit einer längeren Handlung (so wie in einem Buch) ähnlich wie ein Comic dargestellt. Eine Graphic Novel besteht aus verschiedenen **Gestaltungselementen**: dem **Panel** (ein Einzelbild), dem **Image Panel** (ein stummes Einzelbild), einer **Textbox**, **Textblasen** für Gedanken, wörtlicher Rede oder Geräusche, **Symbolen** für Gefühle oder Begriffe. Die Lautstärke kannst du durch **fette Schrift** oder über die **Schriftgröße** darstellen.

das Präteritum
Das **Präteritum** ist eine Zeitform der **Vergangenheit**. Du verwendest es, wenn du etwas **schriftlich erzählst**, was schon geschehen ist: *Mit vollem Tank ging es mit Vollgas weiter.*
1. Bei **regelmäßigen Verben** hängst du ein **-te** an den Wortstamm: *fühlen – sie fühl-**te**.*
2 Bei **unregelmäßigen Verben** (starke Verben) veränderst du den Vokal im Wortstamm: *gehen – ich ging, fliegen – ich flog.*

der rote Faden
Du entwickelst einen roten Faden, wenn du die Handlungsschritte einer Erzählung für deine Leserinnen und Leser nachvollziehbar aufeinander aufbaust. Die Erzählung folgt dem Thema und schweift nicht ab.

die Schreibkonferenz
In einer Schreibkonferenz könnt ihr eure Texte genauer „unter die Lupe" nehmen, z. B. mit Kriterien auf einer Kontrollscheibe, in einer Checkliste oder einer Textlupe. Ihr sprecht darüber, was gelungen ist, und gebt Tipps, wie ihr eure Texte verbessern könnt.

die Tabelle
Eine Tabelle kannst du als Schreibplan nutzen, um deine erzählenden Texte zu planen.

verzögertes Lesen
Beim verzögerten Lesen liest du einen Text abschnittsweise. Du beantwortest zunächst die Fragen zu dem jeweiligen Absatz, bevor du weiterliest und die Fragen des nächsten Textabschnitts bearbeitest.

die wörtliche Rede
Die wörtliche Rede kennzeichnest du durch Anführungszeichen:
1. Wörtliche Rede mit **nachgestelltem Redebegleitsatz**: „Ich frage mich, was Trollvist gerade macht?", murmelte Selma.
2. **Vorangestellter Redebegleitsatz** und wörtliche Rede: Selma murmelte: „Ich frage mich, was Trollvist gerade macht?"
3. **Redebegleitsatz zwischen** der wörtlichen Rede: „Ich frage mich", murmelte Selma, „was Trollvist gerade macht!"

1 Prüft euer Wissen mithilfe des digitalen Tests.

Digital+
Interaktive Aufgabe
WES-126426-013

Aufgaben zum Weiterarbeiten

ZU SEITE 8

Kennst du dich im Weltraum aus?

- Ordne die Namen den Planeten zu: Venus – Erde – Jupiter – Neptun – Merkur – Sonne – Mars – Uranus – Saturn.
- Vergleiche deine Lösung mit dem Webcode.
- Es gibt einen Merksatz, mit dem du dir die Namen der Planeten einprägen kannst. Recherchiere ihn im Internet.

Digital+
Interaktive Aufgabe
WES-126426-014

ZU SEITE 11

Wie würdest du dich auf eine Weltraumreise vorbereiten?
Interviewt euch gegenseitig zu folgenden Fragen:

- Wie würdest du dich bei ausreichender Zeit auf eine Weltraumreise vorbereiten?
- Wohin würdest du im All am liebsten reisen?
- Was gehört auf einer Weltraumreise auf jeden Fall in dein Gepäck?
- Was oder wen würdest du am meisten vermissen?

ZU SEITE 12

Wie sähe deine *Galacto* aus? Fertige eine Modellzeichnung an.

ZU SEITE 14

Nimm mit dem Handy eine Videobotschaft an die Zurückgebliebenen auf der Erde auf: Was würdest du gerne mitteilen? Ihr könnt euch zu dritt zusammentun und als Selma, Ayse und Maxi sprechen.

ZU SEITE 17

Was könnte Trollvist auf Alexas Gedankennachricht antworten?
Schicke eine Gedankennachricht von Trollvist an Alexa.

ZU SEITE 22

Wie ist der Planet Magnus zu seinem Namen gekommen?
Erfinde eine möglichst glaubhafte oder eine besonders lustige Erklärung:

Jeder weiß, dass Magnus von dem Wort ... stammt und ... bedeutet.
Der Entdecker des Planeten Magnus hat sich damals Folgendes gedacht: ...
So wie der Planet aussieht, konnte er nur Magnus heißen, denn ...

ZU SEITE 26

Weltraumschrott ist tatsächlich ein Problem! Lies nach, wie es dazu kommt und fertige eine Skizze an, in der du darstellst, welche Dinge im Weltraum herumfliegen.

Forscher schätzen, dass insgesamt rund 170 Millionen Müllteile durchs All schwirren, die größer als einen Millimeter sind – etwa Bruchstücke von Solarpanelen oder Metallsplitter. Auch ein paar kuriose Dinge gehören dazu: die vollen Müllsäcke etwa, die russische Kosmonauten während ihrer Zeit auf der Raumstation „Mir" einfach von Bord geworfen haben. Oder bei einem Außeneinsatz verloren gegangene Schraubenzieher, die Zange, die Kamera und die Werkzeugtasche. Sogar eine Zahnbürste trudelte davon, einmal ging einem Astronauten beim Weltraumspaziergang ein Handschuh flöten. Wochenlang schwebte dieser umher und winkte in die einsamen Weiten des Weltalls.

ZU SEITE 29

Bist du auch geeignet für ein Astronauten-Praktikum? Probiere folgende Übungen aus:

- Stelle eine Flasche auf den Boden. Berühre mit einem Finger den Deckel. Laufe nun zehnmal um die Flasche, ohne den Finger von der Flasche zu heben. Stell dich danach auf ein Bein. Was passiert?
- Lege sieben Geldmünzen nebeneinander auf einen Tisch. Ziehe dicke Handschuhe an und versuche, die Münzen zu einem Turm zu stapeln. Wie lange brauchst du dazu?

Über einige Astronautinnen und Astronauten erfährt man einiges durch ihren Aufenthalt auf der ISS, der internationalen Raumstation. Informiere dich über eine der folgenden Personen und erstelle einen Steckbrief. Recherchiere dazu im Internet. Gib dazu den Namen der Astronautin oder des Astronauten in eine Suchmaschine ein, z.B. *www.blinde-kuh.de* oder *www.frag-finn.de*.

Digital+
Steckbriefe
WES-126426-015

Samantha Cristoforetti

Alexander Gerst

Matthias Maurer

Lernen ganz anders

1 Betrachtet das Bild und lest die Sprechblasen:

a) Gebt mithilfe der **SPRACHBOX** rechts wieder, worüber die Schülerinnen und Schüler der SV sprechen und was sie planen.

b) Stellt Vermutungen dazu an, worin sich Schulen in anderen Ländern unterscheiden und was sie gemeinsam haben.

2 Neben der Weltkarte findet ihr die Namen einiger Schulen in anderen Ländern.

» Fachwortschatz, S. 62

a) Welche Länder werden genannt und wo liegen sie? Benennt den jeweilligen Kontinent.

b) Sammelt Fragen, die ihr einem Kind an einer der Schulen gern stellen würdet, z.B. *Wie lang ist dein Schulweg?*

c) Tauscht euch darüber aus, wie und wodurch es zu Kontakten in diesen Ländern gekommen sein könnte.

d) Kennst du jemanden, der eine Schule in einem anderen Land besucht hat? Erzähle der Klasse davon, was er oder sie berichtet hat.

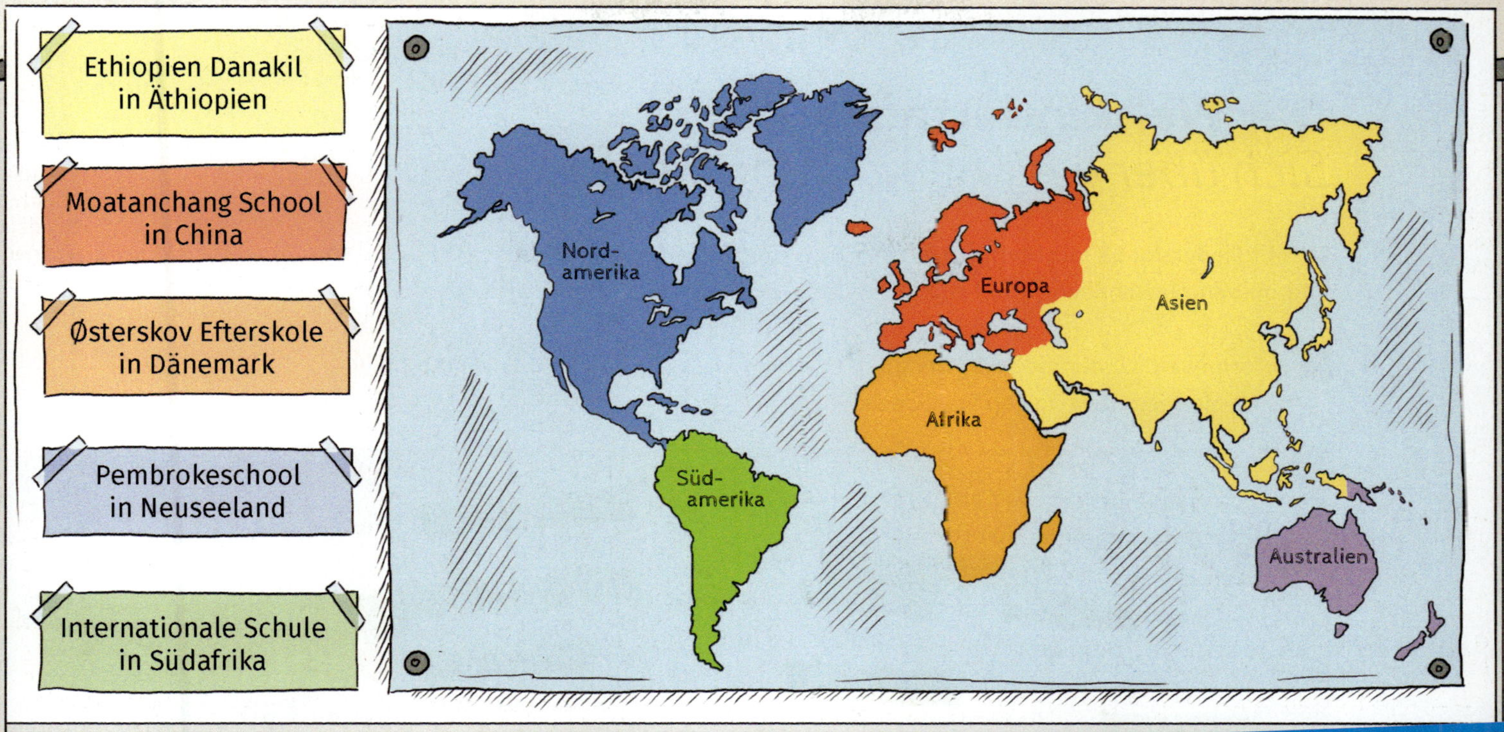

SPRACHBOX

Nomen: der Weltkindertag – die Schülervertretung (SV) – die Aktion – das Kinderrecht – das Land – der Kontinent – der Ozean – die Weltkarte – der Globus – die Südhalbkugel – die Nordhalbkugel – das Nachbarland – der Kontakt – der Austausch die Homepage – der Schulalltag – das Ausland

Adjektive: weltweit – wohlhabend – zielstrebig – nördlich von – östlich von – südlich von – westlich von – zentral gelegen – freundschaftlich – ähnlich – unterschiedlich

Verben: sich befinden – leben – liegen in – grenzen an – veranstalten – planen – besprechen – vorstellen – befragen – recherchieren – kontaktieren – übersetzen – organisieren

Digital+
Interaktive Aufgabe
WES-126426-016

AUSBLICK

In diesem Kapitel lernst du Schülerinnen und Schüler aus Schulen in unterschiedlichen Ländern kennen. Um Schulen in anderen Ländern vorzustellen, verfasst du für deine Leserinnen und Leser einen informierenden Text, der auf der Schulhomepage veröffentlicht werden soll.

Der Weltkindertag
Sich über ein Thema informieren

Die Mitglieder der SV möchten sich zunächst genauer über den Anlass, den Weltkindertag, informieren. Dazu haben sie auf einer Pinnwand schon einige Informationen gesammelt.

1 Informiere dich darüber, was genau der Weltkindertag ist, indem du die Materialien liest. Markiere beim Lesen Schlüsselstellen.

Der Weltkindertag wird jedes Jahr am 20. September gefeiert. Eingeführt wurde er von den **Vereinten Nationen**. Diese sind eine Gruppe von 193 Ländern, die sich zusammengeschlossen haben. Ihr Ziel ist es, dass in allen Ländern Frieden herrscht und die Menschenrechte eingehalten werden.

In vielen Ländern gibt es Organisationen, die darauf achten, dass besonders die Rechte von Kindern eingehalten werden. In Deutschland macht das zum Beispiel die **Kindernothilfe**. Andere Anlaufstellen sind die **Jugendvereinigung des Naturschutzbundes** und die **Deutsche Sportjugend**.

Der Weltkindertag wird gefeiert, um auf die **Rechte der Kinder** aufmerksam zu machen. Die Länder wollen sich dafür einsetzen, dass jedes Kind diese Rechte hat.

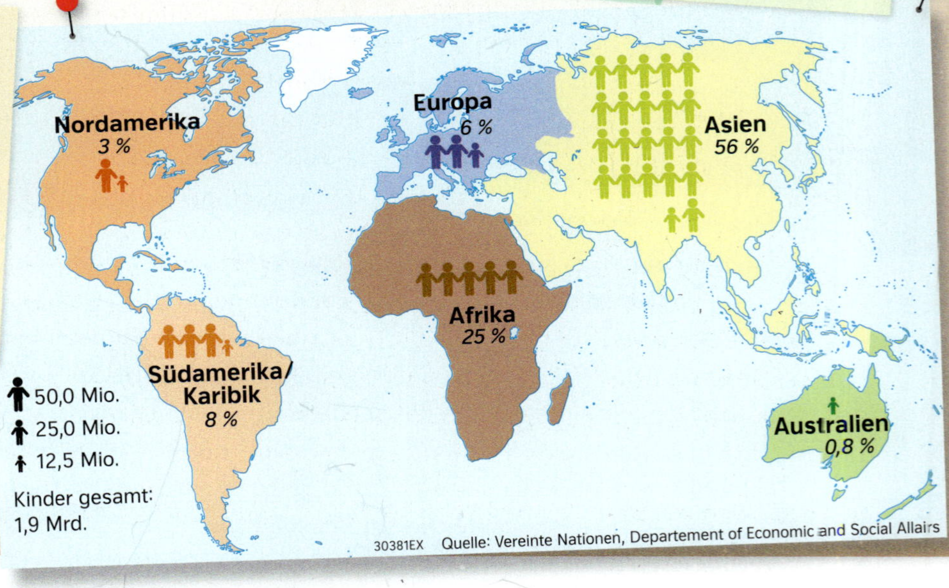

2 Was hast du aus den Materialien über den Weltkindertag erfahren? Prüfe dein Textverständnis. Beantworte dazu die folgenden Fragen:
- Warum gibt es den Weltkindertag?
- Wer führte die Kinderrechte ein?
- Wer kann helfen, wenn die Kinderrechte in Deutschland nicht eingehalten werden?
- Auf welchem Kontinent leben die meisten, auf welchem die wenigsten Kinder?

Nenne beide Kontinente. Schreibe so: *Die meisten Kinder leben in… Die wenigsten Kinder…* Erkläre auch, wie du vorgegangen bist, um das herauszufinden.

Ordne die Kontinente nach der Anzahl der Kinder in einer Reihenfolge. Schreibe so: *Die meisten Kinder leben in… Es folgt mit einer Zahl von… Danach…* Erkläre, wie du vorgegangen bist.

Ein Recht auf Bildung
Gezielt Informationen entnehmen

(AH) S. 10-11

1 Eines der Kinderrechte ist das Recht auf Bildung. Dazu interviewt Linus aus der 6.1 Herrn Schulz, einen Mitarbeiter der Kindernothilfe.

Fachwortschatz, S. 62

a) Markiere Informationen zu den folgenden Fragen in den angegebenen Farben. Orientiere dich dabei an den Hinweisen in der **LERNBOX**:

Freiraum, S. 63

- Was ist eigentlich das „Recht auf Bildung“?
- Warum ist dieses Recht so wichtig? Welche Beispiele wurden Linus genannt?
- Was hat er über die Einhaltung dieses Rechts herausgefunden?

Digital+ Textvorlage WES-126426-017

b) Vergleicht eure Ergebnisse miteinander.

Linus: Hallo Herr Schulz. Wir freuen uns, dass Sie sich Zeit genommen haben, um uns Fragen zu den Kinderrechten zu beantworten. Welche Kinderrechte gibt es?
Herr Schulz: Gerne! Insgesamt gibt es mehr als 40 Kinderrechte. Kinder haben z.B. das Recht, gesund zu essen und in einer sicheren Umgebung zu leben. Außerdem darf kein Kind benachteiligt werden.
Linus: Wir, der 6. Jahrgang, möchten auf der Homepage über das *Recht auf Bildung* informieren, weil wir Schulen in anderen Ländern vorstellen. Was versteht man eigentlich darunter?
Herr Schulz: Das Recht auf Bildung ist sehr wichtig. Es bedeutet, dass jedes Kind das Recht hat, die Schule zu besuchen und Lesen und Schreiben zu lernen. Außerdem hat jedes Kind das Recht darauf, eine Ausbildung zu machen, die seinen Fähigkeiten entspricht. Ein wichtiger Punkt ist hier auch, dass jedes Kind Bildung erhalten kann, ohne dafür Geld bezahlen zu müssen.
Linus: Warum genau ist das Recht auf Bildung denn so wichtig?
Herr Schulz: Bildung soll dabei helfen, dass du zum Beispiel herausfindest, was du gut kannst, was deine Talente sind. Kinder sollen auch lernen, eigenständig leben zu können. Bildung ist wichtig, um zu verstehen, wie wir Menschen in Frieden miteinander leben können. Kinder brauchen Bildung, um zu verstehen, wie wichtig es ist, alle Menschen zu respektieren, auch wenn sie anderen Kulturen und Religionen angehören. Schließlich ist Bildung auch wichtig, um zu lernen, wie wir unsere Umwelt schützen.
Linus: Wird dieses Recht denn in jedem Land eingehalten?
Herr Schulz: Leider gibt es Länder, in denen die Kinder nicht die Schule besuchen können und diese Dinge nicht lernen. Sie müssen zum Beispiel arbeiten oder im Haushalt helfen.

2 Formuliert aus euren Ergebnissen eine kurzen Einführung für die Homepage: Was heißt „Recht auf Bildung?“

SPRACHBOX

Das Recht auf Bildung bedeutet, dass ... – Das Recht auf Bildung ist wichtig, weil ... – Zum Beispiel ... – Das Recht auf Bildung wird (nicht) überall ... – In manchen Ländern ...

LERNBOX

So entnimmst du einem Text gezielt Informationen:

Gezielt Informationen entnehmen heißt, nur solche **Informationen** aus einem Text herauszusuchen und wiederzugeben, **die in der Aufgabe gefordert werden**.

1. Lies daher die Aufgabenstellung gründlich und markiere die **Schlüsselwörter**: *Was ist ... Recht auf Bildung? / Welche Beispiele ... / ... über die Einhaltung dieses Rechts herausgefunden ...*
2. **Markiere** Textstellen (Schlüsselstellen), die zu der Aufgabe passen.
3. **Nutze diese Textstellen**, um eigene Stichwörter oder Texte zu formulieren.

Ein Schultag in Äthiopien
Einen Homepagetext untersuchen

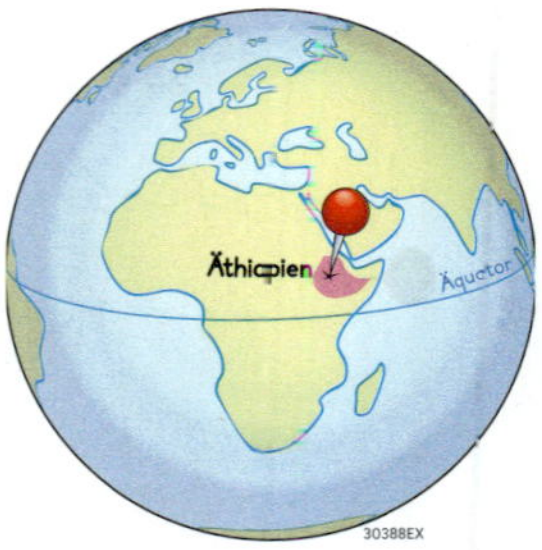

1 Mia hat sich über die *Ethiopien Danakil School* (EDS) informiert und möchte ihren Text auf der Homepage veröffentlichen.
Sieh dir die Karte an und beschreibe mithilfe der **SPRACHBOX**, wo Äthiopien liegt.
Äthiopien liegt... Es befindet sich auf... Das Land liegt im ... Kontinents.

SPRACHBOX
... liegt auf der Südhalbkugel. –
... befindet sich auf dem Kontinent ...
– ... im Norden/Osten/Süden/Westen des Kontinents.

2 **a)** Lies den Informationstext und betrachte das Bild. Tauscht euch anschließend in Partnerarbeit über *Schulalltag, Schüleranzahl, Fächer* ... aus.
b) Diskutiert darüber, ob ihr diese Schule auf der Homepage vorstellen würdet. Vergleicht eure Beurteilungen mit den Hinweisen in der **LERNBOX** auf Seite 43.

Lernen in Äthiopien – Eine Schule an einem der heißesten Orte der Welt

Heute nehme ich euch mit nach Afrika, genauer gesagt nach Äthiopien. Ihr könnt es euch kaum vorstellen, aber die Kinder leben und lernen hier an einem der heißesten Orte der Welt. Die Ethiopien Danakil School (EDS) in Äthiopien wird laut der Schulhomepage von 97 Schülerinnen und Schülern besucht. Sie liegt in einem kleinen Ort in der Danakil-Wüste.

Interessewecker: heißester Ort der Welt
Name: Ethiopien Danakil School (EDS)
Ort: Äthiopien, Danakil-Wüste
Schüleranzahl: 97

Der Schüler, der mir von der Schule berichtet hat, heißt Hamed. Er steht jeden Morgen um 5:30 Uhr auf. Nach einem langen Schulweg kommt er um 8:00 Uhr endlich an seiner Schule an. Jetzt sieht er seine Freunde und hat noch ein bisschen Zeit, um Fußball zu spielen oder um Musik zu machen. Die Schule beginnt um 8:30 Uhr. Es gibt unterschiedliche Fächer, unter anderem Mathe und Sprachen. In der Schule wird Englisch gesprochen. Für Hamed war das anfangs eine Umgewöhnung, denn in den meisten Familien wird die Landessprache Amharisch gesprochen. Deshalb müssen die Kinder zuerst Englisch lernen, um dem Unterricht folgen zu können. Die letzte Stunde geht dann bis 14:30 Uhr. Bevor er sich auf den Heimweg macht, stärkt sich Hamed in der Mittagspause.

Einige seiner Mitschüler müssen nach der Schule in der Salzmine[1] helfen, in der auch viele Väter hart arbeiten. Nur so können die Familien überleben, denn sie brauchen Geld für Nahrungsmittel. Viele Kinder sind abends erschöpft, aber glücklich, dass sie zur Schule gehen können. Auf der Internetseite des Landes habe ich gelesen, dass nur die Hälfte der Menschen hier in Äthiopien lesen und schreiben kann. Nur jedes dritte Kind besucht die Schule. Mädchen können meist nicht zur Schule gehen, da sie sich um die Tiere und den Haushalt kümmern.

In einer Klasse sind etwa 30 Kinder. Die Kinder sind unterschiedlich alt, weil hier nicht alle Kinder eingeschult werden, wenn sie sechs Jahre alt sind. Manche Kinder fangen erst mit 15 oder 16 Jahren an, die Schule zu besuchen. Besonders ist auch, dass viele Kinder hier einen einzigartigen Schulweg haben. Bei einigen Kindern dauert dieser Schulweg mehrere Stunden. Sie laufen 15 km hin und 15 km zurück – und das bei über 50 °C. Könnt ihr euch das vorstellen? Es gibt hier keinen Schatten. Der Sand am Boden der Danakil-Wüste wird so heiß, dass Hamed sich häufig die Füße verbrennt.

1 **Salzmine:** ein Ort, an dem Salz abgebaut wird

Digital+ Textvorlage WES-126426-018

3 Untersuche den Text nun genauer. Notiere am Rand Stichworte zu den folgenden Fragen. Lies dann noch einmal die **LERNBOX**.

- Welche Information macht neugierig? (Interessewecker)
- Wie heißt die Schule? (Name)
- Wo befindet sich die Schule? (Ort)
- Wie viele Kinder besuchen die Schule und eine Klasse? (Schüleranzahl)
- Wann beginnt der Schultag? Wann endet der Schultag? (Zeiten)
- Welche Fächer werden unterrichtet?
- Was ist das Besondere an der Ethiopien Danakil School? (z. B. Schulweg, ...)

4 Woher hat Mia ihre Informationen? Gib die Textstellen an, in denen sie ihre Quellen nennt.

Sieh dir dazu noch einmal die Zeilen 4, 7 und 21 an.

5 Überprüfe, ob der Aufbau des Homepagetextes gelungen ist.

Beachte den 2. Hinweis in der **LERNBOX**. Schau dir noch einmal die Absätze und deine Notizen dazu an. Welche Informationen hat Mia zusammengefasst?

Der Text ist (nicht) sinnvoll aufgebaut, da er mit ... beginnt. Dann folgt ...
Am Ende des Textes werden ... genannt.

Gehe auch auf den ersten Hinweis in der **LERNBOX** ein.

Der Text passt (nicht) gut auf die Homepage, denn ...

Berücksichtige alle Hinweise in der **LERNBOX** und begründe deine Einschätzung mithilfe von Textstellen.

6 **a)** Besprecht, ob die Überschrift passend gewählt wurde.

Nutze die Formulierungen aus der **SPRACHBOX**.

b) Findet weitere Überschriften, die für den Text geeignet sind und die die Leserinnen und Leser neugierig machen.

SPRACHBOX

Die Überschrift ist geeignet/nicht geeignet, weil ...
Interesse wecken – neugierig machen

LERNBOX

So baust du einen informierenden Text auf:

1. Auf einer **Schulhomepage** sollen Texte vorgestellt werden, die zum **Thema** passen und interessant sind.
2. Gliedere deinen informierenden Text in Abschnitte. Halte diese **Reihenfolge** ein:
   a) **Vorstellung der Schule:** Welche Informationen machen neugierig (Interessewecker)? Wie heißt die Schule? Wo liegt die Schule? Wie viele Schüler besuchen die Schule?
   b) **Beschreibung des Schulalltags:** Wann beginnt und wann endet der Schultag? Welche Fächer gibt es? Was lernen die Schülerinnen und Schüler? Wie verbringen sie ihre Pausen?
   c) **Darstellung der Besonderheiten:** Was macht diese Schule besonders? Wodurch unterscheidet sich das Lernen von dem Lernen bei uns?
3. Formuliere eine **Überschrift**, die neugierig macht, zum Beispiel:
   Lernen ganz anders – Der heißeste Schulweg der Welt!

Übersetzungsprogramme
Eine E-Mail übersetzen

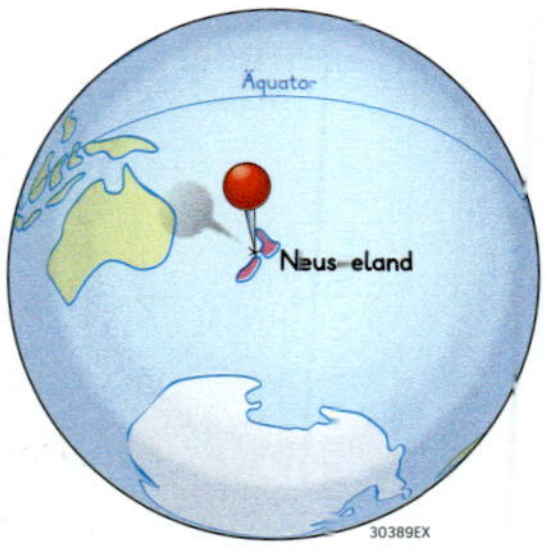

Seit ein paar Monaten hat Julia Kontakt mit Henry, einem Schüler der 6. Klasse der *Pembrokeschool* in Neuseeland. Sie ist nun fasziniert von dem Land, obwohl sie noch nie dort war.

SPRACHBOX

...liegt auf/ befindet sich auf der Südhalbkugel. – ...eine Insel im Pazifischen Ozean. – Ein nah gelegenes Land ist...

1 Betrachtet die Bilder und die Karte oben.
a) Beschreibt mithilfe der **SPRACHBOX**, wo Neuseeland liegt.
b) Wie stellt ihr euch den Schulalltag vor? Was interessiert euch an der Schule?

2 Julia möchte den Schulalltag an der Pembrokeschool in Oamaru vorstellen und hat sich die Homepage der Schule angesehen. Sie hat jedoch an Henry noch einige Fragen. Tauscht euch darüber aus, welche Informationen Julia bereits hat (links), und welche Informationen noch fehlen (rechts).

Meine Informationen:
Name der Schule: Pembrokeschool
Land: Neuseeland
Stadt: Oamaru
Interessewecker: so weit entfernt wie kaum ein anderes Land
Fächer: Es gibt Fächer, die es auch bei uns gibt: Mathe, Kunst, Englisch ... , aber auch: Maori

Informationen, die noch fehlen:
- Wie viele Kinder besuchen die Schule?
- Um wie viel Uhr beginnt ein typischer Schultag?
- Welche Besonderheiten gibt es an der Schule?
- Werden Schuluniformen getragen?

3 **a)** Verfasse eine E-Mail an Henry, in der Julia um Antworten auf ihre Fragen bittet.

Fachwortschatz, S. 62

Nutze dafür den folgenden Anfang:

Lieber Henry,
ich hoffe, es geht dir gut. In der Schule sprechen wir gerade über den Weltkindertag. Deshalb möchten wir auf der Schulhomepage vorstellen, wie Kinder in anderen Ländern an einigen Schulen lernen. Ich möchte deine Schule, die Pembrokeschool, vorstellen. Einige Informationen habe ich schon gesammelt. Ich habe aber noch ein paar Fragen an dich. ...

b) Formuliere auch eine passende Betreffzeile für die E-Mail.

Betreff:

c) Stellt euch eure E-Mails untereinander vor und tauscht euch darüber aus, ob alle Fragen des Stichwortzettels rechts enthalten sind.

4 Übersetze die E-Mail mithilfe eines Übersetzungsprogramms ins Englische. Lies dazu die **LERNBOX** und gehe so vor, wie dort beschrieben.

Deutsch ⇄	Englisch
Lieber Henry ...	Dear Henry ...

5 Henry hat Julia geantwortet. Natürlich ist seine E-Mail auf Englisch verfasst.

a) Nenne die Antworten, die du bereits verstehen kannst.

b) Unterstreiche unbekannte Begriffe. Entscheide dann, ob du besser die Bedeutung der einzelnen Wörter nachschlägst oder den gesamten Text in das Übersetzungsprogramm eingibst.

c) Eine Frage vom gelben Notizzettel hat Henry nicht beantwortet. Formuliere eine E-Mail von Julia, in der du noch einmal nachfragst.

Von:	HenryNZ@webinternet.nz
An:	JuliaDE@ARG.de
Betreff:	**project „Weltkindertag“**

Hello Julia,

I'm glad to get your email. No other country is as far away from Germany as New Zealand. You already know a lot about my school. School starts at 9:00 am. We have breakfast together so that no child goes to class hungry.

The school is attended by 264 children. They go here from grade 1 to 6. Most of the children walk barefoot. The teachers want us to feel comfortable. I don't think that happens everywhere.

We have some subjects at school that you probably don't have. All the children learn sign language here. We learn this language because we have deaf and mute children in every class. I look forward to hearing from you soon.

Kind regards

Henry

Z.10: Ich freue mich darauf, bald von Ihnen zu hören.

6 Nachdem Julia die E-Mail übersetzt hat, fällt ihr eine Textstelle auf:

a) Erkläre mithilfe der **LERNBOX**, zu welchem Fehler es gekommen ist.

b) Tauscht euch darüber aus, was bei der Nutzung eines Übersetzungsprogramms zu beachten ist.

LERNBOX

So arbeitest du mit einem Übersetzungsprogramm

Übersetzungsprogramme helfen dir, eine fremde Sprache zu verstehen.
Du kannst einzelne Wörter oder ganze Texte übersetzen. So gehst du vor:

1. Starte ein **Übersetzungsprogramm**, z. B. Google Translate, Deepl Translate.
2. Wähle die Sprache aus, **in der du deinen Text eingibst** (hier: Deutsch).
3. Wähle die Sprache aus, **in die dein Text übersetzt werden soll** (hier: Englisch)
4. Tippe nun den **Text**, den du übersetzen möchtest, in das **Eingabefeld** ein.
5. Die Übersetzung ist nicht immer fehlerfrei. In die **Zeichensetzung, Rechtschreibung** und **Grammatik** können sich Fehler einschleichen. Die Übersetzung solltest du deshalb noch einmal **überprüfen** und Textstellen **ggf. umformulieren**.

» Fachwortschatz, S. 62

» Sprache untersuchen, S. 264

Nau mai ki Aotearoa
Einen Homepagetext gliedern

1 Julia hat für ihren Homepagetext schon gut recherchiert. Lies Julias Notizen (**A** und **B**). Überprüfe mithilfe ihrer Liste, ob sie tatsächlich alle Informationen beisammenhat. Setze in der Liste rechts einen Haken, wenn du die Information findest.

A

Meine Informationen:
Name der Schule: Pembrokeschool
Land: Neuseeland
Stadt: Oamaru
Interessewecker: So weit entfernt wie kaum ein anderes Land.
Fächer: Es gibt Fächer, die es auch bei uns gibt: Mathe, Kunst, Englisch ..., aber auch: Maori (= Sprache)

B

Informationen, die noch fehlen:
- Wie viele Kinder besuchen die Schule? → 264 Kinder
- Um wie viel Uhr beginnt ein typischer Schultag? → Der Unterricht beginnt um 9:00
- Welche Besonderheiten gibt es an der Schule? → Unterrichtsfach Gebärdensprachen, gemeinsames Singen der Nationalhymne, barfuß laufen
- Tragt ihr Schuluniformen? → nein

Planungsliste:

1. Vorstellung der Schule
Wie heißt die Schule? ☐
Wo liegt die Schule? ☐
Wie viele Schülerinnen und Schüler besuchen die Schule? ☐
Welche Information macht besonders neugierig? ☐
2. Beschreibung des Schulalltags
Wann beginnt ein typischer Schultag? ☐
Welche Fächer gibt es? ☐
Wir verbringen die Kinder ihre Pausen? ☐
Wie ist die Verpflegung? ☐
3. Darstellung der Besonderheiten
Was macht die Schule besonders? ☐

2 Stelle einen informierenden Text für die Schulhomepage zusammen. Gehe so vor:
a) Ordne Julias Textstreifen mithilfe der Liste in der richtigen Reihenfolge an. Orientiere dich an den Fragen. Notiere die Zahlen von 1–5 in die Kästchen auf den Textstreifen.

☐ Und wisst ihr, was besonders ist? Alle Kinder haben hier das Unterrichtsfach Gebärdensprache. Alle Kinder haben diesen Unterricht, da in jeder Klasse auch taubstumme Kinder sind.

☐ Eine weitere Besonderheit ist, dass sich einmal pro Woche die gesamte Schule trifft, um gemeinsam die Nationalhymne zu singen. Die Hymne besteht aus den drei Sprachen, die hier unterrichtet werden: Englisch, Gebärdensprache, Maori. Besonders ist auch, dass fast alle Kinder ihren Schulalltag barfuß verbringen.

☐ Heute reisen wir nach Neuseeland, eine Insel im Pazifischen Ozean. Kaum ein anderes Land liegt so weit von uns entfernt. Wir besuchen hier die Stadt Oamaru. Hier befindet sich die Pembrokeschool, die von 264 Kindern besucht wird.

Digital+
Vorlage Materialien
WES-126426-019

b) Vergleiche deine Reihenfolge mit der eines Partners oder einer Partnerin.

c) Schreibe Julias Text für die Homepage nun vollständig auf. Ergänze auch eine passende Überschrift, die das Interesse der Leserinnen und Leser weckt.

So kannst du beginnen: *zu 1.: Heute reisen wir nach ... / zu 2.: Häufig kommen ...*

Ergänze die Informationen, die Julia bei ihrer Recherche noch gefunden hat (unten links) an einer passenden Stelle.

Das Fach Maori hat Julia neugierig gemacht. Ergänze die Informationen, die Julia in ihrem Buch dazu gefunden (unten rechts), ebenfalls an einer passenden Stelle.

3 Stellt euch eure Homepagetexte in einer Schreibkonferenz vor. Überprüft, ob:
- die wesentlichen Informationen vermittelt werden und ob sie richtig sind,
- die Reihenfolge sinnvoll ist (vgl. **LERNBOX** S. 43),
- die Überschrift das Interesse weckt.

» Freiraum, S. 63
» Sprache untersuchen, S. 264

Häufig kommen die Kinder morgens schon vor Schulbeginn, um gemeinsam draußen zu spielen. Zu dieser Zeit gibt es auch den „Breakfast Club“, in dem die Kinder in der Sporthalle gemeinsam frühstücken können. Der Schule ist es wichtig, dass alle Kinder morgens etwas essen, damit sie besser lernen können. So bekommen auch die Kinder ein Frühstück, die zu Hause keins erhalten.

Bevor die erste Stunde beginnt, machen die Kinder sportliche Übungen, wie tanzen, Yoga oder spazieren gehen. Der Unterricht beginnt um 9:00 Uhr. Die Kinder haben die meisten Fächer so, wie auch wir sie haben, zum Beispiel Englisch, Mathe und Kunst. Es gibt aber auch das Fach Maori. Das ist die Sprache der Menschen, die zuerst in Neuseeland gelebt haben. Es gibt um 10:30 Uhr eine kleine Pause und um 12:30 Uhr eine große Pause. In dieser essen die Kinder gemeinsam zu Mittag.

Die Schülerinnen und Schüler haben jede Woche die Chance, eine Urkunde zu bekommen, wenn sie sich besonders gut verhalten, sehr viel gelernt oder eine besonders gute Leistung erbracht haben. Die gesamte Schule applaudiert dann für diese Kinder.

Rechercheergebnis:
Die Maori:
- leben oft nach alten Traditionen (sie schnitzen und weben)
- Begrüßung durch Aneinanderreiben der Nasen
- Kriegstanz (Haka) wird häufig aufgeführt

Auf der sicheren Seite
Regeln für die Veröffentlichung beachten

1 Heute trifft sich die SV, um die Beiträge für die Veröffentlichung vorzubereiten. Besprecht, wer die Beiträge auf der Homepage lesen kann und worauf die SV achten muss, wenn sie Beiträge auf der öffentlichen Schulhomepage einstellt.

2 Die SV hat Regeln aufgestellt, an die sich die Verfasser halten sollen, bevor Informationen im Internet veröffentlicht werden. Lest euch die Regeln abwechselnd vor und klärt ihre Bedeutung.

(A) Diskriminiere und beleidige keine anderen Menschen in Bezug auf ihre Herkunft, ihre Religion, Sprache oder ihr Geschlecht.

(B) Poste keine Fotos und Videos von anderen Kindern ohne Zustimmung von ihnen und ihren Eltern.

(C) Prüfe Texte, Bilder oder Videos noch einmal, bevor du sie veröffentlichst. Lies dir Texte noch einmal durch.

(D) Verbreite keine Gewaltbilder und -videos!

(E) Gib nie zu viel über dich selbst preis. Du weißt nie, wer die Informationen liest und wofür er/sie diese nutzt.

(F) Veröffentliche keine vollständigen Namen und Daten von anderen.

(G) Kontrolliere die Rechtschreibung und Zeichensetzung. Der Leser denkt sonst, die Informationen sind nicht wichtig und/oder fehlerhaft.

3 **a)** Besprecht, warum diese Regeln wichtig sind.
b) Vergleicht mit der **LERNBOX**, ob alle Regeln von der SV genannt wurden.
c) Gibt es weitere Regeln, die ihr ergänzen möchtet? Notiert auch diese.

» Fachwortschatz, S. 62

4 Überprüfe mithilfe der **LERNBOX**, ob du dich in deinem Text von Seite 47, Aufgabe **2**, an diese Regeln gehalten hast. Kann dein Text so veröffentlicht werden?

LERNBOX

Das musst du beachten, wenn du Texte im Internet veröffentlichst:
Wenn du einen Text im Internet veröffentlichst, gibt es **soziale Regeln**, aber auch **gesetzliche Vorschriften**, die beachtet werden müssen:
1. Andere Personen sollen nicht **diskriminiert** werden.
2. Gib keine **persönlichen Daten** von dir und anderen preis.
3. Nenne die **Quellen**, die zeigen, woher du deine Bilder und Informationen hast (z. B. Internetseiten, Bücher, Zeitung, ...).
4. Überprüfe genau, welche Bilder du nutzen kannst. Verwende nur **Bilder** oder **Texte** von Personen, die ihre schriftliche Zustimmung gegeben haben.
5. Beachte die **Regeln der Rechtschreibung und Zeichensetzung**, damit die Informationen glaubwürdig und verständlich sind.

欢迎来到中国 – Willkommen in China
Einen informierenden Text planen

Mark hat über die Schulhomepage der *Maotanchang-Schule* in China Kontakt zu dem Schüler Jin aufgenommen. Von ihm bekommt er Informationen über den Schulalltag und zu Besonderheiten der Schule in China.

1 Betrachte die Karte und beschreibe die Lage Chinas. Nutze die folgende Formulierungen: China liegt auf der... auf dem Kontinent... Es liegt im... des Kontinentes.

2 **a)** Überfliege die Informationstexte und betrachte die Bilder.
b) Sprecht darüber, ob ihr diese Schule auf der Homepage vorstellen würdet.
c) Nimm Stellung dazu, inwiefern das Recht auf Bildung an Jins Schule umgesetzt wird.

Digital+
Vorlage Materialien
WES-126426-020

Steckbrief der Schule

- Name: Maotanchang-Schule
Anzahl der Schüler: 20.000
- Schülerinnen und Schüler sind sehr bemüht, gute Noten zu schreiben
- jedes Jahr sehr viele gute Abschlüsse
- Ziel: Abschlussprüfung „Gaokau“ – eine der härtesten Prüfungen der Welt

Bei der Prüfung

Mein Tagesablauf:

5:00 Uhr: Aufstehen
5:30–7:00 Uhr: Lernen
7:30–12:00 Uhr: Unterricht (Mathe, Sprachen, Physik, Chemie)
12:00–12:15 Uhr: Mittagspause
12:15–17:00 Uhr: Unterricht (Mathe, Sprachen, Physik, Chemie)
17:30 Uhr: zu Hause, Abendessen
18:30–22:00 Uhr: Abendschule, wird von den meisten Kindern besucht

Endlich haben wir Ferien! Leider muss ich viel lernen. Ich habe auch viele Hausaufgaben, die ich in den Ferien erledigen muss. Ich freue mich trotzdem sehr darauf, weil wir jetzt nicht so viel auswendig lernen und aufsagen müssen.
Jin ✓✓

Ich freue mich auch. Aber ich glaube, ich habe nicht so viel zu lernen wie ihr ...
Mark ✓✓

Das glaube ich auch. Ich kann es kaum abwarten, nicht in den engen Klassenräumen zu sitzen. Immerhin besuchen ungefähr 100–150 Kinder eine Klasse. Ich freue mich, die strengen Lehrer eine Zeit lang nicht zu sehen.
Jin ✓✓

Tests: 27. – 31. März

Mo.	Di.	Mi.	Do.	Fr.
Mathe			Chinesisch	
Englisch	Chemie			
	Geografie			
Physik			Literatur	

Besonders viele gute Abschlüsse an der Maotanchang-Schule

Die Kinder in Maotanchang lernen so früh, konzentriert und fleißig wie an kaum einem anderen Ort auf der Erde. Leistung und Disziplin sind den Familien in China sehr wichtig. Vielen Eltern ist es sehr wichtig, dass ihre Kinder eine gute Universität besuchen können. Häufig wird deshalb schon in den Kindergärten und Vorschulen Englisch, Chinesisch und Mathematik unterrichtet.

- Verfasse einen Homepagetext über die Moatanchang-Schule, in dem du Schülerinnen und Schüler, Lehrerinnen und Lehrer sowie Eltern über die Schule informierst. Gliedere deinen Text so:
- Formuliere eine Einleitung, in der du die Schule vorstellst *(Interessewecker, Name, Ort, Schüleranzahl)*.
- Beschreibe den Schulalltag an der Maotanchang-Schule *(Schulbeginn, Schulschluss, Fächer, Anzahl an Tests, Klassengröße)*.
- Erläutere Besonderheiten der Maotanchang-Schule *(Ferien, Kindergarten und Vorschule)*.
- Finde eine Überschrift, die neugierig macht.

3 Lies die Aufgabearkiere Verben (Operatoren) und Schlüsselwörter (Nomen).

4 Plane deinen Text, indem du gezielt Informationen aus den Materialien entnimmst.
a) Markiere Schüsselstellen zu den jeweiligen Aufgaben in unterschiedlichen Farben.
b) Übertrage denSchreibplan. Ergänze die Informationen aus den Materialien (S. 49).
c) Gleiche deinen Schreibplan mit dem eines Partners oder einer Partnerin ab.

Schreibplan	
Adressat:	Schülerinnen und Schüler, Lehrerinnen und Lehrer, Eltern
Schreibziel:	Einen Text für die Homepage verfassen
Überschrift	...
1. Vorstellung – Interessewecker – Name, Ort – Anzahl der Schüler	 sehr viele Tests Maotanchang School, Maotanchang in China 20.000 Kinder
2. Schulalltag – Schulbeginn / -ende – Fächer, Anzahl der Tests – Klassengröße	 7:30 Uhr – 17:00 Uhr – zusätzlich Abendschule ... 100–150 Kinder pro Klasse
3. Besonderheiten – Ferien – Kindergarten und Vorschule	 Lernen und Hausaufgaben in den Ferien ...

Digital+
Schreibplan
WES-126426-021

Freiraum, S. 63

LERNBOX

So planst du einen informierenden Text für die Homepage:
1. **Erschließe** die vorliegenden Materialien mit der Lesemethode.
2. **Entnimm gezielt Informationen**, indem du Schüsselstellen zu den Teilaufgaben farbig markierst: **Vorstellung der Schule**, **Schulalltag**, **Besonderheiten**.
3. **Übertrage** die Tabelle als Schreibplan in dein Heft oder nutze den Webcode.
4. **Ergänze** die markierten Textstellen aus den Materialien stichwortartig in die passenden Zeilen in deinem Schreibplan.

Fachwortschatz, S. 173
AH S. 12-13

Maotanchang-Schule
Homepagetexte ansprechend formulieren

1 Mark ist sich unsicher, wie er seinen Text beginnen soll, denn er möchte seine Leser und Leserinnen ansprechen und neugierig machen.
a) Lest euch die beiden Anfänge zu zweit abwechselnd vor.
b) Besprecht, welchen Anfang ihr gerne weiterlesen würdet.

A

Eine Schule in China
Die Schülerinnen und Schüler schreiben viele Tests. Die Maotanchang-Schule liegt in Maotanchang in China. Die Maotanchang-Schule liegt im Osten von China. Auf die Schule gehen 20.000 Schülerinnen und Schüler.

B

Fleißige Kinder in einem großen, fernen Land
Heute besuchen wir eine Schule, an der einige Kinder so viele Tests schreiben, dass sie diese zu einem hohen Stapel auftürmen könnten. Die Schule heißt Maotanchang-Schule und liegt in China, genauer gesagt in der kleinen Stadt Maotanchang. Die Stadt liegt im Osten des riesigen Landes und die Schule wird von 20.000 Schülerinnen und Schülern besucht. Kannst du dir vorstellen, wie unglaublich groß die Schule sein muss?

2 Untersuche mithilfe der **LERNBOX**, warum der zweite Textanfang interessanter ist:
a) Unterstreiche die Textstellen, die den Text lebendig und anschaulich wirken lassen.
Achte auf die Überschrift, anschauliche Adjektive (Zeile 4, 7, 9) und auf Fragen.
Achte besonders auf die Hinweise 4-6 in der **LERNBOX**.
Beachte jeden Hinweis der **LERNBOX** und nenne jeweils ein Beispiel aus dem Text.
b) Tauscht eure Beobachtungen in der Klasse aus. Nennt dazu gelungene Textstellen.

3 Nutze den zweiten Textanfang und schreibe einen Entwurf deines Textes auf der Grundlage deines Schreibplans (S. 50). Beachte dabei auch die **LERNBOX** unten. Nutze Formulierungen aus dem **Einmal um die Welt-Schreibtisch** von Seite 52.
Diese Formulierungen kannst du nutzen:
Der Unterricht an der Moatanchang-Schule beginnt um ... Jins Tag beginnt jedoch schon um 5:00 Uhr morgens, da er ... Die Schule geht dann bis ...

4 Überprüfe mithilfe der **LERNBOX** auf Seite 48, ob der Bericht auf der Homepage veröffentlicht werden kann. Begründe deine Meinung.

LERNBOX

Einen Homepagetext adressatengerecht und ansprechend formulieren:
1. Kläre, wer dein **Adressat** ist. Beziehe deine Leserinnen und Leser ein, indem du sie **direkt ansprichst** und **Fragen stellst** *(Kannst du dir vorstellen, dass ... ?)*.
2. Wähle eine **Überschrift**, die **Interesse weckt**.
3. Stelle die Zusammenhänge in **sinnvoller** und **nachvollziehbarer Reihenfolge** dar: *morgens, dann, danach, nach der Schule, daraufhin, ...*
4. Nutze **treffende Verben** (*besuchen, auftürmen, ...*) und **anschauliche Adjektive** (*riesig, unglaublich, ...*).

» Sprache untersuchen, S. 244

Einmal um die Welt – Schreibtisch

Inhaltliche Gliederung

① **Vorstellung der Schule:**
- Heute besuchen wir die ...
- In diesem Beitrag wird eine Schule vorgestellt, die ...
- ... besucht die ...-Schule in...

② **Beschreibung des Schulalltages:**
Der Unterricht beginnt morgens um ...
In den Pausen ...
Während der Schulstunden ...

③ **Besonderheiten:**
Eine Besonderheit an der Schule ist, dass ...
Ungewöhnlich ist außerdem ...
Auffällig ist, dass ...

Die Lage von Orten beschreiben
Diese Schule liegt in ... Das Land liegt auf der Südhalbkugel / der Nordhalbkugel. Ein naheliegendes Land ist ... Es befindet sich auf dem Kontinent ... Das Land grenzt an den ... der Ozean – die Weltkarte – der Globus – das Nachbarland

Adjektive: weltweit – wohlhabend – zielstrebig – nördlich von – östlich von – südlich von – westlich von – zentral gelegen – nah – fern – freundschaftlich – ähnlich – unterschiedlich

Verben: sich befinden – leben – liegen in – grenzen an

lebendig und anschaulich schreiben
treffende Verben: veranstalten – lernen – planen – besprechen – vorstellen – befragen – recherchieren – kontaktieren – übersetzen – organisieren
anschauliche Adjektive: ehrgeizig – diszipliniert – verspielt – zielstrebig – unglaublich – riesig – groß – klein – besonders – ähnlich – unterschiedlich – verwunderlich – überraschend
Adressaten ansprechen und Fragen an die Leser und Leserinnen stellen: Wisst ihr, was besonders interessant ist? – Könnt ihr euch vorstellen, dass ...? – Ist es zu glauben, dass ...? – Hättet ihr gedacht, dass ... ? Ihr fragt euch sicher, ob ...
nachvollziehbare Reihen-folge deutlich machen: morgens, dann, danach, nach der Schule, später, am Nachmittag ...

Lernen weltweit
Großschreibung von Nomen

1 **a)** Lies den Text, den die SV anlässlich des Weltkindertages für ihre Homepage verfasst hat, und tauscht euch über den Inhalt aus: Fallen euch weitere Gemeinsamkeiten zwischen Schulen weltweit ein?

www.gesamtschule-dom.de ✕

Wir feiern den Weltkindertag!

Ⓐ Willkommen auf der Schulhomepage unserer Schule! Am 20. September feiern wir in Deutschland den Weltkindertag. Diesen Tag feiern wir, um darauf aufmerksam zu machen, dass Kinder auf der ganzen Welt die gleichen Rechte haben, zum Beispiel das Recht auf Bildung.

Ⓑ Wir haben in den vergangenen Wochen unterschiedliche Schulen auf der ganzen Welt kennengelernt. Dabei haben wir erkannt, dass einige Dinge überall gleich sind. Zum Beispiel lernen alle Kinder weltweit in der Schule Rechnen, Lesen und Schreiben. Außerdem freuen sie sich auf ihre regelmäßigen Pausen.

Ⓒ Das Lernen kann sich an Schulen unterschiedlicher Länder jedoch auch sehr unterscheiden. An einigen Schulen gibt es Schuluniformen. Im Klassenraum sitzen außerdem nicht immer gleich viele Schüler, sondern es gibt an einigen Schulen sehr große, an anderen sehr kleine Klassen.

2 **a)** Unterstreiche alle Nomen im Text. Markiere die zugehören Begleiter. Lies dazu die **LERNBOX**. Arbeite mit ▯ Teil Ⓐ, ▯ Teil Ⓐ und Ⓑ, ▯ Teil Ⓐ - Ⓒ.

b) Übertrage die Tabelle und ergänze die Nomen in der jeweils passenden Spalte.

Nomen mit Artikel	Nomen mit Pronomen	Nomen mit Adjektiv	Nomen mit Artikel + Präposition

LERNBOX

So erkennst du Nomen:

1. **Nomen** sowie das **erste Wort im Satz** werden großgeschrieben.
2. Viele Nomen werden mit den **Wortbausteinen** (Suffixen) *-heit, -keit, -nis, -schaft oder -ung gebildet: die Besonderheit, die Bildung, die Freund<u>schaft</u>*
3. Ein Nomen erkennst du an dem **Signalwort**, das davorsteht und sich auf das Nomen bezieht. **Signalwörter für Nomen** sind:
   - **Artikel:** *<u>die</u> Schule, ein Schultag, <u>den</u> Schulalltag beschreiben*
   - **Pronomen:** *<u>deine</u> Schuluniform, <u>unsere</u> Klasse, <u>mein</u> Lieblingsfach*
   - **Adjektive:** *ein <u>langer</u> Schultag, die <u>unglaubliche</u> Aussicht*
   - **Präposition + Artikel:** *<u>beim</u> (bei + dem) Sport, <u>im</u> (in + dem) Klassenraum.*
4. Wenn du unsicher bist, weil ein Signalwort fehlt, kannst du es in Gedanken davorsetzen (**Artikelprobe**).

» Fachwortschatz, S. 62
» Fachwortschatz, S. 274
» Richtig schreiben, S. 289, S. 294

Lernen im Kostüm I
Einen Homepagetext schreiben

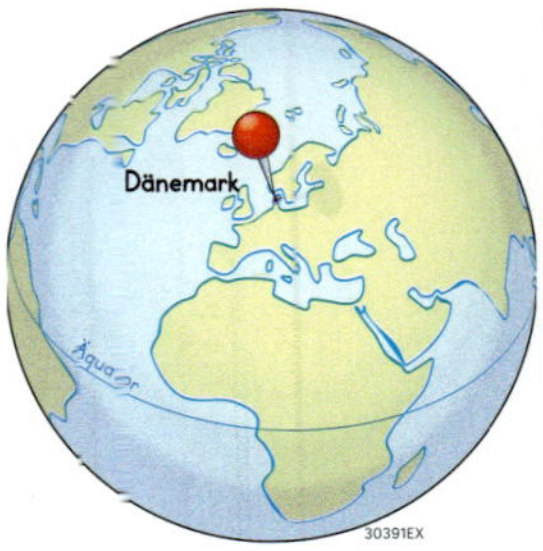

1 Fynns Bruder Leon besucht während seines Austausches in Dänemark eine außergewöhnliche Schule. Seht euch die Bilder an und tauscht euch darüber aus, wie ihr euch den Schulalltag an der Østerskov Efterskole in Dänemark vorstellt.

2 Beschreibe die Lage von Dänemark mithilfe der Karte.
Nutze die folgenden Formulierungen: Dänemark liegt auf der ... Das Land befindet sich in ... Es liegt im ... des Kontinentes.

In den Pausen können wir mit den sechs Schulhunden Luffe, Bella, Tikaani, Shiro, Saga und Nelson spielen.

Themen der letzten vier Wochen:
- Das Leben im alten Rom
- Harry Potter
- Superhelden
- In 80 Tagen um die Welt

Im Kostüm

Steckbrief der Schule
- Name: Østerskov Efterskole
- Anzahl der Schüler: etwa 90 von Klasse 8–10
- Schulmotto: Wissen durch Spiel
- Kosten: ca. 180 Euro pro Woche
- Schulform: Internat (= Kinder wohnen auch an der Schule)

Meine Lieblingswoche: In 80 Tagen um die Welt

Die Rollenspiele finden meist als Live-Spiel statt, manchmal aber auch am Computer oder auch als Brettspiel. Ich habe das Thema „In 80 Tagen um die Welt" sehr gemocht. Wir mussten mithilfe einer Weltkarte um die ganze Welt reisen. In den verschiedenen Ländern bekamen wir dann unterschiedliche Aufgaben. In London ging es zum Beispiel um die englische Rechtschreibung. In den USA ging es um Politik und darum, wie der Präsident gewählt wurde. Als die Spielfigur in Brasilien ankam, ging es im Bio-Unterricht um die Pflanzen und Tiere im tropischen Regenwald.

Hallo Leon, wie geht's dir in Dänemark? *Fynn ✓✓*

Es ist wirklich toll! Die Schule gefällt mir immer besser. Wir erarbeiten unterschiedliche Themen und alle, auch die Lehrerinnen und Lehrer, sind dann passend zum Thema verkleidet. Letzte Woche war es zum Beispiel das Thema „Leben im alten Rom". *Leon ✓✓*

Das klingt interessant. Aber lernt ihr dabei auch etwas? *Fynn ✓✓*

Ja, wir haben viel über die römische Geschichte gelernt. Außerdem haben wir im Matheunterricht über das römische Zahlensystem gesprochen. Im Englischunterricht haben dann noch gelernt, wie man beim Einkaufen verhandelt. Das macht Spaß. *Leon ✓✓*

Und hast du gute Noten? *Fynn ✓✓*

Tests und Arbeiten schreiben wir hier nur sehr wenige. Aber in meiner letzten Geschichtsarbeit hatte ich 13 Punkte, das wäre in Deutschland eine 1 plus! Hier in Dänemark gibt es 3 bis 12 Punkte als Bewertung, statt unserer Noten von 1-6. *Leon ✓✓*

Digital+ Vorlage Materialien WES-126426-022

- Verfasse einen Homepagetext über die Østerskov Efterskole, in dem du deine Mitschülerinnen und Mitschüler, Lehrerinnen und Lehrer sowie Eltern über die Schule informierst. Gliedere deinen Text so:
- Formuliere eine Einleitung, in der du die Schule vorstellst (Interessewecker, Name, Ort, Schüleranzahl,).
- Beschreibe den Schulalltag an der Østerskov Efterskole (Schulform, Unterrichtsthemen, Pausen.) Wähle ein Unterrichtsbeispiel und beschreibe, wie der Unterricht verläuft.
- Erläutere die Besonderheiten der Østerskov Efterskole (z. B. Notensystem).
- Finde eine Überschrift, die neugierig macht.

» Fachwortschatz, S. 62

3 Lies die Aufgaben im blauen Kasten und markiere Verben (Operatoren) und Schlüsselwörter (Nomen).

4 Plane deinen Text, indem du gezielt Informationen aus den Materialien entnimmst.
a) Markiere Schüsselstellen zu den jeweiligen Aufgaben in unterschiedlichen Farben.
b) Übertrage die Tabelle als Schreibplan in dein Heft oder nutze den Webcode. Ergänze darin die Informationen aus den Materialien von Seite 54.
c) Gleiche deinen ausgefüllten Schreibplan mit dem eines Partners oder einer Partnerin ab.

Schreibplan	
Adressat	
Schreibziel	
Überschrift	
1. Vorstellung – Interessewecker – Name, Ort – Anzahl der Schüler	 Kinder und Lehrkräfte verkleiden sich. Østerskov Efterskole, Hobri, Dänemark (Europa)
2. Schulalltag – Schulform – Themen – Pausen	 Internat z.B. Das Leben im alten Rom, Harry Potter, ...
3. Besonderheiten – Verkleidung – Notensystem	

Digital+
Schreibplan
WES-126426-023

SPRACHBOX
Könnt ihr euch vorstellen, dass... ? –
Die ... liegt in ..., genauer gesagt in ... –
Die Schule wird von ... Schülerinnen und Schülern besucht. –
Die ... ist ein Internat, das bedeutet, ... –
In den Schulstunden ... –
In den Pausen ... –

5 Schreibe einen Entwurf für den Homepagetext. Nutze Formulierungen von Seite 52.
So kannst du beginnen:
Heute wollen wir euch eine Schule vorstellen, an der die Kinder immer verkleidet in den Unterricht kommen. Es handelt sich um die Østerskov Efterskole in Dänemark, genauer gesagt in Hobri. Die Schule wird von ... Schülerinnen und Schülern besucht...
Nutze auch die Formulierungen aus der **SPRACHBOX**.

» Freiraum, S. 63

Lernen im Kostüm II
Einen Homepagetext überarbeiten

1 Überarbeite den Homepagetext von Fynn, indem du die Anmerkungen mithilfe der **CHECKLISTE** korrigierst.

Überprüfe dazu die Groß- und Kleinschreibung und ergänze eine passende Überschrift, die neugierig macht und Interesse weckt.

Gehe dabei auf jeden Hinweis der Checkliste ein.

Richtig schreiben, S. 289

Digital+ Textvorlage WES-126426-024

┌ — ┌ Überschrift fehlt

In diesem Beitrag wird eine schule vorgestellt, in welche die Schülerinnen — R1 Schule
und Schüler an jedem tag im Jahr verkleidet in den unterricht kommen. — R2 R3
Klingt das nicht seltsam? Es handelt sich um die Østerskov Efterskole in
Dänemark, genauer gesagt in Hobri. Die Schule Wird von etwa 90 Schülerin- — R4
nen und Schülern besucht.
Die Østerskov Efterskole ist ein internat. Das bedeutet, dass die Kinder, die — R5
dort zur Schule gehen, auch hier wohnen und ihre freizeit verbringen. Das — R6
Motto der Schule lautet „Wissen durch Spiel“. Dieses Motto hat sie, weil die
Schüler und Schülerinnen im Unterricht immer verkleidet sind. Die Stunden
sind Abwechslungsreich und in den Pausen sieht man die verrücktesten kos- — R7 F8
tüme. Es gibt unterschiedliche themen und zu diesen haben sie dann Unter- — R9
richt, zum Beispiel „Das alte Rom“ oder „In 80 Tagen um die Welt“. In den
pausen Spielen die Kinder häufig mit den sechs verspielten schulhunden. — R10 R11 R12
Besonders ist hier auch, dass es in dänemark nicht die noten von 1 bis 6 gibt — R13 R14
wie bei uns. Was glaubst du, hast du für eine note, wenn Eine 12 unter deiner — R15 R16
Arbeit steht? Eine 12 ist wie eine 1+. Die schlechteste Note ist eine 3. Es wer-
den jedoch nur sehr wenige tests oder Arbeiten an der Schule geschrieben. — R17

CHECKLISTE

Einen Homepagetext überarbeiten

1. Hast du eine **Überschrift gewählt**, die neugierig macht? ☑
2. Sind die Informationen in einer **sinnvollen Reihenfolge** angeordnet? ☑
   1. Vorstellung der Schule, 2. Beschreibung des Schulalltags, 3. Darstellung der Besonderheiten
3. Hast du anschaulich und lebendig formuliert, indem du **treffende Verben** und **anschauliche Adjektive** genutzt hast? ☑
4. Ist dein Bericht **sachlich** formuliert? Sind alle **Informationen richtig**? ☑
5. Werden deine **Adressaten** angesprochen? ☑
6. Hast du deinen Bericht durch Absätze strukturiert? ☑
7. Ist der Homepagetext im **Präsens** verfasst? ☑
8. Sind die Regeln der **Rechtschreibung** eingehalten? ☑

Sprachvergleich Deutsch – Dänisch

1 Nachdem Leon zurück in Deutschland ist, fallen ihm in Gesprächen häufig zuerst die dänischen, statt die deutschen Begriffe ein. Lies die dänischen Begriffe und vermute, welche Bedeutung sie haben: Ordne die Bilder den passenden Begriffen zu.

Digital+
Audio
WES-126426-025

2 Welche Wörter kommen dir bekannt vor? Woran liegt das?

3 Lest den Informationstext und besprecht in der Klasse:
- Welche Gemeinsamkeiten haben die deutschen und die dänischen Nomen?
- Welche Unterschiede haben die beiden Sprachen?
- Stellt Vermutungen dazu an, warum sind sich die Sprachen so ähnlich sind.

Dänisch ist die offizielle Sprache in Dänemark. Sie wird auch auf Grönland und auf den Färöern gesprochen. Auch auf Island lernen alle Kinder Dänisch. Besonderheiten im Vergleich zur deutschen Sprache sind zum Beispiel drei Buchstaben, die wir nicht kennen:

1. Æ, æ: ist eine Verbindung aus A und E. Es entspricht dem deutschen Ä.
2. Ø, ø: ist eine Verbdingung von O und E. Es entspricht dem deutschen Ö.
3. Å, å: Das Å ersetzt das ältere Doppel-A (Aa, aa). Es kommt noch in Namen vor, wird aber ansonsten nicht mehr häufig verwendet.

LERNBOX

Gemeinsamkeiten und Unterschiede von Sprachen

Auf der Welt gibt es etwa 7000 Sprachen. Alle Sprachen **bestehen aus Wörtern und Sätzen**. Außerdem haben alle Sprachen **Frageausdrücke** (Wer? Was?). Sie unterscheiden sich jedoch häufig in ihrer **Grammatik** oder der **Anzahl von Buchstaben** im Alphabet. Manche Sprachen haben andere Buchstaben als das Deutsche, z. B. das Dänische: ø, æ, å. Außerdem gibt es Sprachen mit anderem Schriftzeichen, z. B. in China: 语言. Sprachen unterscheiden sich auch, indem sie die gleichen Buchstaben haben, diese jedoch **anders ausgesprochen** werden.

Fachwortschatz, S. 62

Freiraum, S. 63

Sprache untersuchen, S. 265

Einen informativen Bericht schreiben

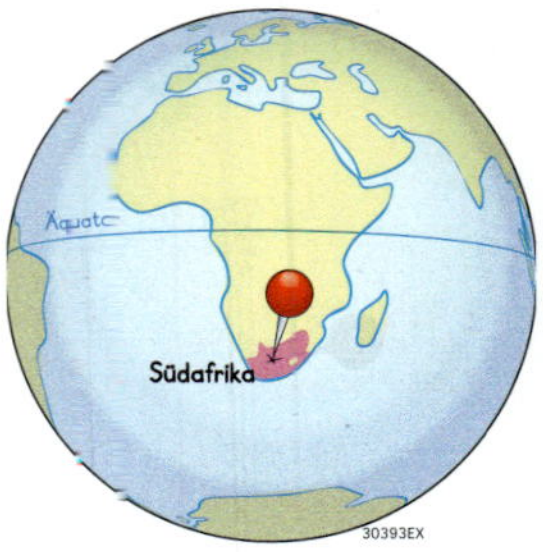

Linda hat für zwei Jahre die Deutsche Internationale Schule Kapstadt besucht. Sie hat dir viele Informationen über ihren Alltag und die Schule zusammengestellt.

Meine Fotos

Unser Klassenraum

Steckbrief der Schule

- Name: Deutsche Internationale Schule Kapstadt (DSK)
- Anzahl der Schüler: etwa 880, von der 1. Klasse bis zum Abitur
- großes Angebot an AGs (z.B. Ballett, Chor, Drama, Karate Tischtennnis, ...)
- großer Pool auf dem Schulhof

Zeit	Montag	Dienstag	Mittwoch	Donnerstag	Freitag
07:55–08:40	Kunst	Deutsch	Mathe	Mathe	Sport
08:40–09:25	Kunst	Deutsch	Mathe	Mathe	Sport
1. Pause					
09:40–10:25	Franz.	Musik	Englisch	Englisch	Biologie
10:25–11:10	Franz.	Musik	Englisch	Englisch	Biologie
2. Pause					
11:25–12:10	Deutsch	Naturwissen-schaften	Erdkunde	Franz.	Geschichte
12:10–12:55	Deutsch	Naturwissen-schaften	Erdkunde	Franz.	Geschichte
12:55–13:40	Mittagspause				
13:40–14:25	AG	Mathe		Religion	AG

Achtung: Boomslang

Liebe Schülerinnen und Schüler,
beachtet in den Pausen, dass sich in den Büschen Schlangen verstecken können. Diese sind giftig sein und können euch beißen!

Was mich beeindruckt:
- so viele Sprachen! (Französisch, Afrikaans, Xhosa, ...)
- in Europa unbekannte Sprachen
- elf offizielle Landessprachen
- Viele Menschen hier sprechen Xhosa (eine „Klicksprache" mit ganz anderen Lauten).

Die DSK ist eine Privatschule. Deshalb hat die Schule viel Geld für eine tolle Ausstattung und moderne Technik. Es gibt keine Tafeln, auf denen mit Kreide geschrieben wird. Außerdem haben wir eine tolle und gemütliche Bibliothek.
Leider können nicht alle Kinder, die hier in Kapstadt leben, auf die Schule gehen, sondern nur Kinder, die den Beitrag zahlen können oder Unterstützung bekommen. Die meisten Kinder, die hier leben, können sich das Schulgeld nicht leisten.

Digital +
Vorlage Materialien
WES-126426-026

Einen informativen Bericht schreiben

Verfasse einen Homepagebeitrag über die Deutsche Internationale Schule Kapstadt, in dem du Mitschülerinnen und Mitschüler, Lehrerinnen und Lehrer sowie Eltern über die Schule informierst. Gliedere deinen Text so:
- Formuliere eine Einleitung, in der du die Schule vorstellst *(Name, Ort, Schüleranzahl, Interessewecker)*.
- Beschreibe den Schulalltag an der Deutschen Internationalen Schule Kapstadt *(Schulbeginn, Schulschluss, Fächer, Pausen)*.
- Erläutere Besonderheiten der Deutschen Internationalen Schule Kapstadt *(Sprachenvielfalt)*.
- Finde eine Überschrift, die neugierig macht.

1 Lies die Aufgaben: Markiere Verben (Operatoren) und Schlüsselwörter (Nomen).

2 Plane deinen Text, indem du gezielt Informationen aus den Materialien entnimmst.
a) Markiere Schüsselstellen zu den jeweiligen Aufgaben in unterschiedlichen Farben.
b) Übertrage die Tabelle als Schreibplan in dein Heft. Ergänze darin die Informationen aus den Materialien (Seite 58).

Schreibplan	
Adressat	
Schreibziel	
Überschrift	
1. Vorstellung – Interessewecker – Name – Stadt, Land – Anzahl der Schüler	 - zum Beispiel: Pool auf dem Schulhof - Deutsche Internationale Schule Kapstadt (DSK) - Kapstadt, Südafrika - 871
2. Schulalltag – Schulstart und Schulschluss – Fächer – Pausen	7:55 Uhr bis meistens 14:25 Uhr Themen, Fächer und Schulbücher wie bei uns, AGs ... giftige Schlangen
3. Besonderheiten – Sprachenvielfalt	

Digital+ Schreibplan WES-126426-027

3 Schreibe einen Entwurf deines Berichts. So kannst du beginnen:
Linda geht auf die Deutsche Internationale Schule in Kapstadt (DSK). Ihr werdet es nicht glauben, aber diese Schule hat ... auf dem Schulhof!
871 Schülerinnen und Schülern von der 1. Klasse bis zum Abitur gehen auf diese Schule. Der Unterricht beginnt morgens um ... Der Stundenplan ist ...

4 Überarbeite deinen Homepagebeitrag mithilfe der Checkliste auf Seite 56.

Freiraum, S. 63

Einen informativen Bericht schreiben

Verfasse einen Homepagebeitrag über die Deutsche Internationalen Schule Kapstadt (DSK), in dem du Mitschülerinnen und Mitschüler, Lehrerinnen und Lehrer sowie Eltern über die Schule informierst. Gliedere deinen Text so:

- Formuliere eine Einleitung, in der du die Schule vorstellst *(Interessewecker, Name, Ort, Schüleranzahl)*
- Beschreibe den Schulalltag an der DSK *(Schulbeginn, Schulschluss, Fächer, Pausen).*
- Erläutere Besonderheiten der DSK *(Sprachenvielfalt, Ausstattung).*
- Finde eine Überschrift, die neugierig macht.

1 Lies die Aufgaben im blauen Kasten und markiere Verben (Operatoren) und Schlüsselwörter (Nomen).

2 Plane deinen Text, indem du gezielt Informationen aus den Materialien entnimmst.
a) Markiere Schüsselstellen zu den jeweiligen Aufgaben in unterschiedlichen Farben.
b) Übertrage die Tabelle als Schreibplan in dein Heft. Ergänze darin die Informationen aus den Materialien (Seite 58).

Schreibplan	
Adressat	
Schreibziel	
Überschrift	
1. Vorstellung - Interessewecker - Name - Stadt, Land - Schüleranzahl	 - zum Beispiel: Pool auf dem Schulhof - Deutsche Internationale Schule Kapstadt (DSK) - Kapstadt, Südafrika ...
2. Schulalltag - Schulstart und Schulschluss - Fächer - Kleidung - Pausen	
3. Besonderheiten - Sprachenvielfalt - Ausstattung - Schulform (Privatschule)	

Digital+ Schreibplan WES-126426-028

3 Schreibe einen Entwurf deines Berichts. So kannst du beginnen:
Linda besucht die Deutsche Internationale Schule in Kapstadt (DSK). ...

4 Überarbeite deinen Homepagebeitrag mithilfe der **CHECKLISTE** auf Seite 56.

Freiraum, S. 63

Einen Homepagebeitrag schreiben

Kompetenz / Inhalt	Selbsteinschätzung ☺ 😐 ☹	Fremdeinschätzung ☺ 😐 ☹	Bemerkungen	Hier kannst du weiterüben:
Ich kann ...				
eigene Beobachtungen und Erfahrungen anderen gegenüber sprachlich angemessen und verständlich darstellen. (S. 38–39)				
gezielt Informationen aus kontinuierlichen und diskontinuierlichen Texten entnehmen. (S. 40–41)				AH, S. 10-11
einen Text für eine Homepage untersuchen und dazu den Aufbau solch eines informierenden Textes beachten. (S. 42–43)				
eine E-Mail mithilfe eines Übersetzungsprogramms übersetzen. (S. 44–45)				SB, S. 264
einen informierenden Text gliedern und dabei die Reihenfolge beachten. (S. 46–47)				
die Regeln für die Veröffentlichung eines Homepagetextes beachten sowie die Konsequenzen für andere einschätzen. (S. 48)				
einen informierenden Text nach der Auswertung von Materialien planen. (S.49–50)				AH, S. 12–13
die Sprache eines Homepagebeitrags untersuchen und einen eigenen Beitrag ansprechend formulieren. (S. 51)				SB, S. 244
Formulierungshilfen nutzen (S. 52).				
Nomen erkennen und großschreiben. (S. 53)				SB, S. 289
einen Homepagebeitrag planen und schreiben. (S. 54–55)				
einen Homepagebeitrag mithilfe einer Checkliste überarbeiten. (S. 56)				SB, S. 289
Besonderheiten der dänischen Sprache nennen und mit der deutschen Sprache vergleichen. (S. 57)				SB, S. 265

FREIRAUM	
Diese Aufgaben aus dem Freiraum habe ich gemacht:	

AH = Arbeitsheft, SB = Schülerband

Fachwörter und Methoden

adressatengerecht	Beim Verfassen eines Textes solltest du bedenken, wer deine Leserinnen und Leser sind. Wähle Informationen aus, die für deine Adressaten interessant sind. Achte auch darauf, adressatengerecht zu formulieren: Wähle eine **Überschrift, die neugierig macht,** nutze **treffende Verben** und **anschauliche Adjektive** und **beziehe deinen Leser** durch Fragen **mit ein.**
gezielt Informationen entnehmen	Wenn du einem Text gezielt Informationen entnehmen sollst, ist es wichtig, dass du die Aufgabenstellung gründlich liest. Markiere anschließend die **Operatoren** und **Schlüsselstellen**, die für die Bearbeitung der Aufgabe wichtig sind. Formuliere anschließend eine Antwort in eigenen Worten.
die E-Mail	Eine längere Nachricht, die mittels eines E-Mail-Programms über das Internet versendet wird. Man unterscheidet persönliche E-Mails (zum Beispiel an die Familie oder an Freunde) und formelle E-Mails. Man kann eine E-Mail auch als elektronischen Brief bezeichnen.
die Großschreibung	**Namen**, **Nomen** und **das erste Wort in einem Satz** sowie Anredepronomen (Sie, Ihr) in einem Brief oder Beitrag schreibst du groß. Mithilfe von **Signalwörtern** (Artikel, Adjektiv, Pronomen, Präposition + Artikel) kannst du erkennen, ob ein Wort großschreiben musst. Das nennt man **Artikelprobe**.
der Homepagebeitrag	Ein Text, der auf einer Internetseite zum Beispiel der Schule oder eines Vereins, veröffentlicht wird.
das Übersetzungsprogramm	Ein Programm, was dir dabei helfen kann, Texte aus einer anderen Sprache oder in eine andere Sprache zu übersetzen. Ein Beispiel: Deepl.de.
die Schlüsselstellen	Schlüsselstellen sind die Textstellen, die wichtige Informationen und Antworten auf deine Fragen enthalten. Meistens sind es Sätze oder Wörter, die Antworten auf **W-Fragen** geben (Wie? Warum? Wer? Was?).
der Sprachvergleich	Die etwa 7 000 Sprachen, die auf der Welt gesprochen werden, besitzen Gemeinsamkeiten und Unterschiede. Gemeinsamkeiten sind zum Beispiel: Alle Sprachen bestehen aus Wörtern und Sätzen. Außerdem haben alle Sprachen Frageausdrücke (Wer? Was?). Unterschiede sind zum Beispiel: die Grammatik, die Anzahl von Buchstaben im Alphabet, andere Buchstaben, andere Schriftzeichen, ihre Aussprache.
die Recherche	Dies bezeichnet die Suche nach Informationen.
Regeln für die Veröffentlichung	Diese Regeln und Vorschriften müssen beachtet werden, wenn du einen Text im Internet veröffentlichst, zum Beispiel: a) Andere Personen sollen nicht diskriminiert werden. b) Gib keine persönlichen Daten von dir und anderen preis. c) Beachte die Regeln der Rechtschreibung und Zeichensetzung, damit die Informationen glaubwürdig sind. d) Nenne die Quellen, die zeigen, woher du deine Bilder und Informationen hast (z. B. Internetseiten, Bücher, Zeitung, ...). e) Überprüfe genau, welche Bilder du nutzen kannst. Verwende nur Bilder oder Texte von Personen, die ihre schriftliche Zustimmung gegeben haben.
verfassen	Einen Text schreiben. Der Verfasser eines Textes wird auch sein *Urheber* genannt.
die Weltkarte	Eine Karte, die die gesamte Erdoberfläche abbildet, heißt Weltkarte. Auf der Weltkarte sind alle Meere, Ozeane und Kontinente zu sehen (Antarktis, Nordamerika, Südamerika, Europa, Afrika, Asien, Australien).

1 Prüft euer Wissen mithilfe des digitalen Kreuzworträtsels.

Digital+
Interaktive Aufgabe
WES-126426-029

FREIRAUM

Aufgaben zum Weiterarbeiten

ZU SEITE 41

Was brauchen alle Kinder dieser Erde?
Setze das ABC der Kinderrechte fort.

Andere Kinder
B
C
D
E
Frieden
Geheimnisse
...
Schule

ZU SEITE 47

Recherchiere im Internet über die Bevölkerungsgruppe der Maori (Leben, Alltag, Sprache, ...). Gib dazu in eine Suchmaschine als Suchbegriff jeweils *Maori* sowie das Thema ein, zu dem du Informationen bekommen möchtest, z.B. *Maori+Alltag* oder *Maori+Sprache*. Stelle deine Informationen in der Klasse vor oder ergänze sie in deinem Homepagebeitrag.

ZU SEITE 50

Verfasse einen kurzen Text oder zeichne einen Comic zu deinem Schulalltag (Ort, Schüleranzahl, Interessewecker, Zeiten, Fächer, Pausen, Besonderheit).

Digital+
Vorlage Comic
WES-126426-030

ZU SEITE 55

Mit welchem Thema würdest du dich gerne beschäftigen, wenn du die Østerskov Efterskole besuchen würdest?

- Erstelle eine Skizze des Kostüms, das du an diesem Tag tragen würdest.

ZU SEITE 57

- Die Sprache, die in Myanmar gesprochen wird, ist Burmesisch.
  Auf Burmesisch gibt es kein Wort für „nein".
  a) Wie häufig hast du heute schon das Wort „nein" benutzt?
  b) Was hättest du stattdessen sagen können?
  c) In welchen Situationen sagst du es?
- Stelle Vermutungen dazu an, welche Folgen es haben könnte, dass es auf Burmesisch kein „nein" gibt. Wodurch kann es ersetzt werden?
- Stelle Vermutungen dazu an, ob das Leben der Menschen in Myanmar anders ist, weil es kein Wort für „nein" gibt.

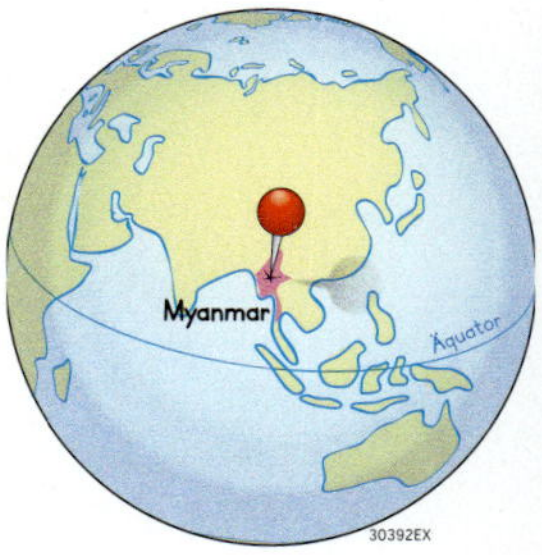

ZU SEITE 60

- Besuche die Homepage der Deutschen Internationalen Schule Kapstadt und höre dir das Schullied der Schule an: www.dsk.schullied.de
- Verfasse ein Schullied für deine Schule. Folgende Begriffe kannst du nutzen: *zusammenhalten, gemeinsam, arbeiten, lernen, Spaß, Pausen, Fächer, Sport.*

BILLERBECKER BOTE

LOKALES

Müllaktionstag: Sportverein läuft für die Umwelt

Billerbeck. Der Sportverein Billerbeck stellt sich einer besonderen Herausforderung: Geplant ist ein Aktionstag für den Umweltschutz.
Dabei wollen die Vereinsmitglieder Bewegung und den Einsatz für die Umwelt auf sportliche Weise miteinander verknüpfen. Das Planungsteam des Vereins hat bereits einige Ideen für Aktionen an diesem Tag gesammelt: Die Jogginggruppe will beispielsweise das Laufen und Müllsammeln miteinander verbinden. Die Schwimmabteilung hat vor, in den Stadtteich abzutauchen und diesen vom Müll zu befreien.
Alle Bürgerinnen und Bürger der Stadt, alle Schülerinnen und Schüler der Schulen im Ort, jede und jeder sind willkommen, sich an dem Tag mit einer eigenen Aktion zu beteiligen Das Planungsteam freut sich über möglichst viele Vorschläge.

Voller Einsatz für die Umwelt

1 **a)** Was erfahrt ihr in dem Zeitungsartikel über das Vorhaben des Sportvereins? Nutzt für eure Antworten die **SPRACHBOX**.
- Erläutert das Ziel der gesamten Aktion. Worum geht es dem Verein?
- Welche Aktionen bereitet der Verein vor, wo finden sie statt und wer kann daran teilnehmen?

b) Wozu ruft der Verein auf und wen kann er mit seinem Zeitungsartikel erreichen?

2 Wie könnte ein Einsatz für die Umwelt genau aussehen?
a) Betrachtet die Bilder. Besprecht, was hier getan wird bzw. getan werden sollte.
b) Wo seid ihr schon auf ähnliche Probleme mit Müll gestoßen? Berichtet von Umweltsünden und von Möglichkeiten, sich für die Umwelt einzusetzen.

3 **a)** Gebt wieder, was Jannik und Alina vorhaben.
b) Besprecht, wie sie vorgehen könnten.

4 **a)** Welche Ideen hättet ihr für Aktionen, bei denen ihr euch für die Umwelt einsetzen und gleichzeitig etwas für eure Gesundheit tun könnt? Sammelt sie.

SPRACHBOX

Nomen: die Aktion – das Vorhaben – der Plan – die Sammlung – die Mülltüten (Pl.) – die Teilnehmenden (Pl.) – der Zeitungsartikel – der Umweltschutz – die Mülltonne – der Vorschlag – der Grill – die Verpackungen (Pl.) – das Klima – der Stau

Verben: vorbereiten – säubern – reinigen – sammeln – aufheben – joggen – veröffentlichen – informieren – weitersagen – teilnehmen – auffordern – überzeugen – mitmachen – sich anstrengen – sich einsetzen – aufräumen

Adjektive: sportlich – sauber – vermüllt – dreckig – eifrig – aufgeräumt – ordentlich – gesund –aktiv – zufrieden – hilfsbereit – gereinigt

Digital+
Interaktive Aufgabe
WES-126426-031

AUSBLICK

In diesem Kapitel lernst du, deine Meinung zu formulieren und diese sachlich zu begründen. Das Ziel ist es, eine Mail zu schreiben, in der du deine Adressaten mit nachvollziehbaren Argumenten von deinem Anliegen überzeugst und so etwas zum Umweltschutz beiträgst.

Aktionsideen für die Schule
Interessen in einer Diskussion vertreten

Jannik, der SV-Sprecher, ist auch Mitglied im Sportverein. Er möchte in der SV-Versammlung für die Teilnahme am Müllaktionstag werben.

1 Höre dir an, was Jannik sagt: Notiere, welches Anliegen Jannik äußert und wozu er die Schülerinnen und Schüler der SV aufruft.

Digital+
Audio
WES-126426-032

2 Die Mitglieder der SV beginnen, lebhaft zu diskutieren. Lest die Diskussion unten mit verteilten Rollen.

Helena: Ich finde es ganz toll, etwas gemeinsam mit dem Sportverein für den Umweltschutz zu tun. Ich bin auf jeden Fall dabei!
Rouven: Ich will erst einmal wissen, um welche Aktionen es geht. Ich finde nicht alles spannend. Ich möchte auf keinen Fall joggen!
Merve: Wie meinst du das? Es liegt doch an uns, was wir vorschlagen.
Rouven: Und wenn dann die meisten joggen wollen, muss ich an der Aktion teilnehmen? Nein, danke! Ohne mich!

Tibor: Lasst uns doch erstmal Ideen für mögliche Aktionen sammeln! Hat jemand einen Vorschlag?
Helena: Was haltet ihr davon, wenn wir eine Fahrradtour machen und dabei Müll sammeln?
Mia: Und wie sollen wir den dann mitnehmen?
Tibor: Den Vorschlag finde ich gar nicht so schlecht! Nach einem Wochenende sieht der Picknickplatz am See immer ziemlich wild aus. Eine echte Müllkippe! Ich habe da letztens Zigarettenkippen, Windeln und volle Hundebeutel gefunden. Ekelig! Dabei mag ich Picknicks echt!
Rouven: Siehst du! Und sowas soll ich aufräumen. Neee, auf keinen Fall!
Mia: Und wenn wir grillen? Wir könnten mit dem Rad zum Picknickplatz fahren, dort aufräumen und dann den Grill anwerfen. Am Ende nehmen wir unseren Müll natürlich auch wieder mit. Mülltüten könnte der Sportverein uns mitgeben.
Helena: Ein Aufräum-SV-Picknick mit Fahrradtour! Das finde ich super! Rouven, was ist mit dir? Bist du dabei?
Rouven: Naja, eine Fahrradtour finde ich ja gut! Wenn ich nicht gerade Hundebeutel wegräumen muss, wäre es ok.
Tibor: Für dich finden wir sicher eine „saubere“ Mülllösung.

3 In dem Gespräch der Schülerinnen und Schüler werden unterschiedliche Interessen und Absichten deutlich. Spüre diese auf, indem du den ersten Abschnitt (Z. 1-7) genauer untersuchst:

a) Notiere, welche Meinung die Schülerinnen und Schüler jeweils äußern und wie sie diese begründen.

Helena unterstützt die Aktion, weil sie gerne... Rouven ist skeptisch Er...

b) Fasse zusammen, welche Schülerinnen und Schüler für die Teilnahme am Aktionstag sind und welche dagegen.

4 Markiere im gesamten Gespräch, wer häufig Gesprächsblocker und wer eher Gesprächsförderer verwendet. Lies dazu die **LERNBOX**.

Suche nach Gesprächsblockern in Rouvens Äußerungen.

5 Diskutiert den Vorschlag, den Mia macht, in eurer eigenen Klasse:

a) Mache dir zunächst klar, welche Meinung du zu dem Vorschlag „Fahrradtour mit Säubern des Picknickplatzes" hast. Bist du dafür oder dagegen? Formuliere deine Meinung und begründe sie mithilfe der **SPRACHBOX**.

b) Führt nun die Diskussion in der Klasse durch. Hört aktiv zu und fragt bei den Diskussionsteilnehmerinnen und -teilnehmern genau nach. Nutzt dazu die Formulierungen aus der **SPRACHBOX**.

SPRACHBOX

zu **5 a)** Ich bin dafür, dass ... – Ich bin dagegen, dass ... – Ich bin damit einverstanden, dass ... – Das kommt für mich nicht infrage, weil ... – Ich bin dabei, denn ... – Ich möchte auf jeden/keinen Fall ..., denn/weil ...

zu **5 b)** Habe ich dich richtig verstanden? – Du möchtest gerne ... – Meinst du damit, ... ? – Was verstehst du unter ...? – Du bist also dafür/dagegen, dass ... – Könntest du das genauer erklären/erläutern? – Du interessierst dich also für ...

6 In den Diskussionsbeiträgen im Gespräch auf Seite 66 findest du einige Formulierungen, die deutlich machen, welche Meinungen die Schülerinnen und Schüler vertreten. Markiere diese wie im Beispiel und lege dir eine eigene Liste mit Formulierungen an.

» Freiraum, S. 89

Ich finde es ganz toll ...

LERNBOX

AH S. 17

Absichten und Interessen in einer Diskussion erkennen und äußern

1. In einer **Diskussion** zu einem Thema oder einer Frage treffen oft **verschiedene Meinungen** der Diskutierenden aufeinander, die sie durch ihre unterschiedlichen Interessen begründen.
2. Um die **Absicht** anderer zu erkennen und deren **Interessen** herauszuhören, hilft es, **aktiv zuzuhören** und **genau nachzufragen**, z. B. *Du möchtest also gerne den Verein unterstützen? Was verstehst du unter einer spannenden Aktion?*
3. Mit **Gesprächsförderern** verhältst du dich fair in einer Diskussion und nimmst die Beteiligten ernst, z. B. *Ich stimme dir darin zu, dass ... / Das hört sich interessant an.*
4. Im Gegensatz dazu behindern **Gesprächsblocker** das Gespräch und sind unfair, z. B. *Auf gar keinen Fall! / Das ist doch Quatsch!*

» Fachwortschatz, S. 88

Klassen-Reaktionen
Satzarten unterscheiden

Nach der SV-Versammlung informieren die Klassensprecherinnen und -sprecher ihre Klassen. Danach machen sich alle Gedanken zu dem Aktionstag:

NETTI: *Muss es unbedingt eine sportliche Aktion sein?*

SANDRO: *Mir gefällt die Aktion.*

JOHANN: *Lasst uns doch Kronkorken sammeln!*

ARTHUR: *Wer soll das denn organisieren?*

ÖZLEM: *Wie toll ist das denn!*

1 **a)** Sprecht über die Reaktionen der Schülerinnen und Schüler: Wer ist für eine Teilnahme an dem Aktionstag? Wer ist dagegen?
b) Verdeutliche die Sprechabsichten der Schülerinnen und Schüler. Ergänze dazu die wörtliche Rede in den Sprechblasen durch Redebegleitsätze. Nutze die Verben in der **SPRACHBOX**: *Netti fragt: „Muss es unbedingt eine sportliche Aktion sein?"*

SPRACHBOX
nachfragen – ausrufen – feststellen – vorschlagen – nachhaken

Johanns Klasse greift seine Idee auf:
Birthe hakt nach: „Was haben Kronkorken mit Umweltschutz zu tun (_)"
Johann erklärt: „Kronkorken landen sehr häufig in Parks oder auf den Straßen, was erstens nicht schön und zweitens Verschwendung ist (_)"
Andrej vergewissert sich: „Du meinst also, Kronkorken sind Wertstoffe, die man wiederverwerten kann (_)"
Johann antwortet: „Genauso ist es (_)"
Birthe staunt laut: „Wow (_) Das ist ja super (_)"
Andrej schlägt vor: „Dann lasst uns Korken sammeln und sie zum Wertstoffhof bringen (_) Damit tun wir der Umwelt auf jeden Fall etwas Gutes (_)"

2 Lies den Dialog und unterstreiche die Verben in den Begleitsätzen. Setze dann die passenden Satzschlusszeichen. Was stellst du fest? (**LERNBOX**, Hinweis 1)
Du findest 2 Fragesätze, 3 Aussagesätze, 1 Aufforderung, 2 Ausrufesätze.

LERNBOX

Mit Satzarten unterschiedliche Absichten deutlich machen

1. a) Mit Äußerungen kannst du unterschiedliche Sprechabsichten zum Ausdruck bringen. In Texten erkennst du die Absicht auch an den Satzschlusszeichen:
   Fragesatz: „Sollen wir uns daran beteiligen**?**", fragt Birthe.
   Aussagesatz: Johann antwortet: „Ich mache gerne mit**.**"
   Aufforderungssatz: Andrej schlägt vor: „Lasst uns die Aktion planen**!**"
   Ausrufesatz: „Das ist eine gute Idee**!**", ruft Birthe begeistert.
   b) Häufig geben bei wörtlicher Rede die Verben in den Begleitsätzen einen Hinweis auf die **Sprechabsicht:** ... *fragt Birthe.* ... *ruft Johann.*
2. In **Gesprächen** erkennst du die Sprechabsicht auch an der **Betonung.**

» Fachwortschatz, S. 88
» Sprache untersuchen, S. 255

Hashtag für den guten Zweck?
Veröffentlichungen im Internet einschätzen

SV-Sprecher Jannik ist im Internet auf die „Trashtag[1]-Challenge" gestoßen und hat die Aktion durchgeführt.

1 **Trashtag:** Zusammensetzung aus „trashbag" (Müllsack) und „playing tag" (Fangenspielen)

 # trashtag: Das besondere Selfie

16 Kommentare

Coole Aktion! Siehst aber echt geschafft aus!

Kannst bei mir weitermachen! Hier lohnt es sich 🙂

Finde ich super von dir! Werde deine Aktion auf jeden Fall teilen!

Mach dich nicht wieder wichtig, du alter Streber!!!

1 Betrachte die Fotos, die Jannik gepostet hat. Erkläre, worum es bei der „Trashtag-Challenge" geht und wie sie abläuft.

» Fachwortschatz, S. 88

2 Was sind eigentlich soziale Netzwerke und was sollte man bei ihrer Nutzung beachten? Kreuze zu jeder Aussage die richtige Antwort an. Hilfe hierzu findest du in der **LERNBOX** auf Seite 70.

(A) Ein soziales Netzwerk ist ...
- ☐ eine Gemeinschaft von vielen Personen, die sich auf einer bestimmten Internetseite trifft.
- ☐ ein Treffpunkt an einem bestimmten Ort, an dem man über das Internet spricht.

(B) In einem sozialen Netzwerk können die Mitglieder ...
- ☐ selber bestimmen, welche Inhalte (z. B. Informationen oder Fotos) sie einstellen.
- ☐ nur die Inhalte lesen und anschauen, die der Anbieter der Seite festgelegt hat.

(C) In einem sozialen Netzwerk gibt es wählbare Sicherheitseinstellungen. Auf welche Stufe solltest du die Sicherheit setzen?
- ☐ Ich setze die Sicherheit auf die höchste Stufe, nämlich auf „privat".
- ☐ Ich wähle die Einstellung, die bei der ersten Anmeldung voreingestellt ist.

(D) Wenn du in einem sozialen Netzwerk Fotos und Texte ohne Sicherheitseinstellung freigibst, kannst du davon ausgehen, dass ...
- ☐ nur deine Freunde sie anschauen und lesen können.
- ☐ sie von allen Nutzerinnen und Nutzern angesehen und gelesen werden können.

» Freiraum, S. 89

3 Tauscht euch zu zweit darüber aus, wer ein Selfie sehen könnte, wenn es ...
(A) in der Whatsapp-Familiengruppe,
(B) auf der Homepage des Sportvereins,
(C) auf der Homepage der Schule erscheint.

4 **a)** Jannik hat zu seinen geposteten Fotos (Seite 69) einige Kommentare erhalten. Erklärt, worauf sich die Kommentare beziehen (Aktion, Aussehen, ...).
b) Vermutet, was Jannik beim Lesen der Kommentare denken könnte. Erstellt eine passende Denkblase.

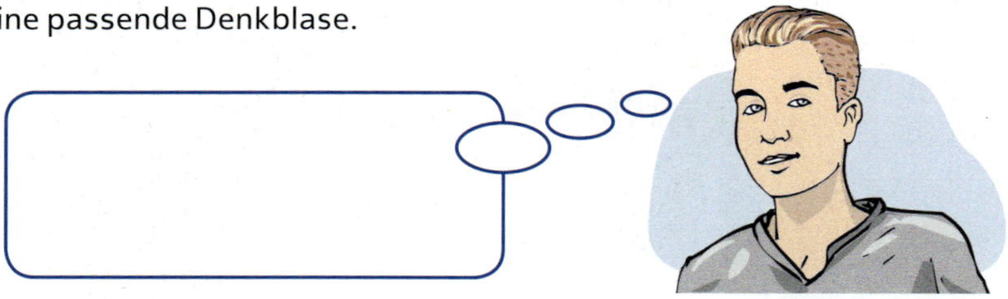

c) Sammelt die Denkblasen in der Klasse und wertet sie aus: Wie könnte Jannik sich fühlen, nachdem er die Kommentare gelesen hat.
Z. B. *stolz*, *enttäuscht*, *fröhlich*, *erschrocken*, *verspottet*, *bestärkt*, *veralbert* ...
d) Überlegt, was Kommentare bei denjenigen, auf die sie sich beziehen, bewirken können.
e) Verfasst auf Grundlage der **LERNBOX** einen Tipp dazu, was ihr bedenken solltet, wenn ihr ein Foto von euch in einem sozialen Netzwerk veröffentlichen wollt. Berücksichtigt darin Folgendes: Was ist auf dem Foto zu sehen (Kleidung, Körperhaltung, Umgebung, weitere Personen)? Wer kann das Bild betrachten? Wo wird es veröffentlicht? ... Nutzt die **SPRACHBOX**.
Tipps für den Umgang mit Fotos in sozialen Netzwerken:
– Macht euch klar, wer euer Foto sehen kann. ...

SPRACHBOX

Denkt daran, ... – Beachtet, dass ... – Ihr solltet unbedingt ... – Stellt zuerst sicher, dass ... – Vergewissert euch, dass ... – Achtet auf ... – Stellt ... ein/aus.

LERNBOX

Veröffentlichungen im Internet

1. Veröffentlichungen im Internet erscheinen häufig in **sozialen Netzwerken**. Dort können sich Mitglieder über bestimmte Themen austauschen und Informationen oder Fotos „posten“ (= einstellen).
2. Damit Beiträge zu einem Thema im Internet gezielt gefunden werden können, gibt es **„Hashtags“** (gesprochen: Häschtäg). Wenn du zum Beispiel nach #Müllsammeln suchst, kannst du dir alle Beiträge anschauen, die jemand mit diesem Suchwort markiert hat. Mit der **Kommentarfunktion** können Beiträge auch kommentiert werden.
3. Du solltest dich immer gemeinsam mit deinen Eltern über die **Nutzungsbedingungen** des sozialen Netzwerkes informieren, das du nutzen möchtest.
4. Überlege gut, was du posten willst. Denke daran, dass die **Inhalte** (z. B. Fotos) **weiterverbreitet werden können** und von vielen dir **fremden Personen** gesehen werden können. Wähle daher die **höchste Sicherheitsstufe**. Suche danach unter „Einstellungen“.

» Fachwortschatz, S. 88

Joggen für die Umwelt!
Stichworte für Argumente sammeln

Die Jogging-Gruppe des Sportvereins hat sich dazu entschlossen, an dem Aktionstag für die Umwelt zu „ploggen“.

(AH) S. 15-16

1 **a)** Betrachte das Bild und vermute, was eine „Plogging“-Aktion ist.
b) Eine Schülerin ist in der Zeitung auf folgenden Text gestoßen. Lies den Text. Kläre unbekannte Begriffe und markiere Schlüsselwörter. Besprecht zu zweit, was ihr über Plogging erfahrt.

Plogging: So ist Laufen gut für Körper und Umwelt

Benita Wintermantel

Digital+ Textvorlage WES-126426-033

Joggen und sich dabei für die Umwelt engagieren? Der Laufsport für Naturschützer hat einen Namen: Plogging. Die Idee dahinter ist naheliegend und zur Nachahmung empfohlen: Wer durch städtische Parks oder den Wald joggt und dabei Müll findet, nimmt ihn mit und entsorgt ihn anschließend fachgerecht. Und je mehr Menschen mitmachen, desto mehr Spaß macht das Ganze.

Plogging: Der Sporttrend kommt aus Schweden

Plogging ist eine Kombination aus dem schwedischen Verb „plocka“ (aufsammeln) und „Jogging“. Trendsetter war der schwedische Umweltaktivist[1] Erik Ahlström. Ihn störte der viele Müll in seiner Heimatstadt Stockholm. Sein Gegenrezept: Laufgruppen, die durch die Stadt joggen und dabei Abfall einsammeln.

Inzwischen ist daraus eine Bewegung[2] geworden, und langsam, aber sicher kommt die Plogging-Welle auch in Deutschland an. In vielen Städten gibt es regelmäßige Plogging-Events, zum Teil werden sie von engagierten Umweltschützern organisiert, zum Teil von Städten und Abfallwirtschaftsbetrieben.

In manchen Städten stellen die Abfallwirtschafts- und Entsorgungsbetriebe Warnwesten, Handschuhe, Beutel und Getränke bereit oder vereinbaren einen Treffpunkt mit den engagierten Ploggern, um nach der Laufrunde den Müll entgegenzunehmen und zu entsorgen.

bringt eine Sache in Mode

1 **der Umweltaktivist:** eine Person, die sich für den Umweltschutz einsetzt
2 **die Bewegung:** hier: ein Trend

Plogging ist ein intensives Ganzkörpertraining

Wer ploggt, absolviert im Vergleich zum Joggen ein besonders vielseitiges Training. Die kurzen Müllpausen machen aus der Laufrunde ein intensives Intervall[3]-Training. Die Plogging-Ausrüstung ist dabei spartanisch[4]: Außer Turnschuhen brauchen die laufenden Müll-Sammler nur einen Müllsack und ein paar stabile Handschuhe. Anita Horn, Initiatorin von Plogging Cologne[5], weiß die Vorzüge des Umwelt-Sports zu schätzen: „Das häufige Bücken kräftigt Oberschenkel, Po und Rücken. Eine spezielle Technik ist beim Bücken nicht nötig. Nur wer Rückenprobleme hat, sollte beim Mülleinsammeln lieber in die Knie gehen, als sich von oben herunterzubeugen.“

durchführen

3 **das Intervall-Training:** Belastung und Erholung wechseln sich ab
4 **spartanisch:** einfach
5 **die Initiatorin von Plogging Cologne:** die Gründerin der Plogging-Gruppe in Köln

Auch für Familien eignet sich Plogging: Für Kinder ist das Müllsammeln fast wie eine Schnitzeljagd – und sie lernen, wie wichtig es ist, keinen Müll liegen zu lassen.

Plogging: Einfach loslegen und mitmachen

Wem Joggen zu anstrengend ist (oder wer gesundheitlich nicht zu schnell laufen sollte), der kann auch einen Gang herunterschalten und alternativ eine Plogging-Runde im gemächlicheren Walking-Tempo absolvieren.
Und: Müllsammeln muss natürlich nicht in Sport ausarten. Auch bei der Gassirunde mit dem Hund oder beim nächsten Waldspaziergang kann jeder die Natur sauberer hinterlassen, als er sie vorgefunden hat.

» Freiraum, S. 89

2 Überprüft, ob ihr den Sachtext richtig verstanden habt. Geht so vor:

a) Teilt die Aufgaben (A) – (C) zu dritt unter euch auf. Notiert die Antwort zu eurer Aufgabe in der passenden Spalte der Tabelle.

(A) Erkläre, woher der Name „Plogging" stammt und wie die Sportart ausgeübt wird.

(B) Erkläre, wie „Plogging" entstanden ist und wie es sich weiterentwickelt hat.

(C) Erläutere, welche Auswirkungen „Plogging" auf die Gesundheit hat.

b) Vergleiche deine Lösung mit einer Person, die die gleiche Aufgabe bearbeitet hat.

c) Stellt euer Ergebnis in eurer Dreiergruppe vor. Die anderen notieren es jeweils.

(A) Erklärung Name, Sportart	(B) Entstehung, Entwicklung	(C) Auswirkungen auf Gesundheit
Plogging -> ...		

Digital+
Vorlage Tabelle
WES-126426-034

3 Alina ist Teil der Jogging-Gruppe im Sportverein und möchte ihre Mitschülerinnen und Mitschüler davon überzeugen, sich an der Plogging-Aktion zu beteiligen.

a) Mache dir die Situation klar: An wen richtet sich Alina? Welches Anliegen hat sie?

b) Markiere in dem Sachtext passende Aspekte, die Alina nutzen kann, um ihre Mitschülerinnen und Mitschüler zu überzeugen, an der Plogging-Aktion teilzunehmen.

c) Erstelle dann eine Stichwortsammlung mit diesen Aspekten. Lies dazu die **LERNBOX** (Hinweis 1 und 2). Arbeite so, wie auf dem Notizzettel (S. 73) dargestellt.

d) Fallen dir weitere Aspekte ein, die für die Aktion sprechen, die in dem Sachtext noch nicht genannt wurden? Ergänze sie in der Stichwortsammlung.

LERNBOX

So sammelst du Stichworte für Argumente:

Um andere von deiner **Meinung** oder deinem **Anliegen** überzeugen zu können, benötigst du **überzeugende Argumente**.

1. **Aspekte** sind **Stichworte**, die du für Argumente nutzen kannst, die deine Meinung stützen: *Was spricht dafür, dass meine Mitschülerinnen und Mitschüler an der Plogging-Aktion teilnehmen? -> Aspekt: Aktion verbindet Sport und Müllsammeln*
2. Du notierst die Aspekte in einer **Stichwortsammlung**.
3. Wenn du einen **Aspekt** entfaltest, d. h. ihn **begründest** und mit einem **Beispiel** oder einer **Folge** veranschaulichst, erhältst du ein **Argument**.

» Richtig schreiben, S. 277

» Fachwortschatz, S. 88

Auf zum Plogging! –
Argumente gewichten und entfalten

Als Nächstes überlegt Alina, welche Aspekte besonders wichtig sind, um ihre Mitschülerinnen und Mitschüler vom Mitmachen bei der Plogging-Aktion zu überzeugen.

Meine Klasse möchte vor allem Spaß haben ...

Die Sportlichen von uns kann ich überzeugen, indem ich ...

1 Versetze dich in die Lage der Mitschülerinnen und Mitschüler: Welche Aspekte könnten sie besonders überzeugen? Denke an ihre Interessen und verteile zu jedem Aspekt der Stichwortsammlung Überzeugungspunkte: 0 / 00 / 000.

Lies dazu die Hinweise 1-4 in der **LERNBOX** auf Seite 74.

2 Alina hat einige Aspekte aus ihrer Stichwortsammlung herausgesucht und sie auf Karteikarten zu einem überzeugenden Argument entfaltet:

Stichwortsammlung: Mitmachen bei Plogging-Aktion
- macht mehr Spaß mit vielen Leuten 00
- Materialien (Beutel, Westen...) werden bereitgestellt 0
- Plogging ist vielseitiges Training 000
- ...

Argument:
Je mehr mitmachen, desto mehr Spaß haben alle Beteiligten, denn man kann sich dann unterwegs mit vielen unterhalten und gemeinsam lachen. Das führt dazu, dass man vom anstrengenden Laufen abgelenkt ist.

a) Überprüfe mithilfe der **LERNBOX** (Hinweis 5 und 6), wie Alina den Aspekt entfaltet hat. Markiere dazu die Behauptung rot, die Begründung grün, das Beispiel blau bzw. die Folge lila.

Achte bei Begründungen auf Wörter wie *weil* oder *denn*, bei Beispielen auf *zum Beispiel*, *beispielsweise*, bei einer Folge auf *deshalb*, *das führt dazu*, ...

Nutze die Formulierungen der **Argumentationspinnwand** auf Seite 75, um Begründungen, Beispiele und Folgen zu entdecken.

b) Tauscht euch darüber aus, ob Aspekt, Begründung und Beispiel oder Folge zueinander passen und überzeugend sind. Nutzt dazu die **SPRACHBOX**.

SPRACHBOX

Ich finde die Begründung ... überzeugend / noch nicht überzeugend, weil ... –
Die Begründung passt nicht richtig zu ...

3 Schreibe die Entfaltung stichwortartig untereinander auf:

Behauptung: ...
Begründung: ...
....

4 Wähle aus deiner Stichwortsammlung [grün] einen weiteren Aspekt [blau] zwei weitere Aspekte [orange] drei weitere Aspekte aus und entfalte sie zu einem überzeugenden Argument. Nutze die **Argumentationspinnwand** auf Seite 75 und die **SPRACHBOX**.

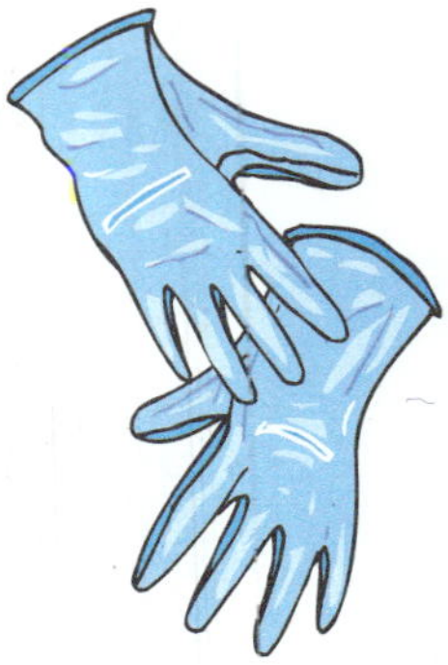

SPRACHBOX

Wer mitmachen will, muss kaum etwas vorbereiten, denn die Materialien ...
... verteilt zum Beispiel vor dem Start ... Deshalb ... –
Plogging bietet ein abwechslungsreiches Training, denn Müllsammelpausen sorgen dafür, dass ... Das führt dazu, dass ... –
Plogging ist mit wenig Aufwand möglich. Man braucht nur ... zum Laufen.
Deshalb ...

5 Überprüft eure Argumente zu zweit:
- Sind die Argumente vollständig?
- Passen Aspekte, Begründungen und Beispiele oder Folgen zu den Adressaten? Nutze zur Bewertung die **SPRACHBOX** rechts.

SPRACHBOX

Ich empfehle dir .... – Du könntest noch ... ergänzen/ändern.
Die Begründung/das Beispiel/die Folge passt nicht richtig zu ...

AH S. 18

» Fachwortschatz, S. 88

» Sprache untersuchen, S. 253

LERNBOX

So gewichtest und entfaltest du überzeugende Argumente:
1. Notiere, welches **Anliegen** oder welche **Meinung** du zu einem Thema vertrittst.
2. Mache dir zuerst klar, wen du überzeugen willst: **Wer** ist dein **Adressat / deine Adressatin** (*z. B. Mitglieder der SV, Eltern, Lehrkräfte, Schülerinnen und Schüler, ...*)? Welche Meinung hat der Adressat zum Thema? Was weiß er oder sie über das Thema?
3. **Sammle Aspekte** zu deinem Anliegen in einer **Stichwortsammlung**.
4. **Gewichte** deine **Aspekte**. Verteile dazu Überzeugungspunkte (3 Punkte = besonders überzeugend, 0 Punkte = wenig überzeugend). Berücksichtige dabei, wen du überzeugen möchtest (= **den Adressaten / die Adressatin**).
5. Du kannst andere überzeugen, wenn du gute Gründe für dein Anliegen nennst. **Entfalte** daher die stärksten Aspekte zu **überzeugenden Argumenten**:
   - **Behauptung (Aspekt)**: *Plogging ist gut für die Gesundheit,*
   - **Begründung**: *denn es trainiert die Ausdauer.*
   - **Beispiel**: *Wenn wir uns beispielsweise auf den Müll konzentrieren, lenkt uns das vom anstrengenden Laufen ab.*
   - **Folge**: *Das hat zur Folge, dass wir länger durchhalten.*
6. Achte darauf, dass Behauptung (Aspekt), Begründung, Beispiel und Folge zueinander passen.

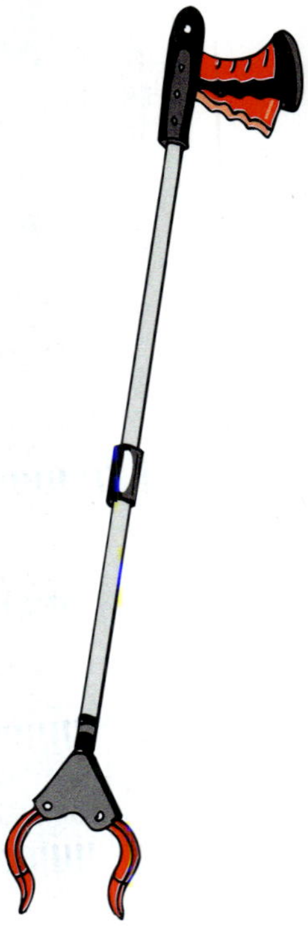

SPRACHBOX

Argumentationspinnwand

Wortschatz Umweltschutz

Nomen: die Umwelt – die Verschmutzung – die Mülltrennung – die Entsorgung – das Plastik – die Deponie – der Abfall – der Klimaschutz – das Engagement – die Bereitschaft
Verben: schützen – sammeln – aufbereiten – wiederverwerten – recyceln – trennen – reduzieren – auf ... verzichten – wegwerfen – sich einsetzen – sich engagieren – sortieren – vermeiden – sich anstrengen **Adjektive:** nachhaltig – ökologisch – umweltbewusst – wiederverwertbar – gemeinschaftlich – erfolgreich – wirksam

Anrede

Liebe Frau ...,
Lieber Herr ...,
Sehr geehrte Frau Bürgermeisterin,
Liebe Mitglieder der SV,
Liebe Eltern,

Anlass

Ich richte mich an dich/Sie, aufgrund ... –
Wir schreiben dir/Ihnen ... –
Da wir ... planen, möchten wir dich/Sie bitten ...

Anliegen

Von der Teilnahme an ... – der Sammlung von ... – der Beteiligung an ... – der Unterstützung von ... – der Begleitung des Fahrrad-Projektes ... – überzeugen – um ... bitten

Behauptung (Aspekt)

Die Aktion ... fördert ... – Das Projekt ... schützt ... / schont ... / ist nachhaltig. – Die Teilnahme an ... verbessert ... / sorgt für ... / kann dazu führen, dass ... – Außerdem ... – Besonders wichtig ist ... – Vor allem ...

Begründung

weil ...
denn ...
damit ...
sodass ...
denn dann ...
da ...

Beispiel oder Folge

zum Beispiel ...
beispielsweise ...
Das hat zur Folge, dass ...
Das führt dazu, dass ...
deshalb ...
darum ...
daher ...

Zusammenfassung des Anliegens

Deshalb möchten wir euch/Sie bitten, dass ... –
Ich würde mich/Wir würden uns freuen, wenn ... –
Wir hoffen, dass ... –
Es wäre schön, wenn ... –
Aus den genannten Gründen ...

Grußformel

Liebe Grüße
Viele Grüße
Mit freundlichem Gruß

Unterschrift der Absenderin/des Absenders

Vorname Nachname
(SV-Sprecherin/SV-Sprecher)
(Jugendsprecherin/Jugendsprecher)
(Mitglied der ... -Abteilung / des Vereins ...)

Videokonferenz: Wer ist wer?
Zeichensetzung bei Appositionen

Ein Reporter vom Billerbecker Boten, Herr Schulte, möchte die Aktion des Sportvereins in der Zeitung ankündigen. Er nimmt daher an einer Videokonferenz teil.

1 Sprecht darüber, welche Vorteile oder Nachteile eine Videokonferenz gegenüber einem echten Treffen hat.

2 **a)** Höre dir den Hörtext an. Notiere, wer an der Videokonferenz teilnimmt.
b) Worum geht es in der Konferenz?

Digital+ Audio WES-126426-035

Plogging-Aktion nimmt Fahrt auf
Die Planungsgruppe des Sportvereins ist auf einem guten Weg. Gestern berichtete Adam Schneider, (1), über den derzeitigen Stand der Plogging-Aktion: „Wir sind sehr stolz darauf, dass so viele an der Aktion teilnehmen wollen. Besonders freut uns die Beteiligung der Sekundarschule: Frau Kirchner, (2), hat ein tolles Team vor Ort. Sie wird unterstützt durch Jannik Müller, (3), und Alina, (4). ...

3 **a)** Fülle die Lücken im Zeitungsartikel oben mit den passenden Erläuterungen, damit die Leserinnen und Leser wissen, wer gemeint ist. Lies dazu auch die **LERNBOX**.
Ordne zu: *die Schulleiterin – der Vorsitzende des Sportvereins – SV-Sprecher – Mitglied der Jogging-Gruppe.*
Ergänze die Lücken mithilfe deiner Lösungen aus Aufgabe **2 a)**.

... Auch Billerbecks Chefin, die Bürgermeisterin, hat ihre Unterstützung zugesagt. Sie hat den Leiter des Bauhofes, einen begeisterten Jogger, gebeten, Materialien, nämlich Müllsäcke und Handschuhe, bereitzustellen. Und sogar Tiere sind mit an Bord: So geht Alina mit ihrem Hund, einem sportlichen Labrador, an den Start.

b) Auch dieser Textteil enthält einige Appositionen. Finde diese und markiere sie, wie im Beispiel. Kreise die Kommas ein.

LERNBOX

Zeichensetzung bei Appositionen
1. Eine **Apposition** (eine Erläuterung) erklärt ein vorausgehendes Nomen näher: *Adam Schneider, der Reporter des Billerbecker Boten, berichtet über die Aktion.*
2. Steht die Apposition am Ende des Satzes, wird sie durch ein **Komma** getrennt: *Es haben sich schon viele Personen angemeldet, zumeist Vereinsmitglieder.*
3. Steht die Apposition in der **Mitte des Satzes**, ist sie durch **zwei Kommas** eingeschlossen: *Die Sekretärin der Bürgermeisterin, Frau Meyer, führt Protokoll.*

» Fachwortschatz, S. 88
» Richtig schreiben, S. 299, S. 301

Fahr Rad!!!
Sachtexte im Partnerpuzzle auswerten

Auch das Projekt „FahrRad! Fürs Klima auf Tour“ würde gut zu der geplanten Aktion des Sportvereins passen.

FahrRad! Fürs Klima auf Tour

1 Informiert euch über das Projekt „FahrRad! Fürs Klima auf Tour“. Führt dazu ein Partnerpuzzle durch, wie in der **LERNBOX** beschrieben. Geht so vor:
a) Entscheide dich für Text (A) oder Text (B). Text (B) ist etwas schwieriger und enthält mehr Informationen.
b) Lies den Text aufmerksam mit dem Ziel, diese Fragen zu beantworten: *Worum geht es in dem Projekt*? *Wer kann daran teilnehmen*? *Wie läuft das Projekt ab?* Markiere die Antworten auf diese Fragen im Text.

Digital+ Textvorlage WES-126426-036

(A) Fahr Rad! – Gebrauchsanleitung

Ihr seid zwischen 10 und 18 Jahren alt? Prima! Ihr fahrt gerne Fahrrad und euch ist Klimaschutz sehr wichtig? Großartig! Dann könnt ihr gemeinsam mit der Klasse, der Sportgruppe oder als Familie an dem Projekt „FahrRad!“ teilnehmen. Ihr braucht nur noch eine Teamleiterin oder einen Teamleiter, also eine Lehrerin oder einen Lehrer, eine Trainerin oder einen Trainer bzw. eure Eltern.
Was müsst ihr tun? Ganz einfach: Nehmt das Rad für die Fahrt zur Schule, zum Fußball oder zu Freunden. So spart ihr kräftig CO_2[1] ein, das sonst durch Fahrten mit dem „Elterntaxi“ entstanden wäre. Jeden Kilometer, den ihr mit dem Rad gefahren seid, schreibt ihr auf. Eure Teamleitung gibt regelmäßig den Kilometerstand eurer Gruppe auf der Homepage ein [...].
So kommt ihr gleichzeitig auf einer virtuellen[2] Tour durch Deutschland voran: Durch die Eingabe der Kilometer auf der Internetseite färbt sich auf einer Deutschlandkarte die entsprechende Stecke ein. [...] Je mehr eurer Wege ihr mit dem Fahrrad zurücklegt, desto schneller kommt ihr voran und desto mehr CO_2 spart ihr ein. [...]
Ihr könnt auch etwas gewinnen: Wenn ihr die gesamte virtuelle Strecke durch Deutschland schafft und außerdem noch Quizfragen richtig beantwortet, nehmt ihr an der Verlosung für den Hauptpreis teil. *(Text verändert)*

1 **CO_2:** die Abkürzung für das Gas Kohlenstoffdioxid. Zu viel CO_2 in der Luft ist schädlich.
2 **virtuell:** etwas, was nicht wirklich vorhanden ist

Deutschlandtour

LERNBOX

Ein Partnerpuzzle durchführen
In einem **Partnerpuzzle** arbeitet ihr arbeitsteilig zu zweit zusammen.
1. **Schritt:** Erschließt euch den Inhalt eures Textes (A) oder (B) in **Einzelarbeit**.
2. **Schritt:** Vergleicht eure Ergebnisse mit jemandem, der den gleichen Text erarbeitet hat: (A) und (A), (B) und (B) (= Expertenrunde).
3. **Schritt:** Stellt euch eure Ergebnisse in Partnerarbeit vor ((A) und (B)).

» Fachwortschatz, S. 88

Digital+ Textvorlage WES-126426-037

(B) FahrRad! Fürs Klima auf Tour

Der ökologische Verkehrsclub VDC ruft mit seinem Projekt „FahrRad!“ Jugendliche zwischen 10 und 18 Jahren auf, auf‘s Fahrrad zu steigen und so Kilometer zu sammeln. Das ist gut für die Gesundheit, schont das Klima und bietet tolle Gewinnmöglichkeiten. […]. Jugendgruppen, Schulklassen und Familien mit Kindern im Alter von 10 bis 18 Jahren können sich unter www.klimatour.de anmelden. Notwendig ist nur noch eine Teamleiterin oder ein Teamleiter, also eine Lehrerin oder ein Lehrer, eine Trainerin oder ein Trainer bzw. die Eltern.

Was müsst ihr tun? Ganz einfach: Nehmt das Rad für die Fahrt zur Schule, zum Fußball oder zu Freunden. So spart ihr kräftig CO_2[1] ein, das sonst durch Fahrten mit dem „Elterntaxi“ entstanden wäre. Jeden Kilometer, den ihr mit dem Rad gefahren seid, schreibt ihr auf. Eure Teamleitung gibt regelmäßig den Kilometerstand eurer Gruppe auf der Homepage ein […].

So kommt ihr gleichzeitig auf der 2641 Kilometer langen virtuellen[2] Tour durch Deutschland voran: Durch die Eingabe der Kilometer auf der Internetseite färbt sich auf einer Deutschlandkarte die entsprechende Stecke ein. Und keine Angst! Wenn euch die 2641 Kilometer schocken, rechnet mit: Wenn nur 15 von euch mit einem Schul- oder Freizeitweg von 2 Kilometern teilnehmen, habt ihr das Ziel in etwa neun Wochen erreicht […]. Je mehr eurer Wege ihr mit dem Fahrrad zurücklegt, desto schneller kommt ihr voran und desto mehr CO_2 spart ihr ein.

Auf eurer Strecke werden elf Haltestationen angezeigt. Dort erwartet euch Lustiges und Informatives zum Fahrradfahren und Klimaschützen. An jeder Station gibt es ein Quiz und Mach mit!-Aktionen […]. Wenn ihr die kompletten 2641 Kilometer der Hauptroute durch Deutschland erradelt – dafür habt ihr insgesamt 6 Monate Zeit – und Quizfragen an den Stationen beantwortet habt, nehmt ihr an der Verlosung für den Hauptpreis teil. *(Text verändert)*

1 CO_2: die Abkürzung für das Gas Kohlenstoffdioxid. Zu viel CO_2 in der Luft ist schädlich.

2 **virtuell:** etwas, was nicht wirklich vorhanden ist

2 **a)** Stellt euch die Inhalte der Texte (A) und (B) in Partnerarbeit gegenseitig vor (3. Schritt der **LERNBOX**).

b) Beantwortet nun die Fragen unten. Die Informationen zu den Fragen 1) – 4) können beide geben. Vergleicht eure Antworten und korrigiert sie, wenn nötig.

Die Informationen zu den Fragen 5) – 7) gibt es nur in Text (B).

1) An welche Altersgruppe richtet sich die Aktion „FahrRad“?
2) Was ist das Ziel der Aktion?
3) Wie läuft die Aktion ab? Was müssen die Teilnehmenden tun?
4) Welche Voraussetzungen müssen die Teilnehmenden erfüllen, um Preise gewinnen zu können?
5) Was gibt es an den „Haltestationen“ zu entdecken?
6) Wie lang ist die Strecke der virtuellen Tour durch Deutschland?
7) Wie viel Zeit haben die Teilnehmenden dafür, die virtuelle Strecke durch Deutschland zurückzulegen?

» Freiraum, S. 89

Radeln für den Klimaschutz
Eine argumentierende E-Mail schreiben

Alinas Laufgruppe möchte die Idee der Aktion „FahrRad! – Fürs Klima auf Tour" aufgreifen und vier Wochen lang mit dem Rad fahren, statt mit dem Bus oder dem Auto. Die Gruppe möchte Frau Müller, ihre Trainerin, davon überzeugen, ebenfalls aufs Fahrrad zu steigen und aufs Auto zu verzichten. Formuliere eine E-Mail, in der du als Mitglied der Laufgruppe die Trainerin von dem Anliegen überzeugst.

(AH) S. 19

1 **a)** Mache dir die Schreibaufgabe klar, indem du Operatoren und Schlüsselwörter markierst:
- Welche Art von Text sollst du schreiben? → *Textart: ...*
- An wen sollst du schreiben? → *Adressat: ...*
- Mit welchem Ziel sollst du den Text schreiben? → *Anliegen: ...*

b) Lege einen Schreibplan an und fülle den hellgrünen Teil aus.

Adressat			
Anlass (Aktion)	*Aktion „FahrRad!": Vier Wochen lang das Rad für möglichst viele Wege nutzen*		
Anliegen	*Wir wollen...*		
	Behauptung (Aspekt)	Begründung	Beispiel/Folge
Argument 1	*Aktion unterstützt Klimaschutz*	*Wir verzichten aufs Elterntaxi.*	*statt Auto zum Training mit Rad= wir sparen CO_2*
Argument 2			
Argument 3			
Wie fasse ich mein Anliegen zusammen?	*Wir würden uns freuen, wenn ...*		
Welche Grußformel nutze ich?			

Digital+ Schreibplan WES-126426-038

2 Plane die Mail an die Trainerin, Frau Müller:

a) Lies die Stichwortsammlung. Prüfe, welche Aspekte die Trainerin besonders von dem Anliegen überzeugen könnten, und verteile Überzeugungspunkte: 0/00/000. Lies dazu noch einmal den 4. Hinweis der **LERNBOX** von Seite 74.

Stichwortsammlung: Teilnahme an der Aktion „FahrRad!"
- *Aktion unterstützt den Klimaschutz 000*
- *Gemeinschaftsaktion, können uns gegenseitig motivieren*
- *alle werden fit und bauen Kondition auf, gut für unsere sportlichen Leistungen*
- *gesundheitsfördernd: kommen an die frische Luft*

b) Wähle zwei / drei überzeugende Aspekte aus und übertrage sie in die passende Spalte des Schreibplans. Du kannst den dunkelgrünen Teil auch verändern.

c) Ergänze im Schreibplan zu jedem Aspekt stichwortartig nachvollziehbare Begründungen und passende Beispiele oder Folgen.
Formulierungen findest du in der **SPRACHBOX**.
d) Überprüft eure Schreibpläne zu zweit: Passen Begründungen sowie Beispiele und Folgen zur Behauptung?

SPRACHBOX

weniger CO_2 ... – Radfahren sorgt für ... – Wenn gemeinsam Kilometer gesammelt werden, ... – Radfahren ist gesundheitsfördernd ... – Frische Luft sorgt für ...

3 Schreibe die E-Mail an Frau Müller. Nutze den Schreibplan und die Formulierungen der **Argumentationspinnwand** (S. 75) sowie die **LERNBOX** unten.
Ergänze den Lückentext.

An: Mueller@Trainingsteam-billerbeck.de
Betreff: Bitte um Unterstützung der Aktion „FahrRad!“

Liebe Frau ...,
ich schreibe Ihnen, weil wir als Sportgruppe gerne die Aktion ... aufgreifen möchten. Wir wünschen uns, dass auch Sie daran teilnehmen und statt des Autos ...
Wenn wir für vier Wochen mit dem Fahrrad fahren, bewirkt das, dass ...
Wenn wir alle zum Beispiel zu Gelegenheiten wie ... aufs Rad steigen, dann ... Das hat zur Folge, dass ...
Ein weiterer Grund, die Aktion zu unterstützen, ist sicherlich ...
Wir würden uns freuen, wenn ...

So kannst du deine Mail beginnen:
Liebe Frau ...,
ich schreibe Ihnen, weil wir als Sportgruppe gerne die Aktion „FahrRad!“ aufgreifen möchten. Wir möchten Sie davon überzeugen, dass Sie ...

4 Tausche deinen E-Mail-Text mit dem einer Partnerin oder eines Partners. Überprüft, ob die Aspekte überzeugend zu Argumenten entfaltet wurden. Markiert dazu die Behauptung, die Begründung sowie das Beispiel oder die Folge mit unterschiedlichen Farben.

» Freiraum, S. 89

LERNBOX

So formulierst du eine argumentierende E-Mail:
1. Beginne mit einer **höflichen Anrede:** *Liebe Frau ..., Sehr geehrter Herr ...,*
2. Wenn dein **Adressat ein Erwachsener** ist, schreibst du die **Anredepronomen** groß: *Wir möchten Ihnen die Aktion ... vorstellen. / Es wäre toll, wenn Sie ...*
3. Bilde aus den Stichwörtern deines Schreibplans **vollständige Sätze:** *Die Aktion „FahrRad“ unterstützt den Klimaschutz.*
4. Verknüpfe die Sätze deines Arguments durch Konjunktionen miteinander: *Die Aktion ist gut für die Umwelt, weil ... / denn ...*
5. Gliedere deinen Text in **Absätze.** Lasse zwischen Anrede und Text sowie Text und Grußformel jeweils eine Zeile frei.

Mitradelnde gesucht!
Fehlerschwerpunkte ermitteln

Alina hat einen Entwurf der Mail an die Trainerin verfasst. Bevor sie die Mail abschickt, möchte sie sichergehen, dass die Mail keine Rechtschreibfehler enthält.

Liebe Frau Müller,
ich schreibe ihnen, weil wir als Sportgruppe gerne an der Aktion „FahrRad!“ teil- R1
nehmen möchten. Vier Wochen lang möchten wir bewusst mit dem Fahrrad fahren.
Wir biten sie, dass auch sie sich an unserer Aktion beteiligen, indem sie auf ihr R2 R3 R4 R5 R6
Auto verzichten und stattdessen mit dem Rad fahren. Wir sind der meinung, dass R7
„FahrRad!“ eine tole Idee für den Klimaschutz ist, denn dadurch werden alle R8
beteiligten aufs Fahrrad steigen und ihre fahrzeuge stehen lasen. So schafen wir R9 R10 R11 R 12
es, dass das CO_2 verringert wird. Das wird sie doch sicher freuen! R13
Ein weiterer Grund, unsere Aktion zu unterstützen, ist sicherlich, dass wir alle
durch das Radfahren fit werden. Sie als unsere Lauf-Trainerin wünschen sich doch
bestimmt auch, dass wir unsere Kondition verbesern. Das hat zur Folge, dass wir R14
demnächst längere Strecken laufen können oder schneler werden. Wir würden uns R15
sehr freuen, wenn sie gemeinsam mit uns vier Wochen lang das Rad nehmen und R16
das fahren mit dem Auto oder dem Bus vermeiden. Wir sind schon sehr gespannt, R17
wie fit wir nach den vier Wochen sein werden!
Viele Grüße
Alina

1 Überprüfe, ob Alina angemessen an die Trainerin geschrieben hat und ob die Mail alle wichtigen Informationen enthält.

2 Ermittle Alinas Fehlerschwerpunkte. Beachte dazu die **LERNBOX**.

» Fachwortschatz, S. 88

a) Lege eine Tabelle mit den Fehlerarten *Doppelkonsonanten, Anredepronomen* und *Großschreibung* an.
b) Finde alle Fehlerwörter, die in der Randspalte gekennzeichnet sind.
c) Werte aus, welche Fehlerart am häufigsten auftritt. Notiere dazu Striche in der Tabelle und zähle sie.

Doppelkonsonanten	
Anredepronomen	
Großschreibung	

3 Welche Rechtschreibstrategien sollte Alina anwenden, um ihre Fehlerschwerpunkte zu vermeiden? Schlage auf Seite 294 nach.

LERNBOX

So ermittelst du Fehlerschwerpunkte und setzt Rechtschreibstrategien ein:

1. Um Fehler zu vermeiden, setzt du bewusst **Rechtschreibstrategien** ein. Du kannst die jeweilige Rechtschreibstrategie anwenden, wenn du beim Schreiben unsicher bist, oder gezielt damit üben.
2. Wenn du häufiger Fehler einer bestimmten Art, z. B. bei der Großschreibung, machst, ist dies ein **Fehlerschwerpunkt**.

» Richtig schreiben, S. 303-304

Kunstvoller Müll
Eine E-Mail planen und schreiben

Jannik macht sich Gedanken, was er mit dem gesammelten Müll seiner Selfie-Aktion machen könnte. Er ist auf Bilder von Kunstobjekten gestoßen, die alle aus Müll bestehen:

A

B

SPRACHBOX

der Joghurtbecher – der Verschluss – die Pappe – das Geschenkband – der Getränkekarton – die Plastikflasche – der Papierstreifen – die Süßigkeitenpackung – der Deckel

1 **a)** Betrachtet zu dritt die Kunstobjekte. Notiert in einem Cluster, aus welchen Verpackungen sie gestaltet wurden. Nutzt dazu die **SPRACHBOX**.
b) Sammelt Ideen für ähnliche Kunstobjekte aus Verpackungsmüll. Welche Verpackungen könntet ihr verwenden?

» Freiraum, S. 89

Jannik möchte aus dem gesammelten Müll seiner „Trashtag-Challenge" mit seiner Tennismannschaft Kunstobjekte gestalten und sie im Vereinsheim ausstellen. Formuliere eine E-Mail, in der du die Hausmeisterin Frau Gerdemann in einer Mail davon überzeugst, dass die erstellten Müllkunstwerke im Vereinsheim ausgestellt werden dürfen.

2 **a)** Erschließe die Aufgabe. Mache dir klar, was du tun sollst.
b) Lege dir einen Schreibplan wie unten an und fülle den hellgrünen Teil aus.

Digital+
Schreibplan
WES-126426-039

Adressat			
Anlass (Aktion)	Müll aus „Trashtag-Challenge" verwerten		
Anliegen	Wir wünschen uns, dass ...		
	Behauptung (Aspekt)	Begründung	Beispiel/Folge
Argument 1	Müllkunstwerk ist Schmuck für Vereinsheim	toller Blickfang	z. B. kreative Figuren wirken lustig durch ...
Argument 2	Zusammenhalt der Tennismannschaft wird gefördert		
Argument 3			
Wie fasse ich mein Anliegen zusammen?		Wir würden uns freuen, wenn ...	
Welche Grußformel nutze ich?			

c) Lies die folgende Stichwortsammlung, die Jannik erstellt hat. Prüfe die Aspekte daraufhin, ob sie die Hausmeisterin überzeugen könnten. Verteile Überzeugungspunkte.

Stichwortsammlung: Ausstellung von Müllkunstwerken im Vereinsheim
- gesammelter Müll wird verwertet
- Müllkunstwerke machen auf Verpackungsmüll aufmerksam
- Müllkunstwerke als Schmuck für Vereinsheim
- Gemeinschaftsaktion: Zusammenhalt wird gefördert

c) Fülle den grünen Teil des Schreibplans aus. Entfalte zwei drei Aspekte.

Diese **Begründungen**, **Beispiele** oder **Folgen** kannst du zur Entfaltung nutzen:

zu Aspekt 1: aus Müll entstehen Kunstwerke / aus Dosen, Milchtüten, werden Kunstwerke, zum Beispiel Müllkleid, Müllauto / landen nicht im Abfall

zu Aspekt 2: Kunstwerke regen zum Nachdenken an / Betrachtern fallen unterschiedliche Verpackungen wie Plastikflaschen auf / Verbraucher verzichten bei Einkauf auf Verpackung / eher Nutzen von Einkaufsbeuteln, eigenen Behältern

zu Aspekt 3: Vereinsheim wird schöner / Müllkunst gefällt Besuchern / lustige Figuren, wie z. B. ..., entstehen / Besucher kommen öfter ins Vereinsheim / viele machen diese Kunst nach

zu Aspekt 4: Spieler helfen einander / finden gemeinsam interessante Ideen für Gestaltung / Stärkung der Mannschaftsleistung

d) Fülle nun den blauen Teil des Schreibplans aus.

3 Schreibe mithilfe deines Schreibplans die E-Mail an die Hausmeisterin. Nutze dazu die **Argumentationspinnwand** von Seite 74.

So kannst du beginnen:

An:	Gerdemann@sportverein-billerbeck.de
Betreff:	Bitte um Ausstellung von ...

Sehr geehrte Frau Gerdemann,
ich habe viel Müll gesammelt und werde mit meiner Tennismannschaft daraus Kunstwerke gestalten. Diese Müllkunstwerke möchten wir gern in unserem Vereinsheim ausstellen. Wir möchten Sie bitten, uns dies zu erlauben ...

LERNBOX

So gliederst du eine argumentierende E-Mail:

1. Fülle den Kopf der Mail aus: Nenne die **E-Mail-Adresse** der Empfängerin oder des Empfängers und den **Betreff**.
2. Beginne mit einer **Anrede**: *Liebe Frau ..., Sehr geehrter Herr ...,*
3. Nenne den **Anlass** und dein **Anliegen**: *Unsere Tennismannschaft hat die Idee ... Ich möchte Sie daher darum bitten, dass ...*
4. Formuliere **überzeugende Argumente**: (**Behauptung, Begründung, Beispiel / Folge**).
5. **Fasse** dein **Anliegen** am Schluss zusammen: *Deshalb bitte ich Sie um ...*
6. Beende deine E-Mail mit einem **Gruß**. Ergänze deinen **Namen** als Unterschrift. und deine **Funktion**: *Jannik (Mitglied der Tennismannschaft).*
7. Gliedere deinen Text in **Absätze**.

Ausstellungsraum gesucht!
Eine argumentierende E-Mail überarbeiten

Jannik hat einen Entwurf für die E-Mail an die Hausmeisterin verfasst und ausgedruckt.

Digital+ Textvorlage WES-126426-040

An: Gerdemann@sportverein-billerbeck.de

Betreff: Wir haben eine Idee

Hallo,
ich habe eine tole Idee, von der ich sie überzeugen möchte. Ich schlage vor, dass wir die von uns gestalteten Kunstwerke aus Müll im Vereinsheim ausstellen dürfen. Ich habe bereits Plastikflaschen, Dosen und Kronkorken gesamelt, die ich gerne wiederverwerten möchte. Daraus lassen sich tole Kunstwerke gestalten. Das wäre auch ein Beitrag für den Umweltschutz, denn so können wir den Verpackungsmüll auch noch verwerten. Die Kunstwerke könnten ein schöner Blickfang im Vereinsheim sein. Beispielsweise könnten wir Kakteen aus Plastikflaschen gestalten. Das hätte zur folge, dass Besucherinnen und Besuchern auffällt, wie viel Verpackungsmüll anfällt und sie verzichten in Zukunft beim Einkauf darauf. Wir machen so auf den Müll aufmerksam und haben gleichzeitig ein schöneres Vereinsheim. Das war's auch schon von mir.
Tschüss
ihr Jannik

Liebe Frau Gerdemann
R1 R2 Ich möchte Sie darum bitten, ...
R3
R4

Ansonsten wird er nutzlos in der Tonne landen. R5

Herzliche Grüße
R6

1 Lies Janniks E-Mail und überprüfe sie mithilfe der **CHECKLISTE**.

2 Überarbeite Janniks E-Mail.

Nimm folgende Korrekturen vor: *Absätze einfügen / Betreff genauer / höfliche Anrede / Jannik vorstellen / höflicher Gruß / Rechtschreibfehler korrigieren.*

Es fehlt noch ein Argument. Ergänze es.

Korrekturzeichen:
- ⊢⊣ = streichen
- ⌈ = erweitern
- └×┘ = ersetzen
- ⌐ = Absatz
- R = Rechtschreibfehler

CHECKLISTE

Eine argumentierende E-Mail überarbeiten

1. Werden der **Anlass** der E-Mail (im Betreff-Feld und im Text) und das **Anliegen** der Absenderin oder des Absenders verständlich dargestellt? ☑
2. Werden die **Aspekte** durch Begründungen, Beispiele und/oder Folgen überzeugend entfaltet? ☑
3. Werden das **Anliegen** und die **Bitte** am Ende der E-Mail **wiederholt**? ☑
4. Wurde **höflich** und **angemessen** (**Adressat**) formuliert? ☑
5. Sind die **Anredepronomen** richtig geschrieben? ☑
6. Ist die E-Mail **richtig aufgebaut** (Adressat, Betreff, Anrede, Beschreibung des Anlasses, entfaltete Argumente, Wiederholung des Anliegens und der Bitte, Grußformel, Unterschrift)? ☑
7. Ist der E-Mail-Text in **Absätze** gegliedert? ☑

Eine Argumentation verfassen

Die SV möchte den Sportverein unterstützen. Sie möchte am Aktionstag eine Sportbörse organisieren, bei der gut erhaltene Sportkleidung und Sportgeräte angeboten werden können. Man kann dort gebrauchte Sachen abgeben und sich im Tausch etwas mitnehmen, das man selbst benötigt.
Du sollst im Namen der SV eine E-Mail an die Klassen der Jahrgangsstufe 6 schreiben und sie davon überzeugen, dass sie sich an der Sportbörse beteiligen. Formuliere dazu **zwei Argumente**. Du kannst auf den Stichwortzettel der SV zurückgreifen.

1 Plane deine E-Mail an die Schülerinnen und Schüler des 6. Jahrgangs, in der du sie davon überzeugst, dass sie sich an der Sportbörse beteiligen. Lege dazu einen Schreibplan an und fülle ihn stichpunktartig aus.

Beteiligung an der Sportbörse:
- Beitrag zum Umweltschutz: Sportkleidung wird wiederverwertet
- Tausch statt Neukauf spart Geld: man kommt kostenlos an neue Sachen, z. B. ...
- Anschaffung besonderer Sportgeräte (Tennisschläger, Skates, Skischuhe) möglich
- übriggebliebene Kleidung kann gespendet werden: Altkleider-Container, Dritte Welt-Laden
- eigener Kleiderschrank wird ausgemistet: Platz für Neues, zu klein Gewordenes aussortieren

Adressat			
Anlass (Aktion)	Beteiligung an ...		
Anliegen	Wir wünschen uns, dass ...		
	Behauptung (Aspekt)	Begründung	Beispiel / Folge
Argument 1	Tausch statt Neukauf spart Geld	man kommt kostenlos an neue Sachen	z. B. an ...
Argument 2	Beitrag zum Umweltschutz		weniger Produktionskosten für neue Kleidung
Wie fasse ich mein Anliegen zusammen?		Wir würden uns freuen, wenn ...	
Welche Grußformel nutze ich?			

2 Schreibe die E-Mail. Formuliere höflich und beachte den Aufbau einer E-Mail. Nutze den Schreibplan und die **Argumentationspinnwand** (S. 75).

Digital+
Schreibplan
WES-126426-041

3 Überarbeite deine E-Mail mithilfe der **CHECKLISTE** von Seite 84.

Eine Argumentation verfassen

Die SV möchte den Sportverein unterstützen. Sie möchte am Aktionstag eine Sportbörse organisieren, bei der gut erhaltene Sportkleidung und Sportgeräte angeboten werden können. Man kann dort gebrauchte Sachen abgeben und sich im Tausch etwas mitnehmen, das man selbst benötigt.
Du sollst im Namen der SV eine E-Mail an den Sportlehrer Herrn Klawes schreiben und ihn davon überzeugen, dass er euch bei der Organisation dieser Sportbörse unterstützt. Formuliere dazu **drei Argumente.** Du kannst auf den Stichwortzettel der SV zurückgreifen oder eigene Aspekte nennen.

1 Plane deine E-Mail an den Sportlehrer, in der du ihn davon überzeugst, dass er euch bei der Organisation der Sportbörse unterstützt. Lege einen Schreibplan an und fülle ihn stichpunktartig aus.

Beteiligung an Organisation der Sportbörse:
- Beitrag zum Umweltschutz: weniger Produktionskosten für neue Waren
- Sportkleidung und Sportgeräte werden wiederverwertet
- Tausch statt Neukauf
- Förderung der Teamfähigkeit durch gemeinsame Organisation
- Geräteraum der Sporthalle wird ausgemistet
- übriggebliebene Sachen können gespendet werden
- Sport und Umweltschutz gehören zusammen

Adressat			
Anlass (Aktion)	Beteiligung an der Organisation einer ...		
Anliegen	Wir wünschen uns, dass Sie ...		
	Behauptung (Aspekt)	Begründung	Beispiel/Folge
Argument 1	Tausch statt Neukauf spart Geld	man kommt kostenlos an neue Sachen	z. B. an ...
Argument 2	Beitrag zum Umweltschutz		weniger Produktionskosten für neue Kleidung
Argument 3			
Wie fasse ich mein Anliegen zusammen?		Wir würden uns freuen, wenn ...	
Welche Grußformel nutze ich?			

2 Schreibe die E-Mail. Formuliere höflich und beachte den Aufbau einer E-Mail. Nutze den Schreibplan und die **Argumentationspinnwand** (S. 75).

Digital+ Schreibplan WES-126426-042

3 Überarbeite deine E-Mail mithilfe der **CHECKLISTE** von Seite 84.

Eine Argumentation verfassen

Kompetenz / Inhalt	Selbsteinschätzung ☺ 😐 ☹	Fremdeinschätzung ☺ 😐 ☹	Bemerkungen	Hier kannst du weiterüben:
Ich kann ...				
einem Text Informationen entnehmen und Ideen für Aktionen sammeln. (S. 64–65)				
Absichten und Interessen in einer Diskussion erkennen und äußern. (S. 66–67)				AH. S. 17
Satzarten unterscheiden. (S. 68)				SB, S. 255
Veröffentlichungen im Internet und deren Konsequenzen einschätzen. (S. 69–70)				
Informationen aus Sachtexten entnehmen und Stichworte für die Argumentation sammeln. (S. 71–72)				SB, S. 277 AH, S. 15–16
Argumente gewichten und entfalten (S. 73–74) und dabei – eine Stichwortsammlung ergänzen – Aspekte durch Überzeugungspunkte gewichten.				SB, S. 253 AH, S. 18
mich genau ausdrücken, indem ich passende Formulierungen verwende. (S. 75)				
Kommas bei Appositionen richtig setzen. (S. 76)				SB, S. 299, S. 301
Sachtexte im Partnerpuzzle erschließen. (S. 77–78)				
Eine argumentierende E-Mail planen und schreiben (S. 79–80) und dabei – die Schreibaufgabe verstehen – einen Schreibplan anlegen Aspekte durch Begründungen und Beispiele oder Folgen zu Argumenten entfalten.				AH, S. 19
Fehlerschwerpunkte ermitteln. (S.81)				SB, S. 303–304
eine argumentierende E-Mail schreiben. (S. 82–83)				
eine argumentierende E-Mail überarbeiten. (S. 84)				
FREIRAUM Diese Aufgaben aus dem Freiraum habe ich gemacht:				

AH = Arbeitsheft, SB = Schülerband

Fachwörter und Methoden

die Apposition	Eine Apposition (eine Erläuterung) erklärt ein vorausgehendes Nomen näher: 1. Steht die Apposition am Ende des Satzes, wird sie durch ein Komma getrennt: *Es haben sich schon viele Personen angemeldet, auch Emma.* 2. Steht die Apposition in der Mitte des Satzes, ist sie durch zwei Kommas eingeschlossen: *Die Sekretärin, Frau Meyer, macht auch mit.*
das Argument	Mit einem Argument unterstützt du deine Meinung. Mithilfe von Argumenten kannst du andere von deinem Anliegen überzeugen. Gute Argumente enthalten eine Behauptung, eine nachvollziehbare Begründung sowie ein passendes Beispiel oder eine Folge.
der Aspekt/ die Aspekteliste	Der Aspekt ist ein Teil eines Arguments. Aspekte sind Stichworte, die für deine Meinung sprechen. Du kannst eine Aspekteliste anlegen, in der du Stichworte sammelst, und diese dann entfaltest.
der Fehler-schwerpunkt	Wenn du häufiger Fehler einer bestimmten Art, z. B. bei der Großschreibung, machst, ist dies ein Fehler-schwerpunkt. Wenn du deine Fehlerschwerpunkte kennst, kannst du deine Texte gezielt daraufhin überprüfen. Um Fehler zu vermeiden, setzt du bewusst Rechtschreibstrategien ein.
der Gesprächs-blocker	Gesprächsblocker behindern ein Gespräch und sind unfair. Es sind häufig Beleidigungen, Unterbrechungen und Abschweifungen vom Thema, z. B. *Auf gar keinen Fall! / Was für ein Blödsinn!*
der Gesprächs-förderer	Mit Gesprächsförderern verhältst du dich fair in einer Diskussion und nimmst die am Gespräch Beteiligten ernst. Dazu gehört, dass man aufeinander eingeht, sich ausreden lässt und aktiv zuhört, z.B. *Ich stimme dir darin zu, dass … / Das hört sich interessant an.*
der Hashtag	Der Hashtag # (gesprochen: Häschtäg) ist ein Stichwort, mit dem du einen Beitrag gezielt in sozialen Netzwerken finden kannst.
das Partner-puzzle	In einem Partnerpuzzle bearbeitet ihr zu zweit unterschiedliche Materialien: 1. Einzelarbeit: Jeder bearbeitet sein Material, 2. Vergleich mit anderen, die das gleiche Material bearbeitet haben, 3. Austausch in Partnerarbeit: Ihr stellt eurer Partnerin oder eurem Partner abwechselnd euer Material vor. Die Ergebnisse der anderen oder des anderen notiert ihr euch.
der Post	Ein Post ist ein Beitrag in einem sozialen Netzwerk. Jemand postet zum Beispiel ein Foto (ein Selfie), einen Kommentar oder ein Ereignis.
Satzarten	Mit Satzarten, – dem Fragesatz *(Sollen mir mitmachen?)*, – dem Aussagesatz *(Ich mache gerne mit.)*, – dem Ausrufesatz *(Auf jeden Fall!)* oder – dem Aufforderungssatz *(Lasst uns anfangen!)*, können unterschiedliche Absichten geäußert werden. In Texten erkennst du die Absicht an den Schlusszeichen sowie bei der wörtlichen Rede auch an Redebegleit-sätzen.
soziale Netzwerke	In einem sozialen Netzwerk kannst du dich online (also im Internet) mit anderen treffen und dort zum Beispiel Informationen, Meinungen, Fotos oder Videos austauschen.
die Stichwort-sammlung/ die Aspekteliste	In einer Stichwortsammlung sammelst du Aspekte, die du bei einer Argumentation verwenden willst. Die dort gesammelten Aspekte entfaltest du zu überzeugenden Argumenten, nachdem du sie, orientiert am Adressaten, gewichtet hast.

1 Prüfe dein Wissen mithilfe des digitalen Lückentests.

Digital+
Interaktive Aufgabe
WES-126426-043

Aufgaben zum Weiterarbeiten

ZU SEITE 67

- Welche Ausrüstung brauchen die Schülerinnen und Schüler, um den Müll aufsammeln zu können? Erstelle eine Liste.
- Die Schülerinnen und Schüler der SV möchten ihre Idee auf der Homepage des Sportvereins posten. Verfasse diesen Post und informiere darin über die geplante Aktion.

ZU SEITE 69

- Auf den Seiten 69 und 70 findest du einige Medien-Begriffe. Lege eine Wörterliste an, in der du die Begriffe aufnimmst und erklärst: posten: einen Text oder ein Foto im Internet veröffentlichen ...

ZU SEITE 72

- Was kommt in welche Tonne? Ordne diesen Müll den richtigen Sammelbehältnissen zu.

ZU SEITE 78

- Fülle mithilfe der Karte rechts den Lückentext:

Unsere Klima-Tour beginnt für alle in ... . Von dort aus führt die Route im Uhrzeigersinn über Lindau, ..., ..., Münster, ..., ..., ..., ... , Berlin, ... und ... einmal rund durch Deutschland zurück nach Augsburg. Das sind ... Kilometer.

ZU SEITE 80

- Gestalte ein Plakat, mit dem du für die Aktion „FahrRad!“ wirbst.

ZU SEITE 82

- Gib den abgebildeten Kunstwerken einen passenden Namen.
- Erstelle ein eigenes Kunstwerk aus Verpackungsmüll.

Donnerwetter?!

1 **a)** Schaut euch die Bilder zu zweit an und beschreibt abwechselnd, was ihr darauf entdecken könnt: *Ich sehe* ... Nutzt dazu die Wörter aus der **SPRACHBOX** rechts.
b) Klärt gemeinsam, wie sich die Personen auf den Bildern verhalten und wie sie dem Wetter begegnen.
c) Ordnet die Gedichtanfänge A-C den Bildern zu und erläutert eure Zuordnung.

2 **a)** Hört euch die Geräusche an und ordnet sie der passenden Situation zu.
b) Tauscht euch aus, wie ihr die verschiedenen Wetterlagen wahrnehmt:
- Was hört, fühlt, riecht ihr bei Regen, Sonnenschein ...?
- Wie verhaltet ihr euch bei einem Gewitter, bei Nebel oder bei Eisglätte?

Digital+
Audio
WES-126426-044

3 **a)** Besprecht, inwieweit der Kapiteltitel „Donnerwetter?!" mit euren Ergebnissen zusammenhängt.
b) Den Titel kannst du auf unterschiedliche Weise verstehen. Erkläre, in welchen Zusammenhängen das Wort „Donnerwetter" genutzt wird.

Richtig schreiben, S. 287

SPRACHBOX

Nomen: der Sturm – der Wind – die Sonne – die Sonnenstrahlen – die Wolken – die Bewölkung – der Schnee – die Schneeflocken – das Glatteis – das Gewitter – der Blitz – der Donner – die Regentropfen – der Schauer – die Nässe – der Niederschlag – der Regenschirm – der Nebel – die Sicht – die Feuchtigkeit – der Hagel – die Temperatur

Verben: hören – fühlen – erkennen – erleben – wahrnehmen – sich ducken – sich unterstellen – wegfliegen – schlittern – platschen – prasseln – (aus)rutschen

Adjektive: winterlich – frisch – kalt – feuchtkalt – eisig – glatt – warm – heiß – sonnig – heiter – klar – donnernd – stürmisch – bewölkt – wolkig – windig – wehend – nass – feucht – regnerisch – neblig – diesig – staunend – unangenehm

Digital+
Interaktive Aufgabe
WES-126426-045

Freiraum, S. 115

AUSBLICK

In diesem Kapitel erschließt du Gedichte zum Thema Wetter. Du lernst außerdem, wie du Gedichte genauer untersuchst. Dazu fasst du den Inhalt zusammen, bearbeitest Aufgaben zu Inhalt und Form und erläuterst, wie die Gedichte auf dich wirken.

Wenn das Wetter umschlägt

Den Aufbau von Gedichten untersuchen

1 Begib dich auf eine Fantasiereise. Höre dir dazu die Geschichte über den Webcode an. Entspanne dich, schließe die Augen und fühle dich in die Situation ein.

Digital+ Audio WES-126426-046

2 **a)** Wie habt ihr das Unwetter während der Fantasiereise erlebt? Setzt euch zu dritt zusammen und notiert in einem Cluster, was ihr gehört, gesehen und gefühlt habt. Ihr könnt dazu die **SPRACHBOX** von Seite 91 nutzen.

Freiraum, S. 115

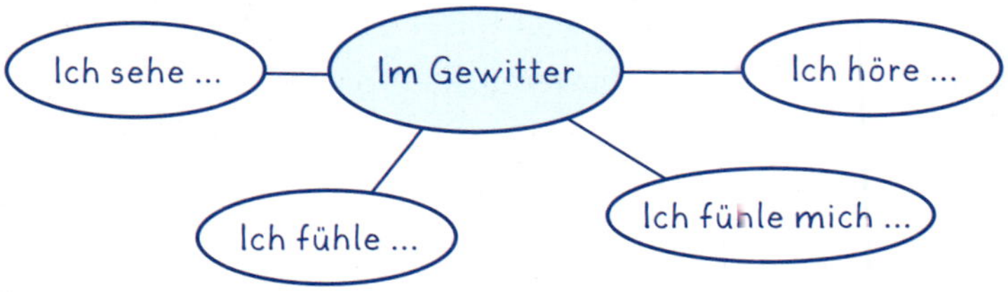

b) Erzählt euch, was ihr schon während eines Gewitters erlebt habt, und ergänzt das Cluster mit euren Erfahrungen.

c) Hängt eure Cluster aus, geht herum und betrachtet sie, wie in einem Museum.

Fachwortschatz, S. 114

d) Besprecht anschließend, welche Gefühle besonders häufig deutlich wurden.

3 Nutze die Wahrnehmungen aus Aufgabe **2** für das Verständnis des Gedichts:

Digital+ Gedichtvorlage WES-126426-047

a) Lies das Gedicht und ergänze die Textlücken. Suche nach passenden Wörtern, die so klingen wie das letzte Wort im Vers davor.

Setze ein: *grau – rollen – schwarz – tropft – lang – fein – blau – klatscht*

Betrachte die Bilder. Sie helfen dir bei der Lösung.

Orientiere dich am Inhalt der Verse: Welches Wort passt dazu?

b) Vergleicht eure Lösungen zu zweit: Wie seid ihr vorgegangen, um das Gedicht zu ergänzen?

c) Vergleicht eure Überlegungen mit den Hinweisen in der **LERNBOX** auf Seite 93.

Gewitter

Erwin Moser

Der Himmel ist blau
Der Himmel wird …
Wind fegt herbei
Vogelgeschrei
Wolken fast …
Lauf, weiße Katz!

Blitz durch die Stille
Donnergebrülle
Zwei Tropfen im Staub
Dann Prasseln auf Laub
Regenwand
Verschwommenes Land

Blitze tollen
Donner …
Es plitschert und platscht
Es trommelt und …
Es rauscht und klopft
Es braust und …
Eine Stunde …
Herrlich bang

Dann Donner schon fern
Kaum noch zu hör'n
Regen ganz …
Luft frisch und rein
Himmel noch grau
Himmel bald …

4 Beschreibe, wie sich das Wetter im Verlauf des Inhalts verändert.
Achte darauf, wann der Regen einsetzt und wann er wieder aufhört.

5 Beschreibe den Aufbau des Gedichts mithilfe der **LERNBOX** und der **SPRACHBOX** nun genauer. Gehe so vor:
a) Ermittle die Anzahl der Strophen und Verse (1. Hinweis der **LERNBOX**).
b) Markiere die Wörter, die sich reimen, in derselben Farbe wie im Beispiel, um das Reimschema des Gedichts zu ermitteln (3. Hinweis der **LERNBOX**).
c) Überlege, wie der Inhalt durch das Reimschema wirkt.
d) An welchen Stellen finden sich unreine Reime?

SPRACHBOX

Das Gedicht besteht aus ... Strophen mit je ... Versen – Jede Strophe besteht aus ... Versen – Die einzelnen Strophen sind in ... Verse unterteilt. – Das Gedicht wurde im ...reim geschrieben. – Als Reimschema wurde ... verwendet. – Das Reimschema wirkt regelmäßig/unregelmäßig, denn ...

6 **a)** Setze das Gedicht fort. Schildere, wie das aufziehende schöne Wetter dargestellt werden könnte: Was macht der Wind? Wie reagieren die Tiere? Wie kannst du die Sonne beschreiben?
Ergänze die Verse rechts mit folgenden Wörtern:
Arm / brummt / grau / Fell / Klänge / hell / warm
Ergänze die Verse rechts mit passenden Reimwörtern.
Formuliere eine eigene Strophe: Kehre den Verlauf des Wetters von schlechtem zu schönem Wetter um:
Der Himmel ist grau
Nichts mehr blau ...

Der Himmel ist blau.
Nicht mehr ...
Die Sonne scheint ...
Der Katze aufs ...

Vogelgesänge
herrliche ...
Es summt
und es ...
Wunderbar ...
es strahlt auf den ...

b) Stellt euch die Ergebnisse vor und ermittelt das Reimschema.

LERNBOX

So ist ein Gedicht gestaltet:

1. Die meisten Gedichte sind in Abschnitte eingeteilt. Diese Abschnitte nennt man **Strophen**. Jede Strophe besteht aus einzelnen **Versen** (= Zeilen).
2. Verse enden oft mit **Reimwörtern**. Das sind Wörter, die gleich klingen, zum Beispiel *blau – grau, herbei – Vogelgeschrei.*
3. Die Verse mit den Reimwörtern können unterschiedlich angeordnet sein. Wenn die Anordnung der Reime ein bestimmtes Muster ergibt, spricht man von einem **Reimschema**. Kennzeichne die Reimwörter mit Buchstaben, um so das Reimschema zu ermitteln. Häufig findest du diese Reimschemata (= Plural):

Paarreim:		**Kreuzreim:**		**Umarmender Reim:**	
blau	a	blau	a	blau	a
grau	a	herbei	b	herbei	b
herbei	b	grau	a	Geschrei	b
Geschrei	b	Geschrei	b	grau	a

4. Bei einem **unreinen Reim** klingt die Lautfolge ähnlich: *heute – Freude.*

Fachwortschatz, S. 114

AH S. 21

Vom Sturm erfasst
Gedichte mit der Lesemethode erschließen

1 **a)** Oh je! Hier ist einiges durcheinandergeweht! Betrachte die Bilder und bringe sie in eine sinnvolle Reihenfolge.
b) Stelle deine Lösung einer Partnerin oder einem Partner vor und erkläre, warum du dich für diese Reihenfolge entschieden hast.

Digital+ Gedichtvorlage WES-126426-048

Die Geschichte vom fliegenden Robert
Heinrich Hoffmann (1809–1894)

Wenn der Regen niederbraust,
wenn der Sturm das Feld durchsaust,
bleiben Mädchen oder Buben
hübsch daheim in ihren Stuben.
Robert aber dachte: Nein!
Das muss draußen herrlich sein!
Und im Felde patschet er
mit dem Regenschirm umher.

Jungen
Zimmer

Titel
Name des Autors
Robert geht im Unwetter spazieren
es regnet und stürmt
alle bleiben zu Hause

Robert will rausgehen
läuft mit Schirm übers Feld

Hui, wie pfeift der Sturm und keucht,
dass der Baum sich niederbeugt!
Seht! Den Schirm erfasst der Wind,
und der Robert fliegt geschwind
Durch die Luft so hoch, so weit.
Niemand hört ihn, wenn er schreit.
An die Wolken stößt er schon,
Und der Hut fliegt auch davon.

Schirm und Robert fliegen dort
durch die Wolken immerfort.
Und der Hut fliegt weit voran,
stößt zuletzt am Himmel an.
Wo der Wind sie hingetragen,
ja, das weiß kein Mensch zu sagen.

2 **a)** Lest den Titel des Gedichts links und besprecht, wovon es handeln könnte.
b) Betrachte das Gedicht: Aus wie vielen Strophen und Versen besteht es?

Vor dem Lesen
1. Schritt:
sich orientieren

3 Erschließe das Gedicht „Die Geschichte vom fliegenden Robert“ mit der **Lesemethode für Gedichte**. Orientiere dich an der **LERNBOX**. Den 1. Schritt hast du bereits in Aufgabe **2** erledigt.
a) Lies das Gedicht „mit dem Stift“: Markiere unbekannte Ausdrücke mit einer Wellenlinie und kläre sie aus dem Zusammenhang oder nutze ein Wörterbuch.
b) Markiere Schlüsselstellen im Gedicht.
c) Finde zu jeder Strophe eine passende Überschrift.

Ordne den einzelnen Strophen diese Überschriften zu: *Robert fliegt den Wolken entgegen – Robert geht im Unwetter spazieren – Robert verschwindet im Himmel*

Du kannst folgende Formulierungen verwenden: *... verschwindet ... – spazieren gehen – um Hilfe rufen – hilflos – fliegt ... entgegen – ... fliegt davon*

Formuliere zu jeder Strophe eine eigene Überschrift.

d) Ergänze zu den Überschriften Stichworte zum Inhalt.

Ordne diese Stichwörter den passenden Versen zu: *Bäume biegen sich im Sturm – Wind packt den Schirm – Robert hängt am Schirm – Robert fliegt schnell durch die Luft – schreit – keiner hört ihn – Hut fliegt weg – stößt an Wolken – fliegt durch Wolken – fliegt dem Hut hinterher – stößt an Himmel – verschwindet völlig – keiner weiß, wo er jetzt ist*

Diese Formulierungen kannst du nutzen: *Wind packt ... / erfassen / wegfliegen / anstoßen an ... / verschwinden / rufen / durch die Luft / hängen an ... / festhalten*

Formuliere die Stichwörter zum Inhalt der Strophen mit eigenen Worten. Orientiere dich an den Notizen zur ersten Strophe.

Während des Lesens
2. Schritt:
unbekannte Begriffe klären

Während des Lesens
3. Schritt:
Schlüsselstellen markieren

Nach dem Lesen
4. Schritt:
Wichtiges herausschreiben
a) Überschriften zu den Strophen formulieren
b) Stichwörter zum Inhalt der Strophen notieren

LERNBOX

So erschließt du ein Gedicht mit der Lesemethode für Gedichte:

1. **Schritt: sich orientieren** – Lies die Überschrift, überfliege die Strophen und betrachte die Bilder, wenn es welche gibt: Vermute, worum es wohl geht.
2. **Schritt: unbekannte Begriffe klären** – Lies das Gedicht „mit dem Stift“. Markiere mit einer Wellenlinie Wörter und Ausdrücke, die du nicht kennst. Kläre ihre Bedeutung aus dem Sinnzusammenhang, durch Nachschlagen im Wörterbuch oder durch Recherche im Internet.
3. **Schritt: Schlüsselstellen markieren** – Schlüsselstellen sind wichtige Textstellen, die Antworten auf W-Fragen geben: *Um wen geht es? (Wer?) Was passiert? Welche Orte werden genannt? (Wo?) Welche Stimmung und welche Gefühle werden deutlich?* Markiere diese Stellen.
4. **Schritt: Wichtiges herausschreiben**
   - Bilde **Sinneinheiten**: Das können eine oder mehrere Strophen sein.
   - Formuliere zu jeder Sinneinheit eine **Überschrift**.
   - Ergänze zu jeder Überschrift **Stichworte zum Inhalt**, das heißt du formulierst die markierten Schlüsselstellen stichwortartig.
5. **Schritt: Inhalte zusammenfassen**

» Fachwortschatz, S. 114

AH S. 20

Vom Winde verweht
Den Inhalt zusammenfassen

1 **a)** Besprecht zu zweit, um welches Thema es in dem Gedicht auf Seite 94 geht. Lest dazu den zweiten Hinweis in der **LERNBOX**.

b) Setzt den Satz fort: In dem Gedicht geht es um ...

Wählt aus folgenden Formulierungen aus: *einen heftigen Sturm / das Verschwinden eines Jungen / einen Spaziergang im Sturm / einen Notfall.*

Formuliert das Thema in eigenen Worten.

SPRACHBOX

Das Gedicht „...“ hat ... geschrieben. – Das Gedicht „...“ von ... handelt davon, dass ... – In dem Gedicht geht es um / darum, wie ...

2 Fasse den Inhalt des Gedichts mithilfe deiner Notizen zu den Strophen zusammen, um es jemandem vorzustellen, der es nicht kennt.

a) Formuliere zunächst einen Einleitungssatz. Lies dazu den ersten Hinweis in der **LERNBOX** und nutze die Formulierungen der **SPRACHBOX**.

b) Formuliere aus den Stichwörtern eine Zusammenfassung des Gedichts.

Ergänze den Lückentext. Setze dazu die Wörter aus der Wolke an der passenden Stelle ein:

Es ... und ... heftig. Im Haus ist es ... Aber Robert will ... gehen. Er läuft mit seinem ... über das ... Der ... wird immer heftiger. Er packt Roberts ... und er hebt ab und fliegt hoch durch... Robert ... um Hilfe, doch ... hört ihn. Robert fliegt immer höher und ... So hoch, bis er durch ... stößt. Nun sieht ihn ... mehr. Robert ist ... .

regnet – spazieren – Schirm – schreit – sicher – Sturm – Schirm – höher – die Luft – mit ihm – Feld – keiner – die Wolken – niemand – verschwunden – stürmt

Du kannst diese Satzanfänge nutzen: Draußen stürmt und ... – Robert beschließt ... – Der Sturm wird immer ... – Roberts Schirm wird ... – Jetzt stößt er an ... – Er fliegt ... – Nun ist er schon ... – Am Ende weiß niemand ...

Beginne deine Zusammenfassung so: Wenn es draußen regnet und stürmt, bleiben eigentlich alle Kinder zu Hause, doch ...

Freiraum, S. 115

LERNBOX

So fasst du den Inhalt eines Gedichts zusammen:

1. Schreibe einen **Einleitungssatz**, in dem du Titel, Autorin oder Autor, Textart und Thema des Gedichtes nennst (TATT-Satz).
2. Als **Thema** stellst du dar, worum es in dem Gedicht geht (z. B. *ein Unwetter Schneefall, ein Nebelerlebnis).* Das Thema **bezieht sich auf das ganze Gedicht**.
3. Fasse den **Inhalt**, wenn möglich, **strophenweise** zusammen: **Formuliere** aus deinen Stichworten **vollständige Sätze**, z. B. *Strophe 1: Robert geht bei Regen und Sturm spazieren, obwohl alle anderen zu Hause bleiben. Er läuft mit seinem Schirm übers Feld.* Auch wenn das Gedicht nur aus einer Strophe besteht, gliederst du diese vorher in Sinneinheiten und fasst den Inhalt zusammen.
4. Formuliere in **eigenen Worten** und schreibe nicht aus dem Gedicht ab.
5. Verwende als Zeitform das **Präsens**: *Robert geht im Sturm spazieren.*

AH S. 22

Wettererfahrungen
Wörter Wortfeldern zuordnen

Mann, hat es heute wieder geschüttet!

Ich war froh, dass es später nur noch getröpfelt hat!

Und mich hat es dann aber voll erwischt: Es hat nur so auf mich niedergeprasselt!

1 **a)** Unterstreiche die Wörter, die das Wetter genauer kennzeichnen.
b) Besprecht, warum im Gespräch unterschiedliche Verben verwendet werden.

Regen rauschen   **Wind** heulen

2 **a)** Fülle die Wortfelder „Regen" und „Wind" mit passenden Verben aus dem Wörterkasten. Orientiere dich an der **LERNBOX**.

gießen – rauschen – rütteln – nieseln – stürmen – heulen – tröpfeln – sprühen – wirbeln – schütten – brausen – prasseln – trommeln – klatschen – pfeifen – schütteln – wehen

- Acht Verben passen zum Wortfeld „Regen" und neun Verben zum Wortfeld „Wind".
- Ein Verb kannst du in beide Wortfelder ordnen. Findest du es?
- Wähle einige Verben aus den beiden Wortfeldern aus und bilde dazu Sätze, um das Wetter auf den Bildern rechts genauer zu beschreiben.

b) Kennt ihr Wörter für unterschiedliche Arten des Regens aus anderen Sprachen? Übersetzt die Wörter in die Sprachen, die ihr auch noch sprecht.

3 Setze die Wörter aus den Wortfeldern in die Lücken ein. Achte auf die Zeitform und die Personalform.

Vater: Meine Güte, bist du nass! Was ist dir denn passiert?

Lenni: Ach, heute Morgen sah es noch so schön aus: Der Wind (A) leicht auf dem Weg zur Schule. In der Pause begann es zu (B). Der Wind (C) die Blätter über den Hof. Es war ja recht warm und ich hatte keine Jacke an. Dann wurde der Regen stärker und es begann zu (D). Als ich wieder in der Klasse saß, sah ich, wie der Wind draußen das Laub um die Ecke (E), und ich hörte, wie er (F). Auf dem Weg nach Hause (G) es plötzlich wie aus Eimern und der Sturm (H). Deshalb bin ich jetzt pitschnass.

- Ordne diese Wörter ein: *pfiff, wehte, tröpfeln, heulte, goss, fegte, nieseln, wirbelte.*
- Du bildest 6 x das Präteritum, 2 x den Infinitiv (= Grundform des Verbs).

LERNBOX

Was ist ein Wortfeld?

1. Wörter, mit **ähnlicher Bedeutung** derselben Wortart, bilden ein **Wortfeld**.
2. Wenn du viele Wörter eines Wortfeldes kennst, kannst du Texte **abwechslungsreicher gestalten**, Erfahrungen/Beschreibungen **genauer formulieren**.
   der Wind: (= Nomen): der Sturm, der Orkan, die Brise …
   regnen: (= Verben): fließen, strömen, fluten, tröpfeln, prasseln …
   kalt: (= Adjektiv): kühl, frostig, frisch, eiskalt, bitterkalt, eisig, frostig …

» Sprache untersuchen, S. 269

Wenn es kracht
Die Wirkung sprachlicher Bilder ermitteln

1 a) Lies das Gedicht und betrachte das Bild: Zu welcher Strophe passt es? Gib genau die Verse an.
b) Zeichne ein Bild, das zu einer der weiteren Strophen passt.
c) Hängt eure Zeichnungen in der Klasse aus. Geht herum wie in einem Museum und vergleicht sie: Beschreibt, was ihr erkennen könnt. Wo seht ihr Gemeinsamkeiten oder Unterschiede?

Digital+ Gedichtvorlage WES-126426-049

Das Gewitter
Josef Guggenmos (1922–2003)

Hinter dem Schlossberg kroch es herauf:
Wolken – Wolken!
Wie graue Mäuse,
ein ganzes Gewusel.

Zuhauf
jagten die Wolken gegen die Stadt.
Und wurden groß
und glichen Riesen
und Elefanten
und dicken, finsteren Ungeheuern,
wie sie noch niemand gesehen hat.

„Gleich geht es los!“,
sagten im Kaufhaus Dronten
drei Tanten
und rannten heim,
so schnell sie konnten.

Dronten: Name des Kaufhauses

Da fuhr ein Blitz
mit hellichtem Schein,
zickzack,
blitzschnell
in einen Alleebaum hinein.
Und ein Donner schmetterte hinterdrein,
als würden dreißig Drachen
auf Kommando lachen,
um die Welt zu erschrecken.

Alle Katzen der Stadt
verkrochen sich
in den allerhintersten Stubenecken.
Doch jetzt ging ein Platzregen nieder!
Die Stadt war überall
nur noch ein einziger Wasserfall.
Wildbäche waren die Gassen.

Plötzlich war alles vorüber,
die Sonne kam wieder
und blickte vergnügt
auf die Dächer, die nassen.

2 Erschließe das Gedicht genauer:
a) Kläre die Bedeutung der mit der Wellenlinie unterstrichenen Wörter, z. B. zu zweit, mit dem Wörterbuch oder aus dem Zusammenhang. Falls du weitere unbekannte Ausdrücke findest, kläre auch diese.
b) Bilde Sinneinheiten und formuliere zu jeder Sinneinheit eine passende Überschrift.
Ordne diese Überschriften zu: Erste Wolken ziehen auf – Menschen bringen sich in Sicherheit – Heftiger Regen rauscht – Finstere Wolken wachsen an – Die Sonne erscheint wieder – Blitz und Donner sorgen für Schrecken
c) Notiere zu jeder Strophe Stichworte am Rand.

3 **a)** Tauscht euch darüber aus, wie es Josef Guggenmos gelingt, das Gewitter so anschaulich zu beschreiben, dass ihr den Inhalt in Bildern darstellen könnt.

Betrachte die markierten Textstellen: Auf welche Weise wird das Wetter beschrieben?

b) Vergleicht eure Überlegungen miteinander: Lest in der **LERNBOX** nach, wie diese sprachlichen Bilder genannt und wann sie verwendet werden.

c) Finde zwei, drei, vier Beispiele für Personifikationen, Metaphern oder Vergleiche und notiere, was die Ausdrücke bedeuten und welche Wirkung der Autor damit erzielt. Nutze dazu die **SPRACHBOX**.

d) Halte deine Ergebnisse in einer Tabelle fest:

SPRACHBOX

Zu Beginn wird eine Personifikation/ein Vergleich/eine Metapher (V. ...) genutzt. – Das sprachliche Bild bedeutet, dass ... – Das heißt, ... – Die Textstelle wirkt *lebendig, bedrohlich, gefährlich, erschreckend ...* – Die Stärke/die Kraft/die Gewalt des ... wird deutlich. – Das wirkt anschaulicher. – Man kann sich ... besser vorstellen.

Textstelle	sprachliches Mittel	Erklärung → Wirkung
„kroch es herauf" (V. 1)	Personifikation	Unwetter: Wolken kommen langsam näher. → Es wirkt bedrohlich.
„Wolken – Wolken! Wie graue Mäuse" (V. 2–3) ...	Vergleich	...
„Die Stadt war überall ein einziger Wasserfall" (V. 28–29)	Metapher	Viel Wasser fließt durch die Straßen. → Die Stärke des Regens wird deutlich.
...		

e) Vergleicht eure Ergebnisse miteinander:
- Habt ihr die sprachlichen Bilder richtig benannt?
- Wer hat die Wirkung besonders treffend beschrieben?
- Warum verwendet Guggenmos solche sprachlichen Bilder?

Freiraum, S. 115

LERNBOX

So erkennst du sprachliche Bilder in Gedichten:
Dichter nutzen häufig **sprachliche Bilder**, um das Geschehen in einem Gedicht **bildlich** darzustellen. Dichter nutzen dazu zum Beispiel:
1. **die Personifikation:** Gegenstände, Tiere, Naturereignisse erhalten menschliche Eigenschaften oder handeln wie Menschen: *die Wolken rennen um die Wette* (Tätigkeit) / *der böse Donner* (Eigenschaft)
2. **den Vergleich**: Einen Vergleich erkennst du oft daran, dass er mit **wie**, **als** oder **ob** eingeleitet wird: *Die Wolken sehen aus wie hohe Türme. / Der Donner knallt, als wäre ein Reifen geplatzt.*
3. **die Metapher:** Es gibt auch Vergleiche ohne *wie/als/ob*, sie heißen Metaphern. Die Bedeutung einer Metapher kannst du nicht wortwörtlich verstehen, sondern musst sie **übertragen**: *Die Wolken bilden eine schwarze Wand.* (Gemeint ist: *Die Wolken sind bedrohlich und erscheinen undurchdringlich.*)

Fachwortschatz, S. 114

AH S. 23

Digital+ Video WES-126426-050

So klingt der Regen I
Den Klang eines Gedichtes ermitteln

Digital+ Gedichtvorlage WES-126426-051

Fröhlicher Regen
Georg Britting (1891–1964)

x́ x x́ x x́
I Wie der Regen tropft, Regen tropft, /
An die Scheiben klopft, /
Jeder Strauch ist nass bezopft. //

II Wie der Regen springt!
In den Blättern singt.
Eine Silberuhr.
Durch das Gras hin läuft,
Wie eine Schneckenspur,
Ein Streifen weiß beträuft.

III Das stürmische Wasser schießt
In die Regentonne,
Dass die überfließt,
Und in breitem Schwall
Auf den Weg bekiest
Stürzt Fall um Fall.

IV Und der Regenriese,
Der Blauhimmelhasser,
Silbertropfenprasser,
Niesend fasst er in der Bäume Mähnen,
Lustvoll schnaubend in dem herrlich vielen Wasser.

V Und er lacht mit fröhlich weißen Zähnen
Und mit kugelrunden, nassen Freudentränen.

1 **a)** Betrachte die Bilder in der Randspalte und ordne sie den Strophen zu.
b) Kläre die Anzahl der Strophen und der Verse. Was fällt dir auf? Wie wirkt diese Form auf dich?

SPRACHBOX
Der Rhythmus wirkt auf mich ... – Dadurch kann man sich gut vorstellen wie ...

2 Bringe das Gedicht zum Klingen. Gehe so vor wie in der **LERNBOX** beschrieben.
a) Sprich die Verse der ersten Strophe so, wie sie gekennzeichnet sind.
b) Setze die Betonungszeichen für die Strophen I und III.
c) Besprecht, wie der wechselnde Rhythmus in Bezug auf den stärker werdenden Regen wirkt.

Freiraum, S. 115

LERNBOX

So ermittelst du den Klang eines Gedichts:
1. Autoren können durch den unterschiedlichen **Klang** den Inhalt der Gedichte betonen, wie z. B. die Stimmung (fröhlich, traurig oder bedrohlich) gestalten.
2. Oft haben Gedichte auch einen bestimmten **Rhythmus** (= **Metrum**). Sie können **gleichmäßig** oder **ungleichmäßig** klingen.
3. Um den Rhythmus zu ermitteln, gehe so vor: x x | x́ x | x́
   a) Kennzeichne jede **Silbe** eines Wortes mit einem x: *Wie der Regen tropft ...*
   b) Beschrifte die **betonte Silbe** (x́) mit einem **Schrägstrich**.
   c) Kennzeichne wiederkehrende Abfolgen durch Taktstriche /. So findest du heraus, ob der Rhythmus **regelmäßig** oder **unregelmäßig** ist.

Fachwortschatz, S. 114

So klingt der Regen II
Mit Tönen gestaltend vortragen

1 Bereitet das Gedicht „Fröhlicher Regen“ von Seite 100 zu dritt für einen Vortrag vor. Eure Zuhörerinnen und Zuhörer sollen die „Regenstimmung“ heraushören können. Ihr tragt dazu den Inhalt gestaltend vor (vgl. 1. Hinweis der **LERNBOX**).

Digital+ Audio WES-126426-052

a) Plant euren Vortrag:
- Kennzeiche die Betonung und die Sprechpausen.
- Markiert die Ausdrücke, die die Geräusche des Regens beschreiben: z. B. *tropfen.*
- Notiert neben den Versen, wie der Regen klingt, und ergänzt passende Geräusche. Überlegt, wie ihr die Geräusche wiedergeben könntet, und ob ihr sie einspielen oder selber erzeugen wollt, z. B. Strophe 1: *mit den Fingern auf den Tisch klopfen,* Strophe 4: *„Hatschi“ rufen ...*

b) Übt den Vortrag:
Teilt die Aufgaben unter euch auf (2. Hinweis der **LERNBOX**) und übt den Vortrag.

c) Präsentiert eure Gedichte vor der Klasse:
Gebt mit der Fünf-Finger-Methode Rückmeldungen zu den Vorträgen: Wie wurde die „Regenstimmung“ verdeutlicht? Welche Geräusche hat die Gruppe verwendet?

Fachwortschatz, S. 114

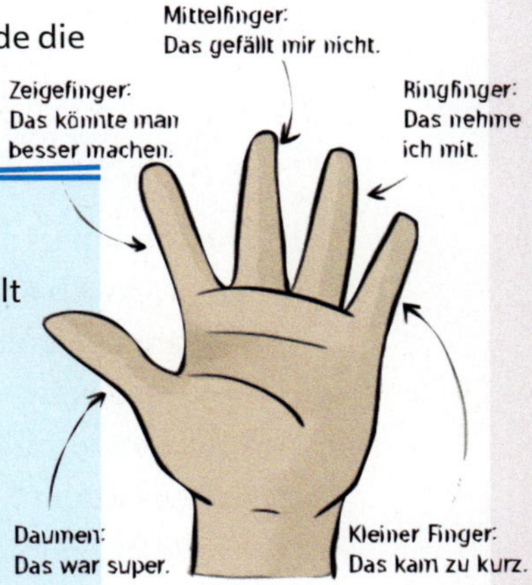

LERNBOX

So tragt ihr ein Gedicht gestaltend vor:
Wenn du ein Gedicht **gestaltend vortragen** willst, veranschaulichst du den Inhalt durch die **Betonung**, aber auch durch zusätzliche **Geräusche**.

1. Den **Vortrag planen:**
   a) Unterstreicht **Wörter**, die ihr betonen wollt, und markiert **Sprechpausen**.
   b) Markiert **Textstellen**, die ihr durch **Geräusche** vertonen könnt. Überlegt dazu, wie ihr passende Geräusche erzeugt. Ihr könnt im Internet unter *Ohrenspitzer-Geräusche Alphabet* Anregungen finden, wie ihr Geräusche selbst herstellt. Digitale Geräusche findet ihr beispielsweise bei *Auditorix* und *Hörspielbox*.
2. Den **Vortrag üben:**
   a) Teilt auf, wer welche Aufgabe übernimmt: Wer spricht das Gedicht? Wer **erzeugt** die **Geräusche**?
   b) Übt den Vortrag. Achtet darauf, dass Text und Geräusche an den richtigen Stellen zusammenpassen.
3. Das **Gedicht vortragen:**
   a) Präsentiert euer Gedicht der Klasse.
   b) Euer Publikum gibt euch **Rückmeldungen:**
      - Wird das Gedicht wirkungsvoll vorgetragen (Betonung, Pausen, Geräusche)?
      - Passen Text und Geräusche zusammen?
      - Wird die Stimmung deutlich?

Wetter-Mischmasch
Untersuchungsaufgaben bearbeiten

1 **a)** Das folgende Gedicht trägt den Titel „Geschichte vom Wind“. Welche Situationen könnte hier dargestellt werden?
b) Lies das Gedicht und vergleiche den Inhalt mit deinen Vermutungen.

Digital+ Gedichtvorlage WES-126426-053

Geschichte vom Wind
Josef Guggenmos (1922–2003)

I Am Abend spielte ein Hauch a
um Wange, Blume und Strauch. a
Da war der Wind b
noch ein Kind. b
Personifikation: Wind ist schwach

II Aber dann
in der Nacht
wurde aus dem Kind ein Mann.
Der zeigt, was er kann.
Wind wird stärker
Der weiß, wie man's macht,
dass alles rasselt und prasselt und kracht,
dass jeder erwacht!
laut

III Die Linden in der Allee
ächzen: „O weh,
wir werden gestohlen!
Haben wir Zweige, haben wir Flügel?
Bald sausen wir über Stadt und Hügel
als grüne Dohlen!“

IV Hei! Mit Hi-, Hu-, Ha-, Heulen
Rast der Wind um den Turm.
Aus dem Schall-Loch gucken drei Eulen.
„Fliegen wir aus bei diesem Sturm?“
Nein, das kann nichts taugen!“
Und sie schauen einander an
mit großen Augen.

V Auf der Kirchturmspitze der Wetterhahn
Dreht sich kreischend im Kreis:
Das ist der schönste Sturm, den ich weiß.
Bald ist's kein Sturm mehr, bald ist's ein Orkan!“

VI Drei Stunden tobte der Sturm.
Er warf Autos um wie ein Riese.
Doch am Morgen spielte der Wind wieder sanft
wie das Lämmlein auf der Wiese.
Ein Seemann sprach:
„Es weht eine leichte Brise.“

2 Erschließe das Gedicht mit der **Lesemethode für Gedichte**.

Fachwortschatz, S. 114

Schreibe eine Textuntersuchung zum Gedicht „Die Geschichte vom Wind“ von Josef Guggenmos. Bearbeite die Teilaufgaben in einem zusammenhängenden Text:
- Formuliere einen Einleitungssatz (**TATT** = Titel, Autor, Textsorte, Thema).
- Fasse den Inhalt des Gedichts zusammen.

3 Im blauen Kasten findest du die beiden ersten Teilaufgaben einer Textuntersuchung.
a) Lies die Aufgabenstellung und markiere, was du tun sollst.
b) Übertrage den Schreibplan von Seite 103 in dein Heft und fülle die ersten beiden Zeilen aus:
– Ergänze die Angaben des Einleitungssatzes (erste Teilaufgabe).
– Setze die Notizen zum Inhalt der Strophen fort (zweite Teilaufgabe).

- Beschreibe die Form des Gedichts (Strophen, Verse, Reimschema).
- Stelle dar, wie sich der Wind während der Nacht entwickelt.
- In Strophe III heißt es: *„Bald sausen wir über Stadt und Hügel als grüne Dohlen!“* Benenne das sprachliche Bild, das der Autor hier verwendet. Erkläre, was damit gemeint ist und wie es wirkt.

- Erkläre, warum man sich das Wetter so anschaulich vorstellen kann. Beziehe dich dabei auf die sprachlichen Bilder (Vergleich, Personifikation, Metapher) in den Strophen II, III, VI.

Digital+ Schreibplan WES-126426-054

Schreibplan	
Teilaufgaben / Meine Arbeitsschritte	**Meine Ergebnisse in Stichpunkten**
Einleitungssatz: Titel, Autor, Textsorte, Thema nennen	T: Die Geschichte vom Wind A: Josef Guggenmos T: … / T: …
Inhalt zusammenfassen	wenig Wind am Abend, Wind wird stärker, man hört laute Geräusche, wacht davon auf …
Form des Gedichts beschreiben	– Strophenaufbau : … Strophen, … Verse – Reimschema: unterschiedlich: Strophe I: aabb= Paarreim Strophe II: abaabbb …
darstellen, wie der Wind sich entwickelt	– leichter Wind, ein Lüftchen (Strophe I, V. 1-4) – wird kräftiger: Hauch (Strophe I, V. 1), Wind rast (Strophe IV, V. 2), … (Strophe V, V. 3, .. (Strophe V, V. 4) – lässt nach …
Bild benennen u. erklären …	– Lindenbäume stöhnen … →
erklären, wie … u. 3 sprachliche Bilder benennen	– „Wind noch ein Kind“ (Strophe I, V. 3/4)/ Personifikation: Wind = Kind, kaum spürbar → im Moment ist der Wind noch schwach – „…“ - (Strophe VI, V. 2 u. …)/ Vergleich: …

Freiraum, S. 115

4 Die Aufgabenstellung im blauen Kasten geht noch weiter. Du sollst den Inhalt und die Form des Gedichts untersuchen, um zu verdeutlichen, dass du es verstanden hast: Markiere zunächst die Operatoren und Schlüsselwörter (vgl. **LERNBOX** Seite 104).

5 Fülle den Schreibplan passend zu diesen Teilaufgaben aus. Setze dazu die Stichworte fort:

a) Untersuche, wie das Gedicht aufgebaut ist (dritte Teilaufgabe).

Zähle die Strophen und die Verse. Markiere die Reimwörter durch Buchstaben (a/b...).

b) Markiere im Gedicht Textstellen, die verdeutlichen, wie der Wind sich verändert (vierte Teilaufgabe).

Achte darauf, wie der Wind zunimmt. Achte auf die Verben (V. 1, 4, 6).

c) Erkläre, was der Autor mit der Textstelle (Strophe III) sagen möchte und wodurch ihm dies gelingt. Untersuche nun die Sprache:

Was stellst du dir unter „grünen Dohlen" (V. 6) vor? Schau dir die Illustration an.

Spüre die sprachlichen Bilder auf.

6 Verfasse mithilfe des Schreibplans deine Gedichtuntersuchung in einem zusammenhängenden Text. Nutze dazu die **SPRACHBOX** und die **Wetterwörterkarte** auf Seite 107.

So kannst du beginnen:

Das Gedicht „..." ist von .... verfasst worden. Der Autor schildert, wie der Wind ...
Am Abend ist der Wind noch ... In der Nacht sorgt er dafür, dass die Menschen ...
Das Gedicht besteht aus ... Strophen. Die Anzahl der Verse in den Strophen ist unterschiedlich: Strophe 1 besteht aus ... Versen. Strophe 2 aus ... Auch das Reimschema unterscheidet sich: Es besteht in Strophe 1 aus einem ..., in Strophe 2 ...
Der Wind steigert sich immer mehr: Er wird vom Lüftchen zu ...
Wenn die Linden sagen „..." bedeutet das, dass ... Um dies zu anschaulich zu machen, verwendet der Autor das sprachliche Bild ...

SPRACHBOX

In dem Gedicht ... von .. beschreibt dieser, wie ... – Das Gedicht besteht aus ... – Als Reimschema verwendet der Dichter ... – Der Wind steigert sich ... – ... immer kräftiger – vom Lüftchen zum ... – Guggenmos vergleicht den Wind mit ... – Damit will er verdeutlichen, dass ... – Das sprachliche Bild ... bedeutet, dass ... – Die Textstelle wirkt ... – Man kann sich ... besser vorstellen, weil ...

LERNBOX

So bearbeitest du Untersuchungsaufgaben zum Gedicht:

Nachdem du den Einleitungssatz geschrieben und den Inhalt zusammengefasst hast, bearbeitest du die Untersuchungsaufgaben:

1. **Untersuchungsaufgaben** enthalten **Operatoren:** *beschreiben, begründen, erklären, erläutern.* Die Operatoren geben vor, was du tun sollst
2. Gehe zur **Bearbeitung** der Untersuchungsaufgaben so vor:
   a) **Lies die Aufgabenstellung genau** und **markiere** die **Operatoren**.
   b) Spüre die **Textstellen**, die zur Antwort gehören, auf und **markiere** sie.
   c) Gib den **Inhalt** wieder und **belege** sie durch **Strophen** und **Verse:**
   – leichter Wind (Strophe 1, V. 1,4), – wird kräftiger (Strophe 2, V 3.)
   d) Bearbeite die Aufgaben in einem **zusammenhängenden Text** und trenne sie jeweils durch **Absätze**.
   e) Formuliere im **Präsens**.

» Fachwortschatz, S. 114

» Operatorenliste, S. 314

Am Morgen danach …
Stellung nehmen

» Freiraum, S. 115

1 Betrachtet zu zweit das Bild und tauscht euch darüber aus, welche Sturmfolgen ihr darauf entdecken könnt.

KOLJA
Was für eine schlimme Sturmnacht! Das war richtig bedrohlich!

IPEK
Am nächsten Morgen erinnert sich wahrscheinlich kaum jemand an den Sturm. Schließlich ist beim Aufwachen ja wieder alles vorbei!

2 Nimm Stellung zu der Aussage von Kolja oder zu der Aussage von Ipek:
a) Mache dir klar, welche Meinung du dazu hast: Stimmst du zu oder nicht?
b) Begründe deine Einschätzung. Notiere dazu Stichpunkte. Beziehe dich dabei auf das Gedicht „Geschichte vom Wind" auf Seite 102. Gehe so vor, wie im zweiten Hinweis der **LERNBOX** beschrieben.
Du findest in der letzten Strophe Verse, auf die du dich beziehen kannst.
c) Ergänze Beispiele aus deiner eigenen Erfahrung.

3 Formuliere deine Stellungnahme in einem kurzen Text.
Nutze den Lückentext für deine Stellungnahme:
Nach einem Sturm habe ich auch erlebt, dass … / Ich habe noch keinen Sturm erlebt. Ich kann mir aber vorstellen, dass … / So wie in dem Gedicht habe ich es auch schon erlebt, nämlich …
Nutze die **SPRACHBOX** und die **Wetterwörterkarte** (S. 107) für die Formulierung.
Gehe so vor, wie im dritten Hinweis der **LERNBOX** beschrieben.

SPRACHBOX

Ich habe auch schon … erlebt. – Ich habe noch keine … erlebt. – Für mich ist es normal, wenn … – Im Gedicht steht ja, dass … – Wenn der Sturm dazu führt, dass …, ist es etwas Besonderes/nichts Besonderes, denn …

LERNBOX

So nimmst du zu einer Aussage persönlich Stellung:

1. **Lies** die **Aussage** oder die **Frage**, zu der du Stellung nehmen sollst: Stimmst du zu oder nicht?
2. **Markiere Textstellen**, die deine Meinung stützen.
3. Formuliere deine Stellungnahme in einem **kurzen Text**:
   a) **Nenne** zunächst deine **Meinung**: *Ich stimme Ipeks Meinung zu, dass … / Ich finde nicht, dass Ipek damit Recht hat, dass … , denn…*
   b) **Beziehe** dich auf die **Frage** oder die **Aussage**, zu der du Stellung nimmst: *Solche Sturmfolgen habe ich auch erlebt/nicht erlebt. / Ipek meint, dass …*
   c) **Begründe** deine **Meinung** mithilfe der gesammelten **Textstellen** und durch **eigene Erfahrungen**. Verwende dazu Satzverknüpfungswörter *(weil, da, darum, deswegen, dass…): Der Sturm hat sicher Folgen hinterlassen, denn …*

» Fachwortschatz, S. 114

AH S. 24

Sturmgeplagt
Das Wort „dass“ richtig schreiben

Der Meinung der Schülerin schließe ich mich an. Auch ich glaube nicht, dass die meisten Menschen am nächsten Tag den Sturm schon wieder vergessen haben. Ich denke morgens nach einem Sturm oft, dass ich nur vom Unwetter geträumt habe. Das liegt aber daran, dass die Straßen schon früh gefegt wurden. Ich weiß nämlich, dass in unserer Stadt Äste und Bäume schnell weggeräumt werden. Allerdings steht im Gedicht (Str. 6, V. 2), dass durch den Sturm Autos umgestoßen wurden. Ich denke, dass das nicht übersehen werden kann. Ich hoffe, dass ein Sturm mit solchen Folgen selten bleibt.

1 **a)** Ordne zu, zu welcher Aussage von Seite 105 die Schülerin Stellung genommen hat.
b) Unterstreiche, wie im Beispiel, mit welchen Verben die Schülerin ihre Meinung dargestellt hat, z. B. *Ich glaube* … Lies dazu die Hinweise in der **LERNBOX**.
c) Unterschlängele den *dass*-Satz, der die Antwort auf die Frage „Was?“ gibt.

Ich habe auch schon einmal einen schlimmen Sturm erlebt. Ich weiß, (1) ich da richtig Angst hatte! Ich erinnere mich, (2) ich zur Schule über einen umgestürzten Baum klettern musste. Auf dem Rückweg habe ich festgestellt, (3) der Wind wieder stärker wurde. Da habe ich gehofft, (4) dann die Schule ausfällt. Ich denke, (5) ein richtiger Sturm sehr gefährlich ist!

2 Ergänze in den Sätzen die Konjunktion *dass*. Unterstreiche zuvor die Verben, zu dem der *dass*-Satz eine Erklärung gibt: *Ich weiß, dass ich da richtig Angst hatte!*

3 Was könnte diese Schülerin nach dem Sturm äußern?
a) Bilde *dass-Sätze* mit den Sätzen aus den beiden Kästen. Denke an das Komma und setze das konjugierte Verb im *dass-Satz* ans Ende: Ich stelle mich darauf ein, dass …

Ich stelle mich darauf ein, …
Ich freue mich darüber, …
Ich weiß, …
Ich rechne damit, …
Ich hoffe darauf, …

Ich habe durchgeschlafen.
Ich nehme einen Regenschirm mit.
Ich bin in Sicherheit.
Die Straßen sind wieder gesäubert.
Der Sturm wird keine Folgen haben.
Morgens scheint die Sonne.

b) Bilde weitere zwei, drei, fünf *dass-Sätze* mit den folgenden Verben zum Unwetter:
sich vorstellen – befürchten – erwarten – vermuten – damit rechnen – wundern

LERNBOX

So schreibst du „dass“:
1. Das Wort *dass* ist eine **Konjunktion**. Du kannst damit zum Beispiel **Meinungen** zum Ausdruck bringen *(Ich bin der Meinung, dass …)*, **Vermutungen** *(Ich glaube, dass …)* oder **Wünsche** *(Ich hoffe, dass …)* äußern.
2. Die Konjunktion *dass* folgt oft auf Sätze, die mit **Verben** wie *glauben, meinen, denken, wissen* … beginnen: *Ich weiß, dass mir Regen nichts ausmacht.*
3. Den *dass*-Satz trennst du mit einem **Komma** vom Hauptsatz ab, das konjugierte Verb steht am Ende.

» Richtig schreiben, S. 292

SPRACHBOX

Wetterwörterkarte

WORTSCHATZ WETTER

Nomen: der Sonnenschein – die Wärme – die Hitze – der Orkan– der Regenguss – der Nieselregen – der Regenbogen – der Sturm – der Wolkenbruch – die Brise – der Blitz – das Lüftchen – der Donner – der Hagel – der Nebel – das Schneetreiben – die Glätte
Verben: scheinen – strahlen – tropfen – fallen – gießen – schütten – stürmen – gewittern – krachen – donnern – tosen – bedecken – gefrieren
Adjektive: mild – wolkenlos – heiter – bewölkt – wolkig – feucht – dunstig – nebelig – stürmisch – diesig – eisig – glatt – verschneit – regnerisch

EINLEITUNGSSATZ (TATT = TITEL/AUTORIN, AUTOR/TEXTSORTE/THEMA)

Das Gedicht „…“ ist von … – Das Gedicht … stammt von … – … hat … geschrieben – In dem Gedicht „…“ von … wird beschrieben, wie … – Die Autorin/der Autor beschreibt darin … – Das Gedicht handelt davon, dass/wie … – In dem Gedicht geht es darum, dass …

DEN AUFBAU DES GEDICHTS BESCHREIBEN

Das Gedicht besteht aus … Strophen. – Jede Strophe hat … Verse. – Die Anzahl der Verse ist unterschiedlich: Strophe 1 besteht aus … Versen, Strophe 2 aus …, … – Das Gedicht ist im Paarreim/Kreuzreim/umarmender Reim geschrieben. Das erkennt man daran, dass sich … reimen. –
Der Rhythmus des Gedichts ist regelmäßig/unregelmäßig.

SPRACHLICHE BILDER UND DEREN WIRKUNG UNTERSUCHEN

Das Wetter wird so anschaulich beschrieben, weil …
Durch die Vergleiche … kann man sich gut vorstellen, wie …
Die Autorin /der Autor stellt das Wetter sehr anschaulich dar, denn …
Durch das sprachliche Bild … wird der Nebel/das Gewitter/der Wind … ganz lebendig, denn …
Weil der Wind/der Regen/das Gewitter … als … dargestellt wird, wirkt er/es sehr anschaulich.
Das Wetter wirkt sehr fröhlich, bedrohlich, freundlich, lustig, ungemütlich …, weil …

STELLUNG NEHMEN

Ich stimme der Aussage … zu/nicht zu, denn …
Eine Schülerin meint, dass …
Nach dem Lesen hat ein Schüler gesagt, dass …
Ich bin auch der Meinung dass, …, denn …
Ich finde nicht, dass …, denn …
Ich habe auch schon solch einen Sturm erlebt/habe noch keinen solchen Sturm erlebt …
Die gleiche Erfahrung habe ich auch schon/noch nicht gemacht …

Hagelwetter
Eine Untersuchung planen und schreiben

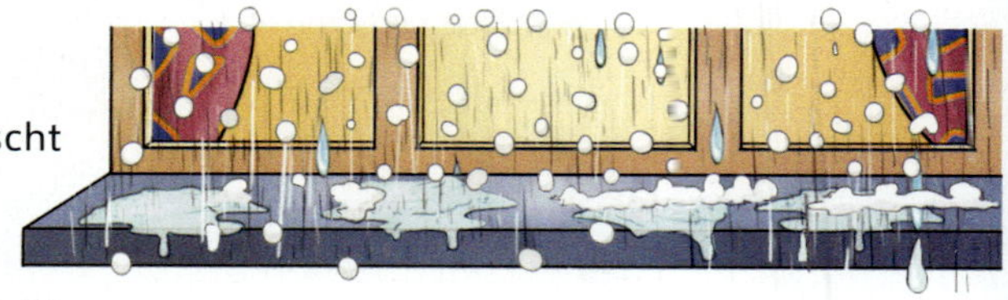

1 **a)** Betrachte das Bild rechts. Was erkennst du darauf?
b) Welche Stimmung löst dieses Wetter bei dir aus? Tauscht euch zu zweit über eure Erfahrungen mit Hagel aus.

2 Plane eine Gedichtuntersuchung zu dem folgenden Gedicht. Erschließe das Gedicht mit der **Lesemethode für Gedichte**.

» Fachwortschatz, S. 114

Digital+ Gedichtvorlage WES-126426-055

Am offenen Fenster bei Hagelwetter
Georg Britting (1891–1964)

I Himmlisches Eis
Sprang mir auf den Tisch,
Rund, silberweiß.
Schoss wie ein Fisch

II Weg von der Hand,
Die's greifen wollt,
Schmolz und verschwand.
Blitzend wie Gold

III Blieb auf dem Holz
Nur ein Tropfen dem Blick.
Mächtig die Sonne
Sog[1] ihn zurück.

1 **sog:** Präteritum von saugen

3 Überprüft zu zweit euer Textverständnis: Person 1 stellt eine Frage zum Inhalt, Person 2 beantwortet sie. Anschließend wechselt ihr.

4 Lies die Aufgabenstellung im blauen Kasten und mache dir klar, was du tun sollst. Markiere dazu die Verben und Schlüsselwörter.

Schreibe eine Textuntersuchung zum Gedicht „Am offenen Fenster bei Hagelwetter" von Georg Britting. Bearbeite folgende Teilaufgaben in einem zusammenhängenden Text:

- Formuliere einen Einleitungssatz (TATT = Titel, Autor, Textsorte, Thema).
- Fasse den Inhalt des Gedichts zusammen.
- Beschreibe die Form des Gedichts (Strophen, Verse, Reimschema).
- Beschreibe, wie der Hagel dargestellt wird und beziehe dazu die verwendeten Personifikationen ein.
- Erläutere, warum man sich den Hagel so anschaulich vorstellen kann. Beziehe dich dabei auf die sprachlichen Bilder (Vergleich, Personifikation, Metapher) und erläutere, wie sie wirken.
- Ein Schüler sagt nach dem Lesen: *„Ich finde es schön, wenn es hagelt. Die Hagelkörner springen so schön."* Nimm Stellung zu der Aussage und begründe deine Meinung.

---

5 Plane die Gedichtuntersuchung: Fülle dazu den Schreibplan aus.

Teilaufgaben / Meine Arbeitsschritte	Meine Ergebnisse in Stichpunkten
Einleitungssatz: Titel, Autor, Textsorte, Thema nennen	T= Am offenen Fenster ..., A = ..., T = ... T = ...
Inhalt zusammenfassen	– Hagelkörner fliegen durchs Fenster...
Form des Gedichts beschreiben	– ...
Hagel beschreiben u. sprachliches Bild nennen ...	– „sprang mir auf den Tisch" (Strophe I, V. 2), / ... → wirkt lebendig, fröhlich „weg von der Hand" (V. 4–6) ... /
erläutern, warum Hagel anschaulich ist und ...	– „sprang mir auf den Tisch" (Strophe I, V. 2) / Personifikation, springen (Strophe 1, V. 2) ...
Stellung nehmen zu .../begründen	...

6 Schreibe deine Ergebnisse zu den Teilaufgaben mithilfe des Schreibplans in einem zusammenhängenden Text auf. Setze nach jeder Teilaufgabe einen Absatz. Beachte dazu die Hinweise in der **LERNBOX** und nutze die **Wetterwörterkarte** auf Seite 107. Folgende Formulierungen kannst du nutzen:

1. Teilaufgabe: *In dem Gedicht „..." von ... geht es um ...*

2. Teilaufgabe: *Es hagelt eisige ... / Die Hagelkörner sind ... / Sie verändern sich, durch ... / Sie werden zu ...*

3. Teilaufgabe: *Das Gedicht besteht aus ...*

4. Teilaufgabe:

Zu Beginn ... der Hagel auf den Tisch. Danach ... / Wenn man das Hagelkorn greifen will, ... / Der Autor verwendet für diese Beschreibungen ...

Der Hagel wirkt so anschaulich, weil ... / Der Dichter vergleicht den Hagel mit ... / Das kann man daran erkennen, dass ...

5. Teilaufgabe: *Ich stimme der Meinung des Schülers zu/nicht zu. Ich denke, dass ...*

Digital+ Schreibplan WES-126426-056

LERNBOX

So schreibst du eine Gedichtuntersuchung:

1. Formuliere einen **Einleitungssatz** (Titel, Autor, Textart, Thema).
2. **Fasse** den Inhalt des Gedichts in eigenen Worten **zusammen**.
3. Bearbeite die Untersuchungslaufgaben zu Inhalt und Form:
   a) Beschreibe den **Aufbau** des Gedichts (Strophen, Verse, Reimschema).
   b) Benenne und erläutere **sprachliche Bilder** im Gedicht (z. B. Metaphern, Personifikationen, Vergleiche). Ermittle ihre Bedeutung und die Wirkung .
4. **Nimm Stellung** zu einer Frage oder einer Aussage und **begründe** deine Meinung mithilfe von Textstellen, Textbelegen *(z. B. Strophe III, V. 3)* und eigenen Erfahrungen.
5. Setze nach jeder Teilaufgabe einen **Absatz**.

Sprache untersuchen, S. 270

Fachwortschatz, S. 114

Verhagelt

Eine Gedichtuntersuchung überarbeiten

Am offenen Fenster bei Hagelwetter

[Der Text] ⌐ stammt von Georg Britting. Der Autor beschreibt darin das Aussehen und das Verhalten von Hagelkörnern bei Hagelwetter.
Es hagelt und eisige Hagelkörner kommen durchs offene Fenster geflogen. Sie landen auf dem Tisch (Strophe I, V. 2) und sind glitschig (V. 4–6). Sie verändern sich. Das Eis schmilzt in der Sonne und wird wässerig. Von dem Hagelkorn bleibt nur ein Tropfen übrig.
Das Gedicht besteht aus [mehreren] Strophen. Jede Strophe besteht aus vier Versen. Zwei Strophen bestehen aus dem Kreuzreim. In Strophe drei gibt es einen unreinen Reim ⌐ .
Die Hagelkörner verhalten sich wie Menschen. Zu Beginn springt der Hagel auf den Tisch (Strophe 1 ⌐). Wenn man das Hagelkorn greifen will, schießt es weg ⌐ . Der Autor verwendet für diese Beschreibungen die Personifikation.
Der Meinung, das Hagelwetter schön sein soll, stimme ich nicht zu. Mir gefällt es gar nicht, wenn es hagelt. Ich finde, das Hagelkörner richtig wehtun!

Randspalte:
- [Das Gedicht] ⌐
- I Strophe I, V. ...
- [✗] .. Strophen!
- ⌐ Strophe ... und Strophe ...!
- ⌐ Vers ...!
- ⌐ Strophe ..., Vers ...
- R
- R

1 Überarbeite den Entwurf zur Textuntersuchung mithilfe der **CHECKLISTE**.

- Ergänze und korrigiere zwei fehlende Angaben im Einleitungssatz. Ergänze die fehlenden Textbelege. Begründe die Meinung der Schülerin zu der Aussage genauer. Verbessere die Rechtschreibfehler.
- Ergänze und korrigiere die fehlenden Angaben im Einleitungssatz. Ergänze die fehlenden Textbelege. Ergänze eine Begründung in der Stellungnahme, die sich auch auf den Inhalt des Gedichts bezieht. Verbessere die Rechtschreibfehler.
- Nutze und ergänze die Hinweise in der Randspalte.

Digital+
Textvorlage
WES-126426-057

CHECKLISTE

Eine Gedichtuntersuchung überarbeiten

1. Ist der Einleitungssatz vollständig (TATT), das Thema treffend formuliert? ☑
2. Enthält die Zusammenfassung alles Wesentliche zum Inhalt? ☑
3. Wird die Form richtig beschrieben (Strophen/Verse/Reimschema)? ☑
4. Werden die Untersuchungsaufgaben zu Inhalt und Form vollständig bearbeitet und sprachliche Bilder benannt, erklärt und die Wirkung erläutert? ☑
5. Ist die Stellungnahme vollständig und nachvollziehbar begründet? ☑
6. Werden Textbelege (Strophen und Verse) einbezogen? ☑
7. Wird im Präsens formuliert? ☑
8. Wird nach jeder Teilaufgabe ein Absatz gemacht? ☑

Ein Gedicht untersuchen

Untersuche das Gedicht „Ich und mein Regenschirm" von Hanna Hanisch.
- **Formuliere** einen Einleitungssatz (TATT).
- **Gib** den Inhalt des Gedichts mit eigenen Worten **wieder**.
- **Beschreibe** die Form des Gedichts (Strophen, Verse, Reimschema).
- **Erkläre**, warum die Besitzerin des Regenschirms mit ihm bewusst im Regen steht (Strophe III).
- **Erläutere**, wie es der Dichterin gelingt, die Laune des Regenschirms anschaulich zu beschreiben. Benenne zwei sprachliche Bild, die sie verwendet, und dazu zwei passende Beispiele aus dem Gedicht.
- Eine Schülerin sagt: „Mir macht das Stehen im Regen gar keinen Spaß." **Nimm Stellung** zu der Aussage und **begründe** deine Meinung.

Ich und mein Regenschirm

Hanna Hanisch (1920–1992)

I Wenn es regnet,
lacht mein Schirm,
macht sich dick und breit.
Arm in Arm gehen wir spaziern,
stillvergnügt zu zweit.

II Lacht die Sonne,
mault[1] mein Schirm
irgendwo im Flur,
schimpft aufs Wetter
auf die Leute
und verhält sich stur[2].

III Heute stand ich seinetwegen
eine Stunde lang im Guss[3],
weil solch kleiner Dauerregen
seine Laune bessern muss.

1 **maulen:** sich beschweren
2 **stur:** uneinsichtig
3 **der Guss:** der Regenschauer

1 Plane deine Gedichtuntersuchung:
- **a)** Mache dir die Aufgabenstellung klar. Markiere die Operatoren und Schlüsselwörter.
- **b)** Erschließe das Gedicht mit der **Lesemethode für Gedichte**.
- **c)** Lege dir einen Schreibplan an und fülle ihn aus:

Teilaufgabe/Arbeitsschritte	Meine Ergebnisse in Stichpunkte
Einleitungssatz	T= …, A = …, T = …, T = …
Inhalt zusammenfassen	– im Regen ist Regenschirm gut gelaunt, – er …
Form des Gedichts beschreiben	– …
erklären, warum Besitzerin mit Schirm im Regen steht	– (Strophe 3,V. 4) …
sprachliches Bild nennen u. erklären …	– Strophe 1, V. 2, V. 3…
Stellung nehmen zu …/begründen	…

Digital+ Schreibplan WES-126426-058

2 Formuliere mithilfe deines Schreibplans einen Textentwurf.

3 Überarbeite deine Gedichtuntersuchung mithilfe der **CHECKLISTE** auf Seite 110.

Ein Gedicht untersuchen

Untersuche das Gedicht „Der Eislauf“ von Hoffmann von Fallersleben.

- **Formuliere** einen Einleitungssatz (**TATT**).
- **Gib** den Inhalt des Gedichts mit eigenen Worten **wieder**.
- **Beschreibe** die Form des Gedichts (Strophen, Verse, Reimschema).
- **Stelle dar**, wie die Kinder im Gedicht den Wintertag verbringen.
- **Erkläre**, wie es dem Dichter gelingt, das Winterwetter so anschaulich zu beschreiben. Benenne dazu drei sprachliche Bilder (Personifikationen, Vergleiche oder Metaphern) und erläutere ihre Wirkung.
- Ein Schüler sagt nach dem Lesen: *„Da hätte ich auch gerne mitgemacht. So ein Winterwetter ist doch toll!“* **Nimm Stellung** zu der Aussage und **begründe** deine Meinung.

Der Eislauf

Hoffmann von Fallersleben (1798-1874)

Der See ist zugefroren
Und hält schon seinen Mann.
Die Bahn ist wie ein Spiegel
Und glänzt uns freundlich an.
Das Wetter ist so heiter,

Die Sonne scheint so hell.
Wer will mit mir ins Freie?
Wer ist mein Mitgesell?[1]
Da ist nicht viel zu fragen:
Wer mit will, macht sich auf.
Wir geh'n hinaus ins Freie,
Hinaus zum Schlittschuhlauf.
Was kümmert uns die Kälte?
Was kümmert uns der Schnee?
Wir wollen Schlittschuh laufen
Wohl auf dem blanken[2] See.
Da sind wir ausgezogen
Zur Eisbahn alsobald.
Und haben uns am Ufer
Die Schlittschuh angeschnallt.
Das war ein lustig Leben

Im hellen Sonnenglanz!
Wir drehten uns und schwebten,
Als wär's ein Reigentanz.[3]

1 **der Mitgesell:** der Begleiter
2 **blank:** glatt
3 **der Reigentanz:** ein Tanz im Kreis

1 Plane deine Gedichtuntersuchung:
a) Mache dir die Aufgabenstellung klar. Markiere, was du tun sollst.
b) Erschließe das Gedicht mit der **Lesemethode für Gedichte**.
c) Lege dir einen Schreibplan an und fülle ihn aus:

Teilaufgabe/Arbeitsschritte	Meine Ergebnisse in Stichpunkte
Einleitungssatz	T= ..., A = ..., T = ..., T = ...
Inhalt zusammenfassen	– Winterwetter: eiskalt, gefrorener See
Form Gedichts beschreiben	– ...
...	– ...

2 Schreibe mithilfe deines Schreibplans einen Textentwurf.

Digital+
Schreibplan
WES-126426-059

3 Überarbeite deine Gedichtuntersuchung mithilfe der **CHECKLISTE** auf Seite 110.

LERNBEGLEITBOGEN

Ein Gedicht analysieren

Kompetenz / Inhalt zum Kapitel: Donnerwetter?!	Selbsteinschätzung ☺ 😐 ☹	Fremdeinschätzung ☺ 😐 ☹	Bemerkungen	Hier kannst du weiterüben:
Ich kann …				
meine Erfahrungen mit dem Wetter darstellen. (S. 90–91)				SB, S. 287
Einzelheiten zum Aufbau eines Gedichtes benennen (Strophen, Verse, Reimschema). (S. 92–93)				AH, S. 21
ein Gedicht mit der Lesemethode für Gedichte erschließen. (S. 94–95)				AH, S. 20
den Inhalt eines Gedichts zusammenfassen. (S. 96)				AH, S. 22
Wörter Wortfeldern zuordnen. (S. 97)				SB, S. 269
sprachliche Bilder (Vergleich, Personifikation, Metapher) erkennen, benennen und die Wirkung ermitteln. (S. 98–99)				AH, S. 23
den Klang eines Gedichts ermitteln. (S. 100)				
ein Gedicht gestaltend vortragen. (S. 101)				
Untersuchungsaufgaben bearbeiten. (S. 102–104)				
zu einer Frage oder einer Aussage Stellung nehmen. (S. 105)				AH, S. 24
das Wort „dass" richtig schreiben. (S.106)				SB, S. 292
mich genau ausdrücken, indem ich Wörter aus dem Fachwortschatz nutze. (S. 107)				
eine Gedichtuntersuchung planen und schreiben. (S. 108–109)				SB, S. 270
eine Gedichtuntersuchung überarbeiten. (S. 110)				

FREIRAUM
Diese Aufgaben aus dem Freiraum habe ich gemacht:

AH = Arbeitsheft, SB = Schülerband

Fachwörter und Methoden

die Betonung	Ein Wort wird mit einer bestimmten Betonung deutlich anders ausgesprochen als andere. Dadurch gewinnt es an Bedeutung: x́ x (gé-hen).
das Cluster	Ein Cluster ist eine Ideensammlung. Du kannst Gefühle, Erfahrungen usw. sammeln.
erklären / erläutern	Wenn du etwas **erklären** oder **erläutern** sollst, erklärst und begründest du **Zusammenhänge** oder **Aussagen** im Text, z. B. *Warum ächzen die Linden? / Warum ist das Wetter so anschaulich?*
die Fünf-Finger-Methode	Mit der Fünf-Finger-Methode kannst du gezielt Rückmeldungen geben. Jeder Finger enthält einen Aspekt, zu dem du dich äußern sollst.
das Gedicht	Ein meist kurzer Text, sehr häufig in Reimform, in dem der Dichter (Autor) Gedanken, Erlebnisse, aber auch Gefühle in besonderer Sprachform ausdrückt.
Lesemethode für Gedichte	Die Lesemethode hilft dir, Gedichte zu erschließen. Gehe dabei so vor: 1. Schritt: Vor dem Lesen: sich orientieren, 2. Schritt: Während des Lesens: unbekannte Begriffe klären, 3. Schritt: Während des Lesens: Schlüsselstellen markieren, 4. Schritt: Nach dem Lesen: Wichtiges herausschreiben, 5. Schritt: den Inhalt zusammenfassen
das Reimschema	Wenn die Anordnung der Reimwörter ein bestimmtes Muster ergibt, spricht man von einem Reimschema. Häufig findest du: – den **Paarreim:** Die Reimwörter sind paarweise hintereinander angeordnet: **a a b b** Beispiel: *blau **a** / grau **a** / herbei **b** / Geschrei **b*** – den **Kreuzreim:** Die Reimwörter überkreuzen sich: **a b a b** Beispiel: *blau **a** / herbei **b** / grau **a** /Geschrei **b*** – den **umarmenden Reim:** Die Reimwörter „umarmen" sich: der erste Vers reimt sich auf den letzten Vers: **a b b a** Beispiel: *blau **a** / herbei **b** / Geschrei **b** /grau **a*** – der **unreine Reim:** Die Lautfolge klingt ähnlich: *heute – Freude*
das Reimwort	Reimwörter klingen gleich. Beispiel: *Sonne/Wonne, hell/schnell*
der Rhythmus	Gedichte haben einen bestimmten **Rhythmus** (= **Metrum**). Sie können **regelmäßig** oder **unregelmäßig** klingen.
die Strophe	Dies ist ein einzelner Abschnitt eines Gedichts.
sprachliche Bilder	Dichter nutzen häufig **sprachliche Bilder**, um das Geschehen in einem Gedicht bildlich zu beschreiben. Im Kopf entwickelt sich beim Lesen eine bestimmte Vorstellung. Dichter nutzen dazu zum Beispiel: – die **Metapher:** Ein bildhafter Vergleich ohne *wie, als, ob. Du kannst ihre Bedeutung nicht wortwörtlich nehmen, sondern musst sie übertragen.* Beispiel: *Ein grauer Schleier bedeckte die Welt. (= Es war nebelig)* – die **Personifikation:** Gegenständen oder Tieren werden menschliche Eigenschaften oder menschliches Verhalten zugeschrieben. Beispiel: *Der Regen springt.* – der **Vergleich:** Ein Vergleich wird mit *wie, als* oder *als ob* gebildet. Beispiel: *Im Nebel wirkt der Baum wie ein Geist.*
Stellung nehmen	Du sollst in einer Stellungnahme deine Meinung zu einer Frage oder einer Aussage nennen. 1. Mache dir klar, ob du der Frage/der Aussage zustimmst oder nicht. 2. Formuliere deine Stellungnahme in einem kurzen Text. 3. Begründe deine Meinung mithilfe von gesammelten Textstellen und durch eigene Erfahrungen.
der Textbeleg	Damit unterstützt und belegst du deine Aussagen zum Gedicht.
der Vers	Dabei handelt es sich um eine einzelne Zeile in einem Gedicht.

1 Seid ihr Fachwortexperten? Prüft euer Wissen mithilfe des digitalen Tests (Webcode).

Digital+
Interaktive Aufgabe
WES-126426-060

Aufgaben zum Weiterarbeiten

ZU SEITE 91

Wähle Wörter aus der Sprachbox aus und erstelle dazu ein Wetter-Akrostichon:

Dunkel
Ohren zu halten
Nieseln
Nass
Erschrecken
Regenguss

ZU SEITE 92

Gestalte eine Wortwolke zu den Eindrücken der Fantasiereise: Was hast du gesehen, gehört, gefühlt? Du kannst dazu die Seite *www.wortwolken.com* nutzen.

ZU SEITE 96

Gestalte eine Suchanzeige, mit der du Robert wiederfinden willst:
Wo ist Robert? Wer hat ihn gesehen? Ihr erkennt ihn an ...

ZU SEITE 99

Was könnte sonst noch an einem solchen Regentag passieren?
Wer könnte noch vom Regen betroffen sein? Ergänze im Gedicht passende Verse.

ZU SEITE 100

Stell dir vor, du müsstest bei diesem Regenwetter nach draußen:
Wie kannst du dich vor dem Regen schützen? Was ziehst du an?
Notiere deine Ausrüstung oder male ein Bild dazu.

ZU SEITE 103

Löse das Wolkenrätsel.
Tipp: Es hat etwas mit dem Thema *Wetter* zu tun.

Weiß wie Kreide,
leicht wie Flaum,
weich wie Seide,
feucht wie Schaum.
Und am Ende nass,
was ist das?

ZU SEITE 105

Wie sieht die Stadt nach der Sturmnacht wohl aus? Ergänze das Gedicht „Geschichte vom Wind“ um eine weitere Strophe, in der du schilderst, wie die Stadt am Morgen danach ausieht: Am Morgen nach dem Sturm ...

STEINZEIT

bis ca. 3000 vor Christus

. . .

MITTELALTER

500 bis 1500 nach Christus

Eine Lesereise durch die Zeit

1 **a)** Das sieht ja abenteuerlich aus! Betrachtet die Abbildungen und beschreibt in Partnerarbeit, was ihr darauf entdecken könnt. Nutzt dazu die **SPRACHBOX** rechts.
b) Tauscht euch darüber aus, was die Abbildungen mit der Überschrift des Kapitels zu tun haben könnten und was euch in diesem Kapitel erwarten könnte.

2 Die Illustrationen gehören zu den Textauszügen in diesem Kapitel.
a) Legt euch einen Zeitstrahl wie oben an, den ihr während der Bearbeitung des Kapitels füllt. Teilt ihn in die Zeitphasen *Steinzeit – Mittelalter – Neuzeit – Zukunft* ein.
b) Schreibt Nomen aus der **SPRACHBOX**, die eindeutig zu einer der vier Phasen gehören, auf Karteikarten und ordnet sie den Phasen zu.
c) Fallen euch zu den Zeitphasen weitere Nomen ein? Schreibt diese auch auf Karteikarten und ergänzt den Zeitstrahl damit.

3 Stell dir vor, du könntest in der Zeit reisen: Welche Zeit würdest du besonders gerne erkunden? Worauf würdest du dich freuen? Welche Probleme könnten sich ergeben? Tauscht euch dazu aus und begründet eure Meinung.

SPRACHBOX

Nomen: der Zeitstrahl – die Neuzeit – das Mittelalter – die Steinzeit – die Zukunft – die Reise – das/die Abenteuer (Pl.) – die Gefahr – das Skelett – die Höhlenmalerei – die Kerze – die Taschenlampe – die Felswand – der Büffel – die Ochsen (Pl.) – das Fuhrwerk – die Burg – das Himmelbett – die Bedienstete – die Herrschaft – der Lord – das Museumsdorf – die Ausstellung

Verben: reisen – (etwas) erleben – (etwas) entdecken – (etwas/jemanden) kennenlernen – jagen – sich erschrecken – verwundert sein – überwältigt sein – (jemandem) dienen – (etwas) ausstellen – (etwas) ziehen

Adjektive: abenteuerlich – modern – ungewöhnlich – fremd – neu – spannend – gefährlich – unheimlich – ängstlich – herrschaftlich – prachtvoll – aufwendig – unwirklich – rätselhaft

Digital+
Interaktive Aufgabe
WES-126426-061

AUSBLICK

In diesem Kapitel beschäftigst du dich mit Auszügen aus Jugendromanen, in denen es um vergangene und zukünftige Zeiten geht. Du lernst, wie du Textauszüge zusammenfasst, den Inhalt und die Erzählweise untersuchst und die Wirkung eines Textes auf den Leser ermittelst. Anschließend nimmst du Stellung zum Inhalt.

Ein grausiger Fund
Eine Erzählung erschließen

1 **a)** Nutze den Webcode. Schließe die Augen und lausche den Geräuschen.
b) Vergleicht eure Höreindrücke: Was konntet ihr heraushören?
c) Notiere, welche Stimmungen das Gehörte in dir auslöst (z. B. unheimlich, ...).

Digital+ Audio WES-126426-062

2 **a)** Betrachte das Bild und lies die Überschrift des Textes unten: Stelle Vermutungen dazu an, worum es in dem Textauszug gehen könnte.
b) Überfliege den Textauszug und überprüfe deine Vermutungen: Wo befindet sich die Gruppe? Wer gehört zur Gruppe? Was macht die Gruppe gerade? Wenn du bei der Aussprache der Namen unsicher bist, kannst du sie dir über den Webcode anhören.

Vor dem Lesen
1. Schritt:
sich orientieren

Digital+ Audio WES-126426-063

3 Erschließe nun den Textauszug aus dem Jugendroman „Mit Jeans in die Steinzeit" mit der **Lesemethode für erzählende Texte**. Den 1. Schritt hast du bereits in Aufgabe **2** **a)** erledigt. Gehe so vor:
a) Lies den Textauszug ein zweites Mal „mit dem Stift". Markiere Begriffe und Ausdrücke, die du nicht kennst, mit einer Wellenlinie wie im Beispiel.
b) Erschließe die Bedeutung dieser Wörter aus dem Textzusammenhang oder mithilfe eines Wörterbuches. Einige Begriffe sind schon unter dem Text erklärt. Sie sind mit kleinen Zahlen versehen. Du musst aber nicht jedes Wort kennen, um den Inhalt eines Textes zu verstehen.
Du kannst den Text zum Bearbeiten unter dem Webcode herunterladen.

» Fachwortschatz, S. 147

Während des Lesens
2. Schritt:
unbekannte Begriffe klären

Ein grausiger Fund

Digital+ Textvorlage WES-126426-064

Wolfgang Kuhn (aus: Mit Jeans in die Steinzeit, 1988)

Die vier Jugendlichen Regis, Isabelle, Philippe und Suzanne finden während eines Ausflugs in Südfrankreich den Eingang zu einer eiszeitlichen Höhle. Mehrere Tage lang erkunden die Jugendlichen die Höhle und stoßen auf Eiszeitwerkzeuge, Höhlenmalereien und einen eiszeitlichen Fluss. Im Laufe der Geschichte kommt Isabelle vom Weg ab und bildet sich schließlich ein, auf einen Höhlenbären sowie eine Cromagnon-Familie zu treffen. Der Grund dafür ist ein grausiger Fund, der nicht nur Isabelle in Angst und Schrecken versetzt ...

Die Cromagnon-Menschen lebten gegen Ende der Eiszeit in Europa.

(1) Isabelles Schock

Vor ihnen her huschte wie ein großes, dunkles Gespenst mit unnatürlich weit ausholenden Bewegungen Philippes Schatten über die Wand, da Regis mit seiner Kerze hinter ihm ging. Aber das war es gar nicht, weshalb Isabelle auf einmal Suzanne heftig am Arm zurückriss.

Isabelles Schock
- Philippe, Regis, Suzanne und Isabelle in einer dunklen Höhle

So schmerzhaft hatte sie zugepackt, dass dieser beinahe die brennende Kerze aus der Hand gefallen wäre, und sie hatte dabei einen schrillen[1] Schrei ausgestoßen. Sein Echo brach sich[2] wie ein schauerliches Gespensterlachen in dem riesigen Deckengewölbe[3] und ebbte in dem fernen Gang irgendwo in der Tiefe der Erde allmählich ab[4], als hätte sich ein nachäffender Unhold[5] dort hineingeflüchtet.

- Isabell erschreckt sich und zieht Suzanne zurück
- Suzanne schreit

(2) Eine grausige Entdeckung

Philippe und Regis sprangen, so rasch es der unebene Boden zuließ, herbei. „Um Gottes willen, ist was passiert?“ schrie Philippe und leuchtete Isabelle mit seiner Taschenlampe mitten ins Gesicht. Das war nun wirklich kreidebleich[6]! Ihr Mund stand vor Entsetzen immer noch offen, als Isabelle endlich langsam den Arm heben konnte, um mit ausgestrecktem Zeigefinger auf einen Felsvorsprung zu deuten. „Dort, dort drüben“, stammelte sie und umklammerte Suzannes Arm mit ihrer anderen Hand noch immer so fest, als müsste sie umfallen, sobald sie ihn losließ, oder gar in den Boden versinken. „Seht ihr denn nicht dieses grässliche Totengesicht?“

Eine grausige Entdeckung
- Regis und Philippe eilen zur Hilfe
- Isabelle zeigt auf einen Felsvorsprung
- sie hat ein Totengesicht gesehen

(3)

Regis hob seine Kerze höher, und wenn ihm auch die Hand ein wenig zitterte, so sahen jetzt doch auch die anderen, was Isabelle so unvermutet in Furcht und Schrecken versetzt hatte: Ein wahrhaft riesiger, bleicher Schädel grinste sie aus weiten, dunklen Augenhöhlen an, und ein furchterregendes Gebiss mit messerlangen Eckzähnen schien ihnen gierig entgegenzublecken[7].

(4)

„Der tut niemandem mehr etwas.“ Philippe sprach unwillkürlich[8] ganz leise. Doch trotz der beruhigenden Worte klang seine Stimme etwas unsicher. „Ein Skelett kann nicht mehr beißen! Los, ihr Angsthasen“, sprach er sich selbst Mut zu, „untersuchen wir die Sache. Damit ist absolut keine Gefahr mehr verbunden, was oder wer das auch immer mal gewesen sein mag, es ist seit vielen Tausenden von Jahren tot.“

Sie merkten nicht einmal, dass sie sich alle vier dem furchteinflößenden Kopf mit wild klopfenden Herzen nur auf den Zehenspitzen näherten! Philippe leuchtete ihn von allen Seiten mit seiner Taschenlampe ab.

„Komisch“, er flüsterte immer noch, „nur ein Schädel, so groß wie von einem Pferd, und keine anderen Knochen! Regis, kannst du uns das vielleicht erklären? Hat euch euer Lehrer schon einmal von einem ähnlichen Fund erzählt?“

(5)

Regis betrachtete fast andächtig[9] die mächtigen Zähne. „Warte mal, an irgend so etwas kann ich mich noch dunkel erinnern!“ Grübelnd legte er den Zeigefinger an die Nase und rieb sie, als könnte das die Erinnerung auffrischen.

„Ja, jetzt hab ich’s wieder: das ist der Schädel von einem Höhlenbär! Die Kerle waren fast drei Meter hoch, wenn sie sich auf die Hinterbeine stellten. Menschenskinder, überlegt mal, was für ein Mut dazugehört hat, so ein Urviech[10] nur mit einem ganz gewöhnlichen Steinspitzenspeer anzugreifen und zu töten! Ich hätte mich nicht in die Nähe gewagt, auch wenn der Bär in einer Falle gehockt hätte.“

1 **schrill:** ein hoher Ton 2 **sich brechen:** das Echo hallt nach 3 **das Deckengewölbe:** eine gekrümmte, schalenförmige Decke
4 **abebben:** geringer werden 5 **nachäffender Unhold:** böser Mensch, der etwas nachahmt 6 **kreidebleich:** sehr blass
7 **entgegenblecken:** die Zähne zeigen 8 **unwillkürlich:** passiert von selbst, unbewusst 9 **andächtig:** feierlich
10 **das Urviech:** das Urtier

4 **a)** Markiere die Schlüsselstellen wie im Beispiel (Absatz 1 und 2).
b) Vergleiche mit einem Lernpartner oder einer Lernpartnerin diese Schlüsselstellen. Besprecht, ob ihr weitere wichtige Textstellen markieren würdet.

Während des Lesens
3. Schritt: Schlüsselstellen markieren

5 Der Text ist bereits in Sinnabschnitte unterteilt. Gib den Abschnitten sinnvolle Überschriften.

» Fachwortschatz, S. 147

Ordne diese Überschriften den Sinnabschnitten zu und schreibe sie auf die Linien:
Isabelles Schock – Überreste von Höhlenbären – Philippe beruhigt die Gruppe – Eine grausige Entdeckung – Ein bleicher Schädel

Ordne diese Überschriften den Sinnabschnitten zu. Formuliere für die weiteren Sinnabschnitte eigene Überschriften.
Isabelles Schock – Eine grausige Entdeckung – Philippe beruhigt die Gruppe

Formuliere selbst passende Überschriften für die Sinnabschnitte.

Nach dem Lesen
4. Schritt: Wichtiges herausschreiben
a) Sinnabschnitte bilden
b) Zwischenüberschriften formulieren
c) Notizen zu den Sinnabschnitten machen

6 **a)** Gib die Inhalte der einzelnen Sinnabschnitte wieder: Formuliere dazu die Schlüsselstellen in Stichpunkte um, wie bei den Abschnitten 1 und 2.
b) Vergleicht eure Ergebnisse zu zweit.

7 Ergänze deinen Zeitstrahl von Seite 1–2. Du kannst Begriffe und Bilder ergänzen, die die Steinzeit verdeutlichen.

8 Stellt euch vor, ihr wäret Teil der Gruppe, die sich in der Höhle befindet: Was würde euch durch den Kopf gehen? Wie würdet ihr euch fühlen? Was würdet ihr jetzt machen? Hört noch einmal die Geräusche an (S. 118, Aufgabe **1**) und lasst euch davon anregen. Füllt dann die Gedankenblasen.

» Freiraum, S. 148

So könnt ihr formulieren: *Wenn ich das geahnt hätte, … / Um Himmels willen … / Haben wir uns verlaufen? / So ein Schreck …*

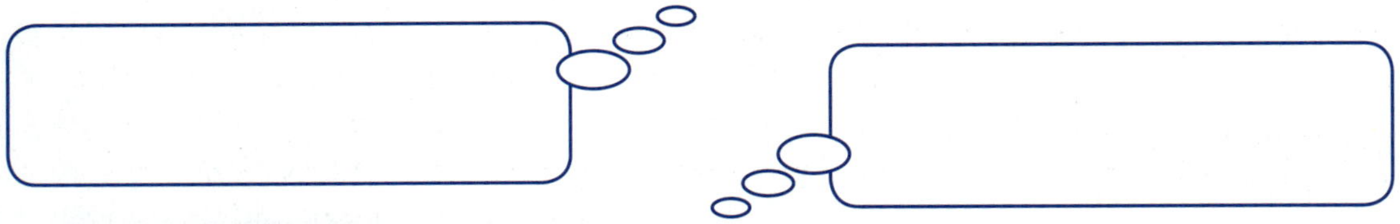

LERNBOX

So wendest du die Lesemethode für erzählende Texte an:

AH S. 25

1. **Schritt: sich orientieren** – Schau dir die **Überschrift** und die **Bilder** an und stelle Vermutungen darüber an, worum es in der Erzählung geht.
2. **Schritt: unbekannte Begriffe klären** – Unterstreiche Wörter, die du noch nicht kennst, und finde heraus, was sie bedeuten.
3. **Schritt: Schlüsselstellen markieren** – Schlüsselstellen sind wichtige Textstellen. Du erkennst sie daran, dass sie Antworten auf die W-Fragen geben, zum Beispiel: *Wer taucht in der Erzählung auf? Wie fühlt er/sie sich?*
4. **Schritt: Wichtiges herausschreiben** – Bilde Sinnabschnitte. Das sind Abschnitte, die inhaltlich eng zusammengehören. Formulieren zu jedem Sinnabschnitt eine **Überschrift** und schreibe **Stichwörter** heraus.

Auf Zehenspitzen
Den Inhalt zusammenfassen

Claudio hat den Romanauszug gelesen und möchte nun seinem Bruder vorstellen, worum es darin geht. Er überlegt, wie er das Thema umschreiben könnte.

1 **a)** Wie würdest du den Satz in der Sprechblase beenden? Lies den 1. Hinweis der **LERNBOX** und vervollständige den Satz mit einer passenden Formulierung.
Wähle aus: Panik während einer. .. / eine Entdeckung aus ... /ein steinzeitliches ...
b) Formuliere nun mithilfe deiner Vorarbeiten einen Einleitungssatz. Beachte dabei den ersten Hinweis in der Lernbox: Der Textauszug „..." aus dem Roman „..." stammt von ... und wurde im Jahr ... geschrieben. Der Romanauszug handelt von ...

2 **a)** Fasse nun den Inhalt des Romanauszugs zusammen.
Verfasse eine Inhaltszusammenfassung, indem du den Lückentext ergänzt. Orientiere dich an deinen Stichworten aus der Erschließung mit der Lesemethode (Seite 120, Aufgabe **6**).
Philippe, Regis, Isabelle und Suzanne gehen durch ... Plötzlich erschreckt ... Der Grund für ihre Angst ... mit messerlangen Eckzähnen. Philippe versucht ... Regis kennt ... Er weiß, dass Höhlenbären ... Regis hätte Angst ...
Fasse den Inhalt des Textauszugs in eigenen Worten zusammen. Formuliere aus deinen Stichpunkten und den Zwischenüberschriften von Aufgabe **6** auf Seite 120 vollständige Sätze. Beginne so: Philippe, Regis, Isabelle und Suzanne gehen durch ...
b) Vergleiche mithilfe der **LERNBOX**, ob du alle Hinweise beachtet hast.

LERNBOX

So fasst du den Inhalt einer Erzählung zusammen:

» Fachwortschatz, S. 147

1. In deiner **Einleitung** nennst du den **Titel**, den **Autor**, die **Textart**, das **Thema** und das **Erscheinungsjahr** des Textes (TATTE). Im Thema stellst du dar, worum es geht (z. B. *ein spannendes Abenteuer, die Freundschaft zwischen zwei Jungen*). Dabei beziehst du dich auf die **gesamte** Erzählung.
2. Im Weiteren formulierst du die Stichpunkte, die du zum Text notiert hast, in **ganze Sätzen** um:
   - Nenne nur die **wichtigsten Informationen**, d. h. solche, die Antworten auf die wichtigsten W-Fragen geben. Lasse überflüssige Informationen weg.
   - Schildere die Handlung in der **richtigen Reihenfolge**.
3. Formuliere im **Präsens**. Verwende bei Vorzeitigkeit das **Perfekt**: *Die Jugendlichen fürchten die Dunkelheit, weil sie einem Schädel begegnet sind.*
4. Formuliere **in eigenen Worten.**

» Verbtabelle, S. 308

Mit messerlangen Eckzähnen
Haupt- und Nebensätze verknüpfen

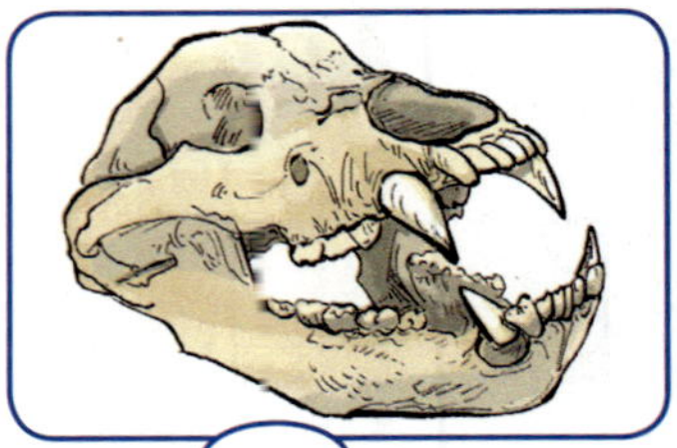

1 Nalan hat den Inhalt des Textauszugs schriftlich zusammengefasst.
Lies den Text und gleiche ihn mit deiner eigenen Inhaltszusammenfassung ab: Enthält er alle wichtigen Informationen?

In dem Text geht es darum, dass die Jugendlichen Isabelle, Suzanne, Regis und Philippe eine eiszeitliche dunkle Höhle erkunden. (1) Isabelle schreit plötzlich auf, während die Jugendlichen hintereinander her gehen. (2) Die Gruppe kann den Grund für ihre Angst zunächst nicht erkennen, weil es in der Höhle sehr dunkel ist und sie nur Kerzen und eine Taschenlampe dabeihaben. (3) Die vier Jugendlichen sehen, dass ihnen auf einem Felsvorsprung ein bleicher Schädel gegenübersteht. (4) Philippe versucht, seine Freunde zu beruhigen, damit sie keine Angst mehr haben. (5) Er ist aber auch verwundert, da sie nur einen Schädel und kein Skelett finden.

2 **a)** Lies noch einmal den ersten Satz und prüfe, wie Nalan Haupt- und Nebensatz miteinander verknüpft hat. Nimm die **LERNBOX** zu Hilfe.

b) Untersuche nun die weiteren Sätze. Gehe so vor: Umkreise in den Satzgefügen der Sätze 1–3, 1–4, 1–5 die Konjunktionen rot und unterstreiche den Nebensatz, den sie einleitet, grün. Markiere das konjugierte Verb zur Überprüfung.

Fachwortschatz, S. 147

c) Stelle die Satzgefüge so um, dass die Nebensätze an erster Stelle im Satz stehen.

3 **a)** Nalan ist sich bei der Fortsetzung ihres Textes nicht sicher, welche Konjunktionen am besten passen. Verknüpfe die Sätze mit Konjunktionen wie im ersten Satz. Wähle passende aus der **SPRACHBOX** aus.

Die Gruppe sieht, dass an dem Schädel messerlange Eckzähne sind. Alle gehen leise auf Zehenspitzen, ______________ das Tier nicht mehr lebt. Regis kennt sich mit der Steinzeit aus, ______________ sein Lehrer von einem ähnlichen Fund erzählt hat. Die Bären waren bis zu drei Meter groß, ______________ viel Mut dazugehörte, ein solches Tier zu erlegen.

b) Vergleicht eure Lösungen mithilfe des Lerntempoduetts.

SPRACHBOX

sodass – damit – obwohl – weil – dass – da – als

Fachwortschatz, S. 173

LERNBOX

Haupt- und Nebensätze miteinander verknüpfen

1. Ein Satzgefüge besteht aus einem **Hauptsatz** und mindestens einem **Nebensatz**. Diese Sätze werden durch ein **Komma** voneinander getrennt.
2. Der **Nebensatz** wird häufig durch eine **Konjunktion** eingeleitet: ***wenn, dass, da, weil, obwohl, sodass, damit …***
3. Der Nebensatz kann **vor** oder **nach** dem **Hauptsatz** stehen:
   Sie fürchtet sich, weil sie einen Schädel sieht. (Hauptsatz - Nebensatz)
   Weil sie einen Schädel sieht, fürchtet sie sich. (Nebensatz - Hauptsatz)
4. Im Nebensatz steht das konjugierte **Verb am Satzende**: *Sie fürchtet sich, weil sie einen Schädel sieht.*

Sprache untersuchen, S. 257

Richtig schreiben, S. 298

Eine Zeitreise digital
Ein E-Book mit einem Print-Buch vergleichen

1 **a)** Sieh dir das Bild an und lies die Aussagen.
b) Beschreibe, wo sich die Jugendlichen befinden und was sie dort machen.

2 **a)** Lies in der **LERNBOX** auf Seite 124 nach, was ein E-Book ist.
b) Claudio liest am liebsten nur noch E-Books. Hast du selbst schon einmal in einem E-Book gelesen? Tauscht euch dazu aus, wer bereits Erfahrungen damit gesammelt hat.

3 **a)** Mache dir mithilfe der Abbildungen klar, welche Funktionen solch ein E-Book besitzt, und benenne sie. Du kannst dazu die **SPRACHBOX** nutzen.
b) Tauscht euch darüber aus, welche Vorteile die Funktionen von E-Books haben und warum sie sinnvoll sein können.

SPRACHBOX

die Helligkeit –
die Schriftgröße –
das Lesezeichen –
die Markierungen –
der Zeilenabstand –
das Umblättern

4 **a)** Lies noch einmal das Gespräch zwischen Claudio und Eric auf Seite 123 und markiere die Gründe, die für ein Print-Buch sprechen, und die Gründe, die für ein E-Book sprechen, in verschiedenen Farben. Notiere die Gründe jeweils im linken bzw. rechten Feld des Venn-Diagramms.

» Fachwortschatz, S. 147

b) Fallen dir noch weitere Gründe dafür ein, ein E-Book oder ein Print-Buch zu lesen? Ergänze beide Felder des Venn-Diagramms mit deinen Ideen.

Du kannst die folgenden Begriffe nutzen: viele Funktionen, wasserfest – Dekoration – unabhängig von Stromversorgung – sofort und überall abrufbar – Licht – Gewicht – Verleih – ...

c) Notiere in dem mittleren Feld Gründe, die sowohl für ein E-Book als auch für ein Print-Buch sprechen.

Nutze auch die Aspekte aus dem Text im Freiraum.

» Freiraum, S. 148

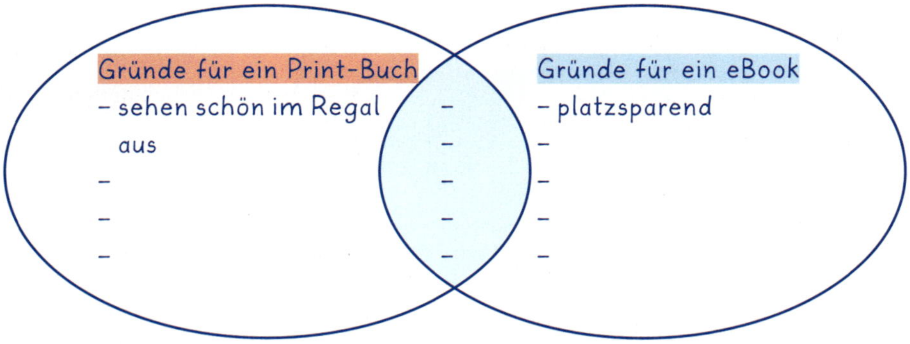

SPRACHBOX

Ich würde lieber ein/in einem ... lesen, weil ... – Mir ist es wichtig, dass ... – Ich finde die Funktion ... praktisch, da ... – Nicht so gut finde ich, dass ... Ich bevorzuge aus diesen Gründen ...

5 Welcher Lesetyp bist du? Nimm Stellung dazu, ob du eher E-Books oder Print-Bücher bevorzugst, und begründe deine Meinung mithilfe der **SPRACHBOX** und deinen Notizen aus Aufgabe **4**.

LERNBOX

Das ist ein E-Book und so kommst du daran:

1. **E-Book** steht für „**elektronisches Buch**". Es ist also die digitale Version eines Buches. Zum Lesen eines E-Books benötigst du einen **E-Book-Reader**, ein Smartphone, ein Tablet oder einen PC.
2. Du kannst ein E-Book im **Internet kaufen** oder in einer **digitalen Bibliothek** für eine gewisse Zeit ausleihen. Teilweise gibt es auch **kostenlose E-Books**, die du **herunterladen** kannst. **Achtung:** Für einen Kauf benötigst du das Einverständnis deiner Eltern!
3. Für die Benutzung musst du dir das E-Book **herunterladen** und im nächsten Schritt **öffnen**.
4. E-Book-Reader haben – abhängig vom Hersteller – unterschiedliche Funktionen, z. B.: **Unterstreichungen** vornehmen, **blättern**, **Lesezeichen** setzen, die **Buchstabengröße**, die **Schriftart**, den **Zeilenabstand**, die **Hintergrundfarbe**, die **Helligkeit** und die **Anzahl der Wörter** pro Zeile verändern.

Auf dem Fuhrwerk Richtung Nürnberg
Aufgaben zum Inhalt bearbeiten

1 **a)** Was für eine beeindruckende Stadt! Betrachtet die Abbildung genau. Wie ist die Stadt aufgebaut? Was könnt ihr alles entdecken? Nutzt die **SPRACHBOX** zur Beschreibung und tauscht euch dazu aus.
b) Schaut auf dem Zeitstrahl (S. 116–117) nach, welcher Zeit die Erzählung im nächsten Textauszug zuzuordnen ist.

SPRACHBOX

die Stadtmauer – die Türme – das Tor – die Burg – der Burggraben – die (Zug-)Brücke – die Kirchtürme – um die Stadt herum – innerhalb der Stadtmauern – außerhalb der Stadt – ...

2 **a)** Lies den folgenden Textauszug aufmerksam.
b) Überprüft zu zweit, ob ihr den Inhalt verstanden habt. Betrachtet die Bilder am Rand und erklärt abschnittsweise, was dort passiert.

3 Erschließe den Text mit der **Lesemethode für erzählende Texte**. Lade dir vorher über den Code den Text zur Bearbeitung herunter.

» Fachwortschatz, S. 147

Eine bekannte und doch unbekannte Stadt

Claudia Frieser (aus: Oskar und das Geheimnis der verschwundenen Kinder, 2007)

Digital+ Textvorlage WES-126426-065

In einem Brief liest Oskar, dass sein verstorbener Opa mit einer Zeitmaschine in das Mittelalter gereist ist. Auch Oskar begibt sich über die Baumhöhle einer alten Eiche auf die Reise und landet schließlich in Nürnberg im Jahr 1484 ...

(1) ....

Oskar öffnete die Augen. Warum lag er auf dem Boden? Und warum hatte er so merkwürdige Sachen an? Langsam fiel es ihm wieder ein. Die Zeitreise! Offenbar war er dabei ohnmächtig geworden. Wie lange er hier wohl schon lag? Noch während er sich aufrappelte, drängte sich jedoch eine andere Frage in den Vordergrund: War er schon im Mittelalter? Leicht benommen und noch etwas wacklig auf den Beinen sah er sich um.

(2) ....

Das Haus seiner Eltern und die Nachbarhäuser waren verschwunden. Stattdessen lag vor ihm eine schöne Wiese mit vielen knorrigen[1] Apfelbäumen, an denen kleine runzelige[2] Äpfel hingen. Das und das veränderte Wetter konnten nur eines bedeuten: Oskar befand sich in einer anderen Zeit. Wenn alles nach Plan verlaufen war, musste dies das Jahr 1484 sein. Oskars Herz raste, und der Gedanke, alleine in der Vergangenheit zu sein, machte ihm Angst. Doch dann nahm er all seinen Mut zusammen und trat in die fremde Welt hinaus. Neben der Obstwiese führte ein Feldweg entlang, und zwar genau da, wo heute die Straße lag, in der er wohnte.

1 **knorrig:** verwachsen
2 **runzelig:** faltig

Jetzt erst bemerkte Oskar die Stille. Auch die Luft war anders, sie war irgendwie klarer und roch nach Gras. War das hier wirklich Nürnberg – oder besser gesagt, die Umgebung von Nürnberg, denn das Viertel, in dem Oskar wohnte, gab es ja noch nicht?

(3) ....

Nachdem er ein Stück gegangen war, näherte sich von hinten ein Fuhrwerk, das gemächlich[3] von zwei Ochsen gezogen wurde und auf dem ein Bauer saß. „Ho!", rief der Bauer und die Ochsen blieben stehen. „Wohin willst du?", fragte er Oskar, „Vielleicht kann ich dich ein Stück mitnehmen?" Oskar versagte vor Aufregung die Stimme. Dass er mit jemandem aus dem Mittelalter sprechen müsste, daran hatte er nicht gedacht. „Was ist? Soll ich dich nun mitnehmen oder nicht?", fragte der Bauer erneut. Doch Oskar brachte immer noch kein Wort heraus. Wie kam es, dass er den Mann überhaupt verstehen konnte? Doch offenbar hatte er mit der Zeit auch die Sprache gewechselt. Ob der Bauer ihn auch verstehen konnte? Oskar sprach jedes Wort laut und deutlich: „Ich – will – nach – Nürn – berg."

3 **gemächlich:** in aller Ruhe

(4) ....

„So, so, in die Stadt willst du", antwortete der Bauer amüsiert. „Na, dann steig auf! Ich habe das gleiche Ziel. Die Leute nennen mich Niclas." Er grinste von einem Ohr zum anderen und entblößte dabei eine Reihe von braunen Zahnstummeln. Oskar starrte den Bauern an. So schlechte Zähne hatte er noch nie gesehen. Aber da Niclas ein freundlicher Mann zu sein schien, stieg Oskar auf den Wagen und setzte sich neben ihn. Da saß er nun, ein Junge aus dem einundzwanzigsten Jahrhundert, auf einem Fuhrwerk, das von Ochsen gezogen wurde. Er musste eine merkwürdige Figur abgeben. Völlig verkrampft hockte er neben Niclas, der ihn neugierig musterte. Oskar entgingen diese Blicke nicht und er fühlte sich unwohl. Ob man ihm ansah, dass er nicht in diese Zeit gehörte?

(5) ....

„Was führt dich nach Nürnberg?", wollte der Bauer nun wissen. „Ich?", begann Oskar zu stammeln. „Ich will einfach nur mal in die Stadt." Mehr fiel ihm nicht ein. „Du solltest aber nicht alleine unterwegs sein. Wissen deine Eltern davon oder bist du von zu Hause fortgelaufen?", fragte Niclas hartnäckig und betrachtete ihn erneut. „Du hast ja nicht einmal Reiseverpflegung dabei." Oskar beschloss, nichts von der Zeitreise zu erzählen und einfach zu nicken.

(6) ....

Inzwischen war Nürnberg schon deutlich zu erkennen. Die Burg thronte mächtig über der Stadt. Unter ihr erstreckte sich ein Meer von Häusern. Dazwischen sah man immer wieder Kirchtürme. Um die Stadt zog sich schützend die Stadtmauer mit ihren vielen Türmen.

4 Erkläre nach dem Lesen, was mit dem Titel des Romanauszugs (S. 125) gemeint ist.

5 Formuliere einen Einleitungssatz (TATTE-Satz) zu dem Textauszug. Orientiere dich an der **LERNBOX** auf Seite 127: *Der Romanauszug mit dem Titel „..." aus dem Jugendroman „..." stammt von ... und wurde im Jahr ... verfasst. Es geht darin um ...*

Nutze eine dieser Themenformulierungen: *Oskars Reise ins mittelalterliche Nürnberg/Oskars Bekanntschaft mit Niclas/Oskars Erwachen in einer fremden Zeit.*

6 Schreibe nun eine Inhaltszusammenfassung.
Folgende Formulierungen können dir helfen: *Oskar wacht in … auf. Er ist ins Jahr … Ihm kommt die Umgebung … vor. Die Luft und die Geräusche … Ein Bauer nimmt ihn mit … Von Weitem sieht er …*

7 Untersuche den Textauszug nun genauer. Bearbeite dazu eine der Aufgaben:
a) Mache dir zunächst die Aufgabenstellung klar. Markiere dazu den Operator und die Schlüsselwörter (Nomen).
b) Wähle Aufgabe **A** oder **B** aus und bearbeite sie.

» Freiraum, S. 148

Aufgabe A: Oskar kann seine eigene Stadt nicht wiedererkennen! Erläutere, was sich verändert hat.

- Markiere im 2. Sinnabschnitt in allen Sinnabschnitten Textstellen, die Hinweise darauf geben, was sich an Oskars Heimatstadt alles verändert hat. Arbeite so wie in den Beispielen.
- Formuliere Stichpunkte auf Grundlage der markierten Textstellen:
  – Elternhaus verschwunden
  – Nachbarhäuser …
- Beantworte die Aufgabe mithilfe der Formulierungshilfen und deiner Stichpunkte:
  Oskar kann seine Stadt nicht … Dies liegt daran, dass … Die Luft in der neuen Umgebung kommt Oskar … vor. Oskars Elternhaus und die Nachbarhäuser sind … Anstelle der Straße sieht er …

Löse die Aufgabe mithilfe der **LERNBOX**. Nutze die Formulierungen daraus und achte auf die markierten Textstellen.

Aufgabe B: Erkläre, wie sich Oskar zu Beginn der Zeitreise fühlt und woran dies deutlich wird.

- Markiere in den Zeilen 3, 5, 11-12, 21, 34–35-36, 38-39, 42–43 in allen Sinnabschnitten Textstellen, die Hinweise darauf geben, wie sich Oskar fühlt. Arbeite so wie in den Beispielen.
- Formuliere Stichpunkte auf Grundlage der markierten Textstellen:
  – wacht aus der Ohnmacht auf
  – ist noch leicht benommen …
- Beantworte die Aufgabe mithilfe der Formulierungshilfen und deiner Stichpunkte:
  Oskar fühlt sich zu Beginn der Zeitreise … Das merkt man daran, dass … Beim Aufwachen fühlt er sich … Oskar ist verwundert, weil .. Im Fuhrwerk sitzt er … Er reagiert auf die Fragen des Bauern …

Löse die Aufgabe mithilfe der **LERNBOX**. Nutze die Formulierungen daraus und achte auf die markierten Textstellen.

LERNBOX

So bearbeitest du Untersuchungsaufgaben zu einem Text:
1. Mache dir die **Aufgabenstellung** klar: Was sollst du tun? Achte besonders auf die Operatoren *(nenne, erkläre …)* und die Schlüsselwörter.
2. **Spüre Textstellen auf**, auf die sich die Aufgabe bezieht, und **markiere** sie: z. B. Aufgabe A: *Wie wird die Stadt beschrieben?*
3. Wenn du zur Antwort mehrere Textstellen benötigst, **sammle** diese und **notiere Stichworte** am Rand, die zur Aufgabe passen.
4. Erarbeite die Aufgabe mithilfe deiner Stichpunkte in einem **kurzen Text**. Greife die Aufgabenstellung auf, indem du dieselben Wörter verwendest: *Oskar kann seine eigene Stadt nicht wiedererkennen. Dies liegt daran, dass …*

„Ich will nach Nürnberg"
Aussagen belegen

Eric: Als Oskar aufwacht, gehen ihm viele Fragen durch den Kopf (Z. 1–2). Er ist von der Zeitreise zunächst noch etwas benommen und wacklig auf den Beinen (Z. 5) …

Claudio: Oskar ist noch ein wenig wackelig auf den Beinen, als er aufwacht. Außerdem ist er von der Zeitreise noch sehr benommen …

1 Zwei Schüler haben mit der Untersuchungsaufgabe von Seite 127 begonnen:
a) Benenne, für welche Aufgabe (A oder B) sie sich entschieden haben.
b) In Erics Text findest du Hinweise in Klammern (Z …). Erläutere, wofür das Z. steht könnte und warum sie diese Angaben aufgenommen hat.
c) Überprüfe deine Überlegungen anhand der Hinweise in der **LERNBOX**.

» Fachwortschatz, S. 147

2 **a)** Setze in den folgenden Text zu Aufgabe B die fehlenden Zeilenangaben ein. Lies dazu im Text nach, welche Textstellen hier berücksichtigt werden.

Als er bemerkt, dass die Zeitreise funktioniert hat und seine Umgebung komplett verändert ist, rast Oskars Herz. Der Gedanke, alleine im Mittelalter zu sein, macht ihm Angst (Z.). Dann nimmt er all seinen Mut zusammen und erkundet die neue Umgebung (Z.). Oskar ist verwundert darüber, dass er die Leute aus dem Mittelalter verstehen kann (Z.), spricht aber vor lauter Aufregung selber kaum ein Wort zu dem Fuhrmann Niclas (Z.). Niclas wirkt nett auf Oskar und er fährt mit ihm nach Nürnberg, allerdings sitzt er sehr verkrampft auf dem Fuhrwerk (Z.). Oskar fühlt sich beobachtet und unwohl (Z.). Er stammelt unsicher eine Antwort auf die Frage des Fuhrmanns und sagt nicht die ganze Wahrheit, als dieser Oskar fragt, wohin er reisen möchte (Z.).

Ordne folgende Zeilenangaben zu: 11–12, 12–13, 24–25, 23-24, 31–35, 35–36, 38–43.

LERNBOX

So belegst du Aussagen durch Zeilenangaben:

1. In Textuntersuchungen musst du Aussagen, die du einem Text entnommen hast, immer mit **Zeilenangaben belegen**. Du beziehst dich also auf den Text, damit klar wird, durch welche Textstellen du zu deiner Ansicht gekommen bist.
   a) Kürze das Wort ,,Zeile" durch ein **„Z."** ab. Setzte den **Buchstaben mit der Zeilennummer in Klammern**: *(Z. 3)*.
   b) Setze die Zeilenangabe immer **hinter die Aussage**, die du dem Text entnommen hast: *Oskar ist von der Zeitreise noch wacklig auf den Beinen (Z. 5)*. Beende deinen Satz mit einem **Punkt**.
   c) Bezieht sich die Aussage auf mehrere Textzeilen, schreibst du so: *(Z. 3–4)*.

Spielerisch ins Mittelalter
Digitale Spiele kritisch betrachten

Digitale Spiele sind unter Jugendlichen sehr beliebt. Häufig reisen die spielenden Personen dabei in die Vergangenheit und erschaffen neue Welten.

1 Setzt euch zu viert zusammen. Tauscht euch mithilfe eines Placemats zu eurem Umgang mit digitalen Spielen aus. Geht so vor:

a) Notiere in deiner Ecke des Placemats Antworten auf folgenden Fragen:
- Welches Spiel spielst du besonders gern?
- Worum geht es in dem Spiel und in welcher Umgebung befindest du dich?
- An welchen digitalen Geräten spielst du das Spiel?
- Kannst du das Spiel alleine oder mit anderen spielen?

Beziehe bei deinen Überlegungen die Hinweise 1–3 der **LERNBOX** mit ein.

b) Stellt euch gegenseitig eure Notizen vor und sammelt die Ergebnisse in der Mitte des Placemats.

c) Stellt die Ergebnisse der Gruppe in der Klasse vor und ergänzt sie.

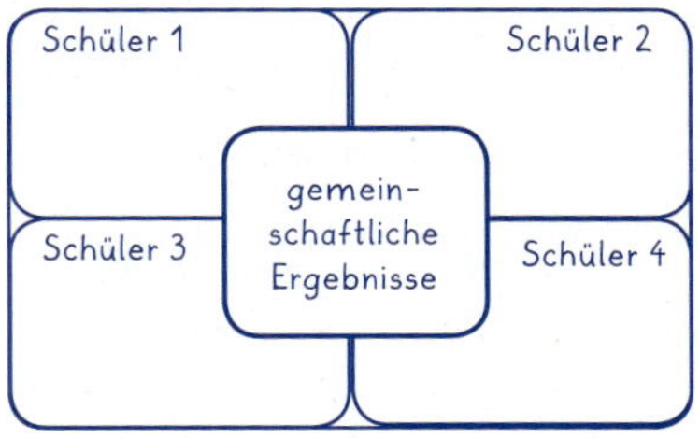

2 **a)** Schaut euch die Download-Seite des Handyspiels an und tauscht euch darüber aus, was es beim Herunterladen alles zu beachten gibt.

b) Fallen euch weitere Risiken und Gefahren ein, die sich beim Spielen und Herunterladen ergeben können? Sammelt eure Ideen und gleicht eure Überlegungen mit der **LERNBOX** (Hinweis 4) ab.

LERNBOX

Das sind digitale Spiele und das gibt es zu beachten:

1. Digitale Spiele gibt es in **unterschiedlichen Medien**: *Computer-, Video- oder* auch *Handyspiele*. Du benötigst immer ein entsprechendes **digitales Gerät**, um das Spiel spielen zu können *(Computer, Playstation, Handy …)*.
2. Es gibt **verschiedene Arten** von Spielen: *Strategiespiele, Geschicklichkeitsspiele, kreative Spiele, Lernspiele, Sportspiele* oder auch *Abenteuerspiele*.
3. Du kannst digitale Spiele entweder **käuflich** erwerben oder **kostenlos herunterladen**.
4. Beim Herunterladen und Spielen digitaler Spiele gibt es einiges zu beachten:
   a) Informiere dich vorab darüber, ob eine **Altersbeschränkung** vorliegt.
   b) Zudem solltest du auf **versteckte Kosten** sowie auf die **Angabe persönlicher Informationen** *(Privatsphäre)* Acht geben.
   c) Bedenke auch, dass zu viel Spielen zu der **Abhängigkeit** führen kann, nicht mehr aufhören zu können.

Eine schattenhafte Gestalt
Die Erzählweise untersuchen

1 Im Folgenden erfährst du, was Oskar im mittelalterlichen Nürnberg erlebt.

a) Erschließe die Erzählung. Beantwortet danach die Fragen am Rand zu zweit. Die Worterklärungen findet ihr auf Seite 131.

b) Überprüft, ob ihr die Fragen richtig beantwortet habt. Hört euch dazu den Textauszug noch einmal über den Webcode an.

Digital+ Audio WES-126426-066

Digital+ Textvorlage WES-126426-067

Die Verfolgung

Claudia Frieser (aus: Oskar und das Geheimnis der verschwundenen Kinder, 2007)

Kurz nachdem Oskar mit dem Fuhrwerk in Nürnberg eingetroffen ist, lernt er den gleichaltrigen Albrecht kennen und die beiden freunden sich an. Albrecht berichtet Oskar von unheimlichen Entführungen neugeborener Kinder, die sich in Nürnberg immer wieder zugetragen haben. Versteckt in einer Truhe werden sie selber Augenzeugen einer erneuten Entführung und sind den vermummten[1] Tätern dicht auf den Fersen[2] …

Oskar und Albrecht verhielten sich in ihrer Truhe mucksmäuschenstill. Die Schritte kamen immer näher. Dann hörten die beiden, wie die Tür zur Wöchnerinnenstube[3] geöffnet wurde. Es dauerte nicht lange und die Schritte kehrten wieder zurück.

Wo befinden sich Oskar und Albrecht?

Oskar hob leise den Truhendeckel an und spähte[4] durch den Spalt. Vor der Truhe stand eine große, in eine schwarze Kutte[5] gehüllte Gestalt.

Ihr Gesicht war unter einer Kapuze verborgen. Der Größe nach zu urteilen, musste es sich um einen Mann handeln.

In seinem Arm hielt er den neugeborenen Jungen, der in Tücher eingewickelt war. Er sah sich noch einmal um, verbarg[6] das Kind unter seinem Mantel und griff zu einer flackernden Laterne.

Was beobachten sie?

Sowie er um die Ecke gebogen war, stiegen Albrecht und Oskar aus ihrem Versteck und schlichen ihm nach. Lautlos tasteten sie sich durch die dunklen Gänge des Spitals[7], immer dem Licht hinterher. An jeder Biegung äugten sie vorsichtig um die Ecke. Sie durften sich nicht erwischen lassen! Oskar wollte sich nicht ausmalen, was dann passieren würde.

Woran orientieren sie sich bei der Verfolgung?

Unbemerkt von den Spitalbewohnern verließ die Gestalt das Gebäude und ging auf den Spitalgarten an der Pegnitz[8] zu. Am Ufer blieb sie stehen und drehte sich noch einmal um. Oskar und Albrecht duckten sich hinter einer Hecke. Aus der Entfernung konnten sie die Umrisse des Mannes nur schwach erkennen. Dichter Nebel stieg vom Fluss auf und schien alles zu verschlucken.

Starr vor Angst beobachtete Oskar, wie die schattenhafte Gestalt die Laterne hob und über dem Kopf hin- und herschwenkte. Genau wie das Licht, das er in jener stürmischen Nacht gesehen hatte! Auf dem Fluss blinkte jetzt ebenfalls ein Licht.

Kurze Zeit später hörten die Jungen gleichmäßige Ruderschläge auf dem Wasser.

Wie wird das Wetter beschrieben?

Jemand näherte sich mit einem Boot dem Ufer. Sie beobachteten, wie die Gestalt mit dem Neugeborenen im Arm in das Boot stieg, das dann mit leisen Ruderschlägen flussabwärts verschwand. […]

Wie endet die Verfolgung?

Es war menschenleer. Die beiden Männer waren wie vom Erdboden verschluckt. Oskar lief es kalt den Rücken hinunter. Albrecht sprach als Erster, was beide dachten: „Das geht nicht mit rechten Dingen zu." […]

Wie ist die Stimmung nach der Verfolgung?

1 **vermummt:** eingehüllt, 2 **jemandem auf den Fersen sein:** jemanden verfolgen, 3 **eine Wöchnerinnenstube:** ein Raum, in dem sich Frauen von einer Geburt erholen können, 4 **spähen:** Ausschau halten, 5 **eine Kutte:** ein langes Gewand, 6 **verbergen:** verstecken, 7 **ein Spital:** ein Krankenhaus, 8 **die Pegnitz:** der Fluss in Nürnberg

SPRACHBOX

nachdenklich – unheimlich – traurig – fröhlich – abenteuerlich – kühl – ernst – bekümmert – lustig – bedrohlich – unheilvoll – aufregend – ...

2 Welche Stimmung wird in dem Textauszug vermittelt?

a) Wähle ein Adjektiv aus der **SPRACHBOX** aus, das die Stimmung deiner Meinung nach am besten beschreibt, und schreibe es auf eine Karteikarte. Notiere deine Begründung mit Zeilenangaben aus dem Text darunter.

b) Wertet eure Eindrücke aus: Hängt dazu die beschrifteten Karteikarten an die Tafel. Welche Adjektive wurden am häufigsten ausgewählt?

3 Der Autor nutzt eine bestimmte Erzählweise, um die Stimmung besonders anschaulich darzustellen. Untersuche die Erzählweise genauer:

a) Ordne die folgenden Sätze den Bildern zu und begründe deine Entscheidung.

Ⓐ Die beiden Männer waren wie vom Erdboden verschluckt.

Ⓑ Dichter Nebel […] schien alles zu verschlucken.

Ⓒ Ein Meer von Häusern erstreckte sich unter der Burg.

b) Die markierten Ausdrücke sind Beispiele für sprachliche Bilder. Warum nennt man sie wohl so? Erkläre dies mit eigenen Worten.

» Fachwortschatz, S. 114

c) Überprüfe deine Überlegungen mit dem 1. Hinweis der **LERNBOX** auf Seite 132.

d) Im Text sind weitere Textstellen markiert, z. B. in Zeile 1. Lest sie und tauscht euch zu zweit darüber aus, was sie bedeuten.

e) Notiere diese sprachlichen Bilder in einer Tabelle. Schreibe auch eine Erklärung der Bedeutung und die Wirkung dazu. Nutze die **SPRACHBOX**.

Textstellen:	Erklärung	Wirkung
„schattenhafte Gestalt" (Z. 21)	eine Person, die nicht genau zu erkennen ist	unheimliche Stimmung

SPRACHBOX

Spannung wird erzeugt – Betonung unerklärlicher Umstände – schauderhafte Stimmung – einsam – geheimnisvoll – unwirklich – gespenstisch – gruselig

f) Finde weitere sprachliche Bilder im Text und notiere sie mitsamt Erklärung in der Tabelle.

4 Ermittle die Erzählform, die in dem Textauszug verwendet wird. Markiere dazu die Wörter, mit denen die beiden Hauptfiguren jeweils bezeichnet werden. Lies auch den 2. Hinweis in der **LERNBOX**.

» Fachwortschatz, S. 147

5 Gib deine Ergebnisse zur Untersuchung des Romanauszugs in einem zusammenhängenden Text wieder, indem du folgende Aufgaben bearbeitest:

a) Schreibe einen Einleitungssatz, in dem du Textart, Autor, Titel, Thema und Erscheinungsjahr (TATTE) benennst:

Der Textauszug mit dem Titel „…“ aus dem Jugendroman „…“ stammt von … und wurde … verfasst. In dem Romanauszug geht es um …

Wähle eine Themenformulierung aus: *eine Verfolgungsjagd / einen vermummten Entführer / Oskars und Albrechts nächtliches Abenteuer.*

b) Fasse den Inhalt mithilfe der Stichworte aus der **SPRACHBOX** in eigenen Worten zusammen. Beginne so: *Oskar und Albrecht sind in einer Truhe versteckt, als sie plötzlich …*

c) Für Oskar ist die Situation sehr unheimlich. Erkläre mithilfe deiner Ergebnisse aus den Aufgaben **3** – **4**, wie der Autor das durch sprachliche Bilder und die Erzählform deutlich macht. Vervollständige dazu den Lückentext:

Die Stimmung in dem Textauszug wirkt … Der Autor erzeugt durch die sprachlichen Gestaltungsmittel eine … Atmosphäre. In dem Text wird von einer „schattenhaften Gestalt“ (Z. …) berichtet. Damit ist gemeint, dass … Das sprachliche Bild wirkt … Auch wird davon gesprochen, dass die Männer „wie vom Erdboden verschluckt“ waren (Z. …). Damit ist gemeint, dass … Der Text ist in der …-Form erzählt. Dies merkt man daran, dass …

Ergänze den Text, indem du weitere sprachliche Mittel aus dem Romanauszug benennst und deren Bedeutung und Wirkung erklärst. Gib dazu auch Textbelege an.

SPRACHBOX

Verfolgung durch … – Eine Gestalt entführt ein … – Sie flüchten durch … – Nebel zieht auf … – Auf dem Fluss … – Plötzlich ist die Gestalt …

6 Überlegt zu zweit, wie die Geschichte weitergehen könnte, und notiert dazu Stichworte. Stellt eure Vorschläge in der Klasse vor.

» Freiraum, S. 148

LERNBOX

So untersuchst du die Erzählweise

Mithilfe der **Erzählweise** kann in einem Text eine bestimmte Stimmung erzeugt werden. Die Erzählweise umfasst mehrere Aspekte:

1. Die Stimmung wird häufig durch **sprachliche Bilder** erzeugt. Sie sollen eine Situation **anschaulich machen**, wobei die Bedeutung häufig übertragen werden muss: die schattenhafte Gestalt (Z. 21) → gemeint ist eine Person, die nicht genau zu erkennen ist. → Spannung wird erzeugt.
2. **Die Erzählform:**
   - In der **Ich-Form** wird erzählt, um die **Gedanken und Gefühle einer Person** darzustellen. Der Erzähler ist **Teil der Geschichte**.
   - In der **Er-/Sie-Form** kann die Handlung aus der Sicht einer Figur vermittelt werden, mit der der Leser das Geschehen erlebt. Der Erzähler ist jedoch **nicht Teil der Geschichte.**

Korsett, Knicks und Kringellöckchen
Zu einer Aussage Stellung nehmen

1 Betrachtet die Abbildung und tauscht euch zu zweit darüber aus, warum die Frau so ungewöhnlich spricht.

2 **a)** Ordne auf dem Zeitstrahl (S. 116–117) ein, welcher Zeit dieser Romanauszug zuzuordnen ist.
b) Lies zuerst die Überschrift und vermute, wovon der Romanauszug handeln könnte. Beziehe auch deine Überlegungen aus Aufgabe **1** mit ein.
c) Lies den Text und überprüfe deine Vermutungen.
d) Erschließe den Romanauszug mithilfe der **Lesemethode für erzählende Texte**. Setze dazu die Bearbeitungen am Rand fort.

» Fachwortschatz, S. 147

Digital+ Textvorlage WES-126426-068

Aufgewacht im Himmelbett

Mandy Hubbard (aus: Wie ich in High Heels[1] durch die Zeit stolperte, 2015)

Callie stürzt auf ihrer Klassenfahrt nach London nach zwei Schritten mit ihren nagelneuen High Heels und wacht im Jahr 1815 wieder auf. Die liebenswürdige Emily nimmt Callie im eleganten Herrenhaus von Harksbury auf, wo sie am nächsten Morgen von einem bevorstehenden Treffen überrascht wird …

1 **die High Heels**

Jemand ist in meinem Zimmer. Ich weiß es, bevor ich die Person sehe, denn ich höre einen ächzenden Laut und eine Art schabendes Geräusch. Ich setze mich im Bett auf und ziehe die Decke bis unters Kinn.
Und dann erinnere ich mich wieder. Die letzte Nacht … der Weg durch den Wald … diese merkwürdigen Menschen, die so getan haben, als würden sie in der Vergangenheit leben.
Ich spüre eine schmerzhafte Leere in der Brust, als mich schreckliches Heimweh packt. Verzweifelt beiße ich mir auf die Lippen, um die Tränen zurückzuhalten. Warum bin ich nicht in meinem Hotelzimmer aufgewacht? Dann wäre alles nur ein verrückter Traum gewesen. Meinetwegen hätte ich auch im Krankenhaus aufwachen können. Das hier kann unmöglich real[2] sein. Ich dürfte gar nicht in diesem Bett sitzen.

Aufwachen in einem fremden Zimmer
- Callie hat Angst
- unbekannte Person im Zimmer
- Heimweh
- alles ist fremd/ nicht real

2 **real:** wirklich

Aber hier hocke ich nun: in einem Raum, der größer ist als unser Wohnzimmer zu Hause, und in einem Himmelbett, das wahrscheinlich nicht mal in mein Zimmer *hineinpassen* würde.

Die Wände sind in einem sonnigen Gelb gestrichen, was mir gestern Abend im dämmrigen[3] Kerzenlicht gar nicht aufgefallen ist.
Ein Feuer brennt in einem prachtvollen weißen Kamin mit goldenen Verzierungen[4]. Wann wurde es angezündet?
Jede Tür und jedes Fenster ist mit Schnitzereien versehen, die passend zum Kamin gestaltet und gestrichen sind. Es gibt keine einzige glatte Fläche – die Wände sind mit Gemälden und dekorativen Wandteppichen behängt und an der hohen Decke befinden sich aufwendige Stuckarbeiten[5]. Sogar die Vorhänge, die nachlässig aufgezogen wurden, sind reich mit Gold bestickt.

Ich habe keine Ahnung, wo ich hier bin. Aber eins ist sicher: Alles in diesem Haus ist gigantisch, vornehm und *luxuriös*. Allein die Einrichtung muss ein Vermögen gekostet haben. Bin ich in einem Bed and Breakfast[6] für Adlige[7] gelandet?
Die Person, die mich geweckt hat, muss eine Bedienstete sein. Sie trägt ein schlichtes schwarzes Kleid und ihr feines Haar ist im Nacken zu einem Dutt[8] zusammengebunden. Sie ist auch ohne Make-up sehr hübsch. Mit diesem Gesicht könnte sie locker für Hautcreme werben. Als sie mich anlächelt, beruhigen sich meine flatternden Nerven etwas.
Sie schleppt einen Koffer zu einem großen Kleiderschrank und öffnet die Türen: „Ihr könnt unter diesen vier Kleidern wählen", sagt sie mit einem herrlich britischen Akzent, ohne dabei so geschwollen[9] zu klingen wie Emily. „Wir müssen uns beeilen, sonst kommt ihr zu spät. Der Herzog[10] wird Euretwegen das Frühstück mit den Damen einnehmen."

Sofort ergreift mich wieder die Panik und ich springe wie eine Rakete aus dem Bett. „Der *Herzog?* Was soll das heißen?"
Das Dienstmädchen sieht mich an, als wäre mir ein zweiter Kopf gewachsen. „Wie meinen?"
„Welcher Herzog?"
„Seine Durchlaucht[11] natürlich."
Ich starre das Mädchen an, während sich mein Herzschlag beschleunigt. „Ein Typ namens Durchlaucht ist ein Herzog?" Sie prustet los, hält sich jedoch schnell die Hand vor den Mund, als wäre ihre Reaktion unangebracht. „Sein Name ist nicht Durchlaucht. Er ist Lord[12] Alexander Thorton-Hawke, der Herzog von Harksbury." „Und warum hast du ihn gerade Durchlaucht genannt?" Sie hebt eine Augenbraue. „Ich vergaß, dass ihr Amerikanerin seid. Die angemessene Anrede für ihn – und jeden anderen Herzog – ist *Euer Durchlaucht.*"
„Oh." Mit wackligen Beinen lasse ich mich auf dem Bett nieder. Ich bin also im Haus eines Herzogs gelandet. Jetzt verstehe ich auch, wieso hier alles so piekfein[13] ist.

3 **dämmrig:** halbdunkel
4 **die Verzierung:** die Dekoration, der Schmuck
5 **die Stuckarbeit:**

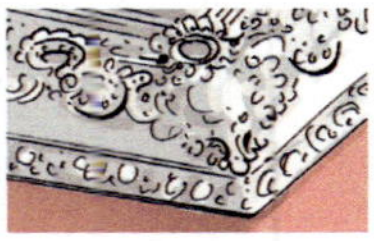

6 **das Bed and Breakfast:** eine Unterkunft
7 **die Adligen:** Personen mit mehr Rechten
8 **der Dutt:**

9 **geschwollen klingen:** sehr vornehm klingen
10 **der Herzog:** ein Adelstitel
11 **Seine Durchlaucht:** Anrede für Adlige
12 **der Lord:** ein englischer Adelstitel
13 **piekfein:** besonders fein

3 Wie würdet ihr euch fühlen, wenn ihr überraschend in solch einem großen, feinen Raum mit einer Bediensteten aufwachen würdet? Tauscht euch darüber aus.

AH S. 26

4 Untersucht den Textauszug nun genauer.

a) Beschreibe die Bedienstete: Wie sieht sie aus? Wie verhält sie sich Callie gegenüber? Wie und über was spricht sie? Halte deine Ergebnisse in dem Figurenposter, auf das du über den Webcode gelangst, fest.

Lies in Sinnabschnitt 3 und 4 nach und markiere in den Abschnitten Textstellen, die Hinweise zum Aussehen und Verhalten der Bediensteten geben.

b) Tauscht euch in einem Lerntempoduett über eure Ergebnisse aus.

c) Überlegt gemeinsam, woran hier deutlich wird, dass sich Callie in einer anderen Zeit befindet.

Digital+
Figurenposter
WES-126426-069

Fachwortschatz, S. 173

Freiraum, S. 149

5 Nach dem Lesen des Textauszugs sagt ein Schüler: „*Die arme Callie! Ich kann verstehen, dass sie sich in ihrer neuen Umgebung unwohl fühlt.*" Nimm Stellung, ob du der Aussage zustimmst oder nicht. Berücksichtige die Ergebnisse aus Aufgabe **4**. Gehe so vor, wie in der **LERNBOX** (Hinweis 1–3c)) beschrieben.

a) Ergänze die Tabelle mithilfe der **SPRACHBOX**:

Arbeitsschritte:	Meine Notizen:
Aussage wiedergeben:	Ein Schüler meint ...
Eigene Meinung formulieren:	
Meinung begründen:	
Auf den Text beziehen:	

b) Verfasse deine Stellungnahme zu der Schüleräußerung in ganzen Sätzen.

Ergänze dazu den Lückentext: Ein Schüler meint, dass er verstehen kann, dass Callie sich in ihrer ... Ich stimme der Meinung des Schülers zu/nicht zu, weil Callie ... gesiezt wird. Ich würde es mögen/nicht mögen, wenn man mich ... In dem Text steht, dass das Zimmer mit aufwendigen ... Ich würde mich in so einem Zimmer ... In dem Text steht, dass die Bedienstete ...

Nutze deine Notizen aus der Tabelle und die Formulierungen aus der **LERNBOX**.

SPRACHBOX

Ein Schüler meint, dass er verstehen kann, dass Callie ... – Ich stimme der Meinung zu/nicht zu, dass ... – Ich denke, dass ... – Ich würde mich an Callies Stelle wohl/unwohl fühlen, weil... – In dem Text steht nämlich, dass das Zimmer ... Außerdem spricht die Bedienstete ...

LERNBOX

So nimmst du zu einer Aussage Stellung:

1. **Lies** noch einmal die **Schüleräußerung** oder die **Textstelle**, zu der du Stellung nehmen sollst.
2. Überlege dir, welcher **Meinung** du bist, und **sammle stichwortartig Gründe** dafür.
3. Formuliere deine Stellungnahme in einem **kurzen Text**:
   a) **Gib die Äußerung wieder**, zu der du Stellung nehmen sollst: *Ein Schüler meint ...*
   b) Formuliere deine eigene **Meinung**: *Ich bin der Meinung, dass ...*
   c) Begründe deine Meinung. Benutzte dazu **Satzverknüpfungswörter** wie *weil, da, denn ...: Ich würde mich an Callies Stelle auch nicht wohl fühlen, denn ...*
   d) **Beziehe dich auf den Textauszug:** *In dem Text steht, dass die Bedienstete ...*

Richtig schreiben, S. 298

In einem Bed and Breakfast für Adlige
Das Komma in Satzgefügen

1 Eine Schülerin hat eine Stellungnahme formuliert: Welchen Standpunkt vertritt sie?

Ein Schüler meint nach dem Lesen, | [dass er Callies Unwohlsein aufgrund der neuen Umgebung versteht]. | | Ich unterstütze die Meinung des Jungen. In dem Text steht, dass das Schlafzimmer piekfein aussieht. Mir gefällt so ein Zimmer auch nicht, weil es nicht gemütlich ist. In dem Text wird von einer Bediensteten erzählt. Sie hält ihre Hand vor den Mund, damit niemand ihr Lachen sieht. Das ist heute sehr ungewöhnlich. Wir zeigen unser Lachen ganz offen, wenn etwas Lustiges passiert. Ich finde es auch komisch, wenn mich jemand so übertrieben höflich anspricht. Eigentlich sprechen nämlich nur Erwachsene so miteinander.

2 Die Schülerin hat Haupt- und Nebensätze verwendet und sie mit Kommas voneinander getrennt. Untersuche die Kommasetzung genauer:

a) Unterstreiche die Verben in den Haupt- und Nebensätzen.

b) Spüre die Konjunktionen auf und kreise sie wie im Beispiel ein.

c) Erkläre, wie die Sinneinheiten mit der Kommasetzung zusammenhängen, und kennzeichne die Sinneinheiten in den übrigen Sätzen.

3 Lies die folgende Stellungnahme. Kennzeichne die Sinneinheiten in den Sätzen und setze die fehlenden Kommas. Vergleicht die Lösungen anschließend zu zweit.

(1) Ein Schüler sagt nach dem Lesen dass er Callies Unwohlsein versteht. (2) Ich bin nicht der Meinung des Schülers. Callie hat großes Glück weil sie ein spannendes Abenteuer erlebt. (3) Die Bedienstete ist sehr nett zu ihr obwohl sie Callie nicht kennt. Sie spricht sie sehr höflich an. (4) Ich mag es auch wenn mich jemand höflich und respektvoll anspricht. (5) Sie hilft Callie sogar indem sie ihr Kleidung raussucht. (6) Das Zimmer finde ich toll weil es so schön und groß ist.

Digital+
Interaktive Aufgabe
WES-126426-070

LERNBOX

Die Kommasetzung in Satzgefügen:

1. **Hauptsatz** und **Nebensatz** werden immer durch ein **Komma** getrennt.
2. **Haupt- und Nebensätze** sind jeweils eigene **Sinneinheiten**. Dazu zählen die Wörter, die zum Verb gehören. **Sprechpausen** zeigen dir das Ende einer Sinneinheit an.
3. Ein **Nebensatz** kann **nicht alleine ohne einen Hauptsatz** stehen, er benötigt eine **Ergänzung**: *Dass er Callies Unwohlsein versteht.* → geht nicht. Aber: *[Ein Schüler meint nach dem Lesen], [dass er Callies Unwohlsein versteht].*
4. Ein Nebensatz beginnt mit einer **Konjunktion**: *[Ein Schüler meint nach dem Lesen], [dass er Callies Unwohlsein versteht].* Konjunktionen sind z. B. *weil, indem, damit, dass, obwohl, als, wenn.*
5. Während das **Verb im Hauptsatz** immer an der zweiten Stelle steht, befindet es sich im **Nebensatz** immer am **Satzende**.

Fachwortschatz, S. 147
Richtig schreiben, S. 299

Nächster Halt: Zukunft
Eine Untersuchung planen und schreiben

1 Der nächste Textauszug handelt in der Zukunft. Wie stellt ihr euch unsere Zukunft vor?
a) Notiert auf einer Karteikarte stichwortartig, wie die Zukunft aussehen könnte.
b) Setzt euch in Kleingruppen zusammen und stellt euch eure Karten vor: Welche Ideen findet ihr nachvollziehbar?
c) Überlegt gemeinsam, in welchen Bereichen sich das Leben in der Zukunft verbessern könnte und wo Verschlechterungen eintreten könnten.

2 Bereite deine Textuntersuchung zu dem folgenden Romanauszug vor: Erschließe den Text zunächst mit der **Lesemethode für erzählende Texte**.

Fachwortschatz, S. 147

Digital+ Textvorlage WES-126426-071

Bekanntschaft mit Alaska

Jean-Michel Payet (aus: Nächster Halt: Zukunft, 2015) Autor Titel

Mit dem Ziel, etwas über sein älteres Ich herauszufinden, reist der 15-jährige Emil über das Zeitloch im Keller seines Opas in das Jahr 2065. Nachdem er feststellen musste, dass das Haus nun Teil eines Museumsdorfes geworden ist, wird er auf ein Mädchen namens Alaska aufmerksam. Diese hat sich unerlaubt an dem seltenen Gemüse des Museumsdorfes „Dréanzé" bedient und wird dabei von der Polizei erwischt. Gemeinsam fliehen sie …

Wir knattern über die staubige Straße, die Schrottkiste klingt wie ein kaputter Rasenmäher. Die Sonne brennt unbarmherzig[1] vom Himmel, aber zum Glück sind die Seitenfenster offen. Oder besser gesagt, sie sind nicht offen, es gibt keine. Der Fahrtwind macht die Hitze wenigstens etwas erträglicher.
Die Fahrerin mustert mich mit einem ebenso überraschten wie neugierigen Blick. Eine gute Gelegenheit, ihre jadegründen[2] Augen zu bewundern. Der Rest ist auch nicht übel. Braune Haare, freche Stupsnase, volle Lippen, ein sanft gerundetes Kinn… Sie richtet ihre Aufmerksamkeit auf die Straße, offensichtlich will sie nicht mit mir reden. Die staubige Piste[3] mündet bald in einer asphaltierten Straße. […] Alaska bricht ihr Schweigen. „Wohin willst du?"
„Saint-Port-sur-Mer."
Wieder mustert sie mich ungläubig. „Was willst du denn da?"
„Äh … Verwandte besuchen."
„Verwandte?"
Ich habe den Eindruck, dass ihr tausend Zweifel durch den Kopf schwirren, auf jeden Fall bin ich ihr suspekt[4]. „Und wo kommst du her?"
„Also, eigentlich komme ich aus Saint-Port-sur-Mer, aber … sagen wir, ich war schon eine Ewigkeit nicht mehr dort."
„Den Eindruck habe ich auch", auf ihren Lippen liegt ein rätselhaftes Lächeln, „die Stadt hat sich ganz schön verändert."

Die Fahrt
- große Hitze
- staubige Straße
- Auto ohne Seitenfenster

1 **unbarmherzig:** stark
2 **jadegrüne Augen:**

3 **die Piste:** die Straße / die Fahrbahn
4 **suspekt:** verdächtig,

„Wie alt bist du denn [...]?“
„Fünfzehn. Und du?“
„Um den Dreh[5].“

Die Stadt hat sich ganz schön verändert. Was soll ich mir darunter vorstellen? Dieses Mädchen macht mich nervös. „Und wieso klaust du Gemüse?“, wage ich zu fragen.
„Frisches Gemüse bekommt man hier nur in Dréanzé. Das ist echter Luxus, verstehst du? Hin und wieder bessere ich dort das Angebot in meiner Speisekammer auf.“
Dann starrt sie angestrengt auf das Lenkrad, bevor sie weiterspricht: „Stimmt schon, erlaubt ist es nicht. Außerdem kennen mich die Wachleute jetzt. Das nervt. Das nächste Mal muss ich mich besser verkleiden. Oder ich suche mir einen mutigen Komplizen[6], einen, der keine Skrupel hat.“
Bei den letzten Worten sieht sie mich vielsagend an. Ich reagiere nicht. Ein nächstes Mal? Ohne mich. Sobald meine Mission beendet ist, kehre ich ohne Umwege ins Jahr 2010 zurück. Ich muss dringend das Thema wechseln. „Dein Auto riecht ...“
„Ja?“
„... nicht besonders gut.“
„Findest du? Es riecht wie immer.“
„Vielleicht das Benzin?“
„Das was?“
„Der Treibstoff[7].“
„Ach so, der ist ganz normal. Was man aus Abfällen so machen kann...“
„Das Auto fährt mit ... Müll?“
„Oh Mann! Wo kommst du denn her?“, fragt sie lachend. „Du denkst doch wohl nicht, dass wir noch mit Benzin fahren? Wir leben nicht mehr im Jahr 2000, Emil!“ [...]
Mir brennen tausend Fragen auf der Zunge, unmöglich, sie einfach auszublenden. Ich versuche, taktisch geschickt vorzugehen, ohne mich zu verraten.

„Ziemlich heiß, was?“
„Heiß? Bist du durchgeknallt.“
„Warum?“
„Wir hatten schon lange keinen so kühlen Oktober mehr wie in diesem Jahr.“
Ich starre sie fassungslos an. Hat sie etwas den Verstand verloren? Ein nettes Mädchen, aber komplett bescheuert, die Lauch und Karotten in einem Museumsdorf klaut und mit einem Gefährt durch die Gegend tuckert, das halb Mülltonne und halb Spielzeugauto ist. Aber nett ist sie, keine Frage.
„Ich würde gerne wirklich wissen, wo du herkommst.“
„Warum? Findest du es nicht auch heiß?“
„Schon ... Aber meine Eltern haben mir erklärt, dass das schon seit dreißig Jahren so ist. Vielleicht sogar schon länger. Ich kenne es nicht anders. Deshalb wundert es mich, dass dich die Hitze so überrascht. Es sei denn, du kommst aus Grönland[8] ... Es heißt, da oben wächst herrliches Gemüse.“ [...]

5 **um den Dreh:** ungefähr

6 **der Komplize:** Helfer, Mittäter

7 **der Treibstoff:** Brennbarer Stoff, mit denen Fahrzeuge angetrieben werden

8 **Grönland:** Größte Insel der Welt, die weit im Norden liegt. Dort herrschen Temperaturen von –70° C – 0° C.

3 Untersuche den Romanauszug:

a) Lies zuerst die Aufgabenstellung in dem blauen Kasten und mache dir klar, was du tun sollst. Markiere dazu Operatoren und Schlüsselwörter.

Untersuche den Romanauszug ,,Bekanntschaft mit Alaska“ genauer. Bearbeite dazu folgende Teilaufgaben in einem zusammenhängenden Text:

- Formuliere einen Einleitungssatz (Titel, Autor, Textart, Thema, Erscheinungsjahr).
- Fasse den Inhalt des Textauszugs in eigenen Worten zusammen.
- Stelle anhand von Beispielen dar, was sich im Jahr 2065 alles verändert hat. Ziehe dazu Textbelege heran.
- Beschreibe, wie sich Emil auf der Autofahrt fühlt. Erläutere dabei, wie es dem Autor durch Erzählform und sprachliche Bilder gelingt, diese Gefühle anschaulich zu schildern. Ziehe dazu Textbelege heran (Sinnabschnitte 1, 3 und 4).
- Claudio stellt nach dem Lesen fest: „Das Leben im Jahr 2065 hat sich ja gar nicht verbessert!“ Nimm Stellung zu dieser Aussage und begründe deine Meinung.

b) Die Aufgaben geben dir die Gliederung deiner Textuntersuchung vor. Übertrage den Schreibplan unten in dein Heft.

c) Ergänze den Schreibplan. Orientiere dich an den Markierungen im Text und ordne diese den entsprechenden Teilaufgaben zu.

Schreibplan

Teilaufgaben	Meine Notizen:
Einleitungssatz formulieren Titel, Autor, Textart, Thema, Erscheinungsjahr	– Titel: „Nächster Halt: Zukunft“ – Autor: Jean-Michel Payet – Textart: ... – Erscheinungsjahr ... – Thema ...
Inhalte wiedergeben	– Alaska und Emil im Auto ...
Veränderungen im Jahr 2065 darstellen + Textbelege	– Autos ohne Seitenfenster (Z. 3) ...
Emils Gefühle während der Fahrt beschreiben und die Erzählweise erläutern + Textbelege	– große Hitze (Z. 2) – ,,die Sonne brennt unbarmherzig“ (Z. 2) = sprachliches Bild → die Sonne scheint sehr stark ...
Stellung zu Claudios Äußerung nehmen und begründen	– Claudio sagt, dass ... – meine Meinung: ja, weil/nein, weil ...

Digital+ Schreibplan WES-126426-072

Freiraum, S. 148

4 Schreibe auf der Grundlage deines Schreibplans eine zusammenhängende **Textuntersuchung**. Setze nach jeder Teilaufgabe einen Absatz und beachte die Hinweise in der **LERNBOX**.

» Fachwortschatz, S. 147

Ergänze den Lückentext:

Der Textauszug mit dem Titel „…" aus dem Jugendroman „…" stammt von „…" und wurde im Jahr … geschrieben. Er handelt von Emil, der in die … gereist ist und mit einem Mädchen namens … in einem … sitzt.
Emil empfindet die Luft während der Autofahrt als … Er beobachtet Alaska und stellt fest, dass … Zunächst unterhalten sich die beiden nicht, aber im Laufe der Fahrt … . Emil möchte nach …, seiner Heimat in der …
Die Autos sind sehr … und haben keine … (Z.). Emil empfindet die Temperaturen im Jahr 2065 als … (Z.). … gibt es nur noch im Museumsdorf (Z.).
Die Autos fahren nicht mehr mit … , sondern mit … (Z.). Mittlerweile wächst in Grönland… (Z.).
Claudio sagt, dass sich das Leben im Jahr 2065 … . Ich stimme der Meinung von Claudio zu/nicht zu, weil …

Du kannst folgende Formulierungshilfen verwenden:

- Der Textauszug mit dem Titel „…" aus dem Jugendroman „…" stammt von „…" und wurde im Jahr … geschrieben. Er handelt von …
- In dem Auto ist es sehr … / Emil findet Alaska … /Zunächst unterhalten sich die beiden … / Im Laufe der Fahrt stellt Alaska Emil … / Emil möchte nach … /
- Die Autos sind … und … (Z.). / Emil empfindet die Temperaturen als … (Z.). / Gemüse gibt es … (Z.). / Die Autos fahren mit … (Z.). / In Grönland … (Z.).
- Emil nimmt die Fahrt als sehr … wahr. Dies merkt man an … (Z.). / Die … „Schrottkiste" (Z.) macht deutlich, dass Emil das Fahrzeug … / Zudem ist er verwundert … / Dies wird an … (Z.) deutlich. Der Roman wird in der … -Form … / Dies merkt man an … / Die Erzählform bewirkt …
- Claudio sagt, dass … / Ich stimme der Meinung zu /nicht zu, denn …

Formuliere deine Textuntersuchung aus den Ergebnissen deines Schreibplans in eigenen Worten. Beachte die Hinweise in der **LERNBOX**.

» Freiraum, S. 149

LERNBOX

So schreibst du eine Textuntersuchung:

1. Orientiere dich an den **Teilaufgaben**. Sie geben dir die Gliederung vor.
2. Formuliere eine Einleitung (**TATTE-Satz**).
3. Nenne in deiner **Zusammenfassung** alle **wichtigen Handlungsschritte** und formuliere **in eigenen Worten**.
4. Bearbeite die **Untersuchungsaufgabe** richtig, nachvollziehbar und passend zum Text. **Belege** deine Ergebnisse anhand von **Textstellen**: *Gemüse gibt es im Jahre 2065 nur noch im Museumsdorf (Z. 26).*
5. Erläutere die Wirkung der **Erzählform** *(Ich-Form* oder *Er-/Sie-Form)* und der **sprachlichen Bilder.**
6. In der Stellungnahme **nennst** und **begründest du** deine **Meinung**.
7. Setze nach jeder Teilaufgabe **Absätze**.
8. Schreibe im **Präsens** und beachte die **Zeichensetzung** in **Satzgefügen**.

AH S. 27-29

Halb Mülltonne und halb Spielzeugauto

Eine Textuntersuchung überarbeiten

A

Du solltest deine Stellungnahme weiter ausbauen. Denke daran, die Aussage des Schülers noch einmal aufzugreifen und deine eigene Meinung ausführlicher zu begründen.

B

Du belegst eine Textstelle in deiner Untersuchungsaufgabe mit Zeilenangaben. Ergänze auch zu den anderen Textstellen die Zeilenangaben!

C

Du nennst im Einleitungssatz den Autor, vergisst aber zwei andere wichtige Angaben. Außerdem finde ich, dass du das Thema zum Auszug passender formulieren könntest.

1 In einer Schreibkonferenz wurde der Text einer Schülerin (vgl. S. 142) mit der Textlupe überprüft.

a) Lest die Kriterien der Checkliste und klärt, was ihr nicht verstanden habt.

b) Die Schülerinnen und Schüler haben die Kriterien untereinander aufgeteilt und sich jeweils auf zwei konzentriert (= Textlupe). Lies die Kommentare und ordne zu, mit welchen Punkten der Checkliste sie sich jeweils auseinandergesetzt haben.

» Fachwortschatz, S. 202

c) Vergleicht eure Ergebnisse miteinander.

2 Überarbeite den Text der Schülerin auf S. 142 und nutze dazu die Korrekturzeichen:

a) Überfliege den Text. Kennzeichne Textstellen, die gut gelungen sind, mit einem +.

b) Lies die Kommentare von oben erneut und überarbeite die betreffenden Textstellen: Kommentar A, Kommentar A und B, Kommentare A–C.

c) Markiere im Text zwei Kommafehler zwischen Satzgefügen und acht Zeitfehler (=Tempus).

CHECKLISTE

So überarbeitest du eine Textuntersuchung:

1. Hast du dich an den **Teilaufgaben** orientiert? ☑
2. Enthält der **TATTE-Satz** alle wichtigen Bestandteile (Textsorte, Autor/-in, Titel, Thema, Erscheinungsjahr) und passt das Thema zum gesamten Textauszug? ☑
3. Nennst du in deiner **Zusammenfassung** alle **wichtigen Handlungsschritte** und formulierst du **in eigenen Worten**? ☑
4. Bearbeitest du die **Untersuchungsaufgaben** richtig, nachvollziehbar und passend zum Text und **belegst** die Ergebnisse anhand von **Textstellen**? ☑
5. Benennst du die **Erzählform** *(Ich-Form / Er-/Sie-Form)* und die **sprachlichen Bilder** und erläuterst deren Wirkung? ☑
6. **Nennst** und **begründest du** deine **Meinung** in der Stellungnahme? ☑
7. Setzt du nach jeder Teilaufgabe **Absätze**? ☑
8. Schreibst du im **Präsens** und beachtest die **Zeichensetzung** in **Satzgefügen**? ☑

Korrekturzeichen:

├┤ = streichen
┌ = erweitern
└×┘ = ersetzen
┘┌ = Absatz
R = Rechtschreibfehler
T = Fehler bei der Zeitform

Der Textauszug mit dem Titel „Bekanntschaft mit Alaska“ stammte von	T
Jean-Michel Payet. Er handelt von einer Autofahrt. ⌐ Emil und Alaska saßen	Absatz!
gemeinsam in einem Auto. Emil empfindet die Luft als sehr heiß. Er betrach-	
tete Alaska. Er findet sie sehr hübsch. Zunächst unterhalten die beiden sich	T
kaum. Im Laufe der Fahrt kommen sie jedoch immer mehr ins Gespräch.	T
Alaska stellte Emil einige Fragen, woraufhin Emil sagt, dass er in seine Hei-	
mat, Saint-Port-sur-Mer, möchte.	T
Die Temperaturen waren sehr heiß (Z. 2). Zudem sind die Autos außerge-	T
wöhnlich laut und nicht mit Außenfenstern ausgestattet. Frisches Gemüse ist	
so selten dass die Menschen dieses nur noch im Museumsdorf bekommen.	Z
Die Autos fuhren mit Müll sodass die Luft stinkt.	T, Z
In Grönland wuchs im Jahr 2065 mittlerweile Gemüse. Der Text wurde in der	T
Er-/Sie-Form geschrieben. Emil empfand die Autofahrt zu Beginn als sehr	Erzählform falsch!
unangenehm und ungewöhnlich warm.	T
Dies wird an dem sprachlichen Bild „die Sonne brennt unbarmherzig“ (Z. 2)	
deutlich. Dies bedeutet, dass die Sonne die ganze Zeit über stark scheint und	
es kaum auszuhalten ist. Auch das Fahrzeug erscheint Emil eigenartig und	
ungemütlich. Das wird an dem sprachlichen Bild „Schrottkiste“ (Z. 1) und	Erklärung der
knattern (Z. 1) deutlich. ⌐ Emil ist über die vielen Veränderungen sehr ver-	sprachlichen Bilder
wundert. Das wird durch das sprachliche Bild „mir brennen tausend Fragen	fehlt! Absatz!,
auf der Zunge“ (Z. 45) deutlich.	
⌐ Ich stimme Claudios Aussage zu. Die Zukunft hat sich nicht verbessert. Die	⌐
Temperaturen sind noch viel heißer und es gibt kaum noch frisches Gemüse.	
Alaska muss sogar einen Diebstahl begehen, weil das Museumsdorf fast der	
einzige Ort ist, an dem man noch Gemüse findet.	

Digital+ Textvorlage WES-126426-073

3 Überarbeitet eure eigenen Textuntersuchungen ebenso. Setzt euch dazu in Vierergruppen zusammen:

a) Bereitet die Rückmeldungen vor, indem ihr das Glücksrad, auf das ihr über den Webcode gelangt, mit den Kriterien der **CHECKLISTE** beschriftet.

b) Verteilt die Kriterien der **CHECKLISTE**, die ihr „unter die Lupe“ nehmt, per Zufallsprinzip, indem jedes Gruppenmitglied zweimal das Glücksrad dreht. Falls das gedrehte Kriterium bereits verteilt sein sollte, dreht ihr erneut. Alle Kriterien der **CHECKLISTE** sollten am Ende verteilt sein. Ihr könnt den Kriterien auch Farben zuweisen.

c) Jeder bzw. jede notiert mithilfe der Korrekturzeichen Anmerkungen in der entsprechenden Farbe des Kriteriums.

d) Gebt die Texte im Uhrzeigersinn weiter.

e) Schreibe deinen eigenen Text überarbeitet und lesbar ab.

Digital+ Glücksrad WES-126426-074

Freiraum, S. 149

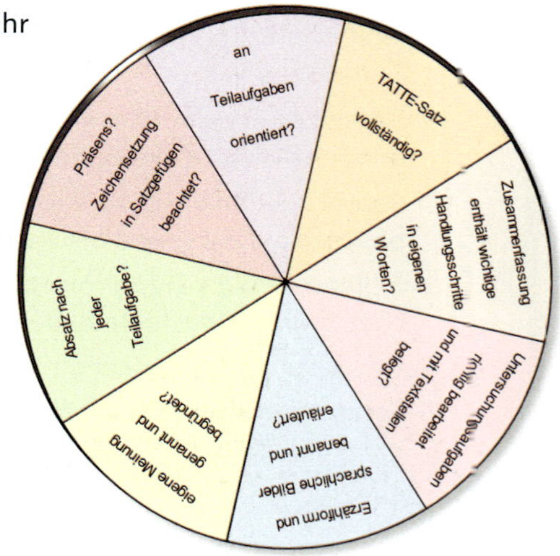

Eine Textuntersuchung schreiben

Die versunkene Stadt

Jean-Michel Payet (aus: Nächster Halt: Zukunft, 2015)

Emil und Alaska erreichen schließlich Saint-Port-sur-Mer, Emils Heimatstadt im Jahr 2010. Allerdings findet Emil etwas anderes vor, als er erwartet hätte ..

Ich steige aus und bleibe entgeistert stehen. Einen kurzen Augenblick lang vergesse ich den höllischen Gestank des Autos. Mein Saint-Port, von den Fluten verschlungen. Das Wasser steht ungefähr bis zum zweiten Stockwerk des verlassenen Gebäudes. Die von den Ruinen begrenzten Straßen kann man nur erahnen, den Platz, an dem meine Schule stand, das Rathaus. Der Hafen ist verschwunden, wie von der Landkarte radiert. Nur die Spitze des Leuchtturms am Ende der Mole[1] ragt noch aus dem Wasser. Das Meer ist überall. Und weit und breit kein Schiff.

Ich schlucke mühsam und drehe mich zu Alaska um. Die Arme vor der Brust verschränkt, lehnt sie an ihrem Gefährt[2] und lässt mich keine Sekunde aus den Augen. Ihr Gesichtsausdruck ist eine Mischung aus Neugier, Ironie[3] und vielleicht auch Mitleid. „Ich kenne diese Stadt nicht anders", sagt sie schließlich, „im Jahr 2035 wurde die Evakuierung[4] angeordnet. Nach dem dritten Tsunami[5] und den katastrophalen Überschwemmungen der zwanziger Jahre[6]."

„Der zwanziger Jahre ...", wiederhole ich entgeistert.

„Die Stadt aufzugeben, ist schon etwa zehn Jahre früher entschieden worden. Man hat begonnen, eine neue Stadt zu bauen, dahinten." Sie zeigt in Richtung Hügel, wo sich kleinere und größere Häuser in den Himmel recken. „Saint-Port II. Da wohne ich."

„Aber ... warum? Was ist passiert?"

„Echt mal, aus welchem Loch bist du denn gekrochen? Hast du in der Schule Geschichte und Geografie[7] geschwänzt? Der Meeresspiegel ist noch weiter angestiegen, als Experten befürchtet hatten. Ein Tsunami folgt dem nächsten, noch nie davon gehört?"

„Und die Einwohner? Was ist aus ihnen geworden?"

„Das habe ich doch schon gesagt. Wir wohnen dahinten, in Saint-Port II."

Ich schüttele den Kopf und höre mir all die Informationen an, ohne sie wirklich zu begreifen. In meiner Kehle formt sich ein Kloß. „Und die Fischerei? Die Boote?"

„Fische gibt es schon lange nicht mehr. Soweit ich weiß, hat das mit dem Golfstrom zu tun. Und mit dem Anstieg der Wassertemperatur. Die Fische sind entweder woanders hingezogen ... oder ausgestorben."

1 **die Mole:**

Digital+ Textvorlage WES-126426-075

2 **das Gefährt:** das Fahrzeug
3 **die Ironie:** etwas gegenteilig meinen
4 **die Evakuierung:** das Verlassen eines Gebietes von Menschen
5 **der Tsunami:** eine sehr hohe Wasserwelle
6 **die zwanziger Jahre:** hier: die Jahre 2020-2029
7 **Geografie:** Erdkunde

KOMPETENZCHECK – A

Eine Textuntersuchung schreiben

Untersuche den Textauszug „Die versunkene Stadt“ (S. 143) aus dem Jugendroman „Nächster Halt: Zukunft“:

- **Formuliere** einen Einleitungssatz (**TATTE**).
- **Gib** den Inhalt des Textauszugs in eigenen Worten **wieder**.
- **Erkläre**, in welchem Zustand Emil sein Zuhause vorfindet. **Belege** deine Aussagen mit Textstellen (Sinnabschnitte 1 und 2).
- Ein Schüler sagt nach dem Lesen: „Emil kann einem leidtun. Ich kann verstehen, dass er so schnell wie möglich die versunkene Stadt sehen möchte“. Stimmst du dieser Aussage zu oder nicht? Formuliere deine Meinung und **begründe** sie.

1 Plane deine Textuntersuchung. Mache dir klar, was du tun sollst:

a) Lies die Aufgabenstellung und markiere Operatoren und Schlüsselwörter.

b) Erschließe den Textauszug mit der **Lesemethode für erzählende Texte**.

c) Übertrage den Schreibplan und fülle ihn aus:

Schreibplan	
Teilaufgaben:	**Notizen:**
Einleitungssatz formulieren: Textart, Autor, Thema, Titel, Erscheinungsjahr	Textart: Jugendromanauszug Autor: ... Thema: ...
Inhalte zusammenfassen	– Alaska und Emil sind am Ziel. – Emil steigt aus und ...
Zustand der Stadt erklären + Textbelege	– Wasser steht bis zum zweiten Stockwerk (Z. 3) – die Straße kann man nur noch ...
Meinung zur Aussage nennen und begründen	– Ein Schüler sagt, dass ...

Digital+
Schreibplan
WES-126426-076

2 Verfasse mithilfe deines Schreibplans einen Entwurf für deine Textuntersuchung. Du kannst folgende Formulierungshilfen verwenden: Der Textauszug mit dem Titel „...“ aus dem Jugendroman „...“ stammt von ... und wurde im Jahr ... Er handelt von ... / Alaska und Emil haben ... erreicht. / Emil steigt aus und ... / Er ist ..., weil ... / Alaska erklärt ihm ... / Die Stadt ist in einem ... Zustand. / Das Wasser ... / Die Straße ... / Auch der Hafen ... / Im Hintergrund sieht man ... / Ein Schüler sagt, dass ... Ich stimme der Aussage ... zu/nicht zu, weil ...

3 Überarbeite deinen Text mithilfe der **CHECKLISTE** von Seite 141. Nutze einen Textkorrekturstift und die Textkorrekturzeichen.

Eine Textuntersuchung schreiben

Untersuche den Textauszug „Die versunkene Stadt“ (S. 143) aus dem Jugendroman „Nächster Halt: Zukunft“:

- **Formuliere** einen Einleitungssatz (**TATTE**).
- **Gib** den Inhalt des Textauszugs in eigenen Worten **wieder**.
- **Erkläre**, in welchem Zustand Emil sein Zuhause vorfindet. **Belege** deine Aussagen mit Textstellen (Sinnabschnitte 1 und 2).
- **Beschreibe**, wie sich Emil fühlt, als er seine Heimat so vorfindet. **Nenne** Beispiele, mit denen du verdeutlichst, wie der Autor diese Gefühle sprachlich veranschaulicht hat (Erzählform und sprachliche Bilder). **Belege** deine Aussagen mit Textstellen (Zeile 1, 2, 9, 14, 24-25).
- Ein Schüler sagt: „Ich möchte nicht erleben, dass mein Heimatort an einer anderen Stelle neu errichtet wird. Das ist doch nicht das gleiche.“ Stimmst du dieser Aussage zu oder nicht? Formuliere deine Meinung und **begründe sie**.

1 Plane deine Textuntersuchung. Mache dir klar, was du tun sollst:

a) Lies die Aufgabenstellung und markiere Operatoren und Schlüsselwörter.

b) Erschließe den Textauszug mit der **Lesemethode für erzählende Texte**.

c) Übertrage den Schreibplan und fülle ihn aus:

Schreibplan	
Teilaufgaben:	**Notizen:**
Einleitungssatz formulieren: Textart, Autor, Thema, Titel, Erscheinungsjahr	Textart: Jugendromanauszug Autor: ... Thema: ...
Inhalte zusammenfassen	– Alaska und Emil sind am Ziel ...
den Zustand der Stadt erklären	– Wasser steht bis zum zweiten Stockwerk (Z. 3) – die Straße ...
Emils Reaktion auf seine Heimat beschreiben und Beispiele zur sprachlichen Veranschaulichung nennen	– Emil muss schlucken ... – ...-Form
Meinung nennen und begründen	

Digital+
Schreibplan
WES-126426-077

2 Verfasse mithilfe deines Schreibplans einen Entwurf für deine Textuntersuchung.

3 Überarbeite deinen Text mithilfe der **CHECKLISTE** von Seite 141. Nutze einen Textkorrekturstift und die Textkorrekturzeichen.

Eine Textuntersuchung schreiben

Kompetenz / Inhalt	Selbsteinschätzung ☺ 😐 ☹	Fremdeinschätzung ☺ 😐 ☹	Bemerkungen	Hier kannst du weiterüben:
Ich kann …				
Abbildungen zu Romanen mithilfe von Wörterlisten beschreiben und Erwartungen an die Erzählungen formulieren. (S. 116–117)				
einen Textauszug mit der Lesemethode für erzählende Texte erschließen und dabei – Zwischenüberschriften formulieren und – Stichwörter notieren. (S. 118-120)				AH, S. 25
eine Zusammenfassung schreiben und darin – eine Einleitung (TATTE-Satz) formulieren und das Thema treffend benennen, – die Inhalte mit eigenen Worten wiedergeben. (S. 121)				SB, S. 308
Haupt- und Nebensätze verknüpfen. (S. 122)				SB, S. 257, S. 298
ein E-Book und ein Buch vergleichen. (S. 123-124)				
Untersuchungsaufgaben zum Inhalt einer Erzählung bearbeiten und die Ergebnisse aus dem Text herleiten. (S. 125–127)				
Aussagen belegen. (S. 128)				
digitale Spiele kritisch betrachten. (S. 129)				
die Erzählweise untersuchen und dabei – zwischen Ich- und Er/Sie-Erzähler unterscheiden, – sprachliche Bilder erkennen und ihre Bedeutung sowie Wirkung erläutern. (S. 130-132)				
zu einer Aussage meine Meinung formulieren und diese nachvollziehbar begründen. (S. 133–135)				SB, S. 298 AH, S. 26
das Komma in Satzgefügen setzen. (S. 136)				SB, S. 299
eine vollständige Textuntersuchung planen und schreiben. (S. 137–140)				AH, S. 27-29
fremde oder eigene Textuntersuchungen mithilfe einer Checkliste überarbeiten. (S. 141-142)				

FREIRAUM

Diese Aufgaben aus dem Freiraum habe ich gemacht:	

AH = Arbeitsheft, SB = Schülerband

Fachwörter und Methoden

die Erzählweise	Art und Weise, wie erzählt wird. Darunter fallen u. a. die **Erzählform** und der Einsatz **sprachlicher Bilder**.
die Erzählform	Eine Erzählung kann in der **Ich-Form** oder der **Er-/Sie-Form** erzählt werden. Während der Ich-Erzähler Teil der Handlung ist, schaut der Er-/Sie-Erzähler von außen auf die Handlung.
einen Inhalt zusammenfassen	Teile den Text in Sinnabschnitte ein. Dazu notierst du Überschriften und Stichpunkte. Aus den Stichpunkten formulierst du anschließend vollständige Sätze und verbindest sie miteinander. Du nennst nur die Schlüsselstellen des Textes, Unwichtiges lässt du weg. Als Zeitform verwendest du das Präsens.
die Lesemethode für erzählende Texte	Diese Lesemethode hilft dir, erzählende Texte zu erschließen. Du gehst dabei so vor: 1. Schritt: **sich orientieren**, 2. Schritt: **unbekannte Begriffe klären**, 3. Schritt: **Schlüsselstellen markieren**, 4. Schritt: **Wichtiges herausschreiben**.
das Placemat	Eine Vierergruppe sitzt um ein Blatt Papier, welches in fünf Bereiche untergliedert ist. Jede(r) Lernende macht sich in seinem Abschnitt Notizen zu einem Thema. Im Anschluss tauschen sich die Schülerinnen und Schüler aus und der gemeinsame Konsens wird in das mittlere Feld geschrieben.
das Satzgefüge	Ein Satzgefüge besteht aus einem **Hauptsatz** und mindestens einem **Nebensatz**. Haupt- und Nebensatz werden durch ein **Komma** voneinander getrennt. Der Nebensatz wird häufig durch **Konjunktionen** wie *weil, dass, damit, obwohl* ... eingeleitet: *Sie fürchtet sich, weil sie einen Schädel sieht.*
die Schlüsselstellen	Schlüsselstellen sind Wörter, die dir den Inhalt eines Textes „aufschließen". Sie geben Antworten auf die wichtigsten W-Fragen, z. B.: **Wo** spielt die Geschichte und **wer** ist beteiligt? **Wann** spielt die Geschichte? **Was** passiert? **Warum** passiert es? **Wie** passiert es?
der Sinnabschnitt	Erzählende Texte bestehen aus mehreren Sinnabschnitten. Jeder Sinnabschnitt ist inhaltlich für sich abgeschlossen. Ein neuer Sinnabschnitt beginnt dann, wenn eine **neue Person** eingeführt wird, der **Ort** wechselt oder sich die **Handlung** ändert. Sinnabschnitte werden meist durch Absätze voneinander getrennt.
das sprachliche Bild	Die Stimmung wird häufig durch **sprachliche Bilder** ausgedrückt. Sie sollen eine Situation anschaulich darstellen, wobei die Bedeutung häufig übertragen werden muss: die schattenhafte Gestalt: gemeint ist eine *unheimliche Gestalt.* → Spannung wird aufgebaut.
Stellung nehmen	Du sollst in der Stellungnahme deine Meinung zu einer Aussage oder einer Äußerung nennen. 1. Formuliere zunächst **deine** Meinung. Greife dazu die Aussage auf, zu der du dich äußern sollst. 2. Begründe deine Meinung nachvollziehbar.
das Thema	Im Thema stellst du dar, worum es geht (z. B. Abenteuer). Dabei beziehst du dich auf die gesamte Erzählung.
der TATTE-Satz	Dies ist der **Einleitungssatz**, in dem du den **Titel**, die **Autorin** oder den **Autor**, die **Textart** (z. B. eine Erzählung, ein Romanauszug), das **Thema** und das **Erscheinungsjahr** nennst.
einen Text untersuchen	Zu einer Textuntersuchung gehören: – **Einleitungssatz** (TATTE), – **Zusammenfassung des Inhalts** (Operatoren: gib wieder, fasse zusammen), – **Untersuchungsaufgaben** (Operatoren: erkläre, stelle dar, beschreibe, erläutere, ...) – **Stellungnahme** zu einer Aussage oder einer Äußerung (Operatoren: Stellung nehmen, beurteilen, ...).
das Venn-Diagramm	Mit einem Venn-Diagramm kannst du Informationen zusammenfassen und vergleichen. In den äußeren Bereichen der Kreise notierst du die Unterschiede aus den Informationen und in der Schnittmenge die Gemeinsamkeiten. 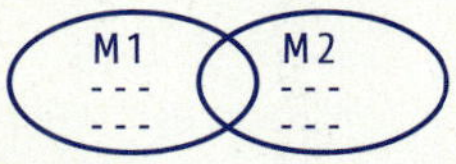
die Zeilenangaben	In einer Textuntersuchung musst du Aussagen, die du einem Text entnommen hast, immer mit Zeilenangaben belegen. Sie gelten sozusagen als „Beweis". Die Zeilenangaben werden immer hinter die Aussage gesetzt: *Oskar ist von der Zeitreise noch wacklig auf den Beinen (Z. 5).*

1 Trainiere den Fachwortschatz mithilfe der Karteikarten über den Webcode.

Digital+ Karteikarten WES-126426-078

FREIRAUM

Aufgaben zum Weiterarbeiten

ZU SEITE 120

In dem Text wird über Knochenfunde von Höhlenbären aus der Steinzeit berichtet. Recherchiere im Internet oder mithilfe eines Lexikons, welche Überreste aus der Steinzeit noch gefunden werden konnten.

Helleskoepfchen.de/ Kinderzeitmaschine.de/ Geolino.de helfen dir bei der Suche!

ZU SEITE 124

Was sagen Buchhändler und Buchhändlerinnen zu den Nachteilen von E-Books? Lies dazu den Text:

Bisher haben wir über die Vorteile gesprochen, ich kann aber auch Nachteile nennen. So entfällt beim Kauf natürlich die professionelle Beratung durch uns Buchhändlerinnen und Buchhändler. Auch können das lange Sitzen am PC sowie der dauernde Blick auf einen Bildschirm über längere Zeit zur Qual werden. Die Menschen, die dazu neigen, Kopfschmerzen zu bekommen, wenn sie lange am PC sitzen, sollten lieber beim gedruckten Buch bleiben. Immer wieder hört man auch, dass die Lesegeräte bei Sonne schlecht zu nutzen sind. […]

Hat sich deine Meinung gegenüber E-Books nun verändert?

ZU SEITE 127

Wie sah die Stadt, in der du lebst, im Mittelalter aus? Recherchiere dazu im Internet. Gib als Suchbegriff *Stadt im Mittelalter* sowie den Namen deiner Stadt ein. Klicke bei der Anzeige der Ergebnisse auf „Bilder“. So werden dir Pläne oder Gemälde von deiner Stadt im Mittelalter angezeigt. Falls deine Stadt im Mittelalter noch nicht existierte, kannst du dir eine andere Stadt in der Nähe aussuchen (z. B. Köln oder Dortmund).

ZU SEITE 132

Löse dieses Mittelalter-Sudoku: Oskar muss auf seiner Verfolgungsjagd auf viele Kleinigkeiten achten! In jeder Reihe und in jeder Spalte darf jedes Bild nur einmal vorkommen.

ZU SEITE 135

In Callies Zimmer gibt es viel zu sehen!
Vergleiche die beiden Bilder und umkreise die acht Fehler, die sich eingeschlichen haben.

ZU SEITE 138

Lies den folgenden Sachtext und informiere dich, wie der Klimawandel entstanden ist.

Was ist der Klimawandel?
Das Klima ändert sich, seit es die Erde gibt. Immer wieder wechselten sich im Laufe der Jahrmillionen Kalt- und Warmzeiten ab. Diese Wechsel hatten natürliche Ursachen. Sprechen wir heutzutage vom Klimawandel, meinen wir die Veränderungen, die der Mensch verursacht hat. Knapp zusammengefasst, heißt das: Der Mensch ist schuld daran, dass es auf der Erde immer wärmer wird.

Wie beeinflusst der Mensch das Klima und die globale Erwärmung?
In erster Linie, indem er bei fast allem, was er tut, Energie verbraucht. In Fabriken rattern Maschinen. Autos fahren mit Motoren. Computer und Handys benötigen Strom. Diese Energie wird meist durch Verbrennung erzeugt, etwa von Kohle, Öl oder Gas. Dabei entsteht unter anderem das Treibhausgas Kohlendioxid (CO_2). Die Waldflächen, in denen das CO_2 gespeichert werden könnte, schrumpfen. [...]

Um wie viel Grad steigt die Durchschnittstemperatur der Erde?
Rund zwei Millionen Jahre lang war der CO_2-Ausstoß der Erde stabil. Dann, vor gut 200 Jahren, begann der Mensch, Maschinen nicht mehr durch Muskelkraft, Wind oder Wasser anzutreiben, sondern – wie erwähnt – durch Verbrennung. [...] Seither hat sich der CO_2-Ausstoß erhöht – und mit ihm die Temperatur der Erdoberfläche um durchschnittlich 0,8 Grad Celsius. Das klingt wenig, ist aber genug, um unseren Planeten durcheinanderzubringen.

ZU SEITE 140

Wie könnte sich unsere Welt in Zukunft verändern? Überprüfe deine Vorstellungen, indem du über den Webcode die Landschaftsbilder den entsprechenden Jahreszahlen zuordnest.

Digital+
Interaktive Aufgabe
WES-126426-079

ZU SEITE 142

Stelle dir vor, du könntest anstelle von Isabelle, Oskar, Callie oder Emil durch die Zeit reisen. Wer würdest du am liebsten sein? Welche Abenteuer hättest du gerne erlebt? Begründe deine Meinung.

Tierisch engagiert

1 So viele Tiere! Betrachte das Bild und beschreibe, wo sich die Tiere aufhalten und wer sich mit ihnen beschäftigt. Nutze dazu die **SPRACHBOX** rechts.

2 Hast du dich auch schon einmal für Tiere eingesetzt oder würdest du dich in Zukunft gerne für sie engagieren? Erzähle davon.

» Richtig schreiben, S. 285

3 **a)** Welche Tiere leben bei dir zu Hause und/oder in deinem Umfeld? Stellt eurer Klasse eure Tiere vor bzw. berichtet, wo und warum ihr Tieren im Alltag begegnet.
b) Unterscheide die Begriffe Haus-, Nutz- und Wildtiere. Lies dazu die Erklärung des Mitarbeiters des Tierschutzbundes oben rechts.
c) Ergänze in der Tabelle 8, 10 oder 12 heimische Tierarten.
d) Beantworte die Frage des Mitarbeiters: *Habt ihr Ideen, wofür wir Hühner nutzen?*

Haustiere	Nutztiere	Wildtiere
der Hund ...	der Hund ...	die Honigbiene ...

» Freiraum, S. 174

» Sprache untersuchen, S. 262, S. 263

SPRACHBOX

Nomen: das Eichhörnchen – das Huhn – die Achatschnecke – der Fisch – das Meerschweinchen – das Haustier – das Nutztier – das Wildtier – die Honigbiene – der Frosch – der Fuchs – der Hühnerstall – das Tierheim –der Teich – der Garten – das Vogelhaus – das Bienenhotel – die Vogeltränke –das Terrarium/die Terrarien – der Park – der Wald – das Aquarium/die Aquarien – die Natur

Verben: streicheln – füttern – pflegen – sich kümmern – spazieren gehen – fliegen – sich engagieren – bürsten – aufhängen – lieben – mögen – etwas halten

Adjektive: flauschig – weich – ungewöhnlich – langsam – schnell – un/gefährlich – klein – groß – pelzig – gesellig – glitschig – engagiert

Digital+
Interaktive Aufgabe
WES-126426-080

AUSBLICK

In diesem Kapitel lernst du, wie du Informationen zu Tieren aus verschiedenen Materialien entnehmen und miteinander vergleichen kannst. Außerdem wägst du deine Ergebnisse nach Vorgaben ab. Du setzt die Informationen zueinander in Beziehung, so dass du gut überlegte Entscheidungen fällen kannst.

Haustiere in Deutschland
Informationen aus Diagrammen entnehmen

1 Stelle Vermutungen dazu an, wie viele Haustiere in Deutschland leben.

Katze, Hund & Co
In Deutschland leben immer mehr Haustiere

Die Deutschen lieben ihre Haustiere. So sehr, dass es von Jahr zu Jahr mehr werden. Laut aktuellen Zahlen leben derzeit rund 35 Millionen Haustiere, von Katzen über Hunde bis hin zu Hamstern und Wellensittichen, in deutschen Haushalten.

2 Vergleicht eure Vermutungen mit den Angaben im Text: Wie hoch ist die Anzahl der Haustiere in Deutschland tatsächlich?

3 In M1 wird dargestellt, welche Haustiere es in Deutschland gibt.
a) Finde heraus, welche Haustiere in Deutschland beliebt sind.
b) Warum sind die Informationen „grafisch" dargestellt? Welche Vorteile hat die Darstellung? Lies dazu auch die **LERNBOX**.
c) Benenne, woher die Informationen in der Grafik stammen.

M1 Verteilung der Haustiere in Deutschland, 2021

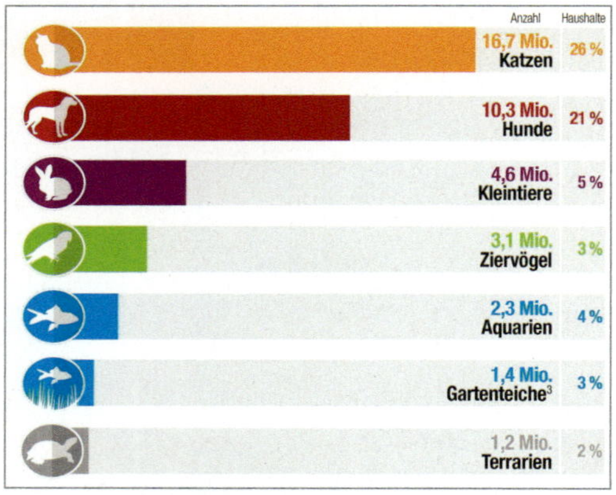

(Mio · Million, ein Zahlwort, das für die Zahl 1.000.000 steht)
Quelle: Industrieverband Heimtierbedarf (IHV)

LERNBOX

Das Diagramm

1. In einem Diagramm werden **Information und Daten** grafisch, d. h. durch Zeichnungen, Farben und Symbole etc. dargestellt.
2. Das **Veranschaulichen von Zahlen** wird durch Diagramme erleichtert: Informationen lassen sich so **einfacher ablesen** als in einem Text und die Häufigkeiten kann man sich besser vorstellen. Die Darstellung hilft auch, Zahlen zu vergleichen.

» Fachwortschatz, S. 173

4 Untersuche das Diagramm (S. 152) genauer. Halte dazu deine Ergebnisse auf einem Notizzettel fest:

a) Erschließe das Diagramm, indem du dir Notizen zu den Hinweisen 2 a) bis d) der **LERNBOX** machst.

b) Werte deine Ergebnisse aus, indem du sie in einem kurzen Text vorstellst:

Übernimm dazu den Text und ergänze die richtigen Zahlen und Tiere.
In dem Balkendiagramm geht es um die Anzahl der Haustiere in Deutschland aus dem Jahr .... Mithilfe der Balken kann man die Anzahl der jeweiligen ... in Millionen ablesen.
Das Diagramm zeigt, dass ... mit ... Tieren, die am meisten vertretenen Haustiere sind. Hunde belegen mit ... Tieren den zweiten Platz. Den dritten Platz belegen alle ... mit .... Den letzten Platz belegen ....

Vervollständige den Lückentext mithilfe deiner Notizen.
In dem ...diagramm geht es um ... im Jahr 2021. Mithilfe der ... kann man ablesen, wie viele ....
Das Diagramm zeigt, dass ... die am meisten vertretenen Haustiere sind.
... Haushalte besitzen eine Katze. ... belegen den zweiten Platz mit .... Auf dem dritten Platz ... Den letzten Platz ...

Beginne so:
In dem Balkendiagramm geht es um .... Die Zahlen stammen aus dem Jahr ...

c) Tauscht eure Texte mit einer Partnerin oder einem Partner und überprüft:
- Sind die Benennungen und Beschreibungen richtig?
- Wurden richtige Schlussfolgerungen gezogen?
- Gebt euch gegenseitig konstruktiv Kritik.

Fachwortschatz, S. 226

LERNBOX

So wertest du ein Balken- oder Säulendiagramm gezielt aus:

1. Informiere dich zunächst anhand der **Überschrift** (ggf. auch der Unterüberschrift): *Worum geht es?*
2. a) Bestimme die **Art des Diagramms:** *Handelt es sich um ein Balken- oder Säulendiagramm?*
   b) Lies im **Balken- bzw. Säulendiagramm** die Angaben und Zahlen der Balken (waagerecht) oder **Säulen** (senkrecht): *Welche Informationen enthalten sie?*
   c) Stelle fest, ob es eine **Fußzeile** gibt. Sie enthält oft zusätzliche Hinweise zu den Zahlenangaben oder Symbolen.
   d) Die unterschiedlichen Farben werden, wenn nötig, in der **Legende** erklärt, die sich häufig neben oder unter dem Diagramm befindet.
3. Beschreibe deine **Beobachtungen** und ziehe daraus **Schlussfolgerungen**:
   - Welcher Wert ist der höchste, welcher der niedrigste Wert? *Auffällig ist, dass ...*
   - Gibt es Unterschiede? *Große Unterschiede gibt es ...*
   - Gibt es Gemeinsamkeiten? *Man kann aus dem Diagramm Gemeinsamkeiten ablesen ...*

Freiraum, S. 174

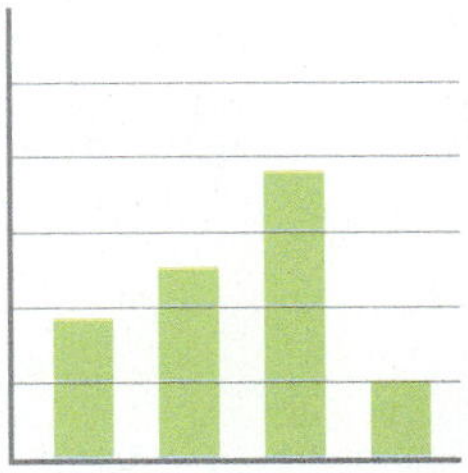
Säulendiagramm

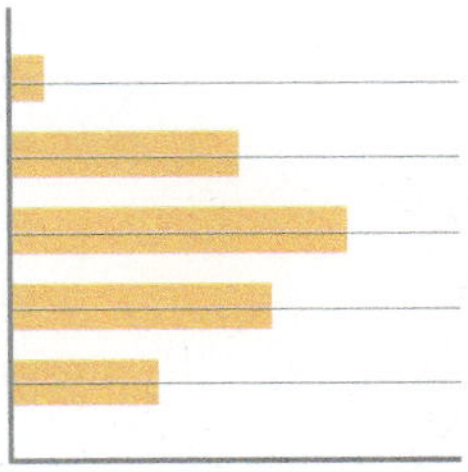
Balkendiagramm

Die Haustiere deiner Klasse
Diagramme erstellen und auswerten

1 **a)** Stellt Vermutungen an, wie die Verteilung der Haustiere in eurer Klasse aussieht.
b) Macht Vorschläge dazu, wie ihr ein genaues Ergebnis über die Anzahl der Haustiere erhalten und dieses dann übersichtlich darstellen könntet.

2 Bereitet nun eine Umfrage zu Haustieren in eurer Klasse vor. Geht so vor:
a) Wer hält welche Tiere bei sich zu Hause? Fragt alle Haustiere eurer Klasse ab und sammelt sie in einer Liste an der Tafel. Pro Haustier macht ihr einen Strich. Manche Tiere könnt ihr nach den Arten der Haltung zusammenfassen (Fische im Aquarium = ein Strich). Für eine bessere Übersicht wird dabei jeder fünfte Strich schräg gesetzt (~~IIII~~).
b) Lest aus der Liste die Gesamtzahl ab und notiert sie: Was stellt ihr fest?

Haustiere der 6a		Gesamtzahl
Katzen	~~IIII~~	5
Hunde		
Kleintiere		
Ziervögel		
Aquarien		
Gartenteich		
Terrarien		

3 Erstellt ein Balken- oder Säulendiagramm zu euren Werten:
a) Betrachtet die Häufigkeiten und wählt eine geeignete Einheit aus, z. B. pro Strich ein Kästchen oder einen Zentimeter. Arbeitet dazu mit Karopapier.
b) Gestaltet die Balken bzw. Säulen in unterschiedlichen Farben.
c) Hängt die Ergebnisse aus und vergleicht diese miteinander:
- Überprüft die Abbildungen und stellt fest, ob sie auf den richtigen Zahlen beruhen.
- Welche Darstellungsart, Farbgestaltung etc. wirkt besonders deutlich?

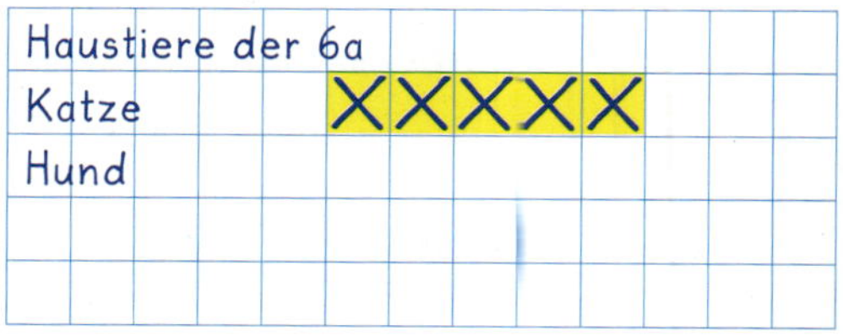

4 Formuliere zu den Ergebnissen drei aussagekräftige Sätze als Schlussfolgerungen. Nutze den 3. Hinweis der **LERNBOX** der Seite 153. Beginne so:
In unserer Klasse werden besonders häufig … gehalten …

5 Vergleicht euer Diagramm mit dem Diagramm für Deutschland (S. 152) aus dem Jahr 2021, indem ihr beide Diagramme nebeneinanderlegt:
- Ist die Verteilung in eurer Klasse genauso wie in Gesamtdeutschland?
- Sind die Spitzenreiter gleich?
- Welche Haustiere gibt es bei euch gar nicht, welche häufiger?

Nutzt dazu die **SPRACHBOX**.

SPRACHBOX

Wenn man die Zahlen unserer Klasse mit denen für … vergleicht, stellt man fest, dass … – Zwar gibt es, aber … – Die Zahlen unserer Klasse unterscheiden sich (nicht) von … – Außerdem … – Besonders auffällig ist … – Der Spitzenreiter unter den Haustieren ist …

» Richtig schreiben, S. 288

Bereit für ein eigenes Haustier?
Zielgerichtet zuhören

EMMA
Papa, ich hatte heute in der Schule eine Achatschnecke auf der Hand. Sie leben in einem Terrarium in der Biologie-Sammlung. Guck mal, ich durfte ein Foto machen. Diese Schnecken sind so toll, sie gehen mir nicht mehr aus dem Kopf. Kann ich auch Achatschnecken haben?

PAPA
Wow, was für riesige Tiere! Nun, wir überlegen schließlich schon länger, wie wir unser altes Terrarium wieder mit Leben füllen können. Das sind zwar ungewöhnliche Haustiere, aber warum nicht. Aber ist so ein Haustier bei uns eigentlich gut aufgehoben?

1 **a)** Überlegt gemeinsam, wann man eigentlich bereit für ein Haustier ist. Tauscht euch dazu aus und notiert eure Hinweise stichwortartig.
b) Emmas Vater hat einen Text im Internet gefunden: „Bist du bereit für ein Haustier“. Er liest ihn Emma vor. Hört euch den Text genau an und hakt ab, welche eurer Überlegungen der Vater durch das Vorlesen des Textes bestätigt.
c) Ergänzt die Informationen, die neu sind.

Digital+ Audio WES-126426-081

2 Beantworte nach dem zweiten Hören die Fragen A–B, A–C, A–D, um zu überprüfen, ob du alle Informationen richtig verstanden hast. Schreibe zur Vorbereitung die Fragen in dein Heft und lasse Platz für die Antworten.
Wenn du nochmal nachlesen möchtest, dann nutze den Webcode.

A *Welche drei Gründe sprechen für ein Haustier?*
B *Warum sind Tierfreundschaften für Kinder gut?*
C *Welche drei grundsätzlichen Fragen sollten vor der Anschaffung geklärt werden?*
D *Was sollte man tun, wenn man nicht alle Fragen mit „ja“ beantworten kann?*

Digital+ Textvorlage WES-126426-082

PAPA
Tja, ein Tier bedeutet wirklich eine große Verantwortung. Ich würde dich aber gerne dabei unterstützen und ich glaube, niemand in unserer Familie hätte etwas dagegen. Ganz im Gegenteil, deine Schwester liebt alle Tiere. Sie würde sich bestimmt auch kümmern, wenn du mal keine Zeit hast. Um alle Fragen für uns zu klären, brauchen wir aber weitere Informationen zur Achatschnecke.

EMMA
Super! Wie prima! Ich weiß schon, dass man Achatschnecken nie allein halten darf. Aber ist das wirklich so? Und ich erkundige mich, wie wohl die Temperatur sein muss.

PAPA
Genau! Schreib bitte alles auf. Und wir müssen wissen, ob unser Terrarium groß genug für die Schnecken ist. Ich guck gleich mal nach, wie groß es genau ist.

3 **a)** Lest den Dialog und sprecht darüber, was Emma machen möchte und was der Vater herausfinden will: Notiert dies als Fragen.
b) Tauscht euch dazu aus, wo die beiden Antworten auf ihre Fragen erhalten könnten.

Ein Heim für die Riesenschnecke
Sachtexte gezielt erschließen

1 Was für ein riesiges Tier! Was weißt du schon über die Achatschnecke?

Vor dem Lesen
1. Schritt:
sich orientieren

2 **a)** Emma recherchiert im Internet, um Informationen zur Achatschnecke zu sammeln. Schau dir die Abbildungen an und lies den Text still.
b) Was findest du an den Achatschnecken besonders? Tauscht euch dazu aus.
c) Lies den Text noch einmal „mit dem Stift“: Markiere mit einer Wellenlinie Begriffe und Ausdrücke, die du nicht kennst. Klärt sie z. B. in der Klasse.
d) Emma hat sich eine Tabelle mit ihren Fragen angelegt (S. 157). Markiere die Informationen, die Emma sucht, im Text. Nutze dazu die Farben aus der Tabelle.

Während des Lesens
2. Schritt
Unbekannte Begriffe klären

3. Schritt
Während des Lesens
Schlüsselstellen markieren

Digital+
Textvorlage
WES-126426-083

M1 Die Achatschnecke – ein spannendes Haustier

Achatschnecken gehören zu den Weichtieren. Sie sind in Afrika beheimatet, wo sie vor allem die tropischen Regionen bewohnen. Sie sind die größten Landschnecken der Welt und werden manchmal über 30 Zentimeter lang. Allein ihr Gehäuse ist rund 25 Zentimeter lang und zehn Zentimeter breit. Es ist spiralförmig gewunden, läuft nach hinten spitz zu und ist rotbraun gefärbt.
Der Körper der Schnecke besteht aus einem Kopf mit einem Mund und Fühlern sowie einem großen Fuß, der zum Kriechen dient. Die Körperorgane sind im sogenannten „Mantel“ – der sich im Schneckenhaus befindet – untergebracht. Zum Fressen besitzen Achatschnecken die so genannte „Radula“, das ist eine Art Zunge, die [...] mit winzigen Zähnchen besetzt ist. Mit der „Radula“ raspeln die Schnecken ihre Nahrung so klein, dass sie sie problemlos verspeisen können.

wirbellose Tiere, die kein inneres Skelett besitzen

Möchte man Achatschnecken zu Hause in einem Terrarium halten, sollte man einiges beachten: Je nach Art und Gruppengröße sind Terrarien oder auch Aquarien ab 80 Zentimeter Länge geeignet, in der Höhe maximal 50 Zentimeter. [...] Als Bodengrund reicht normale Erde, die mit etwas Kalk vermischt wird. Die Erde sollte hoch genug sein, so dass sich die Tiere eingraben können, und stets feucht gehalten werden. Als Einrichtung können Äste, Korkstücke, Korkröhren und Pflanzen verwendet werden. Versteckmöglichkeiten sollten nicht fehlen. [...]

Achatschnecken sollten niemals alleine gehalten werden. Idealerweise hält man mindestens vier Tiere gemeinsam. Außerdem sollte man wissen, dass die Schnecken Wärme brauchen: Das Terrarium muss mit Heizmatten oder Heizkabeln ausgerüstet sein, und es sollten Temperaturen von 24 bis 26° C herrschen. Die Luftfeuchtigkeit muss sehr hoch sein und bei 80 bis 90 Prozent liegen. Weil manche Schnecken auch ab und zu gerne baden, sollte eine flache Schale mit Wasser vorhanden sein.

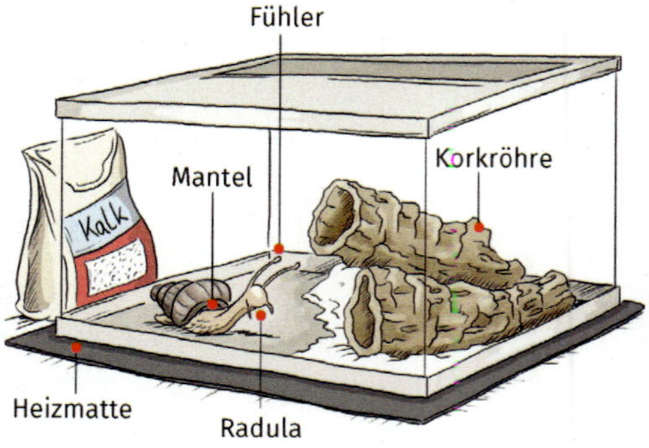

Wenn man Achatschnecken hält, hat man täglich etwas zu tun: Das Terrarium der Schnecken muss regelmäßig gereinigt und unbedingt von alten Futterresten und Kot befreit werden – sonst werden die Tiere krank. Alle 6–8 Wochen sollte der Boden einmal ausgewechselt werden.

Achatschnecken ernähren sich von Früchten wie Bananen, Melonen, Pflaumen, Pfirsichen, Mango, Papayas, Erdbeeren sowie von Salat und Gemüse wie Möhren oder Gurken und Tomaten. Sie fressen aber auch rohes Fleisch. Damit ihr Gehäuse sich schön entwickelt, brauchen sie zusätzlich Kalk. *(Text verändert)*

3 Sammle die Informationen strukturiert:

a) Übertrage die Tabelle in dein Heft oder drucke sie mithilfe des Webcodes aus.

b) Ergänze die Informationen, die du im Text gefunden hast.

Ordne diese Stichworte passend zu: *mindestens vier Tiere gemeinsam halten / Erde feucht halten / alle 6–8 Wochen den Boden auswechseln / Heizmatten oder Kabel notwendig / Bademöglichkeiten (flache Schale mit Wasser) anbieten / brauchen Versteckmöglichkeiten/ brauchen auch Kalk zum Fressen / zur täglichen Reinigung alte Futterreste und Kot entfernen / Höhe max. 50 cm / Einrichtung: Äste, Korkstücke, Korkröhren, Pflanzen / brauchen eine Luftfeuchtigkeit von 80–90 % / ab 80 cm Länge geeignet*

Digital+ Vorlage Tabelle WES-126426-084

Meine Fragen zur Achatschnecke	
Aussehen	werden über 30 Zentimeter lang
Lebensweise	brauchen Temperaturen von 24–26° C
Ernährung	Früchte, Salat, Gemüse, rohes Fleisch
Haltung als Haustier	– Haltung im Terrarium oder Aquarium – Erdschicht sollte so hoch sein, dass sich Schnecken eingraben können.
Tägliche Versorgung	
Sonstige erforderliche Arbeiten	

c) Tauscht eure Ergebnisse. Ergänzt und korrigiert sie.

Nach dem Lesens
4. Schritt:
Wichtiges herausschreiben

LERNBOX

So erschließt du gezielt Texte mit der Lesemethode für Sachtexte:

1. **Schritt: sich orientieren** – Lies die Überschrift, die Zwischenüberschriften und betrachte die Bilder, wenn es welche gibt: *Worum geht es wohl? Stelle W-Fragen an den Text: Was …? Wer …? Warum …? Wo …? Wann …?*
2. **Schritt: unbekannte Begriffe klären** – Lies den Text „mit dem Stift". Markiere mit einer Wellenlinie Begriffe und Ausdrücke, die du nicht kennst. Erschließe ihre Bedeutung aus dem Sinnzusammenhang, durch Nachschlagen im Wörterbuch oder durch Recherche im Internet.
3. **Schritt: Schlüsselstellen markieren** – Achte beim zweiten Lesen auf Antworten zu deinen Fragen oder andere interessante Angaben. Markiere diese Schlüsselstellen – sie sind für das Verständnis besonders wichtig.
4. **Schritt: Wichtiges herausschreiben** – Schreibe auf einen Notizzettel zu jedem Sinnabschnitt eine Überschrift (Satz oder Stichwort). Ein Sinnabschnitt enthält Informationen, die inhaltlich eng zusammengehören.
5. **Schritt: Informationen zusammenfassen** – Dies orientiert sich an der Aufgabe.

» Freiraum, S. 174
» Fachwortschatz, S. 173

Eine Achatschnecke halten
Informationen in Beziehung setzen

<u>Unsere Voraussetzung für die Achatschnecke:</u>
- Maße des Terrariums: 1,50 m breit und 1 m tief, 50 cm hoch
- alle Familienmitglieder sind für eine Achatschnecke als Haustier; besonders Emma freut sich
- Haushaltskasse reicht aus
- Familie hat täglich mindestens eine halbe Stunde Zeit für die Pflege
- Standort des Terrariums: Esszimmer
- Urlaubsvertretung im Bedarfsfall organisiert: Nachbarn und Freunde kümmern sich gerne

1 Lege deine Tabelle (S. 157) neben den Notizzettel des Vaters und entscheide begründet, ob die Voraussetzungen der Familie passen und sie eine Achatschnecke anschaffen und halten kann.

a) Markiere dazu, ob die Bedingungen erfüllt werden.

b) Was muss die Familie außerdem beachten?

2 Schreibe einen Dialog zwischen Vater und Tochter. Nutze dazu die **SPRACHBOX**. In diesem Gespräch sollen alle Ergebnisse der beiden vorgestellt werden und es soll deutlich werden, ob sich die Familie nach ihren Recherchen für die Anschaffung der Schnecken entscheidet oder nicht. Ziehe dazu die **LERNBOX** heran.

So kannst du beginnen:

Vater: Gute Nachrichten: Kein Familienmitglied hat etwas gegen die Anschaffung der Schnecken. Um zu entscheiden, ob die Schnecken zu uns passen, sollten wir zunächst schauen, ob unser Terrarium groß genug ist. Welche Größe muss es denn haben?

Emma: Ich habe herausgefunden, dass das Terrarium mindestens ...

SPRACHBOX

Die finanzielle Situation erlaubt uns ... – Für die Kosten, die auf uns zukommen, können wir ... – Die freie Zeit der Familie reicht für ... – Der Pflegeaufwand der Schnecken ist ... – Wenn wir einen Urlaub planen, dann ... – Für die Pflege der Tiere ist gesorgt, denn ...

LERNBOX

So setzt du Informationen zueinander in Beziehung:

1. Mache dir das **Ziel** des **Vergleichs** der beiden **Materialien** klar: *Welche Informationen sollst du miteinander vergleichen? (hier: Kann die Familie Achatschnecken halten?)*
2. Erschließe alle **Informationen**, die du vergleichen sollst, d. h. die Informationen, die du den Materialien entnommen hast (z. B. *hier: Notizen von Emma und ihrem Vater)*.
3. Unterstreiche nur die **Informationen**, die **zum Vergleich** wichtig sind.
4. Welche Schlussfolgerungen ziehst du aus dem Vergleich? Erläutere deine **Ergebnisse** in ganzen Sätzen und beziehe die **Informationen** aus den **Materialien** mit ein: *Wenn ich meine Notizen mit deinen recherchierten Informationen vergleiche, dann komme ich zu dem Schluss, ...*

» Fachwortschatz, S. 173
» Sprache untersuchen, S. 248

Sich für Katzen engagieren!
Informationen ermitteln und vergleichen

Cem ist 12 Jahre alt und geht in die 6. Klasse der Realschule. In seiner Freizeit spielt er Fußball und Handball. Außerdem liest er sehr gerne Mangas und Science-Fiction Romane. Da Cem großer Katzenfan ist, möchte er sich gerne in seiner Freizeit für Katzen engagieren. Er sucht an seinen freien Nachmittagen, Montag und Dienstag ab 16 Uhr, eine Möglichkeit, sich für seine Lieblingstiere einzusetzen.

1 **a)** Nenne das Ziel, das Cem verfolgt.
b) Sammelt Ideen, wie und wo sich Cem in seiner Freizeit für Katzen engagieren könnte.

2 An der Pinnwand der SV stößt Emine, Cems Cousine, auf zwei interessante Suchanzeigen. Jetzt will sie herausfinden, welche die für Cem passende Anzeige ist.
a) Sieh dir die beiden Aushänge (S. 160) an: Was wollen die Verfasser erreichen und an wen richten sich die Angebote jeweils?
b) Lies den Text oben noch einmal und markiere folgende Vorgaben zu Cem in verschiedenen Farben: Cems Anliegen, sein Alter, freie Zeit und besondere Vorlieben/Interessen.
c) Lege dir einen Schreibplan an, in dem du diese Vorgaben festhältst.

Digital+
Schreibplan
WES-126426-085

Cems Vorgaben
- Anliegen: sich in seiner Freizeit für Katzen engagieren
- Alter:
- freie Zeit:
- besondere Vorlieben/Interessen:

	M1: Katzensitter/in gesucht	M2: Vorlesen für Katzen
Angebote		
Alter		
Zeiträume	jeden Montag und Mittwoch	
Besonderheiten		
Schlussfolgerung		

M1 Katersitter/in gesucht

Wir, Familie Öcal, suchen jemanden, der jeden Montag- und Mittwochnachmittag unseren Kater Pfote füttert und mit ihm spielt, da wir leider nicht zuhause sein können.
Pfote ist es gewöhnt, dass nachmittags immer jemand zu Hause ist. Das ist jetzt leider für uns am Montag und Mittwoch nicht mehr möglich und deswegen suchen wir dich:
Bist du tierlieb und mindestens 12 Jahre alt?
Hast du Interesse, jeden Montag und Mittwoch von 16–17 Uhr in unserem Wintergarten und Garten (in direkter Schulnähe) mit unserem Kater zu spielen und ihn zu füttern?
Wenn das alles auf dich zutrifft, dann schreibe uns doch eine E-Mail (Oecal@intermail.de).

M2 Wir suchen Dich für das Projekt „Vorlesen für Katzen".

Vorlesen für Katzen	
Montag	14–15 Uhr
Dienstag	16–17 Uhr
Mittwoch	– – – – –
Donnerstag	16–17 Uhr
Freitag	– – – – –

Du liebst Katzen und möchtest dich einmal pro Woche für diese scheuen Tiere im Tierheim einsetzen? Du bist zwischen 8 und 14 Jahre alt? Du hast regelmäßig einmal pro Woche 30 Minuten an einem Nachmittag Zeit? Du liest gerne vor? Dann bist du bei uns genau richtig!

Studien haben gezeigt, dass rhythmische Stimmen auf Katzen beruhigend wirken. Einige der kleinen Stubentiger im Tierheim haben früher schlechte Erfahrungen gemacht und brauchen viel Zuwendung, damit sie wieder Vertrauen zum Menschen fassen können. Beim Vorlesen können sie sich entspannen und fassen wieder Vertrauen. Gleichzeitig trainierst du deine eigenen Lesefähigkeiten.

Bei Interesse melde dich bei uns im Tierheim Uhlenberg.
vorlesen@tierheim.uhlenberg.de

3 Wertet die Materialien M1 und M2 arbeitsteilig im Partnerpuzzle aus. Geht so vor:

» Fachwortschatz, S. 173

a) Bildet Vierergruppen als Stammgruppen und teilt die beiden Materialien untereinander auf (2 x M1 und 2 x M2). Material 1 ist etwas leichter als Material 2.
b) Erarbeitet in Einzelarbeit als Experten euer zugewiesenes Material und füllt dazu eure Spalte des Schreibplans (S. 159) weiter aus: Markiert in unterschiedlichen Farben, was die Verfasser/-innen suchen (Angebot, Alter, Zeiträume, Besonderheiten).
c) Vergleicht eure Ergebnisse mit denen eines Gruppenmitglieds, das das gleiche Material untersucht hat. Nehmt ggf. Änderungen und Ergänzungen vor.
d) Stellt eure Ergebnisse paarweise jeweils einem Gruppenmitglied vor, das eurer Material nicht erarbeitet hat. Übertragt die Ergebnisse beim Zuhören jeweils in den Schreibplan. Schreibt dabei nicht einfach ab.
e) Zieht in der Stammgruppe Schlussfolgerungen: Welches Angebot passt zu Cem? Tragt eure begründete Entscheidung dazu in den Schreibplan ein.
f) Vergleicht eure Schlussfolgerungen mit denen eines anderen Teams.

4 Schreibe mithilfe deines Schreibplans eine E-Mail an Cem, in der du die beiden Angebote (M1 und M2) vorstellst und miteinander vergleichst. Lies zuerst die **LERNBOX**. Gehe dann so vor:
- Stelle vor, welche Angebote es gibt.
- Benenne jeweils, welche Voraussetzungen gegeben sein müssen (Alter, Zeiten, Besonderheiten).
- Sprich zum Schluss deine Empfehlung dazu aus, auf welche Suchanzeige sich Cem melden sollte, und begründe deine Einschätzung.

Nutze die Formulierungshilfen in der **SPRACHBOX**.

Von:	eminekaiser@email.de
An:	cemkaiser@email.de
Betreff:	Interessantes Angebot entdeckt

Hallo Cem,
du hast doch immer eine Möglichkeit gesucht, wie du dich für Katzen in deiner Freizeit einsetzen kannst. Ich habe an unserer SV-Pinnwand zwei interessante Angebote entdeckt, mit denen Jugendliche gesucht werden, die sich für Katzen engagieren wollen.
Das erste Angebot …

SPRACHBOX

Dein Anliegen ist es ja … – Ich habe für dich folgende Angebote gefunden … – Das erste Angebot … – Das zweite Angebot … – Wenn man beide Angebote vergleicht … – Zwar gibt es, aber … – Ich würde dir empfehlen … , weil / da / denn … – Für dich wäre es besser …

LERNBOX

So planst und schreibst du einen Textvergleich / Vergleich von Materialien:
1. Mache dir mithilfe der **Aufgabenstellung** klar, was du herausarbeiten sollst. Orientiere dich vor allem an den **Vorgaben**, die gemacht werden.
2. Entnimm den unterschiedlichen Materialien wichtige **Informationen**, die sich **auf die Vorgaben beziehen**: *Was wird angeboten? Für welche Altersstufe ist das Angebot gedacht? Wann soll das Angebot stattfinden? Welche Besonderheiten gibt es?*
3. a) Formuliere die Inhaltszusammenfassung mithilfe deiner Vorarbeit in **eigenen Worten**: *Das erste Angebot… / Das zweite Angebot …*
   b) Ziehe **Schlussfolgerungen**, indem du dich auf die Vorgaben beziehst, und gib eine **Empfehlung** ab: *Wenn man die Angebote miteinander vergleicht, …*
4. Wenn du eine E-Mail schreiben sollst, dann denke an die **Betreffzeile** (Anliegen), die **Anrede**, den **Text**, die **Grußformel** und den **Namen** des Absenders oder der Absenderin.

» Freiraum, S. 175

Eine Nachricht an Emine

Adjektivendungen richtig schreiben

1 Hört Cems Sprachnachricht an Emine an und sprecht darüber, was er über sein erstes Vorleseerlebnis erzählt.

Digital+ Audio WES-126426-086

Hi Emine, dank dir habe ich gestern zum ersten Mal im Tierheim vorgelesen. Mann, war ich vorher aufgeregt! Ich durfte in einem (1) Katzenhaus drei (2) Katern vorlesen. Am Anfang haben sich die Kater sofort versteckt: Alle drei flüchteten panisch vor mir und versteckten sich in ihren (3) Höhlen in den Kletterbäumen. Zuerst habe ich mich gar nicht auf das Vorlesen konzentriert, weil ich zu neugierig war, ob die (4) Fellnasen sich aus ihren Verstecken trauen. Aber offensichtlich mochte Zorro meine (5) Geschichte über den (6) Hund, denn ganz vorsichtig kam er aus seinem Versteck geklettert und guckte mich aus der Ferne an. Ich war richtig happy! Streicheln konnte ich den (7) Kater mit dem (8) Fell zwar noch nicht, aber ich bleibe (9). Vielleicht wird er beim nächsten Mal noch (10) werden.
Frau Meier, die (11) Tierheimleitung, erklärte mir, dass die Katzen sich durch das (12) Vorlesen an den Umgang mit fremden Menschen gewöhnen und sich so die Chance erhöht, dass sie vermittelt werden können. Ich hoffe, dass sich beim nächsten Mal auch die beiden anderen Kater Felix und der (13) Mauz zeigen. Mauz ist eine (14) Waldkatze mit einer (15) Mähne. Beim nächsten Mal lese ich aus *Warrior Cats* vor, vielleicht nehmen sie sich ein Vorbild an der (16) Geschichte.

2 **a)** Höre dir den Text ein zweites Mal an und schreibe die fehlenden Adjektive untereinander in dein Heft.

b) Überprüfe mithilfe der **LERNBOX** die Schreibung der Adjektive und schreibe beim wiederholten Hören die fehlenden Adjektive mit Nomen richtig auf. Schreibe so:
(1) in einem riesigen Katzenhaus ...

Zur Überprüfung kannst du dir nur die fehlenden Adjektive mit den dazugehörigen Nomen einzeln anhören.

Digital+ Audio WES-126426-087

c) Sammle weitere Wörter mit diesen Endungen und formuliere mit ihnen Sätze. Ergänze 3, 5, 8 Sätze.

3 Vervollständige den Lückentext.
Möchte ich Adjektive mit den Endungen ____ , ____ oder ____ richtig schreiben, kann ich die Wörter ____ . So bringe ich die Wortendungen zum Klingen.

Freiraum, S. 175

LERNBOX

Wörter mit -isch, -ig oder -lich:

1. Zur Bildung vieler Adjektive setzt du den **Wortstamm** mit den **Bausteinen** **-isch**, **-ig** oder **-lich** (Suffixe) zusammen:
   die Stadt → städtisch, der Riese → riesig, der König → königlich.
2. Wenn du unsicher bist, wie du die Adjektive schreiben musst, **verlängerst** du sie und bringst so die Endungen zum Klingen: *lustig → das lustige Buch.*

Fachwortschatz, S. 173
Richtig schreiben, S. 284

Ein Besuch im Tierheim
Demonstrativpronomen anwenden

1 **a)** Wo befindet sich die Familie und vermute, was sie dort wollen.
b) Überlege, woher z. B. die Mutter weiß, was ihr Sohn meint.
c) Informiere dich in der **LERNBOX**: Wie wird sprachlich deutlich, was gemeint ist?

A Wir haben heute das Tierheim besucht. Das war sehr groß.

B Die Hunde waren alle sehr freundlich zu uns. Das hätte ich nicht gedacht.
C Einige Hund trugen beim Spielen einen Maulkorb. Dieser ist eine Schutzmaßnahme.
D Ein Hund hat uns besonders gut gefallen. Dieser wollte mit uns kuscheln.
E Sein Fell hatte kleine Locken. Diese waren ganz weich.
F Besonders süß waren auch seine Augen. Die waren riesig.

2 Übertrage die Sätze in dein Heft. Kreise jeweils im zweiten Satz das Demonstrativpronomen ein und markiere das Bezugswort oder die Bezugsgruppe mit einem Pfeil, wie im Beispiel vorgemacht.
Verwendete Demonstrativpronomen im 2. Satz sind: *das / dieser / diese / das / dieser / die.*
Die Bezugswörter stehen hier am Anfang des zweiten Satzes.
Bearbeite Sätze A–F und ergänze nach diesem Muster einen eigenen.

LERNBOX

So nutzt du Demonstrativpronomen:

1. Das Demonstrativpronomen steht stellvertretend für ein **Wort**, eine **Wortgruppe** oder einen **ganzen Satz**. **Demonstrativpronomen** sind: *der, die, das / dieser, diese , dieses / jener , jene, jenes / solcher, solche, solches / derselbe, dieselbe, dasselbe.*
Ich durfte mit den Hunden spielen. ***Das*** *machte mir am meisten Spaß.*
Im Freilauf ist gerade ein kleiner Dackel. ***Diesen*** *finde ich besonders niedlich.*

2. Mit ihnen kannst du auf **etwas zurück-** oder **vorausweisen**.
Der Hund ist süß. Das finde ich toll. Das ist toll, dass der Hund süß ist.

Sprache untersuchen, S. 249
Fachwortschatz, S. 173

Wir wünschen uns einen Hund!
Vergleichen und Schlussfolgerungen ziehen

Der Wunsch der Familie Schnecker nach einem eigenen Hund wird konkreter: Bei ihrem Besuch im Tierheim wollen sie geeignete Familienhunde kennenlernen.

Tierpfleger Leo: Schön, dass ihr hier seid! Dann erzählt doch ein bisschen: Wie stellt ihr euch den Alltag mit dem Hund vor?
Mutter: Wir sind Familie Schnecker und wir wünschen uns schon seit langem einen lieben Familienhund, mit dem auch unsere Kinder umgehen können. Die Hunderasse ist uns völlig egal. Wir haben aber alle noch keine Erfahrungen mit Hunden gemacht. Schön wäre es, wenn das neue Familienmitglied schon einige Kommandos beherrscht, so dass uns der Umgang leichter fällt. In erster Linie wird sich mein Mann um den Hund kümmern.
Vater: Ja! Ich bin im Homeoffice und eigentlich meistens zu Hause. Deshalb werde ich jeden Morgen vor der Arbeit oder in meiner Pause die Spaziergänge mit dem Hund übernehmen. Mehr als eine Stunde am Stück kann ich aber nicht freischaufeln. Für etwas Auslauf kann der Hund aber auch in unseren Garten, der ist eingezäunt.
Ines: Paul und ich werden uns nach der Schule um unseren Hund kümmern! Wir würden auch gerne Spaziergänge machen und natürlich mit dem Hund schmusen und spielen.
Tierpfleger Leo: Gibt es sonst noch Familienmitglieder?
Vater: Zur Familie gehört noch meine Mutter. Sie ist 76 Jahre und auch sehr begeistert, dass wir einen Hund adoptieren möchten. Sie wohnt direkt nebenan und könnte sich auch im Notfall um den Hund kümmern. Ihr ist es wichtig, dass der Hund möglichst wenig Fell verliert, sonst darf er bei ihr nicht ins Haus. Da ist sie sehr pingelig. Das wäre schade!

1 **a)** Lies das Gespräch und markiere, was der Familie wichtig ist, in verschiedenen Farben: Anliegen der Familie, Erfahrung im Umgang mit Hunden, Eigenschaften des Tieres und Besonderheiten der Familie.
b) Lege zur Orientierung einen Schreibplan wie auf S. 165 an, in dem du die Vorgaben der Familie festhältst oder nutze die Vorlage des Webcodes.

Die Familie hat im Tierheim zwei Hunde besonders intensiv kennengelernt.

2 Erschließe die Steckbriefe der beiden Hunde (M1a und M2a) und arbeite für die Familie Informationen zu den beiden Hunden heraus. Erschließe zusätzlich die Diagramme (M1b und M2b). Gehe so vor:

a) Markiere in unterschiedlichen Farben, was die Steckbriefe über die Tiere verraten.

b) Übertrage die Ergebnisse in deinen Schreibplan ein.

Digital+ Schreibplan WES-126426-088

Vorgaben der Familie Schnecker (Was wünscht sich die Familie?)
- Anliegen der Familie: Familienhund
- Erfahrung im Umgang mit Hunden:
- Eigenschaften des Tieres:
- Besonderheiten (z. B. Alter der Familienmitglieder):

	M1a: Steckbrief Motte	M2a: Steckbrief Bruno
Um welches Tier geht es?		
Anforderungen, die das Tier betreffen		
Besonderheiten		
Futterkosten	M1b	M2b
Schlussfolgerung		

Digital+ Steckbriefe WES-126426-089

M1a Steckbrief: Motte

Tierart: Hund / Herdenschutzhundmix
Geschlecht: weiblich
Alter: ca. 8 Jahre

Motte wurde in Griechenland geboren. Sie ist möglicherweise ein Herdenschutzhundmix, Genaueres ist nicht bekannt. Die Hündin ist Menschen und anderen Hunden gegenüber sehr freundlich. Sie ist eine sehr gute Familienhündin, allerdings ist sie eher faul: Bei längeren Spaziergängen bleibt sie sitzen und will zurück nach Hause. Mehr als 30 Minuten will sie sich nicht bewegen. Deshalb wäre es schön, wenn man ihr zusätzliche Bewegung anbieten kann: Auslaufmöglichkeiten in einem Garten oder regelmäßiges Spielen.
Sie kennt die Grundkommandos (Sitz! Platz! Komm!) und geht sehr gut an der Leine. Ihr Fell ist allerdings sehr pflegeintensiv: Sie haart zeitweise stark und muss dann regelmäßig gebürstet werden, ansonsten kommt es zu schmerzhaften Knötchen in ihrem Fell. Die anhängliche Hündin hat kein Problem damit, auch mal allein zu bleiben.

pflegeintensiv: die Pflege braucht sehr viel Zeit

M1b Futterkosten: Motte

Besonderheiten	
Futterkosten	▬▬▬
	niedrig … hoch

M2a Steckbrief: Bruno

Tierart: Hund / Labradoodle
Geschlecht: männlich
Alter: ca. 5 Jahre

Bruno ist ein Labradoodle, der aufgrund seines Fells regelmäßig gebürstet werden muss. Ein Vorteil von Bruno ist, dass er äußerst wenig haart und daher nicht viel Schmutz hinterlässt. Bruno wurde im Oktober mit einer Hüftverletzung an einer Autobahntankstelle aufgelesen und in das Tierheim gebracht. Er war damals etwas schüchtern und eher zurückhaltend, aber mittlerweile ist er aufgetaut: Mit den anderen Hunden in der Hundegruppe gibt es keinerlei Probleme: Er ist freundlich, ruhig und verspielt und kennt einige Kommandos. Er läuft beim Spazierengehen sehr gut an der Leine, das ist auch für Kinder dann kein Problem. Außerdem geht er freundlich auf bekannte Menschen zu und ist sehr verschmust. Er kann aber nicht gut alleine bleiben: Wenn seine Familie fehlt, dann jault er sehr viel. Bei Fremden im Haus ist er zunächst sehr ängstlich und versteckt sich.

aufgetaut: munter geworden

Wichtig zu wissen ist, dass Bruno keine langen (mehr als 45 Minuten) und schnellen Spaziergänge mehr bewältigen kann, da er aufgrund seiner Verletzung einen Hüftschaden hat, der aber nicht mehr behandelt werden muss, wenn man darauf achtet, dass er sich nicht überanstrengt.

M2b Futterkosten: Bruno

Besonderheiten	
Futterkosten	
	niedrig … hoch

3 Setzt euch zu zweit zusammen und tauscht euch über eure Ergebnisse (Stichwörter) im Schreibplan aus. Ergänzt oder berichtigt sie, wenn nötig.

4 Formuliere eine begründete Schlussfolgerung: Für welchen Hund sollte sich Familie Schnecker entscheiden? Notiere deine Begründungen ebenfalls im Schreibplan.

Fachwortschatz, S. 173

5 Du sollst für die Familie die E-Mail an das Tierheim schreiben. Lies dazu die **LERNBOX** (S. 167). Gehe so vor:
- Benenne, welche Vorgaben die Familie gemacht hat (Anliegen, Erfahrungen mit Hunden, Eigenschaften des gewünschten Tieres, Besonderheiten).
- Gib wieder, welche Tiere die Familie kennengelernt hat und welche Anforderungen und Besonderheiten diese Tiere mitbringen.
- Schlussfolgere, welcher Hund zur Familie passt. Begründe deine Meinung.

Beziehe auch die Diagramme zu den Futterkosten mit ein.
Nutze dazu auch den jeweiligen Teil der **SPRACHBOX** der Seite 167.

So kannst du beginnen:

Von:	FamilieSchnecker@email.de
An:	Tierheim.Uhlenberg@email.de
Betreff:	**Bewerbung um einen Hund**

Lieber Leo!
Danke, dass du uns herumgeführt hast. Wir haben die Zeit im Tierheim mit den beiden Hunden Bruno und Motte sehr genossen und haben nochmal unsere Vorgaben für ein neues Familienmitglied mit den beiden Hunden abgeglichen. Also, einerseits gibt es den Herdenschutzhundmix Motte, die ...

SPRACHBOX

Satzanfänge für jede Teilaufgabe:
– Wir wünschen uns einen Familienhund, der .... weil wir noch keine Erfahrung ... Es wäre schön, wenn ...
– Wir haben zwei... kennengelernt: Motte ein .... und Bruno ...
– Wenn wir beide Hunde mit unseren Vorgaben vergleichen, dann fällt uns die Entscheidung schwer. Motte ....Insgesamt sind wir aber zu der Schlussfolgerung gekommen, dass ...

Zu den Futterkosten kannst du noch Folgendes ergänzen:
Wenn wir die Futterkosten miteinander vergleichen, stellen wir fest, dass die Kosten für .... höher liegen als ...

LERNBOX

So schreibst du einen Vergleich und ziehst eine begründete Schlussfolgerung:
1. Lies die **Aufgabenstellung** genau: Was sollst du vergleichen?
2. Nutze deinen **Schreibplan** (**Tabelle**) als **Vorlage** für deinen Vergleich:
   a) Benenne zunächst die **Vorgaben**, die gemacht werden.
   b) **Untersuche** die Materialien und **schreibe Wichtiges heraus**. Beachte dazu die Aufgabenstellung (hier: *Um welches Tier geht es? Welche Anforderungen betreffen das Tier? Welche Besonderheiten müssen beachtet werden?*).
   b) Achte darauf, dass du die Angaben richtig wiedergibst.
3. Beachte die Vorgaben für eine E-Mail: Absender, Adressat, Betreffzeile im Kopf, E-Mail-Text, Grußformel und Name im Textfeld.
4. Formuliere sachlich und höflich und begründe deine Entscheidung nachvollziehbar und verständlich.

Freiraum, S. 175
AH S. 31-34
Sprache untersuchen, S. 261-263

Motte oder Bruno?
Einen Vergleich überarbeiten

Korrekturzeichen:
⊢ = streichen
⌐ = erweitern
⌊ₓ⌋ = ersetzen
⌡ = Absatz
R = Rechtschreibfehler

1 **a)** Untersuche den Anfang der E-Mail an das Tierheim mithilfe deines Schreibplans (Aufgabe **2**, Seite 165). Überarbeite sie mithilfe der **CHECKLISTE**, indem du deine Änderungen notierst.
Ergänze eine Vorgabe der Familie und zwei Informationen zu den Hunden. Finde die insgesamt drei Fehler bei den Adjektiv-Endungen. Nutze die Korrekturzeichen.
Überarbeite die E-Mail und ergänze auch die begründete Entscheidung der Familie.
b) Schreibe den Text überarbeitet ab.

Von:
Betreff:

Lieber Leo,
wir haben die Zeit im Tierheim mit den beiden Hunden Bruno und Motte sehr genossen. Jetzt haben wir nochmal unsere Bedingungen für ein neues Familienmitglied mit den Beschreibungen beider Hunde abgeglichen: Wir wünschen uns einen fröhligen Familienhund, der schon einige Kommandos beherrscht. Das wäre sehr nützlig, weil wir noch keine Erfahrung im Umgang mit Hunden haben. Wir suchen einen Hund, der mit Spaziergängen von 30 Minuten zurechtkommt. Außerdem wäre schön, wenn er nicht so viel haart, denn dann darf er auch zu unserer Oma ins Haus. Wir bieten dem Tier ein neues Zuhause, in dem er nicht allein sein wird, da immer jemand zu Hause ist.
Motte ist ein Herdenschutzhundmix und Bruno ist ein lieber Labradoodle. Sie sind beide als Familienhunde geeignet und beide kennen schon einige Kommandos. Mottes Fellpflege ist sehr zeitintensiv. Sie kann aber gut allein bleiben. Bruno braucht immer Menschen in seiner Nähe. Das ist aber kein Problem, im Notfall könnte er zu Oma ins Haus, weil er im Gegensatz zu Motte nicht haart. Wenn wir beide Hunde mit unseren Vorgaben vergleichen, dann fällt uns die Entscheidung richtich schwer …

R
R
einer Stunde
Auslaufmöglichkeit im Garten fehlt
Besonderheiten beider Hunde fehlen
R

Digital+ Textvorlage WES-126426-090

Fachwortschatz, S. 173

CHECKLISTE

Informationen ermitteln, vergleichen, Schlüsse ziehen

1. Werden die **Informationen** (Anforderungen der Tiere) aus den Materialien richtig dargestellt? ☑
2. Werden diese Informationen passend zu den Vorgaben und der Aufgabenstellung miteinander verglichen, also die **Gemeinsamkeiten** und **Unterschiede** herausgearbeitet? ☑
3. Werden **Schlussfolgerungen** gezogen und **begründet**, indem die Vorgaben einbezogen wurden? ☑
4. Werden die **Adjektiv-Endungen** richtig geschrieben? ☑
5. Sind die Vorgaben einer E-Mail berücksichtigt wurden? ☑

Informationen ermitteln, vergleichen und Schlüsse ziehen

Familie Krone hat zwei weibliche Glatthaarmeerschweinchen in einem großen Außengehege im Garten. Nun möchte sie ein weiteres Meerschweinchen als Spielgefährten aus dem Tierheim adoptieren. Damit es sich gut mit den anderen versteht, sollte es ausgeglichen und an die Außenhaltung gewöhnt sein. Falls es sich um ein Männchen handelt, sollte dieses kastriert sein.

Digital+
Textvorlage
WES-126426-091

M1a Steckbrief: Forno

Tierart: Glatthaarmeerschweinchen
Geschlecht: Männchen
Alter: 7 Monate
Forno wurde hier im Tierheim geboren. Er ist kastriert und kommt gut mit anderen Meerschweinchen aus. Aber wenn es ums Fressen geht, füttert man ihn am besten getrennt von anderen, denn er mag es nicht, mit mehreren Tieren aus einem Napf zu fressen. Besonders wichtig bei Forno ist, dass er etwas zum Nagen bekommt: Seine Nagezähne sind sehr lang. Zum Nagen eignen sich Zweige von Bäumen und Sträuchern. Die tägliche Fellpflege mit einer weichen Bürste genießt er sehr. Wenn man Forno nicht im Haus halten möchte, sollte man ihn langsam an die Außenhaltung gewöhnen, da er hier im Tierheim im Innenbereich lebt.

M2a Steckbrief: Winnie

Tierart: Langhaar-Meerschweinchen
Geschlecht: weiblich
Alter: 6 Monate
Winnie wurde hier im Tierheim im Außengehege geboren. Sie ist sehr gesellig und sucht den Kontakt zu Menschen. Allerdings versteht sie sich nicht gut mit Männchen, deshalb sollte sie in eine Gruppe von Weibchen vermittelt werden. Außenhaltung ist für sie ideal. Winnie sollte nie einzeln gehalten werden! Außerdem muss man etwa alle 2–3 Wochen Winnies Fell kürzen: Die Haare werden extrem lang und es sammelt sich Schmutz darin. Daher ist die Fellpflege unbedingt notwendig.

M1b Fornos Fellpflege

Besonderheiten								
Pflegeaufwand des Fells	niedrig							hoch

M2b Winnies Fellpflege

Besonderheiten								
Pflegeaufwand des Fells	niedrig							hoch

Informationen ermitteln und Schlüsse ziehen

1 **a)** Lies den Text über die Vorgaben der Familie Krone und markiere in verschiedenen Farben, was sich die Familie wünscht: Anliegen, Wünsche an das neue Tier und welche Besonderheiten bei der Haltung bei den Krones herrschen.
b) Lege dir eine Tabelle als Schreibplan an und trage die Vorgaben der Familie ein.

2 **a)** Erschließe den Steckbrief (M1a) und werte ihn aus: Trage deine Ergebnisse in den Schreibplan ein: Um welches Tier geht es? Welche Anforderungen steckt das Tier an die Halter? Welche Besonderheiten sind zu beachten?
b) Erschließe dann den zweiten Steckbrief (M2a) und werte ihn aus: Trage die Ergebnisse ebenfalls in den Schreibplan ein.

Vorgaben der Familie Krone
- Anliegen: ein Meerschweinchen aus dem Tierheim
- Wünsche an das Tier:
- Besonderheiten:

	M1a Steckbrief Forno	M2a Steckbrief Winnie
Um welches Tier geht es?	– Glatthaarmeer-schweinchen – kastriertes Männchen	
Anforderungen, die das Tier an die Halter stellt		
Besonderheiten		
Schlussfolgerung		

Digital+ Schreibplan WES-126426-092

3 Vergleiche die Informationen in den beiden Steckbriefen mit den Vorgaben der Familie. Notiere deine Schlussfolgerung dazu, ob die Anschaffung eines dieser Tiere zu den Vorgaben der Familie passt.

4 **a)** Verfasse den Entwurf einer E-Mail an den Tierpfleger Leo, indem du die beiden Tierheimtiere vergleichst, Schlussfolgerungen ziehst und deine Entscheidung begründest.
b) Überarbeite den Text und schreibe ihn, wenn nötig, noch einmal fehlerfrei ab.

Lieber Leo,
wir wollen zu unseren zwei weiblichen Glatthaarmeerschweinchen, die wir im Garten halten, ein weiteres Meerschweinchen aus dem Tierheim aufnehmen …

Informationen ermitteln und Schlüsse ziehen

1 **a)** Lies den Text über die Vorgaben der Familie Krone und markiere die wichtigen Informationen in verschiedenen Farben (Anliegen, Wünsche an das neue Tier, Besonderheiten bei der Haltung).
b) Lege dir eine Tabelle als Schreibplan an und trage die Vorgaben der Familie ein.

2 Erschließe die beiden Steckbriefe (M1a, M2a) und die Zusatzinformationen (M1b, M2b). Trage die Informationen in den Schreibplan ein: Um welches Tier geht es? Welche Anforderungen stellt das Tier an die Halter? Welche Besonderheiten sind zu beachten?

Vorgaben der Familie Krone
- Anliegen: ein Meerschweinchen aus dem Tierheim
- Wünsche an das Tier:
- Besonderheiten:

	M1a Steckbrief Forno	M2a Steckbrief Winnie
Um welches Tier geht es?		
Anforderungen, die das Tier an die Halter stellt		
Besonderheiten		
Fellpflege		
Schlussfolgerung		

Digital+
Schreibplan
WES-126426-093

3 Vergleiche die Informationen aus den beiden Steckbriefen und aus dem Diagramm mit den Vorgaben der Familie. Notiere deine Schlussfolgerung dazu, ob die Anschaffung eines dieser Tiere zu den Vorgaben der Familie passt.

4 **a)** Verfasse den Entwurf einer E-Mail an den Tierpfleger Leo, indem du die beiden Tierheimtiere vergleichst, Schlussfolgerungen ziehst und deine Entscheidung begründest.
b) Überarbeite den Text und schreibe ihn, wenn nötig, noch einmal fehlerfrei ab.

Lieber Leo,
wir wollen zu unseren zwei weiblichen Glatthaarmeerschweinchen, die wir im Garten halten, ein weiteres Meerschweinchen aus dem Tierheim aufnehmen …

Informationen ermitteln, vergleichen und Schlüsse ziehen

Kompetenz / Inhalt	Selbsteinschätzung ☺ 😐 ☹	Fremdeinschätzung ☺ 😐 ☹	Bemerkungen	Hier kannst du weiterüben:
Ich kann ...				
Bildern Informationen entnehmen und mein Vorwissen und meine Erfahrungen mit Tieren äußern. (S. 150–151)				SB, S. 262, S. 263, S. 285
Informationen aus Diagrammen auswerten und Informationen entnehmen.(S. 152–153)				
Diagramme auswerten. (S. 154)				SB, S. 288
zielgerichtet zuhören. (S. 155)				
einen Sachtext gezielt mithilfe der Lesemethode erschließen. (S. 156–157)				
Informationen zueinander in Beziehung setzen. (S. 158)				SB, S. 248
mithilfe des Partnerpuzzles Informationen ermitteln, vergleichen und vorstellen. (S. 159–161)				
Adjektivendungen richtig schreiben. (S. 162)				SB, S. 284
Demonstrativpronomen anwenden. (S. 163)				SB, S. 249
Materialien miteinander vergleichen und Schlussfolgerungen ziehen. (S. 164–167)				SB, S. 261–263 AH, S. 31–34
einen Textvergleich anhand einer CHECKLISTE überarbeiten. (S. 168)				

FREIRAUM

Diese Aufgaben aus dem Freiraum habe ich gemacht:

AH = Arbeitsheft, SB = Schülerband

Fachwörter und Methoden

das Adjektiv	Adjektive sind eine **Wortart**, mit der du Lebewesen, Gegenstände, Gedanken und Ereignisse beschreiben kannst: *die scheue Katze.* Zur Bildung von vielen Adjektiven setzt du den **Wortstamm** mit den **Bausteinen -isch, -ig** oder **-lich** (Suffixe) zusammen: *die Stadt → städtisch, der Riese → riesig, der König → königlich.*
das Demonstrativpronomen	Demonstrativpronomen gehören zu den **Pronomen**. Pronomen sind Wörter, die für Nomen stehen und einen Text abwechslungsreicher gestalten können: *Eichhörnchen sammeln Nüsse. Diese dienen als Vorrat für den Winter.* Mit ihnen kannst du auf etwas **zurück- oder vorausweisen**.
das Diagramm	In einem Diagramm werden Informationen und Daten grafisch dargestellt, so werden beispielsweise Zahlen sehr übersichtlich gemacht. Man unterscheidet zum Beispiel **Säulen- oder Balkendiagramm**.
die E-Mail	Eine E-Mail ist eine elektronische Post. Sie kann alternativ zu einem Brief verschickt werden. Dafür braucht man eine E-Mail-Adresse der Empfängerin oder des Empfängers. Eine E-Mail hat außerdem eine Betreffzeile für dein Anliegen. Wenn du eine E-Mail schreiben sollst, dann denke an die Anrede, den Text, die Grußformel und der Name des Absenders oder der Absenderin.
informieren	Wenn du informierst, teilst du Sachverhalte mit und beantwortest dabei die **W-Fragen**. Die Darstellung ist meist sachlich ohne persönliche Kommentare.
die Lesemethode für Sachtexte	Diese Lesemethode hilft dir, Sachtexte zu erschließen und Informationen zu entnehmen. Gehe dabei so vor: 1. Schritt: sich orientieren, 2. Schritt: unbekannte Begriffe klären, 3. Schritt: Schlüsselstellen markieren, 4. Schritt: Wichtiges herausschreiben, 5. Schritt: Informationen zusammenfassen.
das Partnerpuzzle	Mithilfe des Partnerpuzzles kannst du **arbeitsteilig** Texte erschließen. Am besten arbeitet ihr zu viert. Dabei werden zwei Texte untereinander aufgeteilt und zunächst in Einzelarbeit erarbeitet (A-A-B-B). In der anschließenden Phase tauschst du dich mit einem Partner oder einer Partnerin aus, der/die zum gleichen Text gearbeitet hat, und ihr überprüft eure Ergebnisse (A+A, B+B) Im dritten Schritt bildet ihr neue Paare und stellt die Inhalte paarweise den Schülerinnen und Schülern vor, die den jeweils anderen Text bearbeitet haben (A+B, A+B). Diese hören zu und notieren Stichworte.
der Schreibplan	Ein Schreibplan hilft dir, die Arbeitsschritte nach Aufgaben strukturiert zu planen.
Schlussfolgerungen ziehen	Als Schlussfolgerungen bezeichnest du ein Ergebnis, für das du auf angeeignetes Wissen zurückgreifst. Das bedeutet, dass du dein Ergebnis ableitest und begründest, indem du dich auf Vorgaben beziehst *(Das Tier passt besser zur Familie, weil ...).* Manchmal wird auch von dir erwartet, dass du Empfehlungen formulierst.
der Textkorrekturstift	Das ist ein Stift in anderer Farbe. Damit korrigierst du, um besser erkennen zu können, **was du verbessern** oder **noch üben musst**. Auch andere können dann erkennen, wer korrigiert hat, und können gezielt nachfragen.
vergleichen	Wenn du mehrere Materialien oder Texte erschlossen hast, kannst du die Informationen nach Vorgaben **zueinander in Beziehung setzen**: *Welcher Hund passt besser zur Familie?*
verlängern	**Rechtschreibstrategie**: Bringe Wörter zum Klingen, so hörst du, wie du den Auslaut schreiben musst: riesig – die *riesige* Schnecke.

1 Unter dem Webcode findest du Karteikärtchen zum Fachwortschatz. So kannst du Begriffe wiederholen, die du noch nicht so gut kannst.

Digital+
Karteikarten
WES-126426-094

Aufgaben zum Weiterarbeiten

ZU SEITE 150

- Wofür nutzen wir die Tiere, die du in der Tabelle unter Nutztiere eingetragen hast? Erstelle eine Liste.
- Die Bilder unterscheiden sich in mehreren Details. Findest du die Unterschiede?

ZU SEITE 153

Beantwortet die Fragen zum Diagramm:

- Welche Art von Diagramm ist es?
- Welche Nutztierart ist Spitzenreiter in Deutschland?
- Welches Nutztier bildet hier das Schlusslicht und wird weniger häufig gehalten?
- Welches Nutztier belegt mit 25,9 Millionen Platz 2 der Nutztiere in Deutschland?
- Wie viele Rinder werden in Deutschland gehalten?

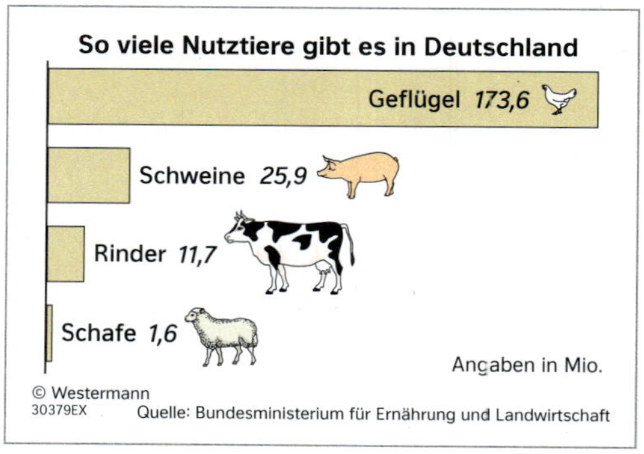

ZU SEITE 157

Digital+
Rätsel
WES-126426-095

Finde den richtigen Weg zum Futter.

ZU SEITE 161

Wähle aus:

- Welches Buch würdest du den Katzen vorlesen wollen? Stelle dein Lieblingsbuch kurz deiner Klasse vor.
- Kannst du dich auch im Tierheim in deiner Nähe engagieren? Recherchiere, was es dort für Möglichkeiten gibt.

ZU SEITE 162

Beschreibe diese Tiere genauer. Finde dazu möglichst viele beschreibende Adjektive mit -ig, -lich und -isch.

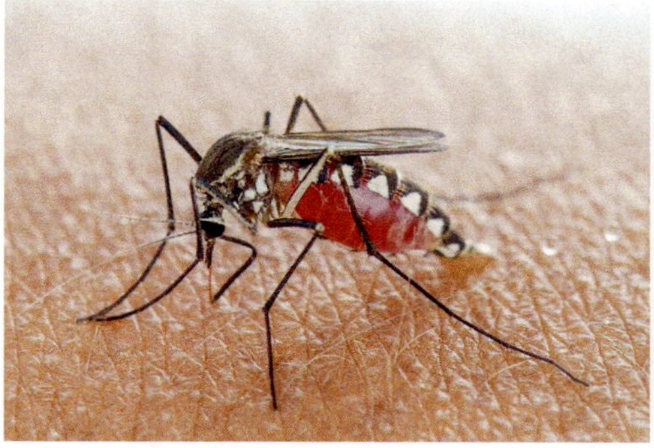

ZU SEITE 167

- Informiere dich über ein Tierheim in deiner Nähe: Welche Tiere sind dort zurzeit untergebracht? Erstelle einen Steckbrief zu einem der Tiere.
- Logik-Rätsel: Wie heißt der graue Hund aus dem Tierheim?

Der schwarze Hund ist ein Labrador.
Benni ist nicht weiß mit schwarzen Flecken.
Der graue Hund ist ein Mischling.
Onni ist schwarz.
Molli hat die Hundehütte ganz rechts.
Bennis Hundehütte ist in der Mitte.
Molli ist ein Dalmatiner.

	Hundehütte 1	Hundehütte 2	Hundehütte 3
Name			
Rasse			
Farbe			

Café con cuore!

1 Schaut euch das Bild oben an:

a) Beschreibt, was dargestellt ist, und klärt, was die Kinder vorhaben.

b) Die Schülerinnen und Schüler sprudeln nur so vor Ideen: Was haben sie sich schon alles überlegt, um dieses Vorhaben zu erreichen? Nutzt die **SPRACHBOX** rechts.

c) Vermutet, warum sie sich den Namen „Café con cuore“ ausgesucht haben.

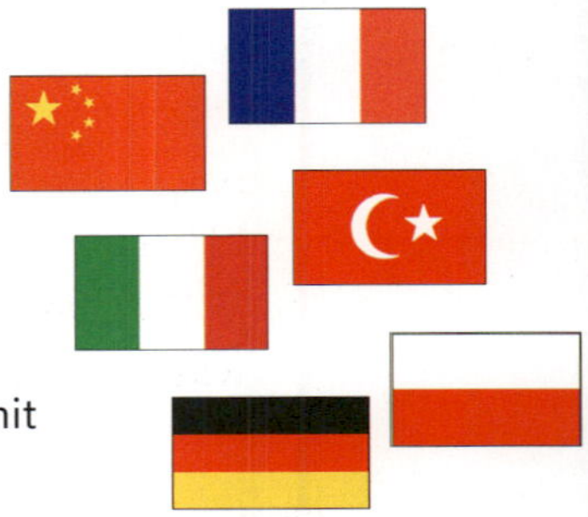

2 Die Gerichte, die die Jugendlichen in ihrem Café anbieten wollen, stammen aus unterschiedlichen Ländern: Welche Gerichte werden genannt und aus welchen Ländern stammen sie? Ordne die Flaggen rechts den Speisen oben zu.

3 **a)** Welche der Leckereien, die angeboten werden sollen, kennst du schon? Sprich mit deiner Lernpartnerin oder deinem Lernpartner darüber, woher ihr sie kennt.

b) Welche Herkunftsländer sind in eurer Klasse und in eurer Schule vertreten?

c) Besprecht, welche sonstigen kleinen Gerichte ihr in einem Café anbieten würdet, um alle Schülerinnen und Schüler mit ihren Herkunftsländern zu berücksichtigen.

d) Schreibt die genannten Gerichte auf und malt die passenden Flaggen dazu.

SPRACHBOX

Nomen: der Verkauf – die Planung – die Organisation – die Kekssorten – das Angebot – das Gericht – die Spezialität – das Logo – die Genehmigung – die Absprache – die Speisekarte – der Dienstplan – die Nationalität
Verben: planen – vorbereiten – beraten – sich einigen – einkaufen – ausprobieren – probieren – kochen – backen – verkosten – lagern
Adjektive: vielfältig – nachhaltig – gesund – international – vegetarisch[1] – vegan[2] – glutenfrei[3] – harmonisch – angenehm – lecker – appetitlich

1 **vegetarisch:** fleischlose Ernährung
2 **vegan:** Verzicht auf tierische Produkte
3 **glutenfrei:** ohne Weizen

4 **a)** Tauscht euch darüber aus, was die Jugendlichen außerdem alles bedenken müssen, wenn sie das Angebot für solch ein Schülercafé planen. Denkt an Einkauf, Lagerung, Genehmigung, Absprachen ...
b) Lest nun die Planungsnotizen auf der Übersicht und ordnet sie den Oberbegriffen zu. Besprecht, an was die Schülerinnen und Schüler noch nicht gedacht haben und was sie ergänzen könnten.

Digital+
Interaktive Aufgabe
WES-126426-096

AUSBLICK

In diesem Kapitel machst du dich damit vertraut, wie man ein Schülercafé organisiert und was man dort alles anbieten kann. Du lernst, wie du Rezepte schreibst und überarbeitest, sodass alle sie nach der Anleitung zubereiten können. Außerdem kannst du ein Rezeptbuch mit diesen Rezepten gestalten.

Eine Idee wird geboren
Aufgaben zum Textverständnis bearbeiten

1 Jede Idee hat einen Ursprung! Aber wie kamen die Schülerinnen und Schüler eigentlich darauf, ein Schülercafé an ihrer Schule zu organisieren? Lies dazu, wie die Schülerin Lisa zu der Idee gekommen ist oder höre dir den Text über den Webcode an.

Digital+
Audio
WES-126426-097

Es war Samstagnachmittag – einer dieser Nachmittage, an denen man wirklich nicht wusste, was man mit sich und der übrigen Welt anfangen sollte ... Es goss wie aus Eimern. Lisa sah, dass draußen vor dem Fenster ihres Zimmers die Pfützen auf dem Gehsteig immer größer wurden, sich langsam zu einem kleinen Rinnsal vereinten und den Hang in Richtung Stadt hinunterrannen. Es war grau und ungemütlich. Lisas Eltern wollten die Oma besuchen. Aber Lisa hatte beschlossen, dass sie zu alt war, um gemeinsam mit ihnen um den Kaffeetisch zu sitzen und den Geschichten aus längst vergangenen Tagen zu lauschen. Außerdem kannte sie die schon – alle!!! – in- und auswendig. Ihre Oma war nämlich krankhaft vergesslich und starrte oft nur vor sich hin. Sie schwieg auch ziemlich viel – und lange. Nur wenn es um ihre Kindheit ging, erinnerte sie sich wieder – erzählte von den Indianerspielen im Wald und den Urlaubswochen am Meer, von Gummitwist[1] und von den leckeren Kuchen ihrer eigenen Großmutter. Aber wie gesagt, die Geschichten kannte sie alle schon.

Und deshalb war sie zu Hause geblieben. Der Plan war, sich mit Bibi, Gofran oder Rafaela zum Chat zu verabreden oder zu gamen. Aber keiner hatte Zeit. Übel verrechnet!!! Also beschloss Lisa, sich in ihren gemütlichen Ohrensessel zu kuscheln und in ihrem neuen Lieblingsbuch zu schmökern[2]: „Cassandra Carpers fabelhaftes Café" ... Schon nach kurzer Zeit war Lisa in die Welt der Cassandra Carper eingetaucht: Sie ging über die ausgetretenen steinernen Stufen hinauf zum Café und durch die rosa gestrichene Holztür mit den kleinen Sprossenfenstern. Da sah sie sie schon – die kleine, zarte Dame mit den roten Haaren und der riesigen Hornbrille[3], die jeder andere wohl für ein naseweises[4] Kind gehalten hätte. Aber Lisa wusste es besser – Cassandra Carper war die Retterin der Ausgesetzten[5] und verfügte über magische Kräfte. Wie immer, wenn sie in dem Buch schmökerte, bestaunte sie die überzuckerten Cupcakes auf den Etageren[6] mit dem roten und hellblauen Zuckerguss, den silbernen und goldenen Perlen und den cremigen Häubchen ... verdammt einladend ... Kuchen und Gebäck sahen vor ihrem inneren Auge so appetitlich aus, dass, ja dass ihr Magen zu knurren begann. Für einen Moment schloss sie die Augen und legte das Buch beiseite. So ein Café müsste man haben – so gemütlich und verspielt, mit einem Angebot, nach dem sich alle die Finger lecken würden ... Ein kleines Lächeln zeichnete sich auf ihrem Gesicht ab – und es wurde breiter und immer breiter, denn sie hatte einen ihrer genialen Lisa-Einfälle, die sie häufiger überfielen, wenn das Wetter grau war und sie ein bisschen Lesestoff zur Anregung hatte. Warum denn eigentlich nicht???

1 **Gummitwist:** Kinderspiel
2 **schmökern:** im Buch lesen
3 **Hornbrille:** Brille mit dickem Rand aus Horn
4 **naseweis:** besonders schlau und voreilig
5 **Ausgesetzter:** kümmert sich um Verlassene und Einzelgänger
6 **Etagere:**

Gleich Montag würde sie all ihren Freunden davon erzählen – als Erstes Bibi, Gofran und Rafaela – aber sie würde alle einspannen – und auch Herrn Samter, ihren Klassenlehrer, der von allen scherzhaft Uncle Sam genannt wurde. Genau so ein Café musste es auch an ihrer Schule geben. Vielleicht nicht mit Steinstufen und rosa Eingangstür – aber mit Leckereien aller Art und gemütlichem Mobiliar[7] mit Gelegenheit zum Austausch. Gofran würde natürlich auf etwas Türkisches bestehen – und Rafaela wollte sicher glutenfreies[8] Gebäck … Aber Lisa war sich sicher, das würden sie hinkriegen! Da war doch noch der kleine Raum neben dem Berufsberatungsbüro. Der wurde gar nicht richtig genutzt … Sie hörte, dass die Eingangstür ins Schloss fiel. Das waren sicher ihre Eltern, die vom Besuch bei ihrer Oma zurückkehrten. Sie stürzte laut polternd die Treppe hinunter und fing schon auf der vorletzten Stufe aufgeregt zu plappern an: „Mama, Papa, ich muss euch unbedingt von meiner Idee erzählen …“

7 **Mobiliar**: die Möbel

8 **glutenfrei**: Gerichte ohne Weizenmehl

2 **a)** Was wird Lisa ihren Eltern wohl so aufgeregt erzählen?
Zeichne eine Sprechblase und notiere, was sie über ihre Idee berichten wird.

So kannst du beginnen: „Mama, Papa, ich muss euch unbedingt was erzählen … Als ihr vorhin weg wart, habe ich in meinem Buch geschmökert. Da hatte ich eine tolle Idee …“ Du kannst das Gesagte auch aufnehmen und in **2 b)** abspielen.

Zeichne eine Sprechblase und notiere, was Lisa ihren Eltern von ihren Ideen am Nachmittag berichten wird.

b) Lies deiner Lernpartnerin oder deinem Lernpartner vor, was Lisa gesagt haben könnte. Diese oder dieser hört gut zu und verbessert die Aussagen, wenn sie nicht zum Text passen. Danach tauscht ihr die Rollen und verfahrt genauso.

3 **a)** Lies die Geschichte ein zweites Mal und markiere wie im Beispiel (S. 178) Schlüsselstellen, die für das Textverständnis wichtig sind.

b) Kennzeichne am Rand die Abschnitte, die von Lisas Nachmittag erzählen (rot), wie in Z. 1–17, und die, die sich auf die Erzählung im Jugendbuch beziehen (grün).

c) Überprüfe nun mithilfe der folgenden Aufgaben, ob du verstanden hast, wie die Idee, das Schülercafé zu organisieren, entstanden ist.: (A), (A) + (B).

(A) Kreuze die Aussage an, die laut Text jeweils zutrifft.

a) Lisa ist am Samstagnachmittag allein zu Hause, weil …
- ☐ die Eltern arbeiten müssen.
- ☐ ihre Oma sie zum Grillen eingeladen hat.
- ☐ ihre Freundinnen keine Zeit für sie haben.

b) Ihr neues Lieblingsbuch erzählt von …
- ☐ den Abenteuern einer Bäckerin, die Zauberkräfte hat.
- ☐ einem Café, in dem es die leckersten Kuchen und Schnitzel gibt.
- ☐ den Abenteuern der Cassandra Penta.

c) Die Erzählung, in die Lisa gedanklich völlig eintaucht, …
- ☐ macht ihr ein bisschen Angst.
- ☐ regt sie zu einer Idee für ihre eigene Schule an.
- ☐ lässt sie völlig kalt.

(B) Fasse kurz zusammen, wie Lisa auf die Idee mit dem Schülercafé gekommen ist.

Küchenlatein
Geräte und Tätigkeiten treffend bezeichnen

Lisas Idee ist richtig gut angekommen. Jetzt kommt es auf die Rezepte an: Lisa will mit Seven in der Schulküche schon mal ein Rezept ausprobieren, damit sie sich auf die Eröffnung vorbereiten können. Dazu müssen sich die beiden erst in der Küche orientieren, und herausfinden, wie die Geräte heißen und was man mit ihnen machen kann.

1 **a)** Worüber sprechen die beiden? Findet eine Erklärung dafür, warum Seven Lisa nicht versteht.

b) Gibt es Küchengeräte, bei denen ein ähnliches Problem auftauchen könnte?

2 Wie heißen die einzelnen Geräte, die ihr in dieser Küche seht?

a) Setzt euch zu dritt zusammen. Jede Person benennt so viele Geräte, wie sie kennt: Nutzt dazu z. B. die **SPRACHBOX** oder die **Schülercafé-Speisekammer** (Seite 189): 1 = der Schneebesen ...

b) Tragt eure Ergebnisse zusammen – sicher könnt ihr gemeinsam alles benennen.

SPRACHBOX

der Schneebesen – das Sieb – der Kochtopf – der Holzlöffel – die Ausstechform – die Kastenform – der Backpinsel – die Spritztüte – der Mixer – der Messbecher – die Rührschüssel – die Springform – die Küchenwaage – das Nudelholz ... (weitere S. 189)

(A)

Teig in Kastenform füllen

(B)

in den Ofen stellen

(C)

Teig ausrollen

(D)
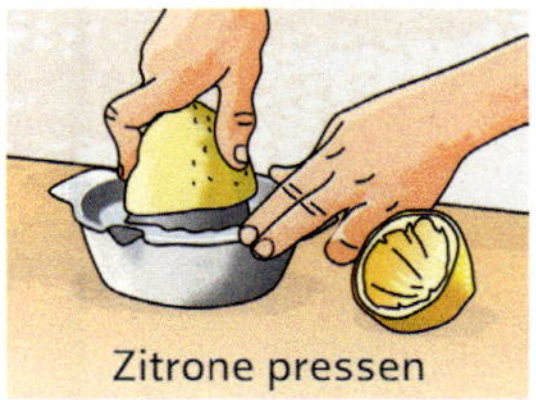
Zitrone pressen

(E)

Sahne abmessen

(F)

Eier trennen

3 **a)** Tätigkeiten in Rezepten müssen genau beschrieben werden, damit sie verständlich sind. Was machen Lisa und Seven auf den Bildern? Beschreibe die Tätigkeiten mit treffenden Verben und den Bezeichnungen der Geräte in einem ganzen Satz: *Sie füllt den Kuchenteig in eine Kastenform.*
Beschreibe die Tätigkeiten auf den Bildern A–C, A–E, A–F.
b) Formuliere weitere Sätze. Verwende darin die Küchengeräte von Seite 180. Du kannst auch passende Fotos dazu machen. Treffende Verben findest du auf Seite 189.

Fachwörterliste Küchengeräte	
Fachwort	**Erklärung**
der Schneebesen	Gerät zum Rühren von Flüssigkeiten Tätigkeiten: schlagen, rühren, mixen, vermengen, unterheben, z. B. – Eischnee herstellen, Soße glattrühren ...
die Springform	runde Form mit Rand, den man öffnen kann Tätigkeiten: backen, hineingießen, einfetten, z. B. – Marmorkuchen, Quiche.

4 **a)** Lege eine Wörterliste mit Begriffen (Nomen) für Küchengeräte an, damit du sie zum Schreiben deiner Rezepte nutzen kannst (siehe **LERNBOX**).
(AH) S. 35
b) Welche Tätigkeiten kannst du mit diesen Geräten ausüben? Schreibe passende Verben zu den Nomen auf. Nutze die **Schülercafé-Speisekammer** von S. 189.
c) Notiere mindestens zwei Beispiele dazu, wozu man diese Geräte verwenden kann.
d) Vergleicht die Ergebnisse in eurer Dreiergruppe und ergänzt die Listen.

LERNBOX

So legst du eine Wörterliste an:

1. Entscheide, ob du die Liste auf Papier oder digital (z. B. Word) anfertigen willst.
2. Notiere das **Wort**, das du dir **einprägen** willst, links. Wenn es ein Nomen ist, schreibe den Artikel dazu: *der Schneebesen.*
3. Schreibe rechts daneben in eigenen Worten eine **Erklärung** auf. Wenn du unsicher bist, schlage die Bedeutung im **Wörterbuch** nach oder recherchiere im Internet: *Gerät zum Rühren von Flüssigkeiten.* Ergänze auch, wozu die Geräte verwendet werden: *schlagen, rühren, mixen ...*
4. Du kannst zu den Wörtern auch kleine **Skizzen** zeichnen.

» Fachwortschatz, S. 202
» Sprache untersuchen, S. 267

Saftiger Marmorkuchen
Treffende Abkürzungen und Verben nutzen

Lisa und Seven wollen den Lieblingskuchen von Lisas Oma backen. Die Mitglieder der Gruppe des Schülercafés sollen ihn probieren und entscheiden, ob er ins Angebot aufgenommen werden soll. Lisa hat Zutaten und Arbeitsschritte aus dem Gedächtnis notiert.

1 Was weißt du über Marmorkuchen? Bei welcher Gelegenheit hast du diesen probiert?

2 **a)** Lies die von Lisa notierten Zutaten. Prüfe, ob beide diese in ausreichender Menge eingekauft haben. Vergleiche dazu die Liste mit den Lebensmitteln im Einkaufskorb. Beachte insbesondere die Zutaten Zucker, Mehl, Milch, Kakao.

» Freiraum, S. 203

b) Überlege mit einer Lernpartnerin oder einem Lernpartner, was die Abkürzungen bedeuten, die Lisa aufgeschrieben hat: *g, EL, TL, ml, Pck., Pr.*

c) Vergleicht eure Ergebnisse mit der **LERNBOX** auf Seite 183.

d) Sammelt weitere Abkürzungen, die in Rezepten vorkommen.

e) Ergänze auf deiner Wörterliste (von Seite 181) bekannte Abkürzungen (vgl. **LERNBOX** S. 183) aus Kochrezepten, damit du sie später immer wieder verwenden kannst.

Digital+
Interaktive Aufgabe
WES-126426-098

Zutatenliste:
250 g weiche Butter (etwas für die Form)
200 g Zucker + 1 EL Zucker extra
1 Pck. Vanillinzucker, 1 Pr. Salz, 5 Eier
250 g Mehl, 3 TL Backpulver
3 EL Milch + 50 ml
2 EL Backkakao
200 g Vollmilchkuvertüre

So wird's gemacht:

1. Gugelhupfform bestreichen und den Backofen auf 180 Grad (Umluft 160 Grad) anmachen
2. weiche Butter mit Zucker, Vanillezucker und Salz mit dem Mixer in einer Rührschüssel schaumig machen, nach und nach die Eier reintun
3. Mehl mit dem Backpulver vermatschen, abwechselnd mit 3 EL Milch zudecken
4. die Hälfte des Teiges in eine weitere Schüssel tun
5. den Backkakao mit 1 EL Zucker und der restlichen Milch füllen, zu der einen Teighälfte geben
6. die Hälfte des hellen Teigs in die Gugelhupfform werfen, die Hälfte des dunklen Teigs darauf streichen, mit einem Teigschaber schlagen, den Vorgang wiederholen
7. mit der Gabel Kreise im Teig machen, wieder glattstreichen
8. ca. 50 Minuten heizen, auf einem Küchenrost erkalten lassen
9. Kuvertüre grob salzen, im Wasserbad erhitzen, als Letztes die geschmolzene Kuvertüre über den Kuchen schmeißen und verteilen

einfetten

3 **a)** Lies die Arbeitsschritte, die Lisa zum Rezept notiert hat (S. 182): Was fällt dir auf?
b) In dem Rezept hat Lisa Verben verwendet, die die Tätigkeiten nicht treffend beschreiben. Markiere diese.

Du musst 15 Verben markieren.

c) Ersetze die markierten Verben durch treffendere. Nutze das Korrekturzeichen und die **SPRACHBOX**.

Wähle fünf Arbeitsschritte aus und verbessere sie. Schreibe so:

Schritt 1: nicht bestreichen, sondern einfetten ...

Korrigiere Arbeitsschritte 1–7 so wie im Beispiel (Seite 182).

Schreibe die Arbeitsschritte noch einmal mit den treffenden Verben auf.

Digital+ Textvorlage WES-126426-099

SPRACHBOX

zugeben – ziehen – hacken – gießen – umfüllen – vermischen – unterrühren – glätten – backen – schmelzen – rühren – schlagen – vorheizen – verrühren – füllen – hineingeben – einfetten – ergänzen – glattstreichen ...

A Marmorkuchen (nach Lisas Oma) Grad: 160°C / Backzeit: 50 Min.

B Zutatenliste:
250 g weiche Butter + etwas für die Form
200 g Zucker + 1 EL Zucker extra
1 Pck. Vanillinzucker

C Materialliste:
Gugelhupfform
Backpinsel
Küchenwaage

4 Schau dir diesen Rezeptausschnitt genau an. Erkläre, welche Angaben in A–C hier gemacht werden und wozu sie wichtig sind.

5 Erstelle eine Materialliste für Lisa und Seven. Gehe dazu so vor:

AH S. 36

a) Unterstreiche im Rezept, welche Küchengeräte und Gegenstände die beiden für die Zubereitung des Kuchens brauchen, z. B. eine Gugelhupfform.
b) Notiere, welche Küchengeräte außerdem benötigt werden. Nutze dazu deine Wörterliste mit den Küchengeräten und Verben von Seite 181.
c) Vergleicht eure Listen zu zweit.

6 Schreibe das Rezept nun vollständig auf:
a) Formuliere eine Überschrift (Name des Gerichts).
b) Notiere die Zutaten- und Materialliste und die richtigen Arbeitsschritte.

LERNBOX

Gebräuchliche Abkürzungen in Rezepten:

1. In Rezepten werden **Maßangaben** häufig verkürzt angegeben, da sie allgemein bekannt sind und häufig benutzt werden. Du findest sie auch auf Messbechern.
2. Die gebräuchlichsten **Abkürzungen** lauten:

g = Gramm	kg = Kilogramm (1000g = 1 kg)	Stk = Stück
ml = Milliliter	l = Liter (1000 ml = 1 l)	Pck. = Packung
EL = Esslöffel	TL = Teelöffel	Pr. = Prise
Min. = Minute/n	h = Stunde/n (60 Min. = 1 h)	Msp. = Messerpitze

Fachwortschatz, S. 202

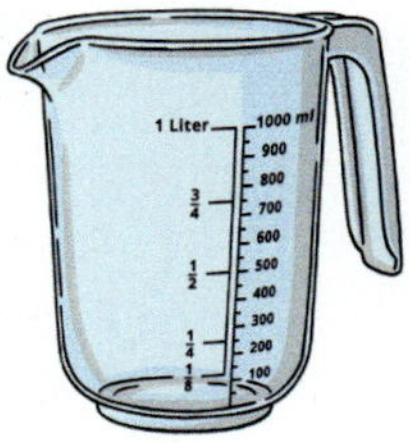

Küchenlatein für Fortgeschrittene
Komposita untersuchen und bilden

Wir sollten Kleinigkeiten anbieten, wie Kuchen, damit man sie in den Pausen essen kann.

1 **a)** Die Schülerinnen und Schüler überlegen auch, welche Produkte sie im Café anbieten wollen: Was schlägt der Schüler vor? Was meint er mit „Kleinigkeiten"?
b) Beurteile, ob der Vorschlag verständlich genug ist.

Marmor – Kuchen – Olive – Brot – Pudding – Blätter – Teig – Taschen – Hefeteig – Kringel – Spritze – Gebäck – Löffel – Biskuit – Müsli – Riegel – Glück – Kekse – Zitrone – Saft – Eis – Schokolade

2 **a)** Finde heraus, worauf sich die Schülerinnen und Schüler geeinigt haben, indem du die Wörter oben zusammensetzt. Schreibe die neuen Wörter mit Artikel auf und trenne sie durch Silbenstriche, z. B. der Marmor-kuchen.
Schreibe mindestens sieben zehn Zusammensetzungen auf.
Finde so viele Wörter wie möglich – auch solche, die aus drei Teilen bestehen.
b) Informiere dich in der **LERNBOX** darüber, wie die Zusammensetzungen gebildet werden und an welchem Wort sich der Artikel orientiert.
c) Überprüft danach zu zweit die Wörter, die ihr aufgeschrieben habt, indem ihr das Grundwort unterstreicht und das Bestimmungswort unterschlängelt: Orientiert sich der Artikel immer am Grundwort?

3 **a)** Bilde möglichst viele Komposita mit diesen Grundwörtern: *der Löffel: der Kochlöffel, … / die Form: die Auflaufform … / das Messer: das Sägemesser …*
b) Suche weitere Komposita für Nahrungsmittel oder Getränke, die im Schülercafé angeboten werden könnten. Du kannst auch Geräte aufschreiben, die im Café benötigt werden, z. B. der Dosen-öffner.

LERNBOX

Was sind Wortzusammensetzungen?

1. Eine Wortzusammensetzung nennt man **Kompositum**. Durch solch eine Zusammensetzung entstehen Wörter mit neuen Bedeutungen, z. B.
   das Messer + die Spitze = die Messerspitze (Nomen + Nomen)
   Bestimmungswort Grundwort
2. Das **Bestimmungswort** erläutert das Grundwort näher. Das **Grundwort** bestimmt die Wortart und bei Nomen auch den Artikel (Geschlecht).
3. Auch mit Verben und Adjektiven kannst du Komposita bilden:
   die Bratpfanne (Verb + Nomen), der Kühlschrank (Adjektiv + Nomen).
4. Prüfe, ob **Fugenbuchstaben** gestrichen oder ergänzt werden müssen:
   der Glückskeks, das Olivenbrot, der Kochlöffel (nicht: der Kochenlöffel).

» Fachwortschatz, S. 202
» Sprache untersuchen, S 266

Börek mit Käse und Spinat
Die Reihenfolge sprachlich verdeutlichen

Wir sollten auch ein Rezeptbuch anlegen. Das hätte einige Vorteile: 1. Unsere Gäste könnten alle Zutaten nachlesen. 2. Sie könnten alle Kuchen und Gerichte so zubereiten, wie wir es gemacht haben.

1 Die Schülerinnen und Schüler wollen ein Rezeptbuch gestalten, in dem alle Gerichte, die im Schülercafé angeboten werden, nachzulesen sind.
a) Lies noch einmal die Aussage des Schülers und erläutere die Gründe dafür, warum das Café-Team ein Rezeptbuch erstellen möchte.
b) Tauscht euch dazu aus, welche weiteren Vorteile das Anlegen eines Rezeptbuches haben könnte.

Denke an diese Vorteile: könnte verkauft werden, außerhalb der Schule nutzen, Rezepte verändern ...

2 Sammelt gemeinsam Ideen dazu, welche Informationen in dieses Buch gehören und wie die Rezepte dargestellt werden sollten, sodass alle sich zurechtfinden können.

3 **a)** Alle sind sich einig, dass Gerichte aus verschiedenen Ländern angeboten werden, damit das Angebot abwechslungsreich ist. Wer kennt dieses Gericht – und mit welchen Veränderungen?
b) Lies das Rezept auf Seite 186 und kläre gemeinsam mit einem Lernpartner oder einer Lernpartnerin, warum der Schüler meint, es funktioniere nicht.

Das Rezept Börek mit Käse und Spinat in das Rezeptbuch aufzunehmen, ist eine gute Idee – aber so wird das Gericht nicht funktionieren ...

4 Damit das Gericht richtig zubereitet werden kann, müssen die Arbeitsschritte in der richtigen Reihenfolge genannt werden.
a) Bringe die Arbeitsschritte des Rezepts von Seite 186 mit deiner Partnerin oder deinem Partner in eine sinnvolle Reihenfolge: Markiere zuerst die Signalwörter wie dem Beispiel (s. **LERNBOX** auf Seite 186). Nummeriere danach die Schritte.
b) Besprecht eure Ergebnisse in der Klasse und begründet die Reihenfolge.

5 Lege eine Liste mit Ausdrücken an, mit denen du Reihenfolgen sprachlich deutlich machen kannst. Nutze die Ausdrücke aus dem Rezept oben sowie diejenigen aus der **SPRACHBOX** und der **LERNBOX** (S. 186). Achte dabei auf die Rechtschreibung. Du kannst diese Wörter auch für spätere Rezepte nutzen.

Börek mit Käse und Spinat (12 Stück / von Gofran)

Zutatenliste:
12 Blätter Yufka-Teig (oder 200 g Filoteig)
150 g Feta
2 EL Naturjoghurt
Kräuter: z. B. Thymian und Petersilie
Salz und Pfeffer
1 kl. Zwiebel, 1 Knoblauchzehe
150 g frischen Spinat (oder Tiefkühlware)
zum Bestreichen: 1 Eigelb
Backpinsel
1 TL Milch
1 EL Sesam

Materialliste:
Backblech
Backpapier
kl. Schüssel
Gabel
Löffel
Schälmesser
Sieb

Digital+
Textvorlage
WES-126426-100

So wird's gemacht:
( ) Je 1–2 EL Füllung an der unteren Blattseite verteilen. ( ) Vorher den Backofen auf 200 Grad (Ober- und Unterhitze) vorheizen. ( ) Zum Schluss die Teig-Dreiecke einzeln mit der Spitze nach oben hinlegen. (1) Als Erstes für die Füllung den Schafskäse in ein Schüsselchen krümeln und zerdrücken. ( ) Danach Joghurt und klein gehackte Kräuter in die Käsemasse geben. (2) Als Nächstes Zwiebel und Knoblauch klein hacken und in Öl anbraten. ( ) Rund 15 Minuten goldbraun backen und warm servieren. (3) Spinat in die Pfanne geben und zusammenfallen lassen. ( ) Tiefkühlspinat vorher auftauen, Flüssigkeit abgießen bzw. abtropfen lassen. ( ) Ein Blech mit Backpapier auslegen. Fetamasse zum Spinat in die Pfanne geben und alles mit Salz und Pfeffer abschmecken. ( ) Dann mit Öl, Wasser oder Joghurt bestreichen. ( ) Mit einer Mischung aus verquirltem Eigelb und Milch bepinseln. ( ) Zum Abschluss mit Sesam bestreuen.

6 Schreibe das Börek-Rezept nun vollständig und in der richtigen Reihenfolge auf. Verwende dabei die Bezeichnungen aus deiner Wörterliste von Seite 181. Beginne mit dem Titel, ergänze darunter die Zutaten- und die Materialliste und notiere die Arbeitsschritte. Nutze auch die **Sprachbox**.

SPRACHBOX

als Erstes – zunächst – davor – sofort – dann – als Nächstes – direkt darauf – währenddessen – abschließend ...

LERNBOX

So verdeutlichst du eine sprachliche Abfolge:

1. Die Reihenfolge der Arbeitsschritte in den Rezepten verdeutlichst du durch Ausdrücke, die **einen Zeitpunkt angeben.** Es sind häufig **Adverbien der Zeit:** *zuerst, danach, dann, später, währenddessen ...*
2. **Andere Ausdrücke**, mit denen du die Reihenfolge angeben kannst, musst du dir hinsichtlich der Schreibweise gut einprägen: *zu Beginn, am Anfang, als Erstes, als Nächstes, zum Schluss ...* Ergänze sie in deiner Rechtschreibkartei.

Richtig schreiben, S. 296

AH S. 37

Essen für alle
Arbeitsschritte übersichtlich darstellen

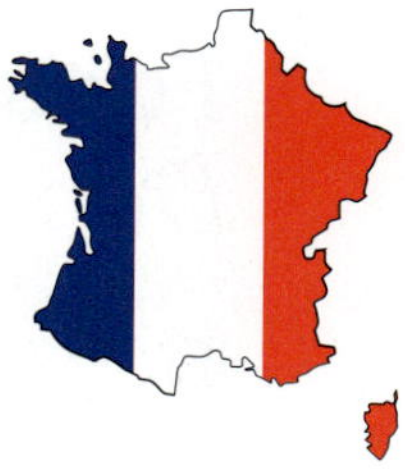

1 Rafaela muss sich aufgrund einer Unverträglichkeit glutenfrei ernähren. Sie wünscht sich, dass im Schülercafé etwas angeboten wird, dass viele essen können.
a) Lies ihre Mail und notiere, um welches Gericht es sich handelt.
b) Tauscht euch zu euren Notizen aus. Orientiert euch an dem Rezept auf S. 186.

» Freiraum, S. 203

Von:
An:
Betreff:

Hier kommt mein Rezept für das Schülercafé – natürlich glutenfrei:
100 g helle, glutenfreie Mehlmischung auf Maisbasis ODER 150 g helle glutenfreie Mehlmischung auf Reisbasis, 1 Pr Salz und 2 Eier (Größe L) in eine Rührschüssel geben. Nach und nach die 300 ml Milch (ggf. laktosefrei) zugeben; dabei mit einem Mixer einen glatten Teig herstellen. Diesen 30 Min. bei Zimmertemperatur ruhen lassen, so quillt das glutenfreie Mehl nach. Dann den Teig portionsweise in eine leicht gefettete Pfanne (Fett oder Öl) geben und Crêpes von beiden Seiten goldbraun ausbacken.
Variation: Je nach Geschmack können die Crêpes mit Konfitüre, Schokocreme, Zucker-Zimt, Käse, usw. belegt und aufgerollt werden. Klein geschnittene Crêpes dienen als Suppeneinlage für Pfannkuchensuppe. Für süße Crêpes kann man 1 Päckchen Vanillezucker vorher in den Teig rühren. Aber auch für Leute, die sich laktosefrei ernähren müssen, gibt es eine Möglichkeit: Milchersatz auf Soja-, Hirse- oder Mandelbasis anstatt Milch verwenden.

2 Lisa hat Rafaela gebeten, das Rezept für das Buch übersichtlicher zu gestalten:
a) Überlege dir, wie Rafaela das Rezept übersichtlicher gestalten könnte.
b) Vergleiche deine Ideen mit den Hinweisen in der **LERNBOX**. Wähle eine Möglichkeit aus und nummeriere die Arbeitsschritte.
Für die *Variation* und die *Tipps* kannst du neue Zwischenüberschriften wählen.

3 Schreibe das Rezept nun übersichtlich mit Material- und Zutatenliste auf:
a) Beginne mit der Überschrift, ergänze die Zutaten- und Materialliste (vgl. Wörterliste von Seite 181) und notiere dann übersichtlich die einzelnen Arbeitsschritte.
b) Vergleicht eure Lösungen im **Lerntempoduett** miteinander.

» Fachwortschatz, S. 202

LERNBOX

So gestaltest du ein Rezept übersichtlich:
Damit man ein Rezept nachmachen kann, muss es klar gegliedert sein:
1. Du kannst die einzelnen Schritte mit **Zahlen** oder **Buchstaben** versehen (1., 2., 3., .../ A, B, C, .../ a), b), c) ..., **Absätze** machen und **sprachlich auf den nächsten Arbeitsschritt** hinweisen (vgl. **LERNBOX**, Seite 186).
2. Verwende **Zwischenüberschriften**, wenn das Gericht aus mehreren Teilen besteht (z. B. *Zubereitung des Teigs, Anfertigung der Glasur ...*).
3. Nimm, wenn möglich, zur Orientierung auch die **Personen- oder Stückzahl** auf.

Focaccia muss sein!
Den Leser ansprechen

1 *„Focaccia"* – Wie spricht man das aus und was ist es?

» Freiraum, S. 203

2 Setzt euch zu zweit zusammen. Verschriftlicht das Rezept:
a) Betrachtet die Bilder und beschreibt die Schritte zunächst mündlich.
b) Überlegt, welche Anredeformen sich für das Rezeptbuch, das sich vor allem an Schülerinnen und Schüler richtet, gut eignen würden. Lest die **LERNBOX**.
c) Entscheidet, wie ihr das Rezept gliedern wollt (vgl. **LERNBOXEN**, Seite 186/187).
d) Schreibt die Anleitung geordnet auf: Erstellt eine Zutaten- und Materialliste und verschriftlicht die Arbeitsschritte übersichtlich. Nutzt die **SPRACHBOX**.

3 **a)** Besprecht zu viert, was ihr im Schülercafé noch anbieten würdet, wenn es darum geht, die Vorgaben: einfach, günstig, gesund, lecker zu berücksichtigen.
b) Wähle ein Rezept aus und schreibe es für das Rezeptbuch auf: Notiere den Namen des Gerichts, die Anzahl der Portionen, die Zutaten- und Materialliste sowie die Arbeitsschritte in der richtigen Reihenfolge. Nutze die Anredeformen aus der **LERNBOX** sowie die **Schülercafé-Speisekammer** von der Seite 189.

SPRACHBOX

in Scheiben schneiden – Zwiebeln schälen und in Ringe schneiden – Backblech einfetten – Öl und Wasser beimengen – Hefe einrühren – Mehl aufstreuen – durchkneten – formen – auflegen – würzen – mit Öl betropfen – quellen lassen

LERNBOX

So kannst du die Leser eines Rezepts ansprechen:
Wenn du ein Rezept für deine Mitschülerinnen und Mitschüler (Adressaten) aufschreibst, kannst du zwischen folgenden **Anredeformen** wählen:
1. **Du-Form:** *Du schneidest die Oliven in dünne Scheiben.*
2. **Befehlsform** (= **Imperativ**): *Fette ein großes Backblech mit Butter ein.*
3. **Infinitivform** (**Grundform des Verbs**): *Auf eine Arbeitsfläche Mehl streuen …*
Du kannst die verschiedenen Anredeformen auch mischen.

» Fachwortschatz, S. 202

SPRACHBOX

Schülercafé-Speisekammer

ABKÜRZUNGEN

ml (= der Milliliter),
l (= der Liter),
g (= das Gramm),
kg (= das Kilogramm),
Bd. (= das Bund),
EL (= der Esslöffel),
TL (= der Teelöffel),
Msp. (= die Messerspitze),
Min. (= die Minute),
h (= die Stunde),
Pr. (= die Prise),
Stk./ Stck./ St. (= das Stück),
Pck. (= die Packung)

TÄTIGKEITEN IN DER KÜCHE:

(ein-/um-) füllen, (ab-)wiegen, (ab-)messen, mischen, (auf-)backen, rösten, mixen, (hinein-/um-)schütten, schneiden, vermischen, (ein-/um-)füllen, (an-/glatt-/ver-/unter-/um-)rühren, (ein-/ver-)kochen, einfetten, (bei-/unter-)mengen, (be-)streuen, formen, (durch-)kneten, auflegen, würzen, pürieren, unterheben, schlagen, backen, (hinein-/um-/ab-)gießen, öffnen, herstellen, trennen, zugeben, hacken, schmelzen, vorheizen, bepinseln, (ein-/be-)streichen, servieren, abgießen, abtropfen, abschmecken, auftauen, (ab-/aus-)kühlen ...

KÜCHENGERÄTE

der Schneebesen, das Sieb, der Kochtopf, der Holzlöffel, die Ausstechform, die Kastenform, der Backpinsel, die Spritztüte, der Mixer, der Messbecher, die Rührschüssel, die Springform, die Küchenwaage, das Nudelholz, der Backofen, die Küchenschere, die Zitronenpresse, der Wasserkocher, die Eieruhr, das Backblech, das Backpapier, der Teigschaber, der Küchenrost, die Gugelhupfform ...

HILFSMITTEL IN DER KÜCHE

die Küchenschürze
der Topflappen
das Backpapier

ZUTATEN

das Mehl, der Zucker, der Puderzucker, der (Back-)Kakao, der Vanillezucker, das Backpulver, die Schokostreusel, die (Erd-/Hasel-/Wal-/Para-)Nüsse, die Mandeln, der Zitronensaft, die Hefe, die Eier, das Eigelb, das Eiweiß, die Butter, die Milch, die (Vollmilch-/Zartbitter-)Kuvertüre, die Hefe, der Spinat, die Kräuter, das Salz, der Pfeffer, der Teig, der Joghurt, die Vanilleschote ...

REIHENFOLGE IN REZEPTEN VERDEUTLICHEN:

als Erstes, zu Beginn, am Anfang, zuerst, dann, danach, als Nächstes, anschließend, später, währenddessen, darauf, zum Schluss, abschließend, als Abschluss, am Ende ...

Rezepte zum Nachkochen
Ein Rezeptbuch als E-Book gestalten

1 Die Schülerinnen und Schüler vom Schülercafé haben entschieden, ihre Rezepte digital als E-Book mithilfe der App *BookCreator* zu sammeln und zu gestalten:

a) Notiere, welche Vorteile es haben könnte, das Rezeptbuch digital zu erstellen.

b) Vergleicht eure Ergebnisse miteinander. Lest dazu auch die Hinweise in der **LERNBOX** auf Seite 191 und ergänzt eure Notizen.

c) Wer hat bereits Erfahrungen mit solch einer App gemacht? Berichtet, worauf man achten sollte und welche Tipps ihr dazu habt.

A

B

C

Digital+ Deckblätter WES-126426-101

2 Seven hat schon einmal damit begonnen, verschiedene Cover zu erstellen. Das sind die Deckblätter (= Außenseite) des Rezeptbuches.

a) Setzt euch in Dreiergruppen zusammen. Jeder beschreibt die Gestaltung eines der Deckblätter (A – B – C).

b) Wählt das aus, was euch am besten gefällt. Begründet eure Entscheidung. Achtet dazu auf ausgewählte Farben, die Schrift, die Bilder sowie deren Zusammenwirken. Ihr könnt auch angeben, wenn ihr etwas verändern würdet. Nutze zum Formulieren deiner Begründung die **SPRACHBOX**.

3 Gestaltet auch so ein Rezeptbuch: Entscheidet zuerst gemeinsam, ob ihr eines der Cover für euer Rezeptbuch übernehmen oder ob ihr eher ein eigenes gestalten wollt. Wenn ihr euch für Letzteres entscheidet, gestaltet gemeinsam ein weiteres Deckblatt über *BookCreator* (vgl. dazu **LERNBOX** auf Seite 191).

4 Seven hat sich als Verantwortlicher für das Rezeptbuch bereit erklärt, die Rezepte zu sammeln und zu sortieren.

a) Erkläre, was genau er mit seiner Aussage meint.

b) Besprecht, wohin solch ein Inhaltsverzeichnis gehört und wie man es strukturieren könnte.

Du findest ein Beispiel für solch ein Verzeichnis auf den ersten Seiten dieses Buches (S. ...).

c) Lege ein Inhaltsverzeichnis mit dem *BookCreator* an. Nimm darin die Rezepte auf, die du bislang aufgeschrieben hast, z. B. Saftiger Marmorkuchen.

SPRACHBOX

Mir gefällt Cover A (B/C) besonders gut, denn die Schrift ... – Besonders ansprechend finde ich auf diesem Deckblatt ... – Auf dem Cover A (B/C) erkennt man deutlich, dass ... – Das passt gut zu unserem Café, weil ... – Wäre ich der Adressat, würde ich mich angesprochen fühlen, denn ...

Wir brauchen auch eine Übersicht, damit die Leser wissen, was sie in unserem Rezeptbuch erwartet!

5 Nun geht es daran, die Rezepte abzubilden:

a) Halte die Bestandteile fest, die jede Anleitung enthalten sollte.

b) Bei der Gestaltung gibt es verschiedene Möglichkeiten. Betrachte nun die folgenden Beispielseiten. Wähle diejenige aus, die dir am meisten zusagt, und begründe deine Entscheidung.

c) Diskutiert in der Klasse, ob ihr die Seiten in eurem Rezeptbuch eher einheitlich oder ganz individuell gestalten wollt. Einigt euch auf die Kriterien, die für alle gelten sollen.

Denkt dabei an: Bestandteile des Rezepts (Überschrift, Personen- oder Stückzahl ...), Schrift (Farbe und Größe), Fotos oder Illustrationen.

Marmorkuchen (nach Lisas Oma)

Zutatenliste:
250 g weiche Butter + etwas für die Form
200 g Zucker + 1 EL Zucker extra
1 Pck. Vanillinzucker
1 Pr. Salz
...

Materialliste:
Gugelhupfform
Backpinsel
Küchenwaage
Rührschüssel
...

So wird's gemacht:
1. Gugelhupfform einfetten und den Backofen auf 180 Grad (Umluft 160 Grad) vorheizen.
2. weiche Butter mit Zucker, Vanillezucker und Salz mit dem Mixer in einer Rührschüssel schaumig machen, nach und nach die Eier reintun.
3. Mehl mit dem Backpulver vermengen, abwechselnd mit 3 EL Milch verrühren.
...

Börek mit Käse und Spinat
(12 Stück/von Gofran)

Zutatenliste:
12 Blätter Yufka-Teig (oder 200g Filoteig)
150g Feta
2 EL Naturjoghurt
Kräuter: z.B. Thymian und Petersilie
Salz und Pfeffer
1 kl. Zwiebel, 1 Knoblauchzehe
150g frischen Spinat (oder Tiefkühlware)
zum Bestreichen: 1 Eigelb, 1 TL Milch, 1 EL Sesam

Materialliste:
Backblech
Backpapier
kl. Schüssel
Gabel
Löffel
Schälmesser
Sieb
Backpinsel

So wird's gemacht:
(1) Als Erstes für die Füllung den Schafskäse in ein Schüsselchen krümeln und zerdrücken.
(2) Als Nächstes Zwiebel und Knoblauch klein hacken und in Öl anbraten.
(3) Spinat in die Pfanne geben und zusammenfallen lassen.
...

6 Gestaltet euer eigenes Rezeptbuch mithilfe der App *BookCreator*. Geht dazu so vor, wie in der **LERNBOX** beschrieben.

LERNBOX

So kannst du ein Rezeptbuch als E-Book gestalten:

1. Entscheide dich für eine **App**, mit der du ein digitales Buch erstellen, teilen und bearbeiten kannst, zum Beispiel *BookCreator*. Wenn deine Lehrkraft ein Buch vorbereitet, musst du den jeweiligen von ihr erstellten QR-Code nutzen.
2. Nachdem du dich angemeldet hast, klickst du auf das Symbol zum **Erstellen eines neuen Buches** („+ Neues Buch"). Dann wählst du ein Format aus *(„Buchformat auswählen")*. Dieses kannst du später nicht mehr verändern.
3. Beginne mit dem **Deckblatt**. Über den Pfeil am rechten Rand kannst du so viele **Seiten hinzufügen**, wie Rezepte ergänzt werden sollen.
4. Nun kannst du die **Seiten gestalten**:
   - Mit dem „+"-Zeichen kannst du externe Medien hinzufügen: z. B. Bilder der Festplatte, Aufnahmen der Kamera, Zeichnungen mit Stift, Text oder auch eine Tonaufnahme. **Achtung!** Beachte das Urheberrecht, d. h. frage bei fremden Fotos um Erlaubnis, sie abdrucken zu dürfen, oder gib die Quelle an.
   - Mit dem Pfeil ganz rechts („>") kannst du das Buch vorlesen lassen, teilen oder veröffentlichen.
5. Wenn ein Buch angewählt ist, gibt es im linken Bereich des Menüs das Stichwort „Seiten". Hier kannst du Seiten, die fertig sind, anklicken und an eine neue Position schieben.
6. Wenn du den **Einladungslink** an andere weiterschickst, könnt ihr gemeinsam an dem Buch arbeiten und so euer Rezeptbuch zusammen entwickeln. Wenn das E-Book fertig ist, könnt ihr es verschicken, herunterladen oder ausdrucken.

METHODEN

Lebensmittel richtig lagern
Informationen aufeinander beziehen

Wenn wir uns auf ein Angebot geeinigt haben, müssen wir unsere Einkäufe gut planen und sie richtig lagern.

Dazu sollten wir uns aber genau über Lagermöglichkeiten informieren. Ich habe einen Zeitungsartikel dazu gefunden.

1 **a)** Worüber sprechen die Schüler und Schülerinnen der AG? Was ist ihre Sorge?
b) Lest den Zeitungsartikel: Welche Aussagen bestätigen die Bedenken?

Daten und Fakten zur Lebensmittelverschwendung

Laut Berechnungen des Bundesministeriums für Ernährung und Landwirtschaft landen in Deutschland pro Jahr mind. 11 Mio. Tonnen Lebensmittel im Müll. Lebensmittelabfälle entstehen auf den Feldern, in der Industrie, im Handel und in den privaten Haushalten. Im privaten Haushalt entstehen die meisten Abfälle, nämlich 52 %, d. h. im Jahr ca. 6,1 Millionen Tonnen. Häufig weggeworfen werden frisches Obst und Gemüse, Brot und Backwaren, Fleisch/Wurst und Milchprodukte. Mit der Initiative[1] „Zu gut für die Tonne!“ sollen die Verbraucher darauf aufmerksam gemacht werden, Lebensmittel nicht mehr wegzuwerfen, sondern sie wertzuschätzen.

1 **Initiative:** Aktion

2 Die Jugendlichen sind sich einig geworden: Im Café sollen keine Lebensmittel weggeworfen werden. Dazu gehört aber auch das richtige Lagern: Was wisst ihr darüber?

3 Setzt euch in einer Dreiergruppe zusammen. Informiert euch, indem ihr ein **Gruppenpuzzle** zur Lebensmittellagerung durchführt. Geht dazu so vor (**LERNBOX** S. 193):
a) Teilt die Materialien (M1 – M3) unter euch auf. Legt eine Tabelle mit drei Spalten an.
b) Notiere die wichtigen Informationen zur Lagerung in deiner Spalte (= Experte).
c) Setzt euch mit denjenigen zusammen, sie das gleiche Material bearbeitet haben. Korrigiert und ergänzt eure Notizen (= Expertengruppen).
d) Stellt euch reihum (= Stammgruppe) die notierten Informationen vor: A stellt vor, B und C hören zu, notieren die neuen Informationen in der passenden Spalte der Tabelle und fragen gegebenenfalls nach. Bei B und C verfahrt ihr ebenso.

Digital+
Textvorlage
WES-126426-102

M1 Lebensmittel richtig lagern – Vorratskeller und -raum

Früher konnten im Vorratskeller Äpfel und Kartoffeln über Monate gelagert werden. Er war das ganze Jahr über kühl (etwa 4° C im Winter und 12° C im Sommer) und hatte am besten eine Luftfeuchtigkeit von 85 % bis 90%. Heute sind Keller oder Speisekammern trocken und warm und sind nicht mehr unbedingt Aufbewahrungsorte für frisches Obst und Gemüse. Moderne Keller oder auch Vorratsräume eignen sich aber sehr gut für Konserven wie eingekochtes Obst, Gemüse, verschiedene Marmeladen, Gelees, trockene Kuchen oder Kekse in Dosen oder selbst hergestelltes Sauerkraut, Getränke oder Säfte. Aber auch Grundzutaten, wie Mehl, Zucker, Backpulver lassen sich in geschlossenen Behältern hier gut aufbewahren.

Vorratsraum ist trocken und warm

M2 Lebensmittel richtig lagern – Gefrierschrank

Beim Einfrieren wird das Lebensmittel portioniert bei –25° C schockgefrostet. Tiefgefrorenes ist nach dem Auftauen so frisch wie zum Zeitpunkt des Einfrierens. Zum Einfrieren eignen sich viele Obst- und Gemüsesorten, Fisch, Fleisch und Kräuter. Gemüse solltest du vor dem Einfrieren blanchieren[1], damit Farbe, Form, Vitamine und Nährstoffe erhalten bleiben. Zur Lagerung müssen tiefkühlgeeignete Dosen oder Tüten verwendet werden. Bei einer Temperatur von –18° C können die Lebensmittel bis zu einem Jahr lang gelagert werden. Manche Kühlschränke haben Tiefkühlfächer mit unterschiedlicher Gefrierleistung. Lebensmittel wie Eier, Blattsalate, Frischkostsalate, Radieschen, Rettich, rohe Kartoffeln, Zwiebeln, Gurken, Tomaten, Wassermelonen, Weintrauben, ganze rohe Äpfel und Birnen sind zum Einfrieren weniger geeignet.

1 **blanchieren:** kurzes Garen in heißem Wasser

M3 Lebensmittel richtig lagern – Kühlschrank

Die Temperatur im Kühlschrank liegt bei 2° C bis 10° C. Dort lassen sich leicht verderbliche Lebensmittel wie Wurst, Milch und Milchprodukte bei Temperaturen um 5° C für einige Tage lagern. In Mehrzonenkühlgeräten lassen sich auch bei Temperaturen um 0° C kälteunempfindliches Obst und Gemüse sowie Fleisch einige Tage gekühlt bevorraten. Die Lebensmittel sollten zum Kühllagern möglichst frisch sein. Geeignete Verpackungen schützen sie vor dem Austrocknen sowie vor Farb-, Aroma- und Geschmacksveränderungen, Geruchsübertragung und Übertragung von Keimen[1]. Exotische Früchte wie Ananas, Mango oder Bananen gehören nicht in den Kühlschrank. Auch Tomaten, Kartoffeln, Zwiebeln und Knoblauch fühlen sich in der Kälte nicht wohl. Brot wird im Kühlschrank schnell altbacken[2]. Bei schwülem Wetter kann die kühle Lagerung allerdings sinnvoll sein, weil sie die Schimmelbildung verhindert.

1 **Keime:** Krankheitserreger
2 **altbacken:** hart und zäh

4 **a)** Diskutiert nach dem Austausch darüber, welche der Lagermöglichkeiten im Schülercafé benötigt werden, um Kuchen und Kekse, Backzutaten etc. zu lagern.
b) Besprecht, welche Räume und Geräte dafür zur Verfügung stehen müssten.

SPRACHBOX

Meiner Ansicht nach … – Ich finde, dass … – Ich vertrete den Standpunkt, dass … – Ich denke, dass … – Daher …

LERNBOX

So führt ihr ein Gruppenpuzzle durch:

Mit einem Gruppenpuzzle könnt ihr in einer Stammgruppe **arbeitsteilig drei oder mehr Materialien erarbeiten.**

1. Im ersten Schritt **bearbeitet jede/r sein Material allein** und wird damit zum **Experten** für seinen Bereich.
2. Dann setzen sich mehrere Schülerinnen und Schüler zusammen, die **dasselbe Material erarbeitet** haben (**Expertengruppe**) und vergleichen die Ergebnisse.
3. Im dritten Schritt finden sich die **Stammgruppen wieder zusammen**. Jeder Experte informiert die anderen, die zuhören und sich Notizen machen.

» Fachwortschatz, S. 202

Einladung zum Fest
Doppelkonsonanten richtig schreiben

Wir sollten auch die Eltern zur Einweihungsfeier bitten! Ich kann mir vorstellen, sie kommen gerne zu unserem Fest!

Deine Idee ist toll! Ich schreibe schnell einen treffenden Text – den können wir auch in verschiedene Sprachen übersetzen.

Gut, ich gestalte eine passende Karte mit den wichtigen Informationen zu unserem Treffen!

1 **a)** Lest die Ideen und tauscht euch darüber aus.
b) Markiere in den Aussagen die Wörter mit Doppelkonsonanten.
Du musst insgesamt elf Wörter markieren.
c) Überlege, welche Rechtschreibstrategie du bei dieser Schreibung nutzen kannst.
d) Lies die **LERNBOX** dazu. Notiere die markierten Wörter mit Silbenbogen und vergleicht eure Ergebnisse zu zweit. Schreibe so: wir sollten → sol len …

2 **a)** Lest den Einladungstext zur Einweihungsfeier des Schülercafés und tauscht euch darüber aus, an wen er sich richtet und ob er alle wesentlichen Informationen enthält.
b) Besprecht, ob er ansprechend und adressatengerecht formuliert ist.
c) Entscheide, ob die nummerierten Wörter mit einfachem oder doppeltem Konsonanten geschrieben werden müssen. Schreibe die Einladung richtig auf.
Setze siebenmal den einfachen und zwölfmal den doppelten Konsonanten ein.
d) Schreibe die Einladung am Computer und gestalte sie passend.

Liebe Eltern,
am ersten (1) Mi(t/tt)woch im (2) Ju(l/ll)i schwingen wir (3) Schü(l/ll)er den (4) Kochlö(f/ff)el!
Wir (5) wo(l/ll)en unser neues Schülercafé einweihen. An diesem Tag geben wir Ihnen die (6) Ge- (l/ll)egenheit, uns und natürlich auch unser Angebot (7) be(s/ss)er (8) ke(n/nn)enzulernen. Ab 14.00 Uhr werden (9) intere(s/ss)ante (10) Spei(s/ss)en aus verschiedenen Ländern angeboten, denn wir sind ein (11) multikulture(l/ll)er Haufen … Seien Sie herzlich willkommen! Wem das kleine (12) Imbi(s/ss)angebot (13) gefä(l/ll)t, der (14) ka(n/nn) ein (15) to(l/ll)es Rezeptbuch (16) kau(f/ff)en und die Leckereien auch zu (17) Hau(s/ss)e nachkochen. (18) Bi(t/tt)e (19) erschei(n/nn)en Sie zahlreich!!!
Ihr Team vom Schülercafé

LERNBOX

Wörter mit doppeltem Konsonanten erkennen:
1. Wird der **Vokal** in der ersten Silbe lang gesprochen, dann ist diese Silbe **offen**. Sie endet mit dem Vokal: die Spei sen.
2. Wird der **Vokal** in der ersten Silbe **kurz** gesprochen, dann ist die Silbe **geschlossen**. Sie endet mit einem Konsonanten: *bes ser*.
3. Wende bei einsilbigen Worten die **Verlängerungsprobe** an: *er isst → es sen*.
4. Zusammengesetzte Wörter musst du erst **zerlegen**, dann **verlängern**: *der Messbecher → mes sen + der Becher*.

Fachwortschatz, S. 202
Sprache untersuchen, S. 258
Richtig schreiben, S. 281

Glückskekse für das Einweihungsfest
Ein Rezept mit Textlupen überarbeiten

1 Samira hat die gute Idee, für das Einweihungsfest mit den Eltern *Glückskekse* vorzubereiten. Natürlich soll dieses Rezept auch ins Rezeptbuch übernommen werden.

a) Stellt Vermutungen dazu an, woher *Glückskekse* eigentlich kommen.

» Freiraum, S. 203

b) Samira hat schon drei Sprüche für das Innere der Kekse aufgeschrieben, die sie als Willkommensgruß geeignet findet. Erkläre ihre Bedeutung und beurteile begründet, ob sie den Besuchern Freude machen und zum „Café con cuore" passen:
Wähle einen, zwei, alle Sprüche aus.

Ⓐ „Bleib" ist ein wunderbarer Begriff im Wortschatz eines Freundes!

Ⓑ Es gibt Menschen, die machen unsere Welt zu etwas Besonderem, einfach weil es sie gibt!

Ⓒ Es kommt nicht darauf an, dass Freunde zusammenkommen, sondern dass sie übereinstimmen. (Goethe)

c) Sammelt oder schreibt selbst Sprüche, die ihr in Glückskekse einbacken könnt. Sie sollen die Besucher willkommen heißen und das Gemeinschaftserlebnis fördern. Schreibe sie auf kleine Zettel.

Du kannst auch Sprüche im Internet recherchieren. Kombiniere dazu verschiedene Stichworte, wie Sprüche, *Freundschaft, Willkommen, Glückskeks, Botschaften* …

2 Samira hat ihr Rezept per E-Mail zur Überarbeitung an Seven geschickt. Bevor es in das digitale Kochbuch eingetragen wird, soll es überarbeitet werden. Dazu hat Seven es ausgedruckt. Überarbeitet das Rezept von Samira in einer Schreibkonferenz mithilfe von Textlupen:

Digital+
Textvorlage
WES-126426-103

» Fachwortschatz, S. 202

» Sprache untersuchen, S. 259

a) Setzt euch zu viert zusammen und prüft gemeinsam, ob die Zutatenliste mit den Zutaten (Seite 196 oben) übereinstimmt.

b) Lest nun zusammen die **CHECKLISTE** (Seite 197) und teilt die Kriterien unter euch auf: Nehmt jeweils zwei der Kriterien „unter die Lupe".

c) Überarbeite nun Samiras Rezept (Seite 196). Achte dabei besonders auf die Umsetzung der Kriterien, die du in den Blick nehmen sollst. Verwende die Korrekturzeichen aus dem Kasten und setze die Anmerkungen fort.

Darauf musst du je nach Kriterium achten: Angabe der Stückzahl fehlt/ genaue Zahl der Zettel fehlt/ Zutatenliste stimmt nicht mit den Zutaten auf dem Tisch überein/ Materialien fehlen/ Reihenfolge der Arbeitsschritte stimmt nicht/ nicht immer werden treffende Bezeichnungen für Geräte oder Verben verwendet/ Anrede ist zum Teil unpassend/ es gibt 12 Fehler bei der Schreibung von Doppelkonsonanten.

Wenn du schon früher mit der Überarbeitung fertig bist, wähle ein weiteres Kriterium aus der **CHECKLISTE** und ergänze weitere Anmerkungen.

Korrekturzeichen:
- ⊢⊣ = streichen
- ⌐ = einfügen
- └×┘ = ersetzen
- ┘‾ = Absatz
- R = Rechtschreibfehler
- ↷ = Reihenfolge

Von:	samira.meyer@mymail.de
An:	redaktion.rezeptbuch@schuelercafe.de
Betreff:	Rezept Glückskekse

Glückskekse

Zutatenliste:
3 Eiweiß
60 g Puderzucker
45 g Butter
160 g Mehl
kleine Zettel mit Botschaften

Materialliste:
große und kleine Schüssel
Mixer, Teelöfel
Rührlöffel
Sieb, Waage
Backpapier

~~Das Schwierigste zuerst, das darfst du später nicht vergessen:~~ Du musst die Kekse schnel falten, damit sie nicht zerbrechen (s. Zeichnung unter dem Rezept). Als Nächstes schlägst du das Eiweiß mit einem Rührding schaumig. Als Erstes trenst du die drei Eier, d. h. Sie geben das Eiweiß in eine große und das Eigelb in eine kleine Schüsel. Rühre daraufhin den Puderzucker unter die Eimase. In einer Pfane zerlässt du Buter. Diese gießt du danach zu der Eimasse und rührst vorsichtig um. Dann siebst du mit einem Schneebesen das Mehl darüber. Vermatsche alles zu einem glaten Teig. Lass diesen etwa eine halbe Stunde ruhen.
Heize den Backofen auf etwa 180° Celsius vor. Nun legst du das Backpapier auf das Blech. Darauf schmierst du pro Keks etwa zwei Löfel Teig. Streiche die Kleckse kreisrund aus. Backe die Teigkreise etwa fünf Minuten. Werfen Sie dann auf jeden noch heißen Keks einen Zetel mit einer Botschaft. Zum Schluss läst du sie abkühlen und kanst sie servieren. ~~Vielleicht hast du Glück Und sie werden was?!~~ ☺

(Randkorrekturen:)
(etwa 20 Stück.
R
60 g
Glas zum Knicken
Wie viele?
H, ans Ende setzen
R,
R
setzt
H

» Fachwortschatz, S. 202

ausstechen, hinlegen

zusammenklappen, festdrücken

zusammendrücken

3 Vergleicht und ergänzt eure Anmerkungen. Arbeitet so, wie auf dem Bild dargestellt, und nutzt die **SPRACHBOX**:
- Ein Mitglied eurer Gruppe beginnt damit, vorzustellen, welche Kriterien sie oder er verändert hat. Nennt die Zeilen auf die ihr euch bezieht, damit alle mitkommen. Die Anmerkungen sollten begründet werden.
- Die Zuhörer ergänzen die Anmerkungen am Rand ihres Textes und fragen gegebenenfalls nach, wenn sie etwas nicht verstanden haben.
- Dann folgen nacheinander die drei anderen Mitglieder eurer Gruppe.

4 Samira hat in ihrer E-Mail als zweiten Anhang noch Zeichnungen von der Falttechnik ergänzt.

Nutze die Zeichnungen, um in dem Rezept die Falttechnik genauer zu erklären, z. B. *Teig kreisrund ausstechen / Keks über Rand legen / zusammendrücken …*

Ergänze unter deinem Rezept noch genauere Tipps zum Falten oder eine Zeichnung, damit das Falten besser gelingt.

5 Nun habt ihr alle Anmerkungen zusammengetragen.

a) Schreibe das Rezept vollständig überarbeitet sowie sauber und fehlerfrei auf. Prüfe es nach dem Aufschreiben noch einmal.

b) Gib das Rezept am Computer ein oder ergänze es in eurem E-Book.

SPRACHBOX

Ich habe mich mit den Kriterien … und … beschäftigt, also … – Ich habe … unter die Lupe genommen. – Meine Aufgabe war es, zu überprüfen, ob … – Dabei ist mir aufgefallen, dass … – Ich habe dabei bemerkt, dass … – In der Zutatenliste … – Bei der Materialliste fehlen … – Du könntest noch … ergänzen. – Daher würde ich … – In Zeile … sollte ergänzt werden, dass … – Außerdem sind die Arbeitsschritte noch nicht …, denn …

AH S. 38-39

CHECKLISTE

So überarbeitest du Rezepte mit der Textlupe:

1. Beginnt das Rezept mit einer **Überschrift** (Name) und den Informationen zur **Personen-** oder **Stückzahl**? Werden Temperatur und Backzeit angegeben? ☑
2. Sind die **Zutaten-** und die **Materialliste** (Küchengeräte) strukturiert und vollständig dargestellt? ☑
3. Sind die Arbeitsschritte **verständlich formuliert** und **genau beschrieben**? ☑
4. Werden **alle Zutaten** von der Liste genutzt? ☑
5. Werden **treffende Nomen** (Geräte) und **Verben** (Tätigkeiten) verwendet? ☑
6. Passt die **Anredeform** (Du-Form, Imperativ, Infinitiv) zum Adressaten? ☑
7. Ist die Anleitung **übersichtlich gegliedert** und/oder wird die Abfolge **sprachlich deutlich** gemacht? ☑
8. Werden die Regeln der **Rechtschreibung** (Doppelkonsonanten) eingehalten? ☑

» Fachwortschatz, S. 202

» Richtig schreiben, S. 302

Ein Rezept nach vorgegebenen Kriterien überarbeiten

Jurek möchte unbedingt seinen Lieblingskuchen im Café anbieten: Er heißt *Karpatka* und ist ein polnischer Puddingkuchen.

Zutaten:

Für den Teig

125 ml Wasser
65 g Butter
3 Eier
70 g Mehl
0,5 TL Backpulver

Für die Creme:

2 Pk Vanillepuddingpulver
50 g Zucker
2 Stk. Vanilleschote
800 ml Milch
200 g Butter
Puderzucker

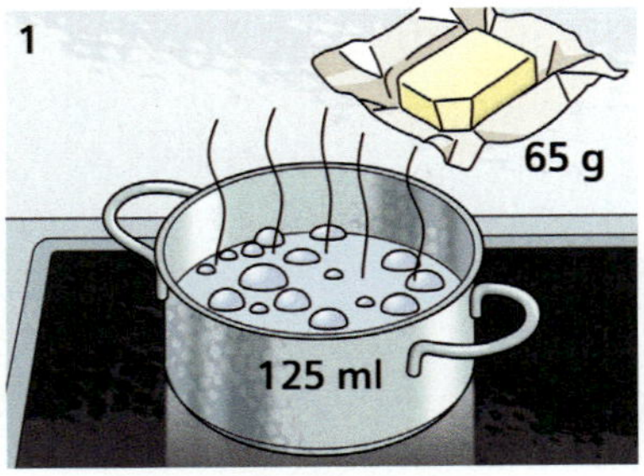

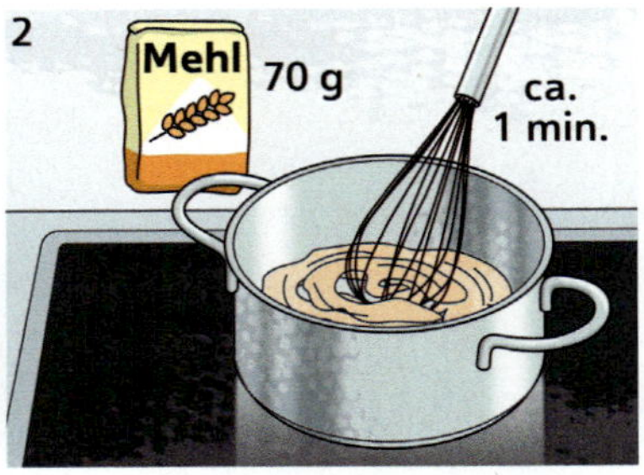

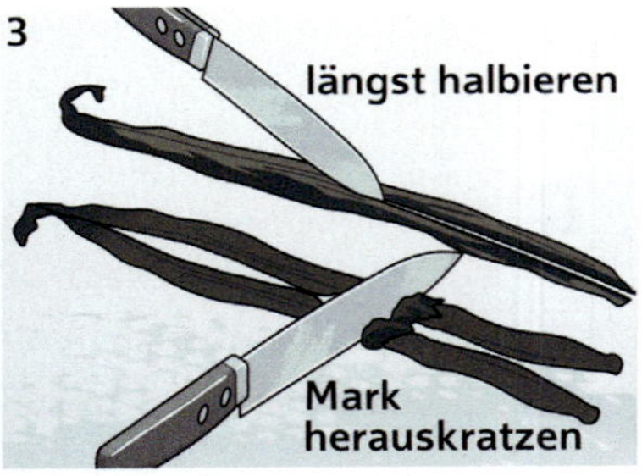

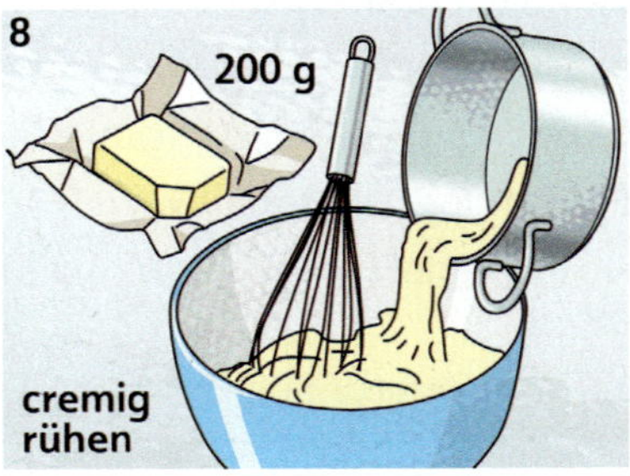

KOMPETENZCHECK – A

Digital+ Textvorlage WES-126426-104

Karpatka (Polnischer Puddingkuchen)

Zutatenliste:
Für den Teig: 250 ml Waser, 55 g Buter,
3 Eier, 700 g Mehl, 5 TL Backpulver
Für die Creme: 2 Pk Vanillepudingpulver,
50 g Zucker, 2 Stk. Vanilleschote,
800 ml Milch, 2000 g Buter

⌈ Du bringst das Waser in einem Topf zum Kochen. Dann schmeißt du das Mehl rein und verrührst es gut ⌈. ⌈ Du nimst den Topf vom Herd und läst ihn gut abkühlen. In der Zwischenzeit halbieren Sie die Vanilleschoten der Länge nach und kratze das Mark vorsichtig heraus. Das ist die schwarze Mase darin. Bereite ⌈ nach der Anleitung auf der Verpackung mit der Milch, dem Vanillemark und dem Pudingpulver den Puding zu und lase ihn auskühlen.
Heize den Herd auf 220 Grad vor und lege ein Backblech mit Backpapier aus. Tu ⌈ die 4 Eier und das Backpulver in die kalte Butter-Milch-Mase ein und verrühre den Teig 5 Minuten mit dem Sieb. Wir streichen den Teig mit einem Teiggläter auf das Backblech und du schiebst ihn für 20 Minuten in den Herd – bis er goldgelb ist. Lasse ihn danach auskühlen. Inzwischen die Buter schaumig rühren und zur kalten Puddingmasse zutun, wieder cremig rühren. Zum Schluss halbieren wir den Teig und schmierst die Vanillecreme auf eine Hälfte. Die zweite Teighälfte legst du darauf. Du kanst auch Kakao obendrauf streuen.

Randnotizen:
Zutaten untereinander schreiben
R, R
R
R
⌈ Als Erstes ..., R
⌈ mit einem Schneebesen, R,
⌈ Anschließend
⌈ als Nächstes
R
Backofen
⌈ als Nächstes
R

1 Überarbeite das Rezept für den Karpatka-Kuchen von Jurek. Gehe so vor:

a) Plane deine Überarbeitung, indem du die Notizen am Rand fortsetzt. Nutze dazu die dir bekannten Korrekturzeichen:
- Überprüfe anhand der Abbildungen und der Zutatenliste auf S. 198, ob die Zutaten im Rezept vollständig sind und im Rezept verwendet werden.
- Erstelle eine Materialliste. Lies dazu noch einmal das Rezept: z. B. Kochtopf, Kochlöffel, kleines Schälmesser ...
- Ersetze vier unpassende Nomen (Küchengeräte) und drei Verben durch treffendere.
- Vergleiche die Bilder (S. 199) mit dem Rezept. Füge Absätze ein, nummeriere die Arbeitsschritte und / oder mache die Reihenfolge sprachlich deutlich *(Als Erstes, Anschließend, als Nächstes, Danach ...).* Manchmal musst du den Satz umstellen.
- Überprüfe, ob die Anrede zum Adressaten passt. Das ist dreimal nicht der Fall.
- Überprüfe mithilfe der Silbenprobe, ob du Wörter mit Doppelkonsonanten schreiben musst. Hier musst du insgesamt 15 Wörter korrigieren.

b) Schreibe das überarbeitete Rezept übersichtlich, verständlich und lesbar auf.

c) Achte beim Überprüfen auf Rechtschreibung, Zeichensetzung und Grammatik.

KOMPETENZCHECK – B

Digital+ Textvorlage WES-126426-105

Karpatka (Polnischer Puddingkuchen)

Zutatenliste:
Für den Teig: 125 ml Waser, 55 g Buter,
3 Eier, 700 g Mehl, 0,5 TL Backpulver
Für die Creme: 2 Pk Vanillepudingpulver,
50 g Zucker, 2 Stk. Vanilleschote,
800 ml Milch, 200 g Buter

Zutaten untereinander schreiben
R, R
R
R

⌐ Du bringst das Wasser in einem Topf zum Kochen. Die zweite Teighälfte legst du darauf. Sie könen auch Puderzucker obendrauf tun. Dann fügst du das Mehl hinzu und verrührst es gut ⌐. Anschließend nimst du den Topf von der Platte und läst ihn gut abkühlen. In der Zwischenzeit halbieren wir die Vanilleschoten der Länge nach und kratze das Mark vorsichtig heraus. Das ist die schwarze Mase darin. Bereite dann nach der Anleitung auf dem Beutel mit der Milch, dem Vanillemark und dem Pudingpulver den Puding zu und lasse ihn erfrieren.
Mache den Backofen an (220 Grad) und wirf auf ein Tablett Backpapier. Rühre ⌐ die Eier und das Backpulver in die kalte Butter-Milch-Masse ein und verrühre den Teig 5 Minuten ⌐. Und streiche du den Teig auf das Backblech und schiebst ihn für 20 Minuten in den Backofen – bis er goldgelb ist. Lasse ihn danach auskühlen. Inzwischen die Butter schaumig rühren und zur kalten Puddingmase hinzufügen, wieder cremig rühren. Wir. teilen. den Teig und verstreichen die Vanillecreme auf einer Hälfte.

⌐ Als Erstes ...
⌐ mit einem Schneebesen,
vom Herd
⌐ als Nächstes
⌐ mit dem Mixer

1 Überarbeite das Rezept für den Karpatka-Kuchen von Jurek. Gehe so vor:

a) Plane deine Überarbeitung, indem du die Notizen am Rand fortsetzt. Verwende dazu die dir bekannten Korrekturzeichen:
- Überprüfe anhand der Abbildung und der Liste auf Seite 198, ob die Zutatenliste vollständig und richtig ist und ob die im Rezept genannten Zutaten aufgeführt sind.
- Erstelle eine vollständige Materialliste. Orientiere dich dazu am Rezept.
- Ersetze unpassende Nomen (Küchengeräte) und Verben durch treffendere.
- Vergleiche die Bilder (Seite 198) mit den Schritten im Rezept. Füge Absätze ein, nummeriere die Arbeitsschritte und / oder mache die Reihenfolge sprachlich deutlich.
- Überprüfe, ob die Anrede zum Adressaten passt.
- Überprüfe, welche Wörter du mit Doppelkonsonanten schreiben musst.

b) Schreibe das überarbeitete Rezept übersichtlich, verständlich und lesbar auf.

c) Achte beim Überprüfen auf Rechtschreibung, Zeichensetzung und Grammatik.

Ein Rezept überarbeiten

Kompetenz / Inhalt	Selbsteinschätzung ☺ 😐 ☹	Fremdeinschätzung ☺ 😐 ☹	Bemerkungen	Hier kannst du weiterüben:
Ich kann ...				
mich mit einer Rahmenhandlung vertraut machen und eigene Erfahrungen dazu äußern. (S. 176–177)				
einen erzählenden Text verstehen und Aufgaben zum Textverständnis bearbeiten. (S. 178–179)				
Geräte und Tätigkeiten treffend bezeichnen und eine Wörterliste anlegen. (S. 180–181)				SB, S. 267
treffende Bezeichnungen nutzen: Abkürzungen und Verben. (S. 182–183)				AH, S. 36
Komposita untersuchen und bilden. (S. 184)				SB, S. 266
Arbeitsschritte übersichtlich darstellen und die Reihenfolge im Rezept sprachlich verdeutlichen. (S. 185–187)				SB, S. 296 AH, S. 37
den Leser richtig ansprechen. (S. 188)				
mich genau ausdrücken, indem ich passende Formulierungen verwende. (S. 189)				
ein Rezeptbuch als E-Book gestalten. (S. 190–191)				
ein Gruppenpuzzle durchführen und Informationen aus verschiedenen Quellen aufeinander beziehen. (S. 192–193)				
Doppelkonsonanten richtig schreiben. (S. 194).				SB, S. 258 SB, S. 281
ein Rezept nach einer CHECKLISTE mit Textlupen überarbeiten (S. 195–197): Vollständigkeit, Genauigkeit und Sachlichkeit, Adressatenbezug, Struktur, Reihenfolge, sprachliche Richtigkeit.				SB, S. 259 AH, S. 38–39

FREIRAUM

Diese Aufgaben aus dem Freiraum (S. 203) habe ich gemacht:

AH = Arbeitsheft, SB = Schülerband

FACHWORTSCHATZ

Fachwörter und Methoden

die Abkürzung	Abkürzungen sind festgelegte Verkürzungen für Wörter, die allgemein bekannt sind und immer gleich geschrieben werden, z. B. *g = das Gramm, l = der Liter, Min. = die Minute.*
die Anredeform	Wenn du einen Text, z. B. ein Rezept, schreibst, orientierst du dich an deinem Adressaten. Es gibt unterschiedliche Anredeformen: 1. *Du rührst den Teig.* (Du-Form) / 2. *Trenne die Eier und gib das Eigelb hinzu.* (Imperativ = Befehlsform) / 3. *100 ml Sahne hinzugeben* (Infinitivform). Du kannst diese Anredeformen mischen, um abwechslungsreicher zu formulieren.
der Doppelkonsonant	Als Doppelkonsonanten bezeichnet man eine Verdopplung der Mitlaute: *b, d, f, g …* Führe die Silbenprobe durch: Wird der Vokal in der betonten Silbe kurz gesprochen, folgen zwei Konsonanten: *der Löf fel, das Mes ser.* Dann ist sie geschlossen. Einsilbige Wörter verlängerst du und teilst sie dann in Silben auf: *das Brett → die Bret ter* (= Rechtschreibstrategie).
gliedern (strukturieren)	Um eine Abfolge zu verdeutlichen und einen Text zu strukturieren, hast du verschiedene Möglichkeiten: – sprachliche Ausdrücke: als Erstes, dann, danach, als Nächstes … – Zahlen oder Buchstaben: *1., 2., 3. … // A, B, C … // a), b), c) …* – Zwischenüberschriften: **Vorbereitung des Teiges, Zubereitung der Glasur …**
das Gruppenpuzzle	Mit dieser Methode bearbeitet ihr arbeitsteilig mehrere Materialien; jedes Teammitglied wird zum Experten in seiner Stammgruppe und wählt ein Material. Danach vergleicht ihr die Ergebnisse mit einem anderen Experten aus einer anderen Gruppe. Abschließend gebt ihr die Ergebnisse an die Mitglieder eurer Stammgruppe weiter.
das Kompositum	Komposita (= Plural) sind Wortzusammensetzungen aus verschiedenen Wörtern. Dadurch entstehen Wörter mit neuen Bedeutungen, die oft genauer sind: *die Zitrone* (**Bestimmungswort**) + *der Kuchen* (**Grundwort**) → *der Zitronenkuchen.* Das Grundwort bestimmt die Wortart und bei Nomen auch den Artikel (Geschlecht). Manchmal musst du in der Wortfuge Buchstaben ergänzen oder auch weglassen: *die Spritz*e + *das Gebäck → das Spritzgebäck.*
die Korrekturzeichen	Verwende zur Korrektur von Texten diese Korrekturzeichen: ⊢⊣ = streichen, ⌐ = einfügen, ↳ ↲ = ersetzen ⌐⌙ Absatz. Bei „einfügen“ und „ersetzen“ ergänzt du immer die Formulierungen, die besser genutzt werden sollten. R steht für Rechtschreibfehler, T für Fehler der Zeitform, → für Veränderung der Reihenfolge.
das Lerntempoduett	Wenn ein/e Schüler/in eine Aufgabe fertig gestellt hat, meldet sie sich und setzt sich mit einer/m Partner/in zusammen, um die Ergebnisse zu vergleichen, zu korrigieren oder zu ergänzen.
der Textkorrekturstift	Das ist ein Stift in anderer Farbe. Damit korrigierst du, um besser erkennen zu können, was du verbessern oder noch üben musst.
die Textlupe	Wenn ihr eure Texte in der Schreibkonferenz überarbeitet, könnt ihr die Kriterien der **CHECKLISTE** untereinander aufteilen, d. h. ihr betrachtet die Texte mit einer Textlupe. So kann sich jede/r auf nur ein oder zwei Schwerpunkte konzentrieren. Nutzt eine andere Farbe für Nachfragen.
überarbeiten	Beim Überarbeiten hältst du dich an festgelegte Kriterien. Wenn du Anmerkungen am Rand notierst, orientierst du dich an der **CHECKLISTE** und nutzt die Korrekturzeichen.
die Wörterliste	Eine Wörterliste kann dir helfen, dir neue Wörter, deren Bedeutung und Funktion besser einzuprägen. Du notierst links das Wort (bei Nomen mit Artikel) und ergänzt rechts in eigenen Worten eine Erklärung, z. B. Schneebesen: *Gerät aus Metall, mit Griff und kleinen Schlaufen; schlagen, rühren, unterheben …* Du kannst auch kleine Skizzen zeichnen. / Eine Rechtschreibkartei ist auch eine Art Wörterliste. Hier sammelst du Wörter auf Kärtchen, um dir die Rechtschreibung einzuprägen.

1 Unter dem Webcode findet ihr Karteikärtchen zum Fachwortschatz. Übt diese Fachwörter in einem Gruppenturnier – so könnt ihr sie euch einprägen.

Digital+
Karteikarten
WES-126426-106

Aufgaben zum Weiterarbeiten

ZU SEITE 182

- Überlege, was sie mit den übriggebliebenen Nahrungsmitteln machen könnten und wie sie sie lagern könnten.
- Recherchiere, was man in einem „Unverpackt-Laden" kaufen kann. Was ist zu beachten?

ZU SEITE 187

Informiere dich im folgenden Text, was *glutenfrei* heißt und wer sich so ernähren sollte:

Glutenfreie Ernährung – Immer mehr Menschen können Gluten nicht vertragen und verzichten darauf. Sie leiden an der Unverträglichkeit des Weizenklebstoffs Gluten. Das ist ein Eiweiß, das nicht nur in Weizen vorkommt, sondern auch in vielen anderen Getreidesorten, wie Roggen, Dinkel, Hafer und Gerste. Wenn die Betroffenen diese Sorten zu sich nehmen, verursachen sie Probleme im Dünndarm. Symptome können Bauchschmerzen, Eisenmangel, Zahnprobleme usw. sein. In Deutschland sind davon 10–20 % der Menschen betroffen. Im Supermarkt gibt es viele Alternativprodukte zu den Getreidesorten.

ZU SEITE 188

Focaccia ist ein Fladenbrot aus Hefeteig aus Ligurien (Italien). Man spricht: „Fokatscha"; das c wird im Italienischen als „tsch" gesprochen, wenn ein i folgt. Wenn ein h hinter dem c steht, sprichst du es wie k. Beim Buchstaben g ist es ebenso. Sprich die folgenden italienischen Wörter richtig aus: *radicchio, bruschetta, spaghetti, gnocchi …*

Digital+
Audio
WES-126426-107

ZU SEITE 195

Informiere dich in diesem Sachtext, woher Glückskekse stammen, und vergleiche dein Ergebnis mit den Vermutungen aus Aufgabe **1 a)** von Seite 195.

Glückskekse gehen auf den chinesischen Mondkuchen zurück. Dieser wurde in China zu vielen Anlässen serviert. Während der Besetzung im 13./14. Jahrhundert wurden im Inneren des Mondkuchens Botschaften geschmuggelt. Dies gelang deswegen, weil die Besetzer die Kuchen aufgrund des Lotus-Aromas nicht aßen. Später entwickelte sich die Tradition, gute Wünsche und Sprüche einzubacken. Die heutigen Glückskekse entstanden zur Zeit des Baus der amerikanischen Eisenbahnstrecke (1866–1869). Da zum Backen die Lotuspaste fehlte, wurde das Rezept abgewandelt. Das Verteilen der Glückskekse nach dem Essen soll auf eine Idee des Japaners Makato Hagiwara zurückgehen. In San Francisco begann man 1909 damit, zum Tee Glückskekse zu reichen.

Miteinander auskommen

1 **a)** Schaut euch die Bilder an. Tauscht euch darüber aus, welche Tiere abgebildet sind.
b) Lest gemeinsam, was die Schülerinnen und Schüler über diese Tiere sagen.
c) Welche Aussagen könnt ihr nachvollziehen und welche nicht? Begründet eure Meinung.

2 Tieren werden häufig Eigenschaften zugesprochen, die auch auf uns Menschen zutreffen. Sammelt zu zweit Eigenschaften der Tiere, die ihr den Abbildungen und Sprechblasen entnehmen könnt. Nutzt die **SPRACHBOX** und schreibt so: Der Fuchs wird häufig als clever beschrieben.

Ergänze auch eigene Adjektive.

3 Tauscht euch darüber aus, wie sich die Tiere verhalten und worüber sie sich auf den Bildern streiten könnten. Nutzt dabei die **SPRACHBOX** rechts.

Die beiden Ziegen könnten sich darüber streiten, wer ... Sie verhalten sich stur und es sieht aus, als würde ...
Der Löwe und Bär in der nächsten Fabel ...

SPRACHBOX

Nomen: der Hahn – das Kamel – die Ratte – der Hund – der Fuchs – die Ziege – der Affe – der Bär – der Löwe – das Hirschkalb – der Konflikt – der Kompromiss – der Streit – die Einigung – die Eigenschaften – die Meinung – die Aktion – die Reaktion – die Versöhnung – der Neid

Verben: nachgeben – sich durchsetzen– sich streiten – sich einigen – sich vertragen – sich aussprechen – sich überlegen fühlen – sich gegenüberstehen – sich anfeinden – jemanden besiegen – jemanden provozieren – jemanden ärgern – jemanden angreifen – schlendern – schleichen – rasen – rennen – eilen – stolzieren

Adjektive: stur – störrisch – mächtig – mutig – clever – klug – stark – stolz – majestätisch – treu – hinterhältig – hinterlistig – gelassen – verspielt – albern – eitel – hochmütig – arrogant – eingebildet – zornig

Digital+
Interaktive Aufgabe
WES-126426-108

AUSBLICK

In diesem Kapitel untersuchst du Fabeln und erarbeitest deren Merkmale. Schließlich erzählst du selbst eine Fabel aus der Sicht eines Tieres neu.

Zank und Streit
Merkmale von Fabeln kennenlernen

(A)

(B)

(C)

(D)

1 **a)** Was passiert in dieser Fabel? Notiere für die Bilder (A) – (C) Stichworte zum Inhalt.
Ordne die Stichworte zu: *Niemand gibt nach – Der Streit führt zum Kampf – Zwei Ziegen begegnen sich*
b) Beschreibt euch gegenseitig, wovon die Fabel handeln könnte. Erläutert dazu jeweils ein Bild: *Auf dem ersten/zweiten/dritten Bild sieht man, dass …*
c) Sammelt Ideen dazu, was in Bild (D) geschehen könnte.

2 **a)** Fabeln haben häufig einen ähnlichen Aufbau. Führt die Sätze unten mithilfe des 4. und 5. Hinweises in der **LERNBOX** gemeinsam (Seite 207) fort.
(1) *In der **Ausgangssituation** begegnen sich …*
(2) *Die **Aktion** ist, dass …*
(3) *Die **Reaktion** ist, dass …*
(4) *Als **Ergebnis** zeigt sich, dass beide Ziegen in den reißenden Fluss fallen.*
b) Vergleicht eure eigenen Überlegungen aus Aufgabe **1 c)** mit dem Ende aus Satz (4). Stimmen sie überein oder unterscheiden sie sich?

3 Der Autor lässt die Fabel so enden, dass keine der beiden Ziegen ihr Ziel erreicht.
a) Erkläre, warum beide Ziegen schließlich im Fluss landen.
b) Stellt euch die Ideen gegenseitig vor.
c) Sammelt Ideen zu folgenden Fragen: Hätte der Streit verhindert werden können? Wie hätten die Ziegen sich verhalten können, um ihr Ziel zu erreichen?

4 Bereitet nun in Dreiergruppen den Text (S. 207) zum Vorlesen vor.
a) Teilt die verschiedenen Rollen zu dritt auf: Ziege 1, Ziege 2, Erzähler/-in.
b) Lies die Fabel allein und markiere die Textstellen, die zu deiner Rolle gehören.
c) Lest den Text nun gemeinsam in verschiedenen Rollen laut vor.

Die beiden Ziegen

Albert Ludwig Grimm

Digital+ Textvorlage WES-126426-109

Zwei Ziegen begegneten sich auf einem schmalen Steg[1], der über einen tiefen, reißenden Waldstrom[2] führte. Die eine wollte hinüber, die andere herüber. „Geh' mir aus dem Wege!", sagte die eine. – „Das hättest du wohl gern!", rief die andere. „Geh' du zurück, und lass mich hinüber! Ich war zuerst auf der Brücke." – „Was fällt dir ein?" entgegnete die erste, „Ich bin so viel älter als du, und ich soll dir weichen? Nimmermehr[3]." Keine wollte nachgeben. Jede wollte zuerst hinüber, und so kam es vom Zank zum Streit[4]. Sie hielten ihre Hörner vorwärts und rannten zornig gegeneinander. Von dem heftigen Stoß verloren beide das Gleichgewicht und sie stürzten von dem schmalen Steg hinab in den reißenden Waldstrom, aus welchem sie sich nur mit großer Anstrengung ans Ufer retteten. *(Text verändert)*

1 **der Steg:** Brücke ohne Geländer
2 **der Waldstrom:** ein Fluss, der durch den Wald fließt
3 **Nimmermehr:** Auf keinen Fall!
4 **vom Zank zum Streit:** von einem kleinen Streit zu einem großen Streit

5 Gebt mithilfe der **SPRACHBOX** eine Rückmeldung dazu, wie ihr euch in der Rolle, die ihr übernommen habt, gefühlt habt.

6 Klärt gemeinsam, welche Formulierung die Lehre (3. Hinweis der **LERNBOX**) am treffendsten wiedergibt. Begründet eure Antwort mithilfe der **SPRACHBOX**.
Ⓐ Wenn du fleißig bist und Ausdauer hast, dann wirst du belohnt
Ⓑ Gib nach, besonders wenn der andere eigensinnig ist.
Ⓒ Wenn zwei sich streiten, freut sich der Dritte.

SPRACHBOX

zu **5**: In der Rolle als… habe ich mich … mächtig/ überlegen/ stark/ ängstlich/ unsicher/ sicher … gefühlt, weil …

zu **6**: Wir haben uns für die Lehre … entschieden, weil …

LERNBOX

Was ist eine Fabel?

1. Eine Fabel ist eine **kurze Erzählung**, die meist von Tieren handelt. Diese können **wie Menschen sprechen, denken, fühlen** und **handeln**.
2. Jedem Tier in einer Fabel werden menschliche **Eigenschaften zugesprochen**, zum Beispiel *stur, ängstlich, stolz, clever …*
3. Fabeln wurden geschrieben, damit **Menschen etwas daraus lernen**. In vielen Fabeln wird das am Schluss **in einem Satz** zusammengefasst (= **die Lehre**). Sie kann **direkt** formuliert sein, manchmal muss man sie aber auch erschließen (indirekt).
4. Viele Fabeln haben folgenden **Aufbau:**
   - Die **Ausgangssituation:** *Wie ist die Situation zu Beginn der Fabel?*
   - Die **Aktion:** *Was macht Tier A?*
   - Die **Reaktion:** *Wie handelt daraufhin Tier B?*
   - Das **Ergebnis:** *Wie ist die Situation am Ende? Wie geht der Konflikt aus?*
5. In einigen Fabeln gibt es mehrere Aktionen und Reaktionen.

» Fachwortschatz, S. 226

AH S. 40-41

» Sprache untersuchen, S. 246-247

Hungrig durch die Steppe
Ein Standbild zu einer Fabel bauen

1 Schaut euch gemeinsam das Bild an. Besprecht, welche Tiere sich in der Fabel streiten und welche Gründe es dafür geben könnte.

2 Lest die Fabel und tauscht euch darüber aus, welche Vermutungen aus Aufgabe **1** sich als zutreffend erwiesen haben.

Fuchs, Bär und Löwe

Digital+ Textvorlage WES-126426-110

Nach Äsop

Ein Fuchs lief durch die Steppe. Er war hungrig und suchte nach Beute. Da hörte er, wie sich vor ihm ein Bär und ein Löwe heftig um ein getötetes Hirschkalb stritten.

„Das Kalb habe ich erbeutet, folglich gehört es mir“, schrie der Bär den Löwen an. „Nein, Ich war es, der es gefangen und erlegt hat“, fauchte[1] der Löwe zurück. Die beiden schnappten und schlugen nach dem jeweils anderen und begannen einen Kampf. Der Fuchs sah das Kalb bei ihnen liegen und konnte nicht widerstehen, sich darüber herzumachen. Doch er war klug und sagte sich: „Es ist besser, wenn ich abwarte, bis der Bär und der Löwe ihre Kraft verbraucht haben.“

Tatsächlich dauerte es nicht lange, da sanken der Bär und auch der Löwe vom Kampf erschöpft kraftlos in sich zusammen. Das nutzte der Fuchs, zog das Hirschkalb mit sich fort und stillte seinen Hunger[2]. *(Text verändert)*

wütend

1 **fauchen:** aggressiv antworten

2 **seinen Hunger stillen:** etwas essen

3 Bereitet in Vierergruppen die Fabel zum Vorlesen mit verteilten Rollen vor (Bär, Löwe, Fuchs, Erzähler/-in). Geht dabei so vor:

Freiraum, S. 227

a) Teilt die unterschiedlichen Rollen auf: Bär ,Löwe, Fuchs, Erzähler/-in.

b) Lies die Fabel zunächst still und markiere die Textstellen, die zu deiner Rolle gehören.

c) Übt, den Text nun in verschiedenen Rollen zu lesen.

d) Tragt die Fabel der Klasse vor. Tauscht euch darüber aus, wie ihr euch in der Rolle der Tiere gefühlt habt und nutzt dazu die **SPRACHBOX**.

SPRACHBOX

zu **3 d)**: In der Rolle habe ich mich (stark/ schwach/ hilflos ...) gefühlt.

zu **4**: stark – stur – mächtig – ignorant – dumm – geschickt – klug

4 **a)** Weise dem streitenden Löwen, dem Bären sowie dem Fuchs passende Eigenschaften zu. Nutze die **SPRACHBOX**: Der Bär verhält sich ..., weil ...

b) Tauscht euch zu zweit darüber aus, ob der Streit notwendig war und ob er hätte vermieden werden können.

c) Welche Gedanken und Gefühle könnte der Bär haben, nachdem er zu sich gekommen ist? Formuliere ein kurzes Selbstgespräch des Bären. Ergänze dazu die Sprechblase.

Was ist denn mit mir passiert? Ich fühle mich ... Hätte ich doch nur...

5 Die Leserin oder der Leser dieser Fabel soll selbst überlegen, welche Lehre aus dem Streit der Tiere gezogen werden kann (indirekte Lehre). Welche Formulierung gibt die Lehre am treffendsten wieder? Begründe deine Antwort.

(A) Fleiß und Ausdauer werden belohnt.

(B) Finde dich richtigen Worte, um deinen Gegner in die Flucht zu schlagen.

(C) Wenn zwei sich streiten, freut sich der Dritte.

6 Baut in eurer Vierergruppe ein Standbild zu der Fabel, um die Lehre zu verdeutlichen. Geht dabei so vor, wie in der **LERNBOX** beschrieben. Der/die Erzähler/-in übernimmt die Rolle des Standbildbauers oder der Standbildbauerin.

a) Besprecht, durch welche Textstelle die Lehre (Aufgabe **5**) deutlich wird.

b) Überlegt gemeinsam, wie ihr die Lehre und somit auch die Gefühle und die Beziehung der Tiere untereinander mithilfe eurer Körperhaltung und Mimik darstellen könnt. Probiert verschiedene Vorschläge aus.

c) Stellt eure Standbilder der Klasse vor. Beachte dazu die Hinweise 4 und 5 in der **LERNBOX**.

d) Gebt euch gegenseitig Rückmeldungen:
Habt ihr erkannt, welche Tiere dargestellt wurden? Wurde die Situation deutlich? Wurden die Gefühle der Tiere verdeutlicht? (Gestik und Mimik)

e) Befragt auch die Darsteller, wie sie sich in ihrer Rolle gefühlt haben.

LERNBOX

So baut ihr ein Standbild

» Fachwortschatz, S. 226

1. Einigt euch auf eine Textstelle, in der die Lehre der Fabel deutlich wird. Überlegt euch, wie die Figuren in dieser Situation **zueinander stehen** und **was sie fühlen.**
2. Nutzt eure Körperhaltung (Gestik) und den Gesichtsausdruck (Mimik), um die **Gefühle der Figuren** darzustellen.
3. Eine/Einer aus der Gruppe ist **die Standbildbauerin** / der **Standbildbauer**. Er oder sie bringt eure Arme und Beine in die richtige Position (Körperhaltung) und sagt euch, ob die Mimik stimmt. Wenn mehrere Figuren wichtig sind, achtet er oder sie auch darauf, dass die Figuren **passend angeordnet** sind.
4. Wenn das Standbild fertig ist, friert ihr es für einen Moment ein („**Freeze**"), sodass eure Mitschülerinnen und Mitschüler es betrachten und die Szene erkennen können.
5. Ihr könnt eure Figuren auch **sprechen lassen**. Stellt euch dazu hinter die Figuren und äußert, was sie denken (innerer Monolog).

Tiere sprechen I
Einen Hörtext aufnehmen

Digital+
Audio
WES-126426-111

Eine Schülergruppe hat die Fabel nun aufgenommen, um sie lebendig werden zu lassen..

1 **a)** Höre dir das Beispiel mithilfe des Webcodes an und beurteile, wie die Aufnahme auf dich wirkt: Was ist der Gruppe gelungen?
b) Gleicht eure Eindrücke mit dem Hinweis 1 der **LERNBOX** ab.

2 **a)** Lest noch einmal die Hinweise 1a–d, 1–2 in der **LERNBOX** und macht euch in eurer Dreiergruppe dazu passende Notizen an dem Textrand der Fabel (S. 208). Orientiere dich dabei am Textauszug unten.
b) Überprüfe nun noch einmal die Notizen an deinem Textrand. Passen Sprechtempo, Lautstärke, Stimmlage und Sprechpausen zum Inhalt?
c) Übt das gemeinsame Vorlesen mithilfe des Hinweises e) in der **LERNBOX**.

> Ein Fuchs lief durch die Steppe. / Er war hungrig und suchte nach Beute. // Da hörte er, wie sich vor ihm ein Bär und ein Löwe heftig um ein getötetes Hirschkalb stritten, das in ihrer Nähe lag. // ≥ „Das Kalb habe ich erbeutet, folglich gehört es mir“, schrie der Bär den Löwen an.“ ≤ „Nein, Ich war es, der es gefangen und erlegt hat

3 Besprecht, wie ihr als Gruppe zusammengearbeitet habt. Nutzt dazu den Rückmeldebogen von Seite 211.

Sprechtempo
schnell (...)
langsam (. . .)

Lautstärke
laut ≤
leise ≥

Stimmlage
heiser, krächzen, bellend, beruhigend, weinerlich, hart, weich ...

Sprechpausen
kurz /
lang //

LERNBOX

So bereitest du eine Fabel zum Vorlesen und Aufnehmen vor

1. a) Mit der Stimme kannst du **Sprechtempo** und **Lautstärke** der Handlung anpassen. Setze Zeichen zum *schnellen (...), langsamen (. . .), lauten (≤) oder leisen (≥)* Lesen.
   b) Probiere **verschiedene Stimmlagen**, um bei der wörtlichen Rede Gefühle zum Ausdruck zu bringen *(bestimmt, stur, wütend, provozierend, clever ...)*, und notiere dazu Hinweise am Textrand.
   c) Unterstreiche Wörter und Silben, die du **betonen** möchtest.
   d) Plane an geeigneten Stellen **Sprechpausen** ein. Kennzeichne kurze Pausen durch / und lange Pausen durch //.
2. Ihr könnt euren Hörtext auch mit Hintergrundgeräuschen unterlegen, z. B. *fauchen, rascheln, laufen ...* » S. 211
3. Übt den Vortrag und nehmt ihn mithilfe der **Aufnahmefunktion eures Smartphones** auf. Es ist zwar wichtig, dass du den Text flüssig und sicher vorlesen kannst, aber kleine Versprecher sind nicht schlimm.

Tiere sprechen II
Einen Hörtext anhören und auswerten

Digital+
Rückmeldebogen
WES-126426-112

1 Hört euch die aufgenommenen Fabeln der anderen Gruppen an und bewertet sie mithilfe dieses Rückmeldebogens.

Rückmeldebogen zur Gruppe: ...	🙂	☹️	😐
1. Wird der Inhalt verständlich vermittelt? Wird dadurch die Lehre deutlich?			
2. Haben die Sprecher ihre jeweiligen **Rollen** richtig aufgeteilt?			
3. Passte das **Sprechtempo** zum Inhalt der Fabel?			
4. Passte die **Lautstärke** zu der Rolle des Vorlesers / der Vorleserin?			
5. Wurden die Gefühle der Figuren deutlich? Wurden passende **Stimmlagen** gewählt?			
6. Wurden die Wörter an der richtigen Stelle **betont**?			
7. Wurden an geeigneten Stellen **Sprechpausen** eingebaut?			
Tipps und Anmerkungen: Beim nächsten Mal könntest du darauf achten, dass ... Die Lehre wurde deutlich, als ... / nicht deutlich ...			

SPRACHBOX

Die Lehre der Fabel wurde (nicht) deutlich, da die Rollen (nicht) eindeutig verteilt waren. – Durch das schnelle Sprechtempo wurde verdeutlicht, dass ... – Durch die Stimmlage wurde deutlich, dass sich ... fühlt. – Gut gefallen hat mir besonders, als du ... – Mir fehlt noch, dass ... – An dieser Stelle ... hättet ihr noch ...

2 Formuliert anschließend eine konstruktive Kritik, wie in der **LERNBOX** beschrieben. Nutzt dazu die Formulierungshilfen aus der **SPRACHBOX**.

LERNBOX

So übst du konstruktiv Kritik

Konstruktive Kritik übst du z. B., wenn du eine Rückmeldung dazu gibst, wie etwas vorgelesen, vorgetragen oder vorgespielt wurde.

a) Beginne immer damit, etwas **Positives** auszudrücken: *Gelungen ist, dass ... / Positiv aufgefallen ist mir, dass ... / Gut gefallen hat mir, dass ...*
b) Formuliere **höflich** und **respektvoll**, ohne andere zu verletzen.
c) Dein Lob und deine Kritik sollten unabhängig davon ausfallen, wie du zu der Person stehst, die etwas vorgetragen hat. Bleib fair!
d) Mache einen **Vorschlag zur Verbesserung:** *Beim nächsten Mal solltest du darauf achten, dass ...*

Fachwortschatz, S. 226

Das Kamel und die Ratte
Die Perspektive eines Tieres einnehmen

1 Hört euch gemeinsam die Fabel an: Wer gibt hier den Ton an?

Das Kamel und die Ratte

Digital+ Audio WES-126426-113

Eine Fabel aus Indien

Ein Kamel, das seinem Herrn entlaufen[1] war, wanderte auf einsamen Pfaden[2] und schleppte die Nasenleine auf der Erde nach.
Wie es nun langsam dahinging, hob eine Ratte das Ende der Leine auf, nahm es ins Maul und lief dem riesigen Tier voraus, indem sie unaufhörlich dabei dachte: „Was muss ich doch für Kraft besitzen, dass ich ein Kamel führen kann!“
Nach kurzer Zeit kamen sie an das Ufer eines Flusses, der den Weg kreuzte, und hier machte die Ratte Halt[3]. Das Kamel sprach: „Bitte, geh doch weiter!“ „Nein“, sagte seine Begleiterin, „das Wasser ist zu tief für mich.“ „Nun wohl“, erwiderte das Kamel, „lass mich die Tiefe an deiner Stelle[4] versuchen.“
Als das Kamel in der Mitte des Stromes[5] angekommen war, blieb es stehen, drehte sich um und rief: „Siehst du, ich hatte recht, das Wasser ist nur knietief, also komm nur hinein!“ „Ja“, sagte die Ratte, „aber es ist doch ein kleiner Unterschied zwischen deinen Knien und den meinigen, wie du siehst. Bitte, trage mich hinüber!“
„Gestehe deinen Fehler“, erwiderte das Kamel, „sieh ein, dass du hochmütig[6] gewesen bist, und versprich, in Zukunft bescheiden zu sein, dann will ich dich sicher hinüberbringen.“

1 **entlaufen:** weggelaufen
2 **der Pfad:** schmaler Weg
3 **Halt machen:** anhalten
4 **an deiner Stelle:** für dich
5 **der Strom:** der Fluss
6 **hochmütig:** arrogant, überheblich

2 Erschließe die Fabel und überprüfe dein Textverständnis, indem du die folgenden Handlungsschritte in der richtigen Reihenfolge anordnest:

S. 2111

(1) Ausgangssituation	Die Ratte ist zu klein, um den Fluss zu überqueren	( )
(2) Aktion	Das Kamel fordert die Ratte auf, bescheidener zu sein.	( )
(3) Reaktion	Ein Kamel auf einsamer Wanderung	( )
(4) Ergebnis	Eine Ratte fühlt sich stark als sie die Leine des Kamels aufnimmt.	( )

3 **a)** Stelle dar, wie sich die Ratte zu Beginn der Fabel verhält, und begründe dieses Verhalten.
Du kannst dazu die folgenden Eigenschaften nutzen: *arrogant, hilfsbereit, hochmütig.*
c) Beschreibe, wie sich das Verhalten der Ratte im Verlauf der Fabel verändert.
d) Besprecht genau, welchen Fehler das Kamel meint, als es sagt: „Gestehe deinen Fehler!“ (Z. 14).

4 **a)** Besprecht zu zweit, wie der Konflikt durch ein anderes Verhalten hätte vermieden werden können.
b) Überprüft eure Vermutungen aus Aufgabe **1**.
Die Ratte gibt zunächste den Ton an, aber ...
c) Formuliere eine Lehre für die Fabel.

5 Versetze dich in die Ratte und verfasse einen inneren Monolog aus ihrer Sicht, in welchem du schilderst, was sie am Ende der Erzählung denkt und fühlt. Gehe dabei so vor:

a) Plane deinen inneren Monolog, indem du am Textrand der Fabel (S. 212) Gefühle und Gedanken der Ratte festhältst.

b) Schreibe einen inneren Monolog mithilfe der Hinweise 2a–e in der **LERNBOX**. Nutzt die Formulierungshilfen aus der **fabelhaften Wörterwelt** (S. 219). Folgende Fragen sollten in deinem inneren Monolog beantwortet werden:

(1) In welcher Situation befindet sich deine Figur gerade? Was hat sie erlebt?
(2) Wie geht es ihr dabei?
(3) Was denkt sie darüber?
(4) Welche Fragen stellt sich die Figur?
(5) Welche Erwartungen und Wünsche hat sie für die Zukunft?

(1) Nun stehe ich ...
(2) Dabei fühle ich mich .../ Es geht mir ..., weil
(3) Außerdem denke ich, ...
(4) Ob es wohl ...? / Außerdem frage ich mich, ob ...?
(5) Für die Zukunft nehme ich mir vor, dass ...

Nutze Satzzeichen, um die Gedanken und Gefühle zu verstärken.
Ich bin so wütend!!! Warum ...??? Ich weiß nicht weiter ...

Freiraum, S. 227

6 Stellt einige innere Monologe in der Klasse vor und gebt euch anschließend eine konstruktive Rückmeldung mithilfe der **SPRACHBOX** zu folgenden Fragen:
- Bereut die Ratte ihr Verhalten oder ist sie zufrieden damit?
- Werden die Gedanken und Gefühle der Ratte deutlich?
- Weicht die Handlung von der Fabel ab?

AH S. 44

LERNBOX

So schreibst du einen inneren Monolog:

1. Ein **innerer Monolog** ist ein Gedankengespräch einer Figur mit sich selbst. Er stellt dar, was die Figur erlebt, und wird in der **Ich-Form** erzählt. Die Handlung und die Aussage der Fabel wird dabei nicht verändert.
2. Die Figur in einem inneren Monolog:
   a) **stellt dar, was sie gerade erlebt hat** (Reflexion)
   b) äußert beispielsweise **Gefühle**, wie *Angst, Freude, Hoffnung, Mut ... Mir geht es... / Ich freue mich, weil ...*
   c) äußert **Gedanken** über ihr Verhalten oder zu anderen Figuren, z. B. *Ich finde es richtig blöd von..., dass...*
   d) **stellt Fragen** an sich selbst, zum Beispiel: *Warum habe ich bloß so reagiert?*
   e) Wenn das Tier am Ende der Erzählung nachdenkt, sollten auch **Erwartungen und Wünsche für die Zukunft** geäußert werden: *Das nächste Mal werde ich ... Für die Zukunft nehme ich mir vor, dass ... In Zukunft möchte ich ...*

SPRACHBOX

Es wird deutlich, dass sich die Ratte ... fühlt. –
Der innere Monolog passt zu der Aussage der Fabel, denn... –
Dadurch, dass du schreibst..., ist deutlich geworden, dass... –
Es zeigt sich, dass die Ratte ihr Verhalten ...

Fachwortschatz, S. 226

An der Nase herumgeführt
Redewendungen verstehen

Lena und Linus suchen nach passenden Redewendungen.

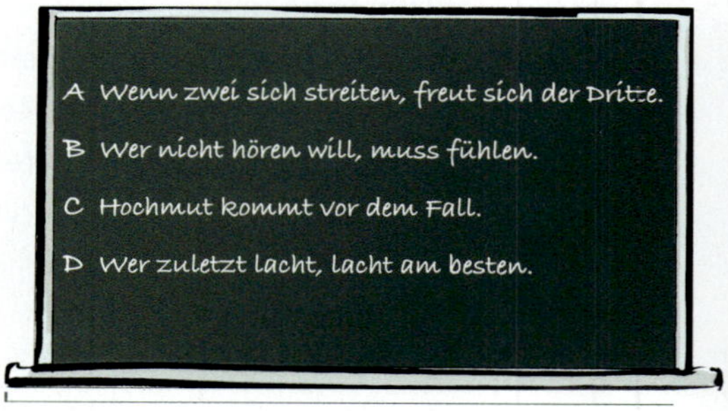

1 **a)** Lest die Redewendungen (vgl. **LERNBOX**) rechts. Welche kennt ihr bereits?
b) Kreuze unten die jeweils richtige Bedeutung dieser Redewendung an. Notiere den Buchstaben, der dahinter steht. Wie lautet das Lösunswort?

2 Welche Redewendung passt zu der Fabel „Kamel und Ratte“? Begründe deine Wahl.

3 Bearbeite die folgenden Aufgaben: Ⓐ, Ⓐ + Ⓑ, Ⓐ – Ⓒ

Ⓐ Welche Redewendung passt zu „Die beiden Ziegen“ (S. 207)? Begründe.

Ⓑ Ordne auch der Fabel „Fuchs, Bär und Löwe“ (S. 208) eine der Redewendungen zu.

Ⓒ Welche Redewendung passt zum Inhalt welcher Fabel, die bereits besprochen wurden? Auf einige Fabeln treffen mehrere Redewendungen zu .

Wenn zwei sich streiten, freut sich der Dritte
- ☐ a) Mische dich in jeden Streit ein. J
- ☐ b) Unterstütze deine Freunde, wenn sie streiten. O
- ☐ c) Halt dich aus dem Streit heraus, dann wirst du am Ende zum Ziel kommen. L

Hochmut kommt vor dem Fall.
- ☐ a) Verhalte dich arrogant und eigebildet, denn so wirst du am Ende auch erfolgreich sein. E
- ☐ b) Sei nicht eingebildet, sonst wird es am Ende ein Nachteil für dich sein. H
- ☐ c) Einigt euch stets in einem Streit, damit ihr beide glücklich seid. ß

Wer nicht hören will, muss fühlen.
- ☐ a) Schütze deine Ohren, um auch im Alter gut zu hören. R
- ☐ b) Versuche, dich in andere Personen hineinzufühlen, um sie zu verstehen. B
- ☐ c) Wenn du nicht auf andere hörst, wirst du unangenehme Konsequenzen spüren. E

Wer zuletzt lacht, lacht am besten.
- ☐ a) Freu dich nicht zu früh! Erst am Ende steht fest, wer tatsächlich erfolgreich ist. RE
- ☐ b) Handle schnell, denn nur dann kannst du gewinnen. R
- ☐ c) Versuche immer gute Laune zu haben, denn Lachen ist gesund. T

4 **a)** Kennt ihr Redewendungen in anderen Sprachen? Tauscht euch dazu aus.
b) Was könnt ihr feststellen, wenn ihr sie übersetzt?

Lösungswort

__ __ __ __ __

LERNBOX

Redewendungen

1. Redewendungen sind **feststehende sprachliche Ausdrücke**, die das Gemeinte meist **bildlich** darstellen.
2. Einige Redewendungen sind schon sehr alt. Achte darauf, dass du die einzelnen Wörter einer solchen Redewendung **nicht austauschst oder veränderst**.
3. Nimmst du die Redewendungen wörtlich, ergeben sie häufig keinen Sinn. Stattdessen musst du verstehen, wie das Bild gemeint ist, zum Beispiel: *Lügen haben kurze Beine* meint *Mit Lügen kommt man nicht an sein Ziel.* Ihre Bedeutung kannst du im Internet oder in einem Wörterbuch nachschlagen.

» Fachwortschatz, S. 226

» Freiraum, S. 227

Fair geteilt? I

Eine Fabel aus Sicht eines Tieres planen

1 **a)** Lies die Überschrift der Fabel: Welche Aufgabe hat ein Schiedsrichter normalerweise?

b) Spekuliert, was sich verändern könnte, wenn ein Affe diese Aufgabe übernimmt.

Der Affe als Schiedsrichter

Digital+ Textvorlage WES-126426-114

Eine Fabel aus Korea

Ein Hund und ein Fuchs erblickten gleichzeitig eine schöne, große Wurst, die jemand verloren hatte. Nachdem sie eine Weile unentschieden darum gekämpft hatten, kamen sie überein, mit der Beute zum klugen Affen zu gehen. Dessen Schiedsspruch[1] sollte gültig sein.

- Fuchs und Hund entdecken Wurst
- Sie kämpfen darum
- Sie gehen zum klugen Affen

Der Affe hörte den beiden Streitenden aufmerksam zu. Dann fällte er mit gerunzelter Stirn das Urteil: „Die Sachlage ist klar: Jedem von euch gehört genau die halbe Wurst!" Damit zerbrach der Affe die Wurst und legte die beiden Teile auf eine Waage. Das eine Stück war schwerer. Also biss er hier einen guten Happen ab. Nun wog er die Stücke von Neuem. Da senkte sich die andere Schale. Happ-schnapp, kürzte er auch diesen Teil. Wiederum prüfte er sie auf Gleichgewicht und nun musste wieder die erste Hälfte ihr Opfer bringen. So mühte der Affe sich weiterhin, jedem sein Recht zu schaffen. Die Enden wurden immer kleiner und die Augen von Hund und Fuchs immer größer. Schließlich – rutsch-futsch – war der Rest hier und dort verschlungen.
Mit eingeklemmten Ruten[2] schlichen Hund und Fuchs wütend davon. In gehöriger Entfernung fielen sie übereinander her und zerzausten[3] sich. *(Text verändert)*

1 **der Schiedsspruch:** das gerechte Urteil

2 **die Rute:** Schwanz des Hundes und des Fuchses

3 **sich zerzausen:** hier: sich gegenseitig verletzen

2 Vergleicht eure Vermutungen aus Aufgabe **1 b)** nach dem Lesen mit dem Inhalt der Fabel.

3 **a)** Teile die Fabel mithilfe der **LERNBOX** auf Seite 207 in Handlungsschritte ein und notiere diese am Textrand, z. B.: Fuchs und Hund entdecken Wurst.

b) Lies die Fabel nun erneut und beantworte folgende Fragen in vollständigen Sätzen:
- Welche Tiere treten auf?
- Worum streiten sie sich?
- Wie geht der Streit aus?
- Was macht den Affen zu einem klugen Affen?
- Ist der Affe ein geeigneter Schiedsrichter?

c) Formuliere eine passende Lehre für die Fabel.

Wähle aus folgenden Redewendungen aus:
- ☐ Abwarten und Tee trinken.
- ☐ Einmal ist keinmal.
- ☐ Wenn zwei sich streiten, freut sich der Dritte.

Orientiere dich an den Redewendungen auf Seite 214.

Beginne so: Wenn ...

4 Du sollst die Fabel aus Sicht eines der Tiere erzählen. Übernimm dabei die Perspektive des Fuchses, des Hundes, des Affen. Lies dafür die **LERNBOX**. Gehe so vor:

a) Übertrage die Tabelle (den Schreibplan) in dein Heft.

Du kannst eigene Handlungsschritte formulieren.

b) Halte im Kopf des Schreibplans fest, welches Tier du ausgewählt hast.

c) Vervollständige die rechte Spalte deines Schreibplans mithilfe des Hinweises 2 c) in der **LERNBOX**.

Digital+ Schreibplan WES-126426-115

Fachwortschatz, S. 226

Ich erzähle die Fabel aus Sicht: des Fuches		
	Handlungsschritte	Was sagen die Tiere? Was denkt der Fuchs? Fuchs
Ausgangs-situation	1. Fuchs und Hund entdecken eine Wurst. 2. Sie kämpfen darum.	Ich habe einen riesengroßen Hunger! Diese Wurst gehört mir! „Die Wurst gehört mir! Ich habe sie zuerst gesehen!“ Fuchs „Das ist nicht wahr! Ich habe sie zuerst gesehen!“ Hund
Aktionen und Reaktionen	3. Sie gehen zum klugen Affen. 4. Der Affe hört zu, als Hund und Fuchs von ihrem Streit berichten. 5. Er teilt die Wurst in 2 Hälften und legt sie auf die Waage. 6. Er beißt ein Stückchen des schwereren Stückes ab. 7. …	„Der Affe wird mir sicher Recht geben.“ Fuchs „Jedem von euch gehört genau die halbe Wurst!“ Affe Fuchs: „Ob sie jetzt endlich gleich schwer sind?“ … …
Ergebnis	– Der Hund und der Fuchs schleichen davon. – Der Affe bleibt zurück. – Sie kämpfen weiter.	„Hätten wir doch nur …“ Fuchs

LERNBOX

So planst du das Erzählen einer Fabel aus einer anderen Perspektive:

1. **Erschließe die Fabel**, indem du sie in Handlungsschritte einteilst. Notiere diese am Rand, z. B.: *Fuchs und Hund entdecken Wurst.*
2. **Übertrage den Schreibplan** in dein Heft und ergänze ihn:
   a) Fülle zuerst die linke Spalte und den **Kopf des Schreibplans** aus: Aus wessen Perspektive schreibst du? *Ich erzähle die Fabel aus Sicht des Fuchses.*
   b) Notiere die **Handlungsschritte** der Fabel. Verändere die Reihenfolge und die Handlung nicht. Beachte, dass die Lehre in der Fabel deutlich werden soll.
   c) Überlege, was die Tiere denken und sprechen. Nutze **Denk-** und **Sprechblasen**, um später Redebegleitsätze ergänzen zu können. Notiere auch Äußerungen der anderen Tiere.

AH S. 42-43

Fair geteilt? II
Lebendig und anschaulich erzählen

1 Zwei Schülerinnen haben jeweils den Beginn einer Erzählung aus Sicht des Fuchses geschrieben:
a) Lies die beiden Anfänge.
b) Welchen Anfang würdest du lieber weiterlesen? Begründe deine Meinung mithilfe der Kriterien in der **LERNBOX**.

(A) Es geht um die Wurst
Es war ein sonniger Morgen, als ich aus meinem Fuchsbau schlich, um mein Essen aufzutreiben. Auf einmal erblickte ich eine große Wurst auf meinem Weg. „Ich habe einen riesengroßen Hunger! Diese Wurst gehört mir!“, dachte ich. Da sah ich einen Hund, der auch auf der Suche nach Nahrung war und die Wurst gesehen hatte. Der Hund fauchte mich an: „Die Wurst gehört mir! Ich habe sie zuerst gesehen!“ ...

(B) Der Kampf
Ich hatte morgens Hunger. Ich ging los. Dann habe ich einen Hund gesehen. Wir beide sahen eine Wurst. Wir waren sehr hungrig und wollten beide die Wurst haben. Und dann haben wir angefangen uns zu streiten und zu kämpfen! Wir kämpften lange. Aber wir waren beide stark und deshalb ging der Kampf nicht vorbei.

2 **a)** Untersuche den ersten Textanfang mithilfe der **LERNBOX** genauer: Welche Merkmale machen diesen Anfang anschaulicher und lebendiger als den zweiten Anfang?
Achte dabei auf anschauliche Adjektive und wörtliche Rede.
b) Vergleicht eure Beobachtungen in der Klasse. Nennt dazu gelungene Textstellen.

3 Erzähle mithilfe der **LERNBOX** und der **fabelhaften Wörterwelt** (Seite 219) selbst die Fabel aus Sicht des ausgewählten Tieres und nutze den Schreibplan von Seite 216.
Setze Textanfang (A) fort.
Wenn du aus Sicht des Hundes schreibst, kannst du so beginnen: Ich hatte riesengroßen Hunger, als ich mich an einem schönen, sonnigen Morgen auf die Suche nach einem Frühstück machte. ...
Aus Sicht des Affen kannst du so beginnen: Es war bereits Mittag, als ...

» Freiraum, S. 227

LERNBOX

So erzählst du lebendig und anschaulich:
1. Wähle eine **Überschrift**, die neugierig macht und zur Situation des Tieres passt.
2. **Schmücke die Handlungsschritte aus**: Wann und wo geschieht die Handlung?
3. Verwende **wörtliche Rede**, um die Gedanken und Gefühle der Tiere wiederzugeben. Beachte dabei die Regeln der Zeichensetzung.
4. Verwende **treffende Verben** und **anschauliche Adjektive**.
5. Nutze **Spannungsmacher**, um die Fabel spannend zu machen *(Auf einmal, ...)*.
6. Nutze unterschiedliche **Satzanfänge** *(Doch/ Als/ Auch/ Aus diesem Grund ...)*.

» Fachwortschatz, S. 226
» Sprache untersuchen, S. 245

Es geht um die Wurst
Nominalisierungen von Adjektiven

1 Lies die Erzählung, die ein Schüler aus Sicht des Fuchses geschrieben hat, und beurteile, wie ihm diese gelungen ist.

Digital+
Textvorlage
WES-126426-116

Es geht um die Wurst

A An einem SONNIGEN (1) Morgen ging ich HUNGRIG (2) aus meinem Fuchsbau, um mein Essen aufzutreiben. Auch einen WILDEN (3) Hund traf ich auf meinem Weg, der ebenfalls nach Nahrung suchte. Auf einmal entdeckte ich eine Wurst: „Mhh, lecker! Ich habe einen RIESIGEN (4) Hunger! Die gehört mir! Das GUTE (5) ist, dass ich sie zuerst gesehen habe!“, dachte ich mir. Doch auch der WILDE (6) war hungrig und schrie: „Die Wurst gehört mir!“

B Der WILDE (7) Hund und ich kämpften und stritten. „Der BLÖDE (8) soll endlich nachgeben!“, dachte ich WÜTEND (9). Aber das tat er nicht. Also entschieden wir uns dazu, den KLUGEN (10) Affen zu besuchen. Er sollte als Schiedsrichter entscheiden, wer die LECKERE (11) Wurst bekommen sollte. Also erklärten wir ihm die Situation. Als der KLUGE (12) eine Entscheidung gefällt hatte, sagte er: „Jedem von euch gehört genau die halbe Wurst!“ „So ein GROßER (13) Mist!“, ärgerte ich mich, denn ich hatte mich schon auf die ganze Wurst gefreut.

C Der Affe wog beide Hälften, doch immer war eine Seite SCHWERER (14) als die andere Hälfte. Ich beobachtete den KLUGEN (15) Affen dabei und fragte mich: „Er lacht dabei so verschmitzt. Macht er das extra, weil er selbst HUNGRIG (16) ist?“ So machte der Affe weiter, bis schließlich das LETZTE (17) Stück Wurst gefressen war. Verblüfft stotterte ich: „D… D… Das ist ja wohl das LETZTE (18).“ Wütend gingen wir davon. „Das war eigentlich meine Wurst!“, grummelte ich noch. „Wenn zwei sich streiten, freut sich der Dritte!“, rief der KLUGE (19) uns freudig hinterher.

2 **a)** Überlege, ob du die nummerierten Adjektive in Abschnitt A, in den Abschnitten A–B, in der gesamten Fabel jeweils groß- oder kleinschreiben musst. Begründe deinen Vorschlag mit den Regeln und der Strategie in der **LERNBOX**.
b) Schreibe den jeweiligen Abschnitt / die jeweiligen Abschnitte richtig in dein Heft.
c) Unterstreiche die zugehörigen Signalwörter vor den Nominalisierungen.

Fachwortschatz, S. 226

LERNBOX

Nominalisierung von Adjektiven

1. Adjektive schreibst du groß, wenn ein **Signalwort** davorsteht. Signalwörter sind:
   - **Artikel:** *der Wilde*
   - **Pronomen:** *dieser Wilde*
   - **Adjektive:** *der magere Wilde*

   Das Adjektiv wird dann **nominalisiert**.
2. Achte darauf, dass unmittelbar danach **kein anderes Nomen** steht: *der wilde Hund schlich den Weg entlang.* Aber: *Der Wilde schlich den Weg entlang.*

Fachwortschatz, S. 226

Richtig schreiben, S. 290-291

SPRACHBOX

Fabelhafte Wörterwelt

GEDANKEN, GEFÜHLE UND ÄUSSERUNGEN DURCH MITFÜHLER WIEDERGEBEN:

„Ob er wohl gerecht entscheiden wird?", fragte ich mich.
„Ich fühle mich nicht wohl!", flüsterte er.
Da sprach der Bär zum Löwen: „Ich war zuerst hier!"
„Ich werde abwarten", dachte der Fuchs, „die beiden werden irgendwann müde werden."

TREFFENDE VERBEN

„sagen" und **„denken"** = flüstern, fauchen, stöhnen, stottern, sprudeln, plappern, knurren, brummen, erklären, antworten, raten, prahlen, entgegnen, einwenden, brüllen, rufen, schreiben, toben, wüten, fragen, über etwas staunen, über etwas grübeln, über etwas nachdenken
„gehen" = schleichen, kriechen, stolpern, jagen, flitzen, rasen, rennen, laufen, schlurfen, humpeln, eilen, ankommen, sich treffen, aufeinandertreffen

Rund um den Konflikt = sich streiten, sich einigen, sich vertragen, sich erschrecken, etwas erblicken, sich beleidigen, sich anfeinden, sich auseinandersetzen, sich aus dem Weg gehen

SPANNUNGSMACHER:

Plötzlich...
Auf einmal...
Und da passierte es...
Schlagartig...
Ohne Vorwarnung...
Aus heiterem Himmel...
Wie aus dem Nichts...

ANSCHAULICHE ADJEKTIVE

Menschliche Eigenschaften von Fabeltieren
riesig, groß, wunderschön, stur, störrisch, eigensinnig, hartnäckig, verbissen, stolz, herablassend, ausdauernd, fleißig, majestätisch, klug, clever, eitel, freundlich, gutmütig, treu, leichtgläubig, wortgewandt, einfältig, leichtsinnig, hochmütig, eingebildet, arrogant, neidisch, eifersüchtig, verlogen

Ich fühle mich ...
unfair behandelt, ängstlich, wütend, unzufrieden, glücklich, ermüdet, erschöpft, allein, ungerecht behandelt, durcheinander, bekümmert, traurig, nachdenklich

Klug eingefädelt!
Eine Erzählung planen und schreiben

1 **a)** Lies die Fabel und erschließe sie, indem du unbekannte Begriffe klärst und die Handlungsschritte erarbeitest.

b) Kreuze an, welche Lehre am besten zum Inhalt der Fabel passt.

- ☐ Du sollst andere niemals unterschätzen.
- ☐ Pflege deine Freundschaften, um sie zu erhalten.
- ☐ Verärgere niemals jemanden, der stärker ist.

Der Fuchs und der Hahn

nach Jean de la Fontaine, nacherzählt von Eva Spaeth

- Der Hahn sitzt auf der Steinmauer.

- Der Fuchs geht zu dem Hahn und spricht ihn an.

In sicherer Höhe saß der Hahn auf einer Steinmauer. Da näherte sich der Fuchs mit sanftmütigen Worten: „Weißt du schon, dass von heute ab kein Tier mehr ein anderes verfolgen wird und dass alle sich lieben werden? Auch ich möchte Frieden mit dir schließen. Komm herunter und lass uns diese neue Vereinbarung mit einem Kuss besiegeln[1]!“

Der Hahn war hoch erfreut über das Friedensangebot. „Ich will sofort zu dir hinunterkommen. Es ist bestimmt wahr, was du berichtest, denn gerade sehe ich zwei weitere Friedensboten[2] kommen. Es sind Windhunde[3], wie mir scheint. Und sie sind auf schnellen Pfoten unterwegs. Gleich sind sie hier.“

Als der Fuchs das hörte, sagte er: „Ich muss diese gute Botschaft[4] unbedingt noch vielen anderen Tieren überbringen.“ Hastig verabschiedete er sich und lief in höchster Eile davon. Der Hahn aber plusterte sich genüsslich auf[5] und freute sich, dass er den Fuchs so gut überlistet hatte. *(Text verändert)*

1 **besiegeln:** etwas endgültig beschließen
2 **die Friedensboten (Pl.):** bringen den Frieden
3 **der Windhund:** Hunderasse, die besonders schnell ist
4 **die Botschaft:** die Nachricht
5 **sich aufplustern:** die Federn aufrichten

Digital+ Textvorlage WES-126426-117

2 Erzähle die Fabel aus der Sicht eines der Tiere neu:

a) Lies zuerst die Aufgabenstellung in dem blauen Kasten und mache dir klar, was du tun sollst. Markiere dazu Operatoren und Schlüsselwörter.

> **Erzähle** die Fabel aus Sicht des Hahns oder des Fuchses. Berücksichtige dabei:
> - Gib die Handlungsschritte in der richtigen Reihenfolge wieder.
> - Ergänze Gedanken, Gefühle und Äußerungen der Tiere durch wörtliche Rede.
> - Notiere eine passende Überschrift, die neugierig macht.
> - Erzähle lebendig und anschaulich in der Ich-Form.
> - Berücksichtige dabei auch die Lehre der Fabel.

b) Die Aufgaben geben dir die Gliederung vor. Übertrage den Schreibplan rechts in dein Heft.

Nutze den gesamten Schreibplan. Übernimm nur die Handlungsschritte.

c) Ergänze den Schreibplan: Verändere ggf. das Tier (im Kopf) und ergänze die Handlungsschritte, Gedanken und Gefühle.

Digital+ Schreibplan WES-126426-118

Ich als Hahn			
	Handlungsschritte	Was sagen die Tiere? Was denkt und fühlt der Hahn?	
Ausgangs-situation	- Hahn sitzt auf der Steinmauer - Fuchs geht zu Hahn und spricht ihn an	Oh, da kommt ein Fuchs! Da bleibe ich doch lieber auf meiner sicheren Steinmauer sitzen. „Hallo lieber Hahn! Wie geht es dir an diesem schönen, sonnigen Morgen?“	Hahn Fuchs
Aktionen und Reaktionen	-Fuchs redet weiter auf den Hahn ein …	„Komm herunter und lass uns diese neue Vereinbarung mit einem Kuss besiegeln!“ Da kann doch was nicht stimmen! Der will mich doch anlocken und fressen! Ich habe eine Idee: Ich berichte von zwei Bären. Davor hat er sicher Angst und wird verschwinden. …	Fuchs Hahn Hahn
Ergebnis		Es funktioniert! Ich bin sehr erleichtert! Der Fuchs sollte sich merken, dass …	

3 Schreibe einen Entwurf. Nutze dazu die **SPRACHBOX**.

Erzähle die Fabel aus Sicht des Hahnes neu. So kannst du beginnen: An einem schönen warmen Tag spazierte ich über den Hof meines Bauern. Weil die Sonne wunderbar schien, flog ich auf die Steinmauer hinter der Scheune und beschloss, mich zu sonnen. Plötzlich sah ich einen Fuchs, der sich langsam näherte. Ich dachte bei mir: „Oh, da kommt ein Fuchs! Da bleibe ich lieber auf meiner sicheren Mauer sitzen.” …

Erzähle die Fabel aus Sicht des Fuchses neu.

4 Überarbeite deinen Text mithilfe der **CHECKLISTE** von Seite 222.

SPRACHBOX

Eines schönen Tages …
Auf einmal kam mir eine Idee …
Ich versuchte ihn davon zu überzeugen, dass …
Doch der Hahn fing an …
Damit hatte ich nicht gerechnet.
„Nichts wie weg!“, dachte ich mir.
Später dachte ich bei mir: „Ich hätte …“

» Fachwortschatz, S. 226

LERNBOX

So schreibst du eine Erzählung zu einer Fabel neu

1. Wähle eine **Überschrift**, die neugierig macht und zur Situation des Tieres passt.
2. Schreibe in der **Ich-Form** und behalte diese Erzählform bei.
3. Gib **die Handlungsschritte** in der richtigen **Reihenfolge** wieder und **schmücke sie aus**: *Wann* und *wo* geschieht die Handlung?
4. Berücksichtige auch die Lehre der Fabel.
5. Verwende **wörtliche Rede**, um die **Gedanken, Gefühle** und **Äußerungen** der Tiere wiederzugeben. Beachte dabei die Regeln der Zeichensetzung.
6. Verwende **treffende Verben, anschauliche Adjektive** und **Spannungsmacher**, um die Erzählung lebendiger zu gestalten.
7. Verwende (außer in der wörtlichen Rede) **das Präteritum**.

Kikirikii!
Eine neu erzählte Fabel überarbeiten

Digital+ Textvorlage WES-126426-119

Die Falle	↳↲
A Eines ⌐ Tages saß ich auf einem Gartenzaun, um den neuen Tag zu	⌐ schönen
begrüßen. „Kikirikiii! Kikirikiii!“, rief ich ⌐.	⌐ fröhlich
Da erschrak ich. „Einen schönen guten Morgen!“, hörte ich eine Stimme	Plötzlich
sagen. Ich traute meinen Augen nicht. Ich sah einen Fuchs. „Hilfe, ich habe	
schreckliche Angst!“, denke ich.	Zeitform
Der Fuchs berichtete etwas davon, dass alle Tiere sich vertragen sollten	
und Frieden herrschen sollte. Um den Frieden zu haben, sollte ich hinunter-	
kommen, um ihm einen Kuss zu geben. „Da kann doch was nicht stimmen!	
Der will mich doch nur anlocken und dann fressen“, dachte ich mir.	fürchtete ich
B Schnell versuchte ich meine Angst zu vergessen und überlegte mir einen	
Plan. „Den dummen schlage ich mit seinen eigenen Waffen“, dachte ich	R
bei mir. Also überlegte auch ich mir eine lüge. Da fiel mir eine Lüge ein, mit	R
der ich den Fuchs sicher vertreiben konnte. „Der Fuchs wird ⌐ Angst vor	⌐
Bären haben!“, dachte ich mir und erzählte ihm, dass ich gerade zwei große	Überlegte ich
Bären gesehen hatte, die sich schnell näherten.	
C Der Plan des Hahns ging auf. Auf einmal wurde der Fuchs seltsam. Er	
ging einige Schritte nach hinten, bis er sich schließlich umdrehte. Blitzschnell	
rannte er los. Er war so Schnell weg, dass ich sicher war, er würde mir	R
nichts mehr antun können.	

1 **a)** Aus welcher Perspektive hat der Schüler die Fabel „Der Fuchs und der Hahn“ (S. 220) neu erzählt?

b) Überarbeite diese neue Erzählung mithilfe der **CHECKLISTE**. Setze dazu die Anmerkungen in den folgenden Abschnitten fort:

Abschnitt A, Abschnitte A–B, in der gesamten Erzählung.

2 Überarbeite deinen eigenen Entwurf zu dieser Fabel mithilfe der **CHECKLISTE**.

CHECKLISTE

Eine neu erzählte Fabel überabreiten

1. Macht deine **Überschrift** neugierig und passt sie zur Situation des Tieres? ☑
2. Erzählst du in der **Ich-Form** und behältst diese Erzählform bei? ☑
3. Hast du alle **Handlungsschritte** und **die Lehre** der Fabel berücksichtigt? ☑
4. Hast du die **Gedanken, Gefühle** und **Äußerungen der Tiere** durch die wörtliche Rede deutlich gemacht und dabei die Zeichen der wörtlichen Rede verwendet? ☑
5. Hast du **treffende Verben, anschauliche Adjektive** sowie **Spannungsmacher** eingesetzt, um die Erzählung lebendiger zu gestalten? ☑
6. Hast du (außer in der wörtlichen Rede) im **Präteritum** erzählt? ☑

Eine Fabel neu erzählen

Erzähle die Fabel aus der Sicht des Raben neu. Gehe so vor:
- Gib die Handlungsschritte in der richtigen Reihenfolge wieder.
- Ergänze Gedanken und Gefühle des Raben und Äußerungen des Fuchses durch wörtliche Rede.
- Notiere eine passende Überschrift, die neugierig macht.
- Erzähle lebendig und anschaulich in der Ich-Form.
- Berücksichtige dabei auch die Lehre der Fabel.

1 Erschließe die Aufgabe im Kasten. Markiere dazu Operatoren und Schlüsselwörter.

2 Erschließe die Fabel und ermittle danach die Lehre:

- ☐ Wenn zwei sich streiten, freut sich der Dritte.
- ☐ Unterschätze niemanden, den du nicht kennst.
- ☐ Sei ehrlich, um an dein Ziel zu kommen.

Rabe und Fuchs *nach Aesop*

Ein Rabe hatte einen Käse gestohlen, flog damit auf einen Baum und wollte dort seine Beute in Ruhe verzehren[1]. Da Raben jedoch beim Essen nicht schweigen können, hörte ein vorbeikommender Fuchs den Raben über dem Käse krächzen.
Er lief eilig hinzu und begann den Raben zu loben: „O Rabe, was bist du für ein wunderbarer Vogel! Wenn dein Gesang ebenso schön ist wie dein Gefieder, dann sollte man dich zum König aller Vögel krönen[2]!“
Dem Raben taten diese Schmeicheleien so gut, dass er seinen Schnabel weit aufsperrte, um dem Fuchs etwas vorzusingen. Dabei entfiel ihm der Käse. Den nahm der Fuchs schnell, fraß ihn und lachte über den dummen Raben. So kann es auch Menschen ergehen, die auf Schmeicheleichen hereinfallen. *(Text verändert)*

1 **verzehren:** fressen

2 **krönen:** zum König ernennen

3 Plane deine Erzählung. Übertrage und vervollständige dazu den Schreibplan.

Digital+ Schreibplan WES-126426-120

Ich als Rabe		
	Handlungsschritte	Was sagen die Tiere? Was denkt und fühlt der Rabe?
Ausgangssituation	Rabe stiehlt Käse und fliegt auf einen Baum …	Welche in großes Glück, dass der Bauer jetzt frühstückt! …
Aktionen und Reaktionen	Fuchs macht dem Raben Komplimente …	„Man sollte dich zum König aller Vögel krönen!“
Ergebnis	…	…

Rabe

Fuchs

4 Schreibe einen Entwurf. So kannst du beginnen: *Es war ein schöner und sonniger Tag. Ich war sehr glücklich über den Käse, …*

5 Überarbeite deinen Text mithilfe der **CHECKLISTE** von Seite 220.

Eine Fabel neu erzählen

Erzähle die Fabel aus der Sicht der Fledermaus neu. Gehe so vor:
- Gib die Handlungsschritte in der richtigen Reihenfolge wieder.
- Ergänze Gedanken und Gefühle der Fledermaus und Äußerungen des Wiesels durch wörtliche Rede.
- Notiere eine passende Überschrift, die neugierig macht.
- Erzähle lebendig und anschaulich in der Ich-Form.
- Berücksichtige dabei auch die Lehre der Fabel.

1 Erschließe die Aufgabe im Kasten. Markiere dazu Operatoren und Schlüsselwörter.

2 Erschließe die Fabel und ermittle danach die Lehre.

Die Fledermaus *nach Aesop*

Eine Fledermaus fiel in das Gras. Sofort stürzte ein Wiesel auf sie zu und wollte sie verspeisen. „Ach!“ piepste die Fledermaus in Todesangst. „Was willst du? – Was tust du? Lasse mich am Leben!“ „Ich kann nicht, ich hasse dich, weil ich alle Vögel hasse“, fauchte das Wiesel. Die Fledermaus besann sich einen Augenblick. „Ich bin doch kein Vogel; ich kann die Vögel nicht leiden; ich bin doch eine Maus!“ beteuerte sie. – Da schenkte ihr das Wiesel das Leben. Kurze Zeit nachher hatte die Fledermaus dasselbe Unglück. Wieder war ein Wiesel daran, ihr den Hals durchzubeißen. „Du sollst augenblicklich gefressen werden“, sagte es, „ich hasse alle Mäuse und dich auch!“ „Aber ich bin doch keine Maus, ich kann die Mäuse nicht leiden! Ich bin doch ein Vogel!“ – beteuerte die Fledermaus. „Was du nicht sagst –, entschuldige!“ antwortete das Wiesel. Und die Fledermaus kam wirklich wieder mit dem Leben davon.

3 Plane deine Erzählung. Übertrage und vervollständige dazu den Schreibplan.

Digital+ Schreibplan WES-126426-121

Ich als ______		
	Handlungsschritte	Was sagen die Tiere? Was denkt und fühlt die Flederm
Ausgangs-situation	– Fledermaus fällt ins Gras …	…
Aktionen und Reaktionen	…	„Es will mich sicher fressen …“
Ergebnis	…	„Man sollte …“

4 Schreibe einen Entwurf in der Ich-Form.

5 Überarbeite deinen Text mithilfe der **CHECKLISTE** von Seite 220.

Eine Fabel neu erzählen

Kompetenz / Inhalt	Selbsteinschätzung ☺ 😐 ☹	Fremdeinschätzung ☺ 😐 ☹	Bemerkungen	Hier kannst du weiterüben:
Ich kann ...				
die Eigenschaften der Fabeltiere benennen. (S. 204–205)				
Merkmale von Fabeln und ihren Aufbau erkennen. (S. 206–207)				SB, S. 246-247 AH, S. 40-41
eine Fabel mit verteilten Rollen vorlesen und ein Standbild, welches die Lehre verdeutlicht, dazu bauen. (S. 208–209)				
einen Hörtext aufnehmen und die Gruppenarbeit reflektieren. (S. 210)				
einen Hörtext mittels eines Rückmeldebogens auswerten und konstruktiv Kritik geben. (S. 211)				
die Perspektive eines Tieres einnehmen und einen inneren Monolog verfassen. (S. 212–213)				AH, S. 44
Redewendungen kennenlernen und zuordnen. (S. 214)				
eine Fabel aus der Sicht eines Tieres erzählen. (S. 215–216)				AH, S. 42-43
lebendig und anschaulich erzählen. (S. 217)				SB, S. 245
Nominalisierungen von Adjektiven richtig schreiben. (S. 218)				SB, S. 290–291
den neuen Wortschatz verwenden. (S. 219)				
eine eigene Fabel planen und schreiben und dadurch neu erzählen. (S. 220–221)				
meine neu erzählte Fabel mithilfe der Checkliste überarbeiten. (S. 222)				

FREIRAUM

Diese Aufgaben aus dem Freiraum habe ich gemacht:	

AH = Arbeitsheft, SB = Schülerband

Fachwörter und Methoden

die Erzählung	In einer Erzählung stellst du mündlich oder schriftlich den Verlauf von Geschehnissen dar, die tatsächlich passiert oder erdacht sind. Beim Erzählen musst du die Einzelheiten in eine sinnvolle Reihenfolge bringen, die der Leser nachvollziehen kann. Als Zeitform verwendest du die Vergangenheit, für das schriftliche Erzählen das **Präteritum**.
die Erzählform	Du kannst eine Geschichte aus der Sicht der Figur schreiben, die erzählt, und verwendest dann die **Ich-Form:** *Als ich den Fuchs sah, rannte ich los.* In der **Er-/Sie-Form** erzählst du über jemanden: *Als der Hund den Fuchs sah, rannte er los.*
die Fabel	Eine Fabel ist **eine kurze Erzählung**, in der Tiere **wie Menschen denken, fühlen, sprechen** und **handeln** können. Die Fabel zeigt am Beispiel der Tiere, wie sich Menschen oft verhalten. Viele Fabeln haben folgenden Aufbau: – **Ausgangssituation:** *Wie ist die Situation zu Beginn der Fabel?* – **Aktion:** *Was macht Tier A?* – **Reaktion:** *Wie handelt daraufhin Tier B?* – **Ergebnis:** *Wie ist die Situation am Ende? Wie geht der Konflikt aus?* In einigen Fabeln gibt es mehrere Aktionen und Reaktionen.
der innere Monolog	Ein innerer Monolog ist ein **Gedankengespräch** einer Figur mit sich selbst (**Ich-Form**). Er zeigt auf, wie die Figur eine Situation erlebt hat und wie sie darüber denkt.
die konstruktive Kritik	Konstruktive Kritik nimmst du vor, wenn du eine **Rückmeldung** dazu gibst, wie Mitschüler oder Mitschülerinnen etwas vorlesen, vortragen oder vorspielen. Das Ziel ist es, dass wir erfahren, welche **Stärken** wir schon haben, aber auch merken, **woran wir noch arbeiten** können.
die Lehre	Fabeln wurden geschrieben, damit **Menschen etwas daraus lernen**. In vielen Fabeln wird das am Schluss in einem Satz zusammengefasst (= **die Lehre**). Sie kann **direkt** formuliert sein, manchmal muss man sie aber auch erschließen.
die wörtliche Rede	In wörtlicher Rede gibst du Texte wieder, was jemand spricht. Diese Textteile setzt du in **Anführungszeichen**. Der Redebegleitsatz zur wörtlichen Rede kann an unterschiedlichen Stellen stehen.
die Nominalisierungen	**Adjektive** werden großgeschrieben, wenn ein **Signalwort** davorsteht: Artikel: der *Wilde*, Pronomen: *dieser Wilde*, Adjektive: *der magere Wilde*. Das Adjektiv wird dann zu einem Nomen, es wird **nominalisiert**.
die Signalwörter	Signalwörter zeigen dir zum Beispiel an, wie du ein Nomen erkennst. Signalwörter für Nomen sind: **Artikel:** *ein Löwe, der Bär, eines Tages* **Pronomen:** *seine Freunde, mein Essen, sein Feind* **Adjektive:** *die sturen Ziegen, der starke Bär* **Präposition + Artikel:** *am, beim, im, vom.*
die Perspektive	Eine Erzählung kann aus **unterschiedlichen Perspektiven** geschrieben werden. Das heißt, aus der Sicht unterschiedlicher Figuren, die in der Erzählung vorkommen. Die Handlung der Erzählung verändert sich dadurch nicht, jedoch kann der Leser oder die Leserin durch einen Perspektivwechsel einen anderen Einblick in die Gefühle und Gedanken der jeweiligen Person erlangen.
die Redewendung	Redewendungen sind **feststehende sprachliche Ausdrücke**, die das Gemeinte meist **bildlich** darstellen. Wort für Wort gelesen, ergeben sie häufig keinen Sinn. Stattdessen musst du sie lernen, um sie zu verstehen.
das Standbild	Ein Standbild ist eine **eingefrorene Situation**, die eine Figur oder mehrere Figuren zeigt und dabei ihre Stimmung oder Beziehung durch Mimik und Gestik zum Ausdruck bringt.

1 Lerne die Fachwörter und löse das Rätsel mithilfe des Webcodes.

Digital+
Interaktive Aufgabe
WES-126426-122

Aufgaben zum Weiterarbeiten

ZU SEITE 208

Wähle eine der folgenden Aufgaben:

- Prüfe dein Textverständnis, indem du das Quiz löst. Notiere alle Nomen mit ihren dazugehörigen Artikeln:

1. Welches Tier ist für seine Stärke bekannt: ___ ___
2. Wie heißt die trockene Landschaft, in der die Tiere aufeinandertreffen? ___ _______
3. Wie heißt das Tier, mit dem der Bär kämpft? ___ _____
4. Was machen Bär und Löwe zu Beginn der Fabel? Sie _________
5. Wer frisst am Ende die Beute? ___ ______

Lösungswort: _____

- Recherchiere im Internet über Aesop, den Autor der Fabel. Wann lebte er? Kennst du weitere Fabeln, die er verfasste? Welche Informationen findest du außerdem?

ZU SEITE 214

- Vervollständige die Redewendungen und erkläre, was sie bedeuten.

1. Ende gut, ______ gut.
2. Lügen haben kurze ______ .
3. Der Klügere ______ ______ .
4. Alle guten Dinge sind ______ .
5. Jetzt geht's um die ______ .
6. ______ macht auch Mist.
7. Wer anderen eine Grube gräbt, ______ ______ ______ .

Beine – alles – Drei – fällt selbst hinein – gibt nach – Wurst – Kleinvieh

ZU SEITE 217

- Schreibe einen kurzen Dialog zwischen Hund und Fuchs, welchen sie führen, nachdem sie davoneilten. So kannst du beginnen:

Der Hund: Jetzt habe ich immer noch Hunger! Nur weil du nicht nachgeben wolltest.
Der Fuchs: Ich habe sie zuerst gesehen!
Der Hund: Hätten wir mal ...

ZU SEITE 218

- Notiere die drei Nomen, die sich in der Wortschlange verstecken mit ihrem passenden Artikel.

Plötzlichschlagartignasenleinekleinrattegroßarrogantschnellgedanke

Das Vorleseabenteuer

1 Beschreibt mithilfe der **SPRACHBOX** genau, was auf dem Bild dargestellt wird: Welche Personen sind zu sehen? Was tun sie gerade?

2 Levi nimmt am Vorlesewettbewerb des 6. Jahrgangs teil und liest den anderen vor: Worauf sollte er dabei achten? Was ist wichtig, wenn man jemandem eine Geschichte vorliest?

Denke dabei an Lesetempo, Betonung, Verständnis ...

3 **a)** Beschreibe, welche Bilder in den Köpfen der Zuhörenden entstehen, während Levi vorliest. Worum könnte es im Buch von Levi gehen?
b) Höre dir den vorgelesenen Textauszug an und greife auf die Gedankenblasen der Schülerin und des Schülers zurück: Passt das Vorgelesene zu den Gedanken? Was geht dir beim Hören durch den Kopf?
c) Tauscht euch aus, worum es in der Geschichte gehen könnte, die Levi vorliest.

Digital+
Audio
WES-126426-123

4 Informiere dich mithilfe des Webcodes über den Vorlesewettbewerb.

Digital+
Interaktive Aufgabe
WES-126426-124

SPRACHBOX

Nomen: der Vorleser / die Vorleserin – der Bewertungsbogen – das Buch – die Bücherei – das Bücherregal – die Jury – das Plakat – das Publikum – die Fantasie – die Sprechweise – der Wettbewerb – der Zuhörende / die Zuhörenden – die Vorstellung

Verben: auswählen – entscheiden – (vor-)lesen – zuhören – notieren – verfolgen – kommentieren – bewerten – betonen – träumen – vorbereiten

Adjektive: aufgeregt – konzentriert – flüssig – deutlich – sicher – verständlich – passend – wirkungsvoll – geeignet – sinnvoll – gespannt – aufmerksam

AUSBLICK

In diesem Kapitel bereitest du dich am Beispiel des Jugendromans *„Das mysteriöse Verschwinden des Aidan S. (so wie es sein Bruder erzählt)"* von David Levithan auf den Vorlesewettbewerb vor: In sechs Schritten lernst du, wie du beispielsweise einen geeigneten Textauszug auswählst und diesen zum wirkungsvollen Vorlesen erarbeitest.

Entscheide dich für ein Leseabenteuer!
1. Schritt: ein Buch auswählen

1 Zur Vorbereitung auf den Vorlesewettbewerb sind Levi, Max und Zeynep auf der Suche nach einem passenden Buch. Sie haben eine erste Auswahl getroffen:
- Welches dieser Bücher würdest du gerne lesen? Warum spricht es dich an?
- Kennst du bereits eines der abgebildeten Bücher? Erzähle etwas über den Inhalt.

2 Du bist auf der Suche nach einem passenden Buch.

a) Lies die **LERNBOX** und betrachte die Bilderfolgen auf Seite 231: Beschreibe mithilfe der **SPRACHBOX**, welche Schritte auf der Suche nach einem Jugendroman für den Vorlesewettbewerb dargestellt werden.

b) Diskutiere mit einem Partner oder einer Partnerin darüber, ob immer alle Schritte durchlaufen werden müssen, oder ob man auch Schritte überspringen kann.

c) Wählt eine Spalte (A, B oder C) aus und stellt euch einen der Wege zum passenden Buch gegenseitig vor. Auch hier kannst du die **SPRACHBOX** nutzen.

Kennst du noch weitere Möglichkeiten, ein passendes Buch zu finden? Stelle sie der Klasse vor.

LERNBOX

So wählst du ein Buch zum Vorlesen aus:
1. Sammle Ideen, welches Buch zu **deinen Interessen** passt. Es sollte auch für deine **Zuhörerinnen und Zuhörer** interessant sein. Dazu hast du verschiedene Möglichkeiten:
   a) In einer **Bücherei** kannst du Bücher zum Lesen **ausleihen**. Nicht immer sind alle neuen Bücher zur Ausleihe verfügbar. Hier kannst du Mitarbeiterinnen und Mitarbeiter nach **Tipps fragen** oder anhand der **Beschilderungen** und mithilfe von **Buch- oder Thementischen** die richtigen Bücher finden. Du erhältst auch Tipps, welche Bücher zu Jugendlichen deines Alters passen.
   b) In einer **Buchhandlung** kannst du dich z. B. über Neuerscheinungen beraten lassen. Hier **kaufst** du ein Buch. Das hat den Vorteil, dass du dir in deinem Buch Notizen machen kannst.
   c) Recherchiere im **Internet** nach **Buchvorschlägen**, z. B. auf diesen Seiten: *www.vorlesewettbewerb.de / www.Stiftunglesen.de / www.jugendliteratur.org*
2. Schau dir das **Cover**, also die vordere Seite der Buchhülle, an und lies den **Klappentext**. Dieser enthält Informationen zum Inhalt des Buches.
3. **Lies** verschiedene **Bücher an**, indem du dir den **Anfang** und **einen Abschnitt** in der Mitte heraussuchst: *Ist das Buch lesenswert? Kannst du den Text flüssig vorlesen und gefällt dir die Sprache?*

SPRACHBOX

Wenn man auf der Suche nach einem geeigneten Buch ist, sollte man … – Man könnte aber auch … – die Bücherei – die Buchhandlung – eine Idee haben, was man lesen möchte – die Recherche – die Suche nach

A

SPORT
KINDER- UND JUGENDBÜCHER

Lieneke Dijkzeul
EIN TRAUM VOM FUSSBALL

B

DAVID LEVITHAN
Das MYSTERIÖSE VERSCHWINDEN des AIDAN S.
(so wie es sein Bruder erzählt)
LAGO

C

Suchen

Einkaufskorb
€
(Zzgl
Jetzt kaufen

Frauke Scheunemann
T wie Tessa
PLÖTZLICH GEHEIMAGENTIN
Loewe

3 a) Lies die folgenden Klappentexte und ordne sie den Jugendromanen von Seite 230 zu. Begründe deine Zuordnung mithilfe der Cover und der Informationen zum Inhalt.

Achte auf den Titel, die Namen und die Bilder.

b) Welche Funktion haben Klappentexte, außer das Buch und seinen Inhalt vorzustellen? Denke dabei auch daran, was sie inhaltlich verraten.

Viel zu schüchtern und echt verpeilt – kein Wunder, dass Tessa gern jemand anders wäre. Zum Beispiel Mitglied von Gimme Four, der megaberühmten Girl Group an ihrer Schule. Da geschieht das Unfassbare: Tessa schafft es in die Band! Allerdings hatte sie sich das ein wenig anders vorgestellt. Zwielichtige Fans, nächtliche Verfolgungsjagden und skrupellose Mafiosi[1] sprengen[2] die Proben von dem ersten Auftritt. Und auch Tessas neue Kolleginnen scheinen neben der Musik noch ganz andere Hobbys zu haben. Oder wie sonst erklären sich die Waffen im Instrumentenkoffer?

1 **Mafiosi:** Mitglied der Mafia
2 **sprengen:** hier: verhindern

Eines Nachts verschwindet Aidan plötzlich und sein Bruder Lucas verschläft es. Nach sechs Tagen voller Fragen und Ungewissheit taucht Aidan wieder auf. Als er von dem wundersamen Ort erzählt, an dem er war, glaubt ihm niemand. Niemand außer sein Bruder Lucas. Doch kann das Unmögliche wirklich wahr sein?

Für Rahmane und seine Freunde aus dem Dorf gibt es nichts Schöneres, als Fußball zu spielen. Als sie die Chance erhalten, für den Profifußball zu trainieren, beginnt für sie in der Stadt ein besseres Leben. Doch dafür müssen sie hart arbeiten, Freundschaften und Teamgeist werden auf die Probe gestellt. Rahmane ist willensstark und schafft es sogar, in ein Trainingscamp nach Europa zu kommen. Doch der Erfolg bedeutet auch Verzicht: Ist Rahmane bereit, den hohen Preis für seinen Traum vom Fußball zu bezahlen[1]?

1 **einen hohen Preis bezahlen:** selber viel dafür tun und auf anderes verzichten

4 a) Lies noch einmal die **LERNBOX** (S. 230).

b) Tauscht euch darüber aus, wie ihr nun vorgehen würdet: Welchen Weg nehmt ihr jeweils zum Wunschbuch?

Denkt daran, welche Möglichkeiten ihr in eurer Stadt oder an eurem Ort habt.

Erläutert, welches dieser drei abgebildeten Bücher sich eurer Meinung nach am besten für die Vorstellung eignen würde.

Aidan ist weg
2. Schritt: ein Buch kennenlernen

Auf den folgenden Seiten lernst du Ausschnitte aus dem Jugendroman *„Das mysteriöse Verschwinden des Aidan S. (so wie es sein Bruder erzählt)“* des amerikanischen Schriftstellers David Levithan kennen. Der Jugendroman ist 2021 erschienen.

1 Lies den Anfang des Textes und benenne die Personen der Skizze.

1. Textauszug (S. 7–9)

Digital+ Textvorlage WES-126426-125

Sie suchten überall.

Im Wäldchen hinter unserem Haus. In der Schule. Im Wald hinter der Schule. Im Keller. Auf dem Dachboden. Am Teich, obwohl der Teich ziemlich weit weg war. Sie riefen die Eltern aller Mitschüler von Aidan an, auch jene, die weggezogen waren. Wir sahen in jedem Zimmer des Hauses nach und in allen Schränken. Wir durchsuchten jeden Zwischenraum, guckten unter jedes Bett. Wir zogen alle Duschvorhänge zurück und suchten alle Teppiche nach Fußabdrücken ab. Es war wie ein Versteckspiel, das nach fünf Minuten langweilig wurde, nach einer Stunde beunruhigend und danach zu dem Unheimlichsten, was uns je passiert ist.

Aidan war nicht aufzufinden.

Sie stellten mir immer wieder die gleichen Fragen. *Wann hast du ihn das letzte Mal gesehen?* Ich war dabei einzuschlafen. Er war dran, das Licht auszuschalten. Ich habe gesehen, wie er aus dem Bett gestiegen und zum Lichtschalter gegangen ist. Dann habe ich gehört, wie er zurück zum Bett gegangen ist, und ich glaube, wir haben uns eine gute Nacht gewünscht.

Um wie viel Uhr war das?

Gegen zehn?

Du bist dir nicht sicher.

Um diese Uhrzeit machen wir normalerweise das Licht aus. Ich habe nicht so genau darauf geachtet, ich wollte einfach nur schlafen.

Warst du eingeschlafen, als er das Zimmer verlassen hat?

Ich glaube, ja. Ich habe die Tür nicht gehört.

Wie lange brauchst du, um einzuschlafen?

Weiß nicht.

Steht dein Bruder öfter mitten in der Nacht auf?

Nein, ich glaube nicht.

Hast du ihn jemals beim Schlafwandeln[1] erwischt?

Nein.

Hat er dir gegenüber mal erwähnt, dass er weglaufen will?

Nein.

Glaubst du, dass er weggelaufen ist?

Nur, weil er hier nirgends ist. Aber er hatte keinen Grund wegzulaufen. Er ist zwölf.

Und du bist elf, Lucas?

Ja.

Hat er etwas Ungewöhnliches gesagt?

1 Schlafwandeln: Die Betroffenen reden im Schlaf oder gehen umher.

Nein .
War er vielleicht sauer wegen irgendwas?
Nein. Und wenn er wirklich weggelaufen wäre …
Was dann?
Dann hätte er sein Handy mitgenommen. Er hätte es nicht zurückgelassen. Dafür mag er seine Spiele zu sehr.
Gibt es einen Ort, wo dein Bruder hingegangen sein könnte?
Gibt es irgendwelche Freunde, die er hätte sehen wollen?
Spät in der Nacht? Nein.
Niemanden?
Glenn ist sein bester Freund. Aber er sieht Glenn die ganze Zeit. Ich meine, tagsüber. Ich glaube nicht, dass sie sich nachts heimlich treffen würden, wenn es das ist, was Sie meinen. Aber da müssen Sie Glenn fragen.
Gibt es einen Ort, wo dein Bruder hingeht, um sich zu verstecken? Zum Beispiel, wenn ihr spielt, wo versteckt er sich dann?
Auf dem Dachboden. Aidan versteckt sich immer auf dem Dachboden.

SPRACHBOX

Der Ich-Erzähler empfindet die Situation als … belastend / beängstigend / bedrückend / unheimlich / spannend, weil …

2 Wie geht es Lucas in dieser Situation? Erläutere, wie der Ich-Erzähler das Verschwinden seines Bruders Aidan empfindet. Nutze zur Formulierung die **SPRACHBOX** und begründe deine Meinung.

3 Fertige eine Lesenotiz zum 1. Textauszug an. Lies dazu die **LERNBOX**.

Lesenotizen	
Kapitel/Abschnitt	Wer? Wo? Was?
1. Abschnitt: Seite 7–9	– Ich-Erzähler ist kleiner Bruder von Aidan – Aidan ist verschwunden; es gibt keinen Grund dafür – alle suchen überall …

LERNBOX

So lernst du einen Jugendroman kennen und hältst die Inhalte fest:

1 Nur wenn du den Roman **genau kennst** und weißt, was in den einzelnen Kapiteln geschieht, kannst du **eine passende Stelle zum Vorlesen** auswählen. Deshalb musst du das Buch im ersten Schritt **lesen** und **verstehen**.

2. **Lesenotizen** helfen dir dabei, dich daran zu erinnern, was in den einzelnen Kapiteln passiert. Auch beim Nachlesen helfen sie dir, das passende Kapitel oder den Abschnitt wiederzufinden. Lege sie so an:
   a) Halte die Abschnitte / Kapitel und die Seitenzahlen fest. Du kannst eine **Tabelle** anlegen, in die du stichwortartig einträgst, welche Figuren *(Wer?)* vorkommen, wo die Geschichte gerade spielt *(Wo?)* und was passiert *(Was?)*.
   b) Du kannst **Haftnotizzettel** verwenden, die du ins Buch klebst und auf denen du das Wichtigste in Stichworten notierst.
   c) Wenn es dein eigenes Buch ist, kannst du zu jedem Abschnitt oder Kapitel im **Buch Notizen** machen.

Auf dem Dachboden
3. Schritt: einen Textauszug auswählen

Die Suche geht weiter – bisher jedoch ergebnislos. Auf den folgenden Seiten findest du zwei weitere Textauszüge aus dem Jugendroman.

„Ich glaubte nicht, dass er tot war. Ich hatte das Gefühl, wenn er tot gewesen wäre, hätte ich es gewusst. Genauso wie ich es gewusst hätte, wenn mir ein Arm fehlen würde oder unser Haus abgebrannt wäre."

1 **a)** Sieh dir die Denkblase an und erkläre, was der Ich-Erzähler Lucas, der Bruder von Aidan, mit seiner Aussage meint.
b) Lies nun den 2. Textauszug.

Digital+ Textvorlage WES-126426-126

2. Textauszug (S. 16–19)

Ich schlief nicht viel. Ich lauschte[1], wartete auf den kleinsten Hinweis, auf ein Zeichen. Wenn ich einschlief, fühlte ich mich schuldig.

Wenn ich aufwachte, ging es mir etwa fünf Sekunden lang gut, solange ich dachte, es sei ein normaler Morgen an einem normalen Schultag. Dann fiel mir wieder ein, was passiert war, und die Angst kam zurück.

Du bist nicht tot, sagte ich in Gedanken zu ihm.

Und wartete auf eine Antwort.

Aus dem fünften Tag wurde ein sechster. Der sechste Tag wurde zu einem sechsten Abend.

Sie erwarteten, dass ich schlafen ging. Schlaf: der Schauplatz des Verbrechens.

Unser Haus besteht aus mehreren Stockwerken: dem Erdgeschoss, einem ersten Stock und dem Dachboden. Mom, Dad und noch ein paar andere Leute saßen unten.

Als ich ins Bett ging, versuchten alle, Mom zu überreden, ebenfalls schlafen zu gehen, aber sie wollte nicht. Sie war immer noch unten.

Ich war oben und konnte nicht einschlafen. Ich hatte mir so oft gewünscht, ein eigenes Zimmer zu haben und es nicht mit Aidan teilen zu müssen. *Aber auf diese Art will ich es nicht bekommen,* sagte ich dem Universum. Die einzige Antwort, die ich bekam, war von Bentley, Aidans altem Teddybär, den Mom aus dem Regal genommen und auf sein Bett gelegt hatte.

Bentley starrte mich an, als wolle er mir sagen: *Das ist alles deine Schuld.*

Dann hörte ich etwas fallen. Über mir. Auf dem Dachboden.

Ich weiß nicht, warum ich nicht nach meinen Eltern gerufen habe.

Ich weiß nicht, warum ich nicht runtergerannt bin.

Ich sagte mir, es ist bestimmt der Wind. Oder ein Waschbär. Oder ein Geist.

Aber ich wollte mich vergewissern.

Also ging ich bis zum Ende des Flurs. Ich öffnete die Tür, die zum Dachboden führt und die kleiner ist als die anderen Türen im Haus, zog meinen Kopf ein wenig ein, um mich hindurchzuzwängen, und stieg die Treppe hinauf.

1 **lauschen:** heimlich und aufmerksam zuhören

Am oberen Ende der Treppe zog ich an der Schnur, um das Licht einzuschalten, und in der Sekunde, in der die Glühbirne anging, sah ich ihn. Aidan. Er kauerte auf dem Boden und hatte immer noch seinen Pyjama an. Er zuckte wegen der plötzlichen Helligkeit zusammen. Sein Gesicht war auf den Boden gerichtet. Es sah so aus, als hätte ihn jemand gestoßen.
Ich sagte seinen Namen. Er sah zu mir auf, als wäre mein Erscheinen total unerwartet, und nicht seins.
„Lucas?“, fragte er. Er stand auf. Aber anstatt sich zu mir zu drehen, blickte er zum Schrank, der ihn überragte[2]. Die beiden Holztüren waren weit geöffnet wie ausgebreitete Arme.
„Wo ist es?“, fragte er. „Wo ist es hin?“
Ich schaute über seine Schulter in den Schrank. Normalerweise passen da hängend Dutzende[3] Anzüge und Kleider rein. Aber jetzt …
„Er ist leer“, sagte ich.
„Nein“, sagte er. „Das kann nicht sein.“
„Aidan.“
Ich sprach seinen Namen so aus, als müsste ich ihn daran erinnern, wie er hieß. Ich sprach ihn so aus, als würde das Aussprechen seines Namens ihn endgültig zurückbringen.
Er sah aus wie immer, aber irgendwie auch anders. Ich sah einen Riss am rechten Ellbogen seines Pyjamaoberteils, und war mir sicher, dass er vor seinem Verschwinden noch nicht da gewesen war. Seine Fußsohlen waren schmutzig. In seinem Haar hatte sich ein Blatt verfangen, und er sah mich immer noch nicht an, obwohl ich mit ihm sprach.
Ich versuchte es noch einmal.
„Wo warst du?“, fragte ich.
Als Antwort benutzte er ein Wort, das ich noch nie zuvor gehört hatte. Er sagte: „Aveinieu.“

2 **überragen:** größer sein als der Junge

3 **Dutzende:** sehr viele

2 **a)** Besprecht nach dem Lesen, wie Aidan gefunden wird.
b) Lege eine Lesenotiz an. Wähle dazu die gleiche Methode, die du schon auf Seite 234 ausgewählt hast.

3 Notiere, welche Stimmung in diesem Textauszug vermittelt wird und verwende die Sprachbox. Nutze ein, mehrere passende Adjektive und begründe deine Einschätzung. Ergänze auch passende Textstellen.

4 Beurteilst du diesen Textauszug als vorlesenswert und daher geeignet für den Vorlesewettbewerb? Du kannst für deine Antwort die **SPRACHBOX** und deine Ergebnisse aus Aufgabe **3** nutzen.

SPRACHBOX

zu **3**: Es wirkt auf mich … – Es wirkt als ob … – aufregend, aufwühlend, lustig, spannend, unheimlich, froh, geheimnisvoll, merkwürdig, rätselhaft, unterhaltsam, verwirrend, … – denn, da, weil, … – Das kommt daher ….

SPRACHBOX

zu **4**: Ich finde den Textauszug vorlesenswert /interessant/uninteressant, weil … – Ich könnte mir vorstellen, dass meine Zuhörer … – Deshalb würde ich diesen Textauszug (nicht) zum Vorlesen auswählen …

Nachdem Aidan wieder zurückgekehrt ist, wird er natürlich auch von der Polizei befragt.

3. Textauszug (S. 35–38)

Digital+ Textvorlage WES-126426-127

Aidan antwortete nicht. Also unterbrach Mom das Schweigen, indem sie fragte: „Was – oder wer – ist Aveinieu?"

Ich stand Aidan gegenüber, also sah ich die Wirkung, die das Wort auf ihn hatte. Es war, als wäre plötzlich ganz viel Energie in den Raum gedrungen und hätte uns in eine Helligkeit getaucht, die kurzzeitig entsetzlich war und die uns dann einfach nur blendete.

Mom fuhr fort. „Lucas hat erzählt, du hättest gestern, als er dich gefragt hat, wo du gewesen bist, *Aveinieu* gesagt."

Aidan sah mich verwirrt an. Und ich begriff: Er erinnerte sich nicht daran, es mir gesagt zu haben. Er erinnerte sich kein bisschen.

Ich war nicht der Einzige, dem auffiel, wie erstaunt er wirkte.

„Sag es uns, Junge", sagte Officer Ross, nicht unfreundlich. „Sag uns, was *Aveinieu* bedeutet."

Da sagte Aidan es wieder: „Sie werden mir nicht glauben." Sie fragten ihn, ob es irgendwo in der Nähe war. Sie fragten ihn, ob es ein Spitzname war. Sie fragten ihn, ob es das Haus von jemandem war. Sie fragten ihn, ob es der Name einer Person war. Sie fragten ihn, warum es ein Geheimnis war. Dad suchte auf seinem Handy danach, konnte aber nichts finden. Sie fragten Aidan wieder, wo es war und was es bedeutete.

Er versuchte, es uns nicht zu sagen. Er schüttelte den Kopf. Er sagte, es sei nicht wichtig. Er schwor, er könne sich nicht daran erinnern, es mir gesagt zu haben. Aber ich wusste, dass er log, wenn er sagte, dass er nicht wusste, was es bedeutete; und wenn ich wusste, dass er log, dann wussten es unsere Eltern auch. Die Polizisten schienen ebenfalls nicht zu verstehen, warum er so ausweichend[1] war.

„Wir werden diesen Raum nicht verlassen, bis du es uns sagst", erklärte Mom.

„Ich kann nicht", sagte Aidan. Dann: „Ich will nicht." Und Mom erwiderte: „Das solltest du aber."

Officer Pinkus war die Einzige, die sagte, wir müssten uns nicht beeilen. „Es gibt keinen Grund, die Antwort zu erzwingen", sagte sie zu meinen Eltern und zu Aidan.

Aber Mom war unerbittlich. „Wir hatten Angst, du könntest *tot* sein, Aidan. Verstehst du das? Hast du einen blassen Schimmer[2] davon, wie sich das anfühlt? Also bitte, sag uns einfach, wo du gewesen bist, damit wir weitermachen können."

„Ich kann nicht", sagte Aidan.

Da trat ich an den Tisch heran, als der größte Verbündete[3] meines Bruders – oder als ein mieser Verräter –, und stellte ihm vorsichtig die Frage, auf die niemand sonst gekommen war.

„Wie bist du dorthin gekommen, Aidan? Wie bist du nach Aveinieu gekommen?"

Dann, und erst dann gab Aidan nach und enthüllte[4] die eine Wahrheit, von der er wusste, dass niemand von uns damit umgehen konnte.

„Der Schrank", sagte Aidan. „Ich bin durch den alten Schrank nach Aveinieu gekommen."

1 **ausweichend:** will nichts sagen, redet drumherum

2 **einen blassen Schimmer:** eine ungefähre Ahnung

3 **Verbündete:** Freund, Vertrauter

4 **enthüllen:** etwas verraten, offenbaren

5 **a)** Beantworte nach dem Lesen die folgenden Fragen zum Textauszug:
- Warum will Aidan dem Polizisten nicht die Wahrheit erzählen? Lies ab Zeile 14.
- Warum ist Aidans Mutter nicht begeistert über Aidans Schweigen? Lies die Zeilen 26–33.
- Lucas kennt seinen Bruder gut: Wie nimmt er die Verhörsituation wahr?

b) Notiere, welche Stimmung in diesem Textauszug vermittelt wird und wie sich die Stimmung verändert. Nenne ein, mehrere passende Adjektive und begründe deine Einschätzung. Orientiere dich an der **SPRACHBOX** rechts auf Seite 236. Ergänze auch passende Textstellen.

c) Vergleiche deine Ergebnisse mit einem Lernpartner oder einer Lernpartnerin.

6 **a)** Lege eine Lesenotiz zum 3. Textauszug an. Wähle die gleiche Methode wie zuvor.

b) Beurteile begründet, ob der Textauszug vorlesenswert und geeignet ist.

7 Du hast nun insgesamt drei Textauszüge kennengelernt. Welchen Textauszug würdest du zum Vorlesen auswählen? Bearbeite die folgenden Aufgaben:

a) Kreuze in der Tabelle an, ob die vier Kriterien aus der **LERNBOX** auf die Textauszüge zutreffen oder nicht. Nutze auch deine Lesenotizen.

b) Tauscht euch begründet in der Klasse aus: Wer wählt welchen Textauszug aus?

c) Besprecht auch, welche Informationen die Zuhörer benötigen, um die Auszüge jeweils verstehen zu können.

Digital+
Tabelle
WES-126426-128

	1. Textauszug (S. 7–9)		2. Textauszug (S. 16–19)		3. Textauszug (S. 35–37)	
Hast du den Inhalt des Textauszugs verstanden?	Ja	Nein	Ja	Nein	Ja	Nein
Findest du die Stelle interessant und gehst du davon aus, dass sie auch deine Zuhörer interessiert?	Ja	Nein	Ja	Nein	Ja	Nein
Ist die Handlung möglichst abgeschlossen, sodass deine Zuhörer den Inhalt verstehen oder müsstest du vorher Infos weitergeben?	Ja	Nein	Ja	Nein	Ja	Nein
Dauert das verständliche Vorlesen des Textauszugs etwa drei Minuten?	Ja	Nein	Ja	Nein	Ja	Nein
Weitere Anmerkungen:						

LERNBOX

So wählst du einen passenden Textauszug zum Vorlesen aus:

1. Wähle einen Textauszug aus, dessen **Inhalt** du selbst **verstanden** hast.
2. Du solltest diesen Textauszug besonders **interessant** finden und davon ausgehen, dass er auch **deine Zuhörenden** interessiert, weil er zum Beispiel spannend, aufregend oder lustig ist.
3. Die **Handlung** des Textauszugs sollte auch dann gut zu verstehen sein, wenn man das Buch noch nicht gelesen hat, sodass die Zuhörenden den Inhalt verfolgen können und nicht so viele Fragen offenbleiben.
4. Das **Vorlesen** des Textauszugs sollte nicht länger als **drei Minuten** dauern. Du solltest zum Üben eine Stoppuhr nutzen.

Aveinieu – Die Welt hinter dem Schrank
4. Schritt: einen Textauszug vorbereiten

1 **a)** Levi hat sich zum Vorlesen einen Textauszug ausgewählt, in dem Aidan seinem Bruder Lucas von der „Welt hinter dem Schrank“ erzählt. Lies den Textauszug.
b) Aidan erzählt von Aveinieu: Erkläre, warum das Blatt, das Lukas gefunden hat, nicht mehr als Beweis für die Welt hinter dem Schrank dienen kann.

2 **a)** Höre dir Levis Vorlesebeitrag mithilfe des Webcodes an.
b) Was macht Levi beim Vorlesen gut?
Betonung? / Lautstärke ? / Geschwindigkeit: langsam / schnell / flüssig?
c) Was kann er verbessern? Formuliere Tipps.
Levi könnte ... beachten. Mein Tipp für ihn ist, dass ...

Digital+ Audio WES-126426-129

Digital+ Textvorlage WES-126426-130

4. Textauszug (S. 86–87)

A „Lucas, / das war kein Ausflug wie in der dritten Klasse, / um ein paar Kühe und Ziegen zu sehen. // Es war so merkwürdig. // Alle Farben waren anders. // Cordelia meinte, es könnte an unseren Augen liegen, und dass das Licht einfach anders auf unsere Netzhaut[1] trifft. // Aber da war ein grüner Himmel und eine silberne Sonne, und diese Bäume, die waren ...“ — aufgeregt

B „Blau“, sagte ich und erinnerte mich plötzlich an das Blatt, das sich in seinem Haar verfangen hatte.
Aidan schaltete die Lampe neben seinem Bett ein.
„Warum hast du das gesagt?“, fragte er.
Ich war schon aufgestanden und kramte in meinem Wäschekorb nach der Pyjamahose, die ich vor zwei Nächten getragen hatte. — aufgeregt
„Da war ein Blatt in deinem Haar!“, sagte ich, während ich wühlte. „Ich habe es in meine Hosentasche gesteckt.“
Ich hatte die Pyjamahose gefunden, griff in die Tasche und fühlte das zerdrückte Blatt zwischen meinen Fingern.

C Noch bevor ich es herauszog, wusste ich, dass es in kleine Stücke zerfallen war.
Aidan war aufgestanden und stand neben mir. „Zeig mal“, sagte er. „Gib her.“
Ich nahm die Überreste in die Hand und hielt sie ihm hin.
Wir sahen es zur gleichen Zeit: Nicht nur die Form war zerstört, das Blau hatte sich zu Braun verfärbt ...
Es sah aus wie jedes andere normale Blatt.
„Nein“, sagte Aidan. „*Nein.*“ — enttäuscht
Wir starrten auf die Blattreste in meiner Hand.
„Ich schwöre, es war blau, als ich es aufgehoben habe.
Und die Form, die sah irgendwie aus wie ein Diamant[2].
Hier.“

D Ich legte die Blattreste in seine Hände. Ich wusste nicht, was ich sonst mit ihnen tun sollte. Und jetzt wusste er auch nicht, was er damit tun sollte.
„Das ist also alles, was übriggeblieben ist ...“, sagte er traurig.
„Das ist doch immerhin etwas, oder?“, schlug ich vor. — versöhnlich

1 **die Netzhaut:** Schicht im Auge, ganz hinten im Augapfel

2 **der Diamant:**

„Ist es das?“, fragte er und legte die braunen Blattreste in seine oberste Schreibtischschublade.
„Es tut mir leid, dass ich es nicht an einen sicheren Platz gelegt habe. Es war so viel los.“
Er legte sich wieder ins Bett und löschte das Licht. traurig
„Ist schon okay“, sagte er. „Es hätte nichts geändert.“

3 Entscheide, ob der vorgetragene Textauszug zum Vorlesen geeignet ist.
Ich finde den Textauszug gut / nicht gut ausgewählt, weil …

4 Levi hat im ersten Teil des Textauszugs schon viele Hinweise für das Vorlesen vorbereitet:
a) Klärt zu zweit, was die Zeichen bedeuten. Orientiert euch an den Hinweisen 1 bis 4 in der **LERNBOX**.
b) Lest euch Teil A abwechselnd vor. Berücksichtigt dabei bereits die Zeichen.
c) Bereite den Teil B, die Teile B–C, die Teile B–D zum Vorlesen vor. Gehe so vor:
- Setze die Anmerkungen fort. Nutze die Zeichen aus der **LERNBOX** (Hinweise 1 bis 4).
- Übe den vorbereiteten Text mehrmals für dich allein (**LERNBOX**, 5. Hinweis).
- Lest euch zu zweit gegenseitig den Text vor. Gebt euch danach Rückmeldungen zum Vorlesen (5. Hinweis in der **LERNBOX**). Beginnt mit dem, was der Vorleser oder die Vorleserin schon gut umgesetzt hat.

CHECKLISTE

Einen Vortrag vorbereiten

1. flüssiges Lesen ☑
2. gute Verständlichkeit ☑
3. angemessene Vorlesegeschwindigkeit ☑
4. sinnvolle Betonung ☑
5. Sprechpausen ☑
6. weitere Anmerkungen ☑
7. Hast du **anschauliche Adjektive** benutzt, damit sich deine Leserin oder dein Leser eine deutliche Vorstellung machen kann? ☑
8. Hast du wörtliche Rede und Gedanken ergänzt? ☑

5 **a)** Bereite einen der Textauszüge, den du auf Seite 238 ausgewählt hast, zum Vorlesen vor. Gehe so vor, wie in der **LERNBOX** beschrieben.
b) Lest euch zu zweit gegenseitig den Text vor. Gebt euch danach Rückmeldungen zum Vorlesen. Nutzt dazu die **CHECKLISTE** oben rechts. Beginnt mit dem was der Vorleser bzw. die Vorleserin schon gut umgesetzt hat.

LERNBOX

So bereitest du einen Textauszug zum Vorlesen vor:

1. Plane an geeigneten Stellen **Sprechpausen** ein. Kennzeichne kurze Pausen durch / und lange Pausen durch //.
2. Unterstreiche Wörter, die du **betonen** willst.
3. Mit der Stimme kannst du **schnell** (...) oder **langsam** (. . .), **laut** (≤) oder **leise** (≥) lesen. Mache dir unter die Textstellen oder an den Rand des Textes entsprechende Zeichen zur **Geschwindigkeit** und **Lautstärke**.
4. Denke daran, dass du gerade bei **wörtlicher Rede** durch deine Stimme Gefühle zum Ausdruck bringen kannst *(ängstlich, aggressiv, friedlich, ...)*.
5. Übe anschließend, den Text **laut zu lesen**, kleinere Versprecher sind dabei nicht schlimm. Nicht gewollt sind übertriebene schauspielerische Darbietungen. Achte auf folgende Kriterien: *flüssiges Lesen, gute Verständlichkeit, angemessene Vorlesegeschwindigkeit, sinnvolle Betonung und Sprechpausen.*

Starte dein Vorleseabenteuer
5. Schritt: einen Vorlesebeitrag vorbereiten

1 Damit die Zuhörerinnen und Zuhörer deinen vorgelesenen Textauszug verstehen können, ist es notwendig, dass du das Buch kurz vorstellst und den Inhalt bis zur vorgelesenen Textstelle kurz wiedergibst.

a) Sieh dir die vorbereitete Karteikarte unten an und lies den 1. Hinweis in der **LERNBOX**: Welche Hinweise hat der Schüler berücksichtigt?

b) Stelle das Buch *„Das mysteriöse Verschwinden des Aidan S. (so wie es sein Bruder erzählt)"* mithilfe der Karteikarte frei vor. Nutze dazu auch die **SPRACHBOX**.

Buchvorstellung

Titel: „Das mysteriöse Verschwinden des Aidan S. (so wie es sein Bruder erzählt)"

Autor: David Levithan

Erscheinungsjahr: 2021

Hauptfiguren: der Ich-Erzähler Lucas und sein zwölfjähriger Bruder Aidan

Was ist bisher passiert?

- Aidan wird vermisst und niemand kann sich sein plötzliches Verschwinden erklären
- Als er nach sechs Tagen wieder auftaucht, erzählt er seinem Bruder eine unglaubliche Geschichte …

SPRACHBOX

Ich möchte euch mein Buch mit dem Titel … vorstellen. – Geschrieben hat es … – Erschienen ist der Roman im Jahr … – Die Geschichte wird aus der Sicht von … erzählt. – Die Hauptperson … – Bis zu dem Textauszug, den ich vorlesen werde, ist Folgendes geschehen: … – Jetzt werde ich euch einen Auszug vorlesen.

LERNBOX

So gestaltest du deinen Vorlesebeitrag:

1. **Stelle das Buch** mithilfe deiner Karteikarte frei **vor**, d. h. du sollst nicht ablesen:
   a) Nenne den **Titel** und die **Autorin** oder den **Autor** des Buches.
   b) Stelle die **Hauptpersonen** kurz vor.
   c) Fasse den **Inhalt** so zusammen, dass die Zuhörer den Inhalt bis zur ausgewählten Textstelle kennen lernen. Nutze dazu deine **Lesenotizen** *(Was geschah bisher?)* und lege dir für deinen Vortrag eine Karteikarte an, auf der du diese Informationen sammelst.
2. Lies den Textauszug **stimmungsvoll** und **verständlich** vor. (3 Minuten)
3. In einem **Abschlusssatz** kannst du einen Ausblick geben oder eine Bewertung vornehmen, z. B.: *Wenn ihr wissen wollt, wie es mit Aidan weitergeht, solltest ihr unbedingt das Buch lesen. Es bleibt spannend.*
4. In einem 2. Vorlesevortrag zum Vorlesewettbewerb liest du einen dir **unbekannten Textauszug** vor.
5. Tipp: Nervosität kannst du entgegenwirken, indem du tief **durchatmest** und versuchst, dich zu **entspannen** und an etwas anderes zu denken.

Das war gut!
6. Schritt: einen Lesevortrag bewerten

1 Wie wird ein Lesevortrag beim Vorlesewettbewerb eigentlich von der Jury bewertet? Schaut euch zu zweit den Bewertungsbogen des Vorlesewettbewerbs an und erklärt dessen Aufbau und Inhalt. Nutzt auch die Informationen aus der **LERNBOX**.

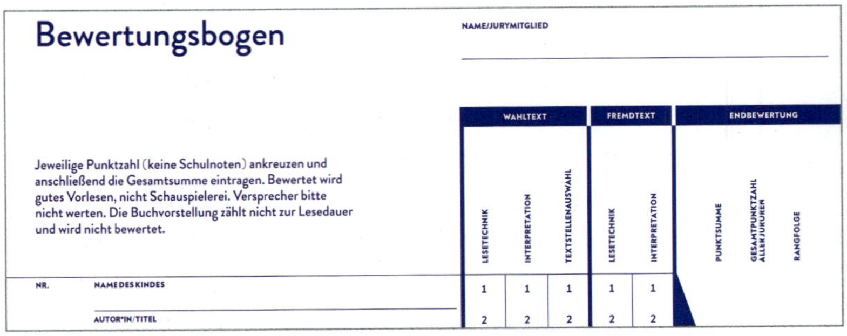

Bewertungsbogen

NAME/JURYMITGLIED

Jeweilige Punktzahl (keine Schulnoten) ankreuzen und anschließend die Gesamtsumme eintragen. Bewertet wird gutes Vorlesen, nicht Schauspielerei. Versprecher bitte nicht werten. Die Buchvorstellung zählt nicht zur Lesedauer und wird nicht bewertet.

		WAHLTEXT			FREMDTEXT		ENDBEWERTUNG		
NR.	NAME DES KINDES / AUTOR*IN/TITEL	LESETECHNIK	INTERPRETATION	TEXTSTELLENAUSWAHL	LESETECHNIK	INTERPRETATION	PUNKTSUMME	GESAMTPUNKTZAHL ALLER JUROREN	RANGFOLGE
		1	1	1	1	1			
		2	2	2	2	2			

2 Nun seid ihr dran: Tragt eure vorbereiteten Beiträge für den Vorlesewettbewerb in der Klasse vor und bewertet sie:
a) Beurteilt die Vorträge mit Hilfe des offiziellen Bewertungsbogens in eurem Heft.
b) Gebt den Vorlesern eine Rückmeldung und Tipps dazu, wie sie ihren Vortrag noch verbessern könnten. Orientiert euch dabei an der **LERNBOX** und der Checkliste von Seite 240.

Digital+
Bewertungsbogen
WES-126426-131

3 Zusätzlich zum vorbereiteten Vorlesebeitrag wird ein unbekannter Text vorgelesen. Nutzt dafür den Webcode und bewertet auch diesen Fremdtext mit dem Bewertungsbogen.

Digital+
Fremdtext
WES-126426-132

LERNBOX

So wird ein Lesevortrag bewertet:
Beim Vorlesen achtet die Jury auf folgende Kriterien:
1. **Textauswahl:** Werden der vorbereitete Textauszug und die Informationen zum bisherigen Geschehen verständlich vermittelt, so dass die Zuhörerinnen und Zuhörer den Textauszug verstehen können? Ist die Auswahl altersgemäß? Die Jury achtet auch darauf, dass nicht länger als drei Minuten gelesen wird.
2. **Lesetechnik:** Wird flüssig und sicher gelesen, mit deutlicher, gut verständlicher Aussprache, so dass die Zuhörenden den Inhalt gut verstehen können?
   - *Werden an geeigneten Stellen Sprechpausen gemacht?*
   - *Wird der Text sinnvoll betont vorgelesen?*
   - *Liest die Vorleserin oder der Vorleser in einer angemessenen Geschwindigkeit, d. h. nicht zu langsam, nicht zu schnell?*
3. **Interpretation:** Kann die Zuhörerin oder der Zuhörer sich in die Situation hineinversetzen, weil die Vorleserin oder der Vorleser den Inhalt richtig und die Stimmung des Textauszuges passend wiedergibt?
   - *Bringt der Vorlesende Gefühle durch seine Stimme zum Ausdruck?*
   - *Aber: Es geht nicht darum, auswendig zu sprechen oder schauspielerisch zu übertreiben.*
4. **Vorlesen des Fremdtextes:** Wurde hier eine gute Lesetechnik (2. Hinweis) angewendet? Wurde der Text passend interpretiert (3. Hinweis)?

Das Vorleseabenteuer

1 Bereite nun deinen eigenen Beitrag zum Vorlesewettbewerb vor. Arbeite dazu mit einem Lernpartner oder einer Lernpartnerin: Orientiere dich während deiner Vorbereitungen an den Schritten des **LERNBEGLEITBOGENS** und erarbeite diese eigenständig. Berichtet euch gegenseitig von eurem Arbeitsstand und gebt euch jeweils Rückmeldungen (= Fremdeinschätzung).

Kompetenz / Inhalt Der Vorlesewettbewerb	Selbsteinschätzung ☺ 😐 ☹	Fremdeinschätzung ☺ 😐 ☹	Bemerkungen
Ich kann ...			
1. Schritt: Ein Buch auswählen (S. 230–232) – ein Buch zu deinen Interessen mit Hilfe verschiedener Recherchewege finden			
2. Schritt: Ein Buch kennenlernen (S. 233–234) – Lesenotizen anlegen und wichtige Inhalte zum Buch festhalten			
3. Schritt: Einen Textauszug zum Vorlesen auswählen (S. 235–238) – anhand von Kriterien entscheidest du dich für einen Textauszug, den du zum Vorlesen vorbereitest			
4. Schritt: Einen Textauszug zum Vorlesen vorbereiten (S. 239–240) – mit Hilfe von Pausen-, Betonungs-, und Geschwindigkeitszeichen bereitest du das Vorlesen vor und übst, ihn laut zu lesen			
5. Schritt: Einen Vorlesebeitrag vorbereiten (S. 241) – mit Hilfe eines Notizzettels bereitest du deine Buchvorstellung in freier Rede vor			
6. Schritt: Einen Vorlesebeitrag bewerten (S. 242): – Du lernst die Kriterien des guten Vorlesens kennen. – Du bewertest mithilfe eines Bewertungsbogen die Lesebeiträge anderer. – Dein Vorlesebeitrag wird von anderen bewertet.			

AH = Arbeitsheft, SB = Schülerband

Teste dein Grammatikwissen

AH S. 45

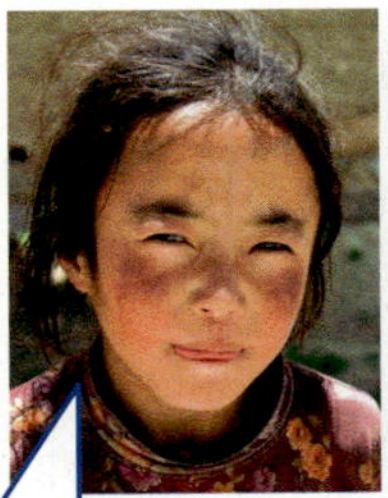

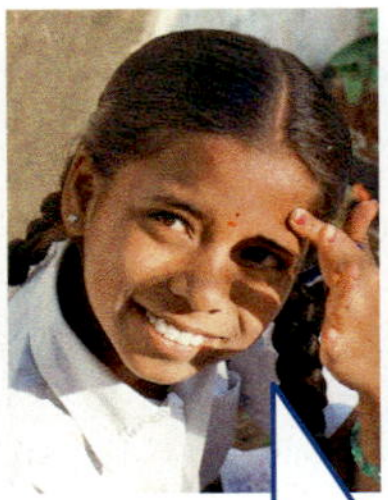
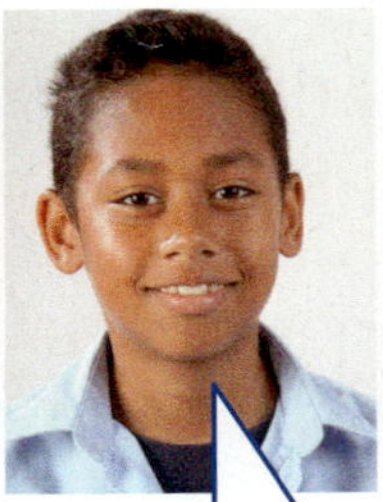

Unsere Schule in Tibet (1) ist die am höchsten liegende Schule der Welt (2).

Meine Schule ist in Canterbury (England). Sie (3) ist die älteste Schule der Welt!(4)

Ich komme (5) aus Bangladesch. Mehr als 100 Schulen (6) befinden sich bei uns auf Booten.

Ich komme aus Los Pinos in Kolumbien. Bei uns fahren viele Kinder (7) morgens (8) mit einer Seilbahn zur Schule.

Unsere Schule in Karlsruhe wurde in Form einer (9) weißen (10) Katze gebaut.

A

B

C

D

E

1 **a)** Lest die Sprechblasen und ordnet die Aussagen den Bildern am Rand zu.
b) Vergleicht eure Zuordnung und begründet eure Entscheidungen.

2 **a)** Teste dein sprachliches Wissen: Bestimme die markierten Wörter oder Wortgruppen in den Sprechblasen. Wähle aus den Anwortmöglichkeiten von unten aus und schreibe deine Lösungen so auf: 1) = adverbiale Bestimmung des Ortes (M).

1) ☐ adverbiale Bestimmung der Zeit (T) ☐ adverbiale Bestimmung des Ortes (M) ☐ Prädikat (H)
2) ☐ Genitiv (O) ☐ Akkusativ (Z) ☐ Dativ (B)
3) ☐ Personalpronomen (N) ☐ Verb (X) ☐ Adjektiv (L)
4) ☐ Ausrufezesatz (T) ☐ Fragesatz (G) ☐ Aussagesatz (E)
5) ☐ Präteritum (O) ☐ Präsens (E) ☐ Perfekt (W)
6) ☐ Adjektiv (A) ☐ Nomen (S) ☐ Artikel (I)
7) ☐ Subjekt (S) ☐ Objekt (R) ☐ Prädikat (T)
8) ☐ adverbiale Bestimmung des Ortes (R) ☐ adverbiale Bestimmung der Zeit (O) ☐ Subjekt (W)
9) ☐ bestimmter Artikel (M) ☐ unbestimmter Artikel (R) ☐ Satzverknüpfungswort (K)
10) ☐ Verb (W) ☐ Adjektiv (I) ☐ Artikel (R)

b) Überprüfe deine Lösungen, indem du die Lösungsbuchstaben auf die Linien schreibst. Die richtigen Lösungsbuchstaben ergeben ein Lösungswort:
Die größte Schule der Welt ist die *City* M _ _ _ _ _ _ _ _ _ *School* in Indien.
c) Vergleiche dein Ergebnis mit dem eines Partners oder einer Partnerin: An welchen Stellen hattet ihr Schwierigkeiten? Was fiel euch leicht?

Nomen und ihre Begleiter

← 2 die Schwingen

Der Schmetterling *(Fabel aus dem Sudan)*

Ein Schmetterling umflatterte duftende Blumen. Da bemerkte er eine Raupe. Verächtlich[1] rief der Schmetterling ihr zu: „Wie wagst du es, dich hier sehen zu lassen? Fort mit dir! Sieh, meine Erscheinung ist so schön und strahlend wie die Sonne, und die Lüfte erreiche ich dank meiner Schwingen[2], während du nur umherkriechst. Fort, wir haben nichts miteinander zu schaffen[3]!" „Dein Stolz steht dir schlecht an", erwiderte die Raupe ruhig. „Deine Farbpracht[4] gibt dir nicht das Recht, mich zu verachten. Wir sind und bleiben verwandt, so schmähst[5] du dich also selbst. Kleine Raupen sind wir anfangs alle. Und auch deine Kinder werden gewöhnliche Raupen sein wie du und ich!"

1 **verächtlich:** abwertend
2 **die Schwingen:** die Flügel
3 **nichts miteinander zu schaffen haben:** nichts miteinander zu tun haben
4 **die Farbpracht:** schöne farbige Gestaltung
5 **schmähen:** schlechtmachen

1 **a)** Lest den Text und tauscht euch darüber aus, worum es in der Fabel geht.
b) Besprecht, warum die Raupe nicht verschwindet, sondern ganz ruhig antwortet.

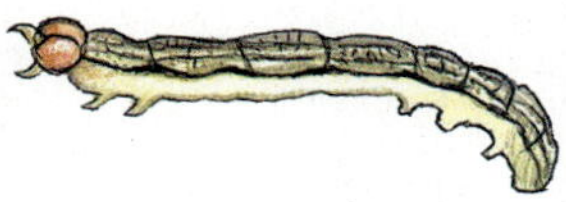

2 **a)** Markiere die Nomen (z. B. Gegenstände, Lebewesen oder Abstraktes) im Text.
b) Übertrage die folgende Tabelle in dein Heft und vervollständige die Überschriften mithilfe der **LERNBOX**. Nutze die fett gedruckten Wörter als Überschriften.
Ordne zu: *Artikeln (bestimmten oder unbestimmten) – Adjektiven – Pronomen*

Nomen mit ...	Nomen mit ...	Nomen mit ...
der Schmetterling	duftende Blumen	ihren Körper

c) Trage die markierten Nomen mit ihren Begleitern in die richtige Spalte ein.

3 **a)** Ergänze zu 4 Wörtern, 6 Wörtern, jedem der Wörter im Kasten rechts den passenden bestimmten Artikel, z. B. *das Band.*
b) Bei einigen Wörtern sind verschiedene Artikel möglich. Die Nomen ändern dann ihre Bedeutung. Schreibe zu jedem dieser Wörter eine Erklärung auf, die die unterschiedliche Bedeutung je nach Artikel zeigt. Zum Beispiel: *das Band = ein Faden; die Band = eine Musikgruppe.* Schlage, wenn nötig, im Wörterbuch nach.

Band – Leiter –
Laster – Steuer –
Gang – Kiefer –
Ton – Strauß –
Steuer

LERNBOX

Begleiter von Nomen

1. Der **Artikel** begleitet das Nomen und zeigt sein **grammatisches Geschlecht** an: maskulin *(der Schmetterling)*, feminin *(die Raupe)*, neutrum *(das Fliegen)*. Das Geschlecht des Nomens findest du auch im **Wörterbuch**.
2. Je nachdem, ob es sich bei dem Nomen um **etwas Bestimmtes** oder um **etwas Unbestimmtes** handelt, nutzt du den **bestimmten** *(der, die das)* oder **unbestimmten** *(ein, eine, ein)* **Artikel**.
3. **Adjektive** können ebenso Nomen begleiten: *der stolze Schmetterling*
4. Auch **Pronomen** können Begleiter von Nomen sein: *in meiner Nähe.*

AH S. 46

Fachwortschatz, S. 274

Richtig schreiben, S. 276

Nomen in vier Fällen gebrauchen

Der Löwe und die Maus

Ein Löwe wird im Schlaf von einer Maus geweckt. Er fängt die Maus und will sie fressen. Die Maus sagt dem Löwen: „Wenn du mich freilässt, werde ich dir auch einmal helfen." Damit bringt die Maus den Löwen zum Lachen. Die Antwort des Löwen lautet …

1 **a)** Überlege dir, wie die Antwort des Löwen lauten könnte. Diskutiert eure Vorschläge.
b) Vergleicht eure Lösung mit der im QR-Code. Hattet ihr Recht?

Digital+
Ende der Fabel
WES-126426-133

2 **a)** Warum hat das Nomen im Text unterschiedliche Begleiter? Tauscht euch aus.
b) Mit welchen Fragen erfragst du die unterstrichenen Nomen? Notiere diese.
Nutze folgende Fragewörter: *Wer oder was …? Wessen …? Wem? Wen oder was …?*
c) Ordne die Nomen den vier Fällen zu. Lies dazu die **LERNBOX**.

Der Löwe und der Bär *(nach Äsop)*

(Ein Fuchs) ließ (sein Blick) schweifen, um (ein Bissen) zu erbeuten. Nach kurzer Zeit hörte er (ein Streit). (Ein Bär) fauchte (ein Löwe) an und warf (der Gegner) vor, dass (das Hirschkalb) ihm gehöre. (Der Löwe) brüllte zurück, dass er zuerst dagewesen sei. (Der Löwe) und (der Bär) kämpften gegeneinander. (Der Fuchs) erschien (der Kampf) (die beiden Tiere) endlos. Er musste sich zusammenreißen, um nicht gleich (die Streitbeute[1]) an sich zu reißen. Aber er sagte sich, dass (die beiden Streithähne) am Ende (der Streit) wohl keine Kraft mehr hätten. Nachdem Löwe und Bär kraftlos zusammengebrochen waren, schritt (der Fuchs) an ihnen vorbei und holte sich (die Beute). „Danke, sehr freundlich!", sagte er und zog (das Hirschkalb) hinter sich her.

1 **die Streitbeute:** eine Beute, um die sich mindestens zwei Gegner streiten

3 **a)** Setze die Wörter in Klammern im jeweils richtigen Fall ein. Denke daran, dass sich durch den Fall auch die Endung des Nomens verändern kann.
Setze ein: *2 x ein, 3 x einen, 1 x seinen, 2 x dem, 2 x das, 3 x die, 6 x der, 1 x des.*
Setze ein: 9 x Nominativ, 2 x Genitiv, 2 x Dativ und 7 x Akkusativ.
b) Mache die Erweiterungsprobe: Ergänze dazu in der Fabel folgende Adjektive: *gerissen, neugierig, lecker, gierig, scharf, laut, glücklich.*

ein gerissener Fuchs

LERNBOX

Die vier Fälle des Nomens

Nomen können in **vier Fälle** gesetzt werden. Dabei verändern sich ihre Begleiter (z. B. die Endungen der Adjektive und Pronomen) und manchmal auch die Endungen der Nomen. Die vier Fälle kannst du auch durch Fragen ermitteln:

1. **Fall (Nominativ)** → *Wer oder was möchte die Maus fressen?* → *Der Löwe möchte die Maus fressen.*
2. **Fall (Genitiv)** → *Wessen Schlaf wurde gestört?* → *Der Schlaf des Löwen.*
3. **Fall (Dativ)** → *Wem sagt die Maus etwas?* → *Dem Löwen sagt die Maus etwas.*
4. **Fall (Akkusativ)** → *Wen oder was weckt die Maus?* → *Die Maus weckt den Löwen.*

Fachwortschatz, S. 274

Personalpronomen einsetzen

Digital+ Textvorlage WES-126426-134

Die Schildkröte und der Hase

Ⓐ Eine Schildkröte wurde wegen ihrer Langsamkeit von einem Hasen verhöhnt[1]. Die Schildkröte sprach zu dem Hasen: „Ich fordere dich zu einem Wettrennen auf." Der Hase nahm das Angebot der Schildkröte an. Der Hase glaubte nämlich, dass die Schildkröte gegen den Hasen sowieso keine Chance hätte. Der Tag des Wettlaufs zwischen den beiden Gegnern kam.

Sie ihm
Er
ihn

Ⓑ Die Schildkröte kroch zwar langsam, aber die Schildkröte war sehr bemüht. Der Hase hingegen rannte los und machte dabei unendliche viele Seitensprünge. Die Seitensprünge gingen von rechts, links, rechts ... Wenige Meter vor dem Ziel legte sich der Hase ins Gras. Der Hase schlief ein. Die Zuschauer jubelten. Die Zuschauer weckten dadurch den Hasen. Dem Hasen gefiel überhaupt nicht, was er dort sehen musste:

Ⓒ Der Hase erblickte die Schildkröte bereits am Ziel. Der Schildkröte war es gelungen, den Vorsprung des Hasen aufzuholen. Als die Zuschauer und die Schildkröte zurückkehrten, ging der Hase aus Scham[2] auf die Seite. Der Hase gestand[3], dass er die Schildkröte unterschätzt hatte.

1 **verhöhnen:** sich über jemanden lustig machen 2 **die Scham:** die Peinlichkeit 3 **gestehen:** zugeben

1 Lest die Fabel und tauscht euch darüber aus, weshalb der Hase das Rennen am Ende verliert, obwohl er der Schnellere ist.

2 **a)** Wenn du die Fabel gelesen hast, wirst du bemerken, dass sie wenig abwechslungsreich klingt. Vermute, woran das liegen könnte.

b) Überprüfe deine Vermutungen mithilfe der **LERNBOX** (Hinweis 1–2).

c) Entscheide, welche Wörter du durch Personalpronomen ersetzen kannst, damit der Text weniger eintönig klingt. Markiere sie mit diesem Zeichen: ⌊→ ←⌋. Orientiere dich an den Korrekturzeichen am Rand. Achte darauf, dass immer klar ist, worauf sich die Pronomen beziehen. Bearbeite Teil Ⓐ, Teil Ⓐ und Ⓑ, Teil Ⓐ–Ⓒ.

d) Schreibe den von dir bearbeiteten Teil überarbeitet ab. Achte darauf, die Personalpronomen in den jeweils richtigen Fall zu setzen (**LERNBOX**, Hinweis 3).

e) Was könntest du anstelle von „der Hase" oder „er" noch verwenden? Erstelle ein Wortfeld dazu (vgl. S. 269).

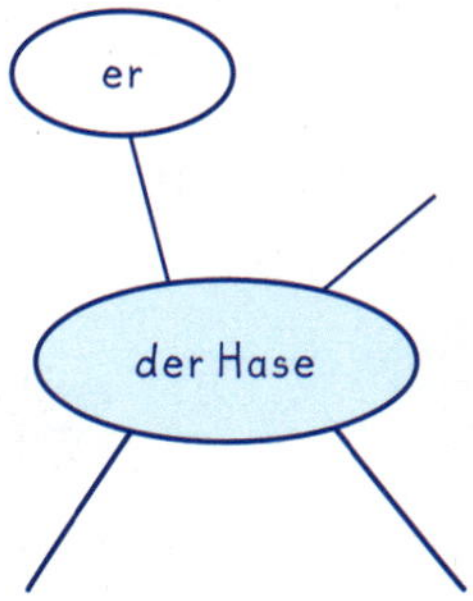

LERNBOX

Mit Personalpronomen Bezüge herstellen

1. Mit den **Personalpronomen** *(ich, du, er/sie/es, wir, ihr sie)* kannst du in einem Text **Bezüge herstellen** und **Wiederholungen vermeiden**.
2. Wenn du ein Nomen durch Personalpronomen ersetzt, achte darauf, dass weiterhin klar ist, wer oder was gemeint ist, z. B.
   Die Schildkröte überholte den Hasen. Sie gewann das Rennen.
3. Auch Personalpronomen treten in **verschiedenen Fällen** auf.

Fachwortschatz, S. 274

AH S. 47

Possessivpronomen erkennen

Ich möchte nicht, dass du einfach an mein Terrarium gehst und meine Achatschnecke anfasst. Streichle doch deine Schildkröte in deinem Terrarium!

1 **a)** Erkläre, worüber sich die beiden streiten. Kennst du ähnliche Situationen?
b) Welche Wörter zeigen, wem etwas gehört? Unterstreiche in der Sprechblase oben die Wörter, die die Besitzverhältnisse ausdrücken.
c) Lies in der **LERNBOX** nach, wie diese Wörter heißen.

MAREIKE

Wir möchten in unserem Terrarium auch Achatschnecken halten. Dazu brauche ich dringend deine Tipps, damit sich die Schnecken in ihrem neuen Zuhause wohlfühlen.

EMMA

Euer Terrarium sollte mindestens 80 cm lang sein, damit die Achatschnecken genug Platz haben. Ihr Körper kann nämlich bis zu 30 cm lang werden. Auf dem Boden könnt ihr normale Erde verteilen, diese sollte mit Sepiapulver und Gartenkalk vermischt sein. Mein Onkel hat eine Gärtnerei. Mit seiner Hilfe hatten wir das Material schnell zusammen. Für euer Terrarium hätte er sicherlich auch noch etwas übrig. Es ist gut, dass ihr mehrere Achatschnecken halten wollt, denn eure Achatschnecken sollten nicht alleine leben. Unsere Achatschnecke hat noch zwei Spielgenossen. Ihre Lieblingsspeise sind Gurken!

2 **a)** Emmas Freundin Mareike möchte auch gerne Achatschnecken anschaffen und sucht Rat bei Emma. Markiere in den Aussagen die Wörter, die anzeigen, wem oder zu wem etwas oder jemand gehört.
Markiere in beiden Aussagen insgesamt 11 Possessivpronomen.
b) Vergleiche deine Markierungen mit denen eines Partners oder einer Partnerin.

3 Mareike berichtet ihrem Vater, welche Tipps Emma ihr gegeben hat. Setze den Anfang des Berichts fort. Verändere dazu die Possessivpronomen. Unser Terrarium …

AH S. 48

LERNBOX

Mit Possessivpronomen Zugehörigkeiten ausdrücken

1. Mit **Possessivpronomen** kannst du **Besitz oder Zugehörigkeit** ausdrücken:
   Singular: *mein – meine / dein – deine / sein – seine / ihr – ihre.*
   Plural: *unser – unsere / euer – eure / ihr – ihre.*
2. Die **Possessivpronomen** werden wie Nomen und Artikel in die **vier Fälle** gesetzt: *mein Bruder (Nominativ), meines Bruders (Genitiv), meinem Bruder (Dativ), meinen Bruder (Akkusativ).*
3. In der **Höflichkeitsform** werden diese Pronomen **großgeschrieben**: *Herr Meyer, ist das Ihr Terrarium?*

Fachwortschatz, S. 275

Demonstrativpronomen verwenden

(A) Cem: Gestern habe ich einer Katze vorgelesen. Das war toll!
(B) Rayan: Und die Katze hat dir dabei zugehört?! Was hast du der denn vorgelesen?
(C) Cem: Ich habe ihr das Buch „Warrior Cats“ vorgelesen. Dieses hat der Katze gefallen!
(D) Rayan: Ich mag Aktionen mit Tieren. Diese sind dabei meistens so verschmust.
(E) Cem: Lass uns doch nächste Woche unsere Roller schnappen und zum Tierheim fahren. Das wird ein Spaß!

1 Diskutiert darüber, ob Katzen tatsächlich mitbekommen, „was“ vorgelesen wird.

2 **a)** Kläre, worauf sich die umkreisten Wörter inhaltlich beziehen. Gleiche deine Überlegungen mit den Hinweisen in der **LERNBOX** ab.
b) Übertrage die Sätze und unterstreiche, worauf sich die Possessivpronomen jeweils beziehen. Mache dies durch Pfeile deutlich (vgl. **LERNBOX**, Hinweis 2).
Die Demonstrativpronomen beziehen sich zweimal auf Sätze, zweimal auf Wortgruppen und einmal auf ein Wort.

(A) Wichtig ist, dass du Katzen magst. (1) würdest du einmal pro Woche besuchen.
(B) Die Tiere müssen wieder Vertrauen zu Menschen gewinnen. (2) ist sehr wichtig.
(C) Du solltest versuchen, rhythmisch zu sprechen. (3) wirkt beruhigend auf die Tiere.
(D) Das Vorlesen wirkt entspannend auf die Tiere. (4) kann auch deine Lesefähigkeiten trainieren.

3 **a)** Schreibe die Sätze oben ab und ergänze passende Demonstrativpronomen.
Setze ein: 1 x *dieses*, 2 x *das*, 1 x *diese*.
b) An welchen Stellen im Text unten wird das Demonstrativpronomen als Begleiter eines Nomens verwendet, an welcher Stelle verweist es auf ein Nomen oder einen ganzen Satz? (vgl. **LERNBOX**, Hinweis 2 und 3)

Katzen sind geduldige Zuhörer. Diese Tiere lieben rhythmische Geräusche. Das erleichtert den Schülerinnen und Schülern das Lesen. Ein Schüler liest besonders taktvoll. Das gefällt den Katzen. Derselbe Schüler wird sicherlich noch häufiger dort sein.

LERNBOX

Mit Demonstrativpronomen auf etwas hinweisen

1. **Demonstrativpronomen** sind: *der, die das / dieser, diese, dieses / jener, jene, jenes / solcher, solche, solches / derselbe, dieselbe, dasselbe.*
2. Das Demonstrativpronomen steht stellvertretend für ein **Wort**, eine **Wortgruppe** oder **einen ganzen Satz**: *Wir lesen den Katzen vor. Das ist toll.*
3. Mit ihnen kannst du **auf etwas zurück- oder vorausweisen**.
4. Das Demonstrativpronomen kann auch **Begleiter eines Nomens** sein: *Cem las einer Katze vor. Jene Katze hörte aufmerksam zu.*

» Fachwortschatz, S. 274

Präteritum und Plusquamperfekt

Nachdem Selma, Ayse und Maxi eine längere Zeit den Sternenhimmel mit dem Teleskop beobachtet hatten, …

1 **a)** Betrachte die Bilder und setze den Satzanfang fort.
b) Vergleicht eure Ergebnisse. Besprecht, in welcher Zeitform ihr den Satz ergänzt habt. Gleicht eure Überlegungen mit dem 1. Hinweis der **LERNBOX** ab.

Eine außergewöhnliche Bekanntschaft

Ⓐ Die Galacto *(starten)* wieder, nachdem Maxim ihren Tee für den Tank *(opfern)*.
Ⓑ Ein Signal *(ertönen)*, als die Jugendlichen gerade das Innere der Galacto *(betreten)*.
Ⓒ Alexa *(wollen)* direkt zur Hilfe eilen, nachdem sie das Signal als Hilferuf *(erkennen)*.
Ⓓ Keine Tür *(lassen)* sich mehr öffnen, nachdem Alexa den Startkopf *(drücken)*.
Ⓔ Die Reise *(losgehen)*, als die Jugendlichen die Helme *(aufsetzen)*.
Ⓕ Sie *(hören)* von Trollvist, nachdem Alexa Kontakt zur Raumstation *(aufnehmen)*.

2 **a)** Schreibe die Sätze Ⓐ – Ⓒ, Ⓐ – Ⓔ, Ⓐ – Ⓕ ab und setze die Verben in den Klammern ins Präteritum oder ins Plusquamperfekt, um die zeitliche Abfolge deutlich zu machen. Orientiere dich an den Konjunktionen *als* und *nachdem*.
b) Unterstreiche anschließend die Zeitformen und kreise die Konjunktionen ein: Die Galacto startete wieder, (nachdem) Maxi ihren Tee für den Tank geopfert hatte.
c) Lies die **LERNBOX** (Hinweis 2-4) und überprüfe deine Ergebnisse.

LERNBOX

Mit dem Präteritum und dem Plusquamperfekt Abfolgen aufzeigen

1. Das **Präteritum** ist eine Zeitform der Vergangenheit. Du verwendest die Zeitform vor allem, wenn du **schriftlich** von etwas **erzählst** oder **berichtest**, was schon geschehen ist: *Die Galacto startete wieder.*
2. Wenn in der Vergangenheit zwei Handlungen aufeinander folgen, verwendest du für die frühere der beiden Handlungen das **Plusquamperfekt**: *Die Galacto startete (Präteritum) wieder, nachdem Maxi ihren Tee für den Tank geopfert hatte (Plusquamperfekt).*
3. Die Gliedsätze im Plusquamperfekt werden häufig durch die **Konjunktionen** *nachdem* und *als* eingeleitet.
4. Das **Plusquamperfekt** wird aus dem Präteritum von *haben* oder *sein* und dem *Partizip II* gebildet: *sie hatte gesprochen, sie waren geflogen …*

Digital+ Video WES-126426-135

(AH) S. 49

Fachwortschatz, S. 274-275

Verbtabelle, S. 308

Präsens und Futur

In wenigen Stunden erreichen wir die Raumstation. Gleich zeige ich euch das Schwebebett. Darin könnt ihr es euch in den nächsten Stunden im Sitzen oder Liegen bequem machen. In wenigen Minuten schalte ich auch den Kochautomaten ein. Der bereitet euch etwas Leckeres zu.

1 **a)** Untersuche, welche Aussagen sich auf die Zukunft beziehen. Woran erkennst du das? Überprüfe deine Lösungen mithilfe der **LERNBOX**.
b) Streiche alle Zeitangaben durch, die sich auf die Zukunft beziehen. Was ändert sich?
c) Schreibe die Sätze im Futur I auf und lasse die Zeitangaben weg.
Schreibe so: Wir werden die Raumstation ...

Alexas intergalaktische Zukunftsbrille

In wenigen Jahren werden bereits viele Menschen auf anderen Planeten leben. So werden auf dem Mars unterschiedliche Wohnsiedlungen entstehen. Den Tag über befördern Space-Shuttle-Busse die Menschen zum Mond, so ähnlich wie die Galacto. Dort wird es spezielle Nahrung geben, denn in Zukunft sind viele Pflanzen in der Lage, im All zu überleben. Die Satelliten haben Solaranlagen. Sie werden ihre Energie zur Erde übertragen. Die Menschen werden lange Strecken praktisch ohne Zeitverlust überwinden können. Das wird „beamen“ heißen.

2 Selma ist auf der Galacto durch Zufall auf Alexas interaktive Zukunftsbrille gestoßen, die ihr die Zukunft voraussagt.
a) Lest den Text und tauscht euch zu zweit darüber aus, welche Vorhersagen ihr am wahrscheinlichsten findet.
b) Markiere in dem Text die Zeitformen der Verben: grün → Futur, blau → Präsens.
Du kannst 4 Präsensformen und 5 Formen im Futur I finden.
c) Besprecht, woran ihr erkennen könnt, dass über die Zukunft berichtet wird.
d) Beschreibe, wie du dir die Zukunft vorstellst. Entscheide, ob du das Präsens oder das Futur I verwenden möchtest.

LERNBOX

Zukünftiges ausdrücken
1. Wenn du von etwas sprichst, das **in der Zukunft** liegt, benutzt du das **Futur I**.
2. Das Futur I wird mit einer **konjugierten Form von werden** und dem **Infinitiv** (Grundform) **eines Verbs** gebildet: *Auf dem Mars werden unterschiedliche Wohnsiedlungen entstehen.*
3. Du kannst **Zukünftiges** auch mit dem **Präsens** ausdrücken: Meistens ergänzt du dann eine **Zeitangabe**: *In wenigen Stunden erreichen wir die Raumstation.*

» Fachwortschatz, S. 275

Sprache mündlich und schriftlich verwenden

Ⓐ Am 12. April 1961 *(fliegen)* Juri Gagarin als erster Mensch ins All. In einem kleinen Raumschiff namens Wostock *(umrunden)* er unseren Planeten. Der Flug *(dauern)* zwischen 106–108 Minuten. Eine Gruppe von Fachleuten *(forschen)* und *(tüfteln)* zuvor über längere Zeit hinweg, um zum Beispiel eine Lösung gegen die Anziehungskraft zu finden. Das Raumschiff *(bestehen)* aus zwei Teilen. Juri Gagarin *(sitzen)* im vorderen Teil der Ladekapsel, und *(haben)* verschiedene Messgeräte und ein Funkgerät dabei.

Ⓒ Es ist unglaublich, was ich letztes Wochenende alles *(erleben)*. Ich *(besuchen)* das tolle Weltraum-Museum Orbitall. In einem virtuellen Raumschiff *(fliegen)* ich zur Internationalen Raumstation ISS. Das *(gefallen)* mir super! An unterschiedlichen Geräten *(lernen)* ich, was Astronauten und Astronautinnen auf ihren Flügen erledigen müssen. Ich *(fühlen)* mich wie ein richtiger Astronaut!

Ⓑ Ayse, Selma und Maxim *(schauen)* aufgeregt aus dem Fenster des Raumschiffes, als sich langsam das Piratenraumschiff *(nähern)*. Sie *(erkennen)* es an den vielen Piratensymbolen und *(zittern)* schon beim Anblick des Raumschiffes. Sie *(versuchen)* zu erkennen, was sich in dem Raumschiff *(abspielen)*, *(können)* aber wegen der getönten Scheiben nichts sehen. ...

1 **a)** Lies die Texte und untersuche sie: Um welches Thema geht es jeweils? Welche Funktion haben die einzelnen Texte? (z. B. *informieren*, *unterhalten*, *aufklären* ...)
b) Sprecht darüber, welche Texte eher gesprochen (mündlich) und welche aufgeschrieben (schriftlich) sind. Woran erkennt ihr dies? Beginne so: Text A ist ein ...
Ordne zu: *schriftlicher Bericht*, *schriftliche Erzählung*, *mündliche Erzählung*.
Denke auch daran, vor welchem Hintergrund sie entstanden sind.
c) Tauscht euch über eure Einordnungen aus und begründet diese.

2 **a)** Besprecht, welche Zeitform am besten zu den jeweiligen Texten passt, und begründet eure Entscheidungen.
b) Überprüft eure Ergebnisse mithilfe der **LERNBOX**.
c) Schreibe 1, 2, 3 Texte ab. Setze die Verben in die richtige Zeitform.
d) Notiere verschiedene Situationen oder Medien, in denen Texte eher gesprochen werden oder eher schriftlich vorkommen, z. B *am Telefon – eher mündlich*.

LERNBOX

Die Zeitformen der Verben im mündlichen und schriftlichen Sprachgebrauch

1. a) Beim **mündlichen Erzählen** und **Berichten** verwendest du meistens das **Perfekt**, wenn Vergangenes dargestellt wird: *Wir haben heute auf dem Schulhof Müll gesammelt. Der Tag im Weltraum-Museum hat mir gut gefallen.*
   b) Beim **schriftlichen Erzählen** und **Berichten** verwendest du in der Regel das **Präteritum**: *In der vergangenen Woche erlebten drei Jugendliche eine spannende Reise. Juri Gagarin reiste als erste Person ins All.*

» Verbtabelle, S. 308

Digital+
Video
WES-126426-136

Präpositionen richtig verwenden

1 a) Betrachtet die Abbildung rechts und beschreibt im Wechsel, wo sich der Müll befindet: *Der Müll liegt... Die Plastikflaschen ...*
b) Sammle die Wörter, mit denen du ausgedrückt hast, wo sich der Müll befindet.
c) Lies in der **LERNBOX** nach, wie die Wortart heißt, zu der diese Wörter gehören.

Müll, so weit das Auge reicht

Wenn ich (1) den Wald gehe, finde ich meistens Müll (2) dem Weg oder (3) Gebüsch. Statt den Müll (4) die Mülltonne zu werfen, lassen vielen Menschen den Müll (5) einer Bank liegen, weil ihnen der Gang (6) Mülltonne zu umständlich erscheint. Wenn die Mülltonne überfüllt ist, werfen sie den Müll einfach (7) die Mülltonne. Manchmal findet man ihn sogar (8) einem See. Im letzten Urlaub habe ich mich geschnitten, weil eine Scherbe (9) Strand (10) Sand versteckt lag und ich (11) diese getreten bin.

2 a) Was befindet sich wo? Lies den Text oben und ergänze die fehlenden Wörter.
Setze folgende Wörter ein: *durch, auf, im, in, auf, zur, neben, in, im, an, unterm, auf.*
b) In welchen Wörtern verschmelzen Artikel und Präposition? (**LERNBOX,** 3. Hinweis)

Bei (1) weltgrößten Sammelaktion setzte sich ein indischer Anwalt für (2) guten Zweck ein: Wochenlang befreite er die Strände Mumbais von Müll. Gegenüber (3) Journalisten teilte er mit, dass während (4) Einsatzes an (5) Stränden mehrere Millionen Kilo Müll eingesammelt wurden. Nach (6) Ende der Aktion kehrte die Bastard-Schildkröte wieder in ihr gewohntes Terrain zurück.

3 a) Was haltet ihr von der Aktion? Tauscht euch darüber aus.
b) Markiere die Präpositionen im Text.
c) Lies in der **LERNBOX** (2. Hinweis) nach, welcher Fall auf welche Präposition folgt. Schreibe die Sätze ab und ergänze den richtigen Artikel in der richtigen Form.
Verwende 1 x *der*, 1 x *dem*, 2 x *den*, 1 x *des*, 1 x *einen*.

LERNBOX

Präpositionen richtig verwenden

1. Mit einer **Präposition** gibst du **räumliche** oder **zeitliche** Verhältnisse an: *Die Menschen verteilen Müll am Strand. / Sie werfen ihren Müll in die Tonne.*
2. Präpositionen bestimmen den Fall des **darauffolgenden Nomens und seiner Begleiter**:
   a) **Genitiv** nach: *unterhalb, während, wegen ...: Wegen des Mülls sind die Strände verdreckt.*
   b) **Dativ** nach: *aus, bei, gegenüber, mit, nach, seit, von, zu ...: Aus dem Mülleimer fällt der Müll heraus.*
   c) **Akkusativ** nach: *durch, für, gegen, ohne ...: Engagiere dich für die Umwelt.*
3. In manchen Fällen kann die **Präposition mit dem Artikel** verschmelzen: *an + das → ans, zu + dem → zum, in + dem → im, zu + der → zur, an + dem → am*

» Richtig schreiben, S. 289
» Sprache untersuchen, S. 246
» Fachwortschatz, S. 275
AH S. 50

Adverbien – genaue Umstände angeben

Habt ihr … schon nach Müll gesucht?

Wir haben … Müll gefunden, obwohl dort eigentlich … Müll liegt. … werden wir weitersuchen.

kaum – trotzdem – dort – immer

1 **a)** Aufgrund des Straßenlärms verläuft das Gespräch nicht ganz störungsfrei: Worum könnte es in dem Gespräch gehen?

b) Schreibe die Sätze ab und ergänze die fehlenden Adverbien. Verwende dazu den jeweils passenden Ausdruck aus dem Kasten links. Lies vorher die **LERNBOX**.

c) Vergleicht eure Lösungen in Partnerarbeit.

2 **a)** In dem Buchstabengitter rechts sind 15 Adverbien versteckt. Du musst sie sowohl senkrecht als auch waagerecht suchen. Markiere die Wörter. Finde mindestens 8, 10, 12 Adverbien.

b) Lege eine Tabelle an und ordne die markierten Adverbien in die richtige Spalte ein. Die Fragen in der **LERNBOX** helfen dir, die Arten der Adverbien zu bestimmen.

N	M	L	E	I	D	E	R	E	Y	M	H	W
S	N	G	L	K	J	S	A	S	O	G	A	R
I	M	M	E	R	T	W	J	Y	A	N	B	Z
R	Z	P	V	S	R	M	F	D	O	I	N	D
P	S	H	G	D	O	Z	I	A	F	R	C	L
E	Z	E	E	E	T	V	N	R	T	G	O	I
X	W	R	N	D	Z	R	N	U	O	E	T	N
T	A	A	A	F	D	O	E	M	M	N	S	K
S	R	B	U	C	E	L	N	H	X	D	I	S
W	E	S	S	C	M	W	P	S	F	S	N	W
D	M	K	O	T	P	P	P	S	W	E	I	G
A	N	N	I	E	M	A	L	S	O	C	A	B
N	V	Q	A	L	L	E	R	D	I	N	G	S
N	N	M	I	T	T	A	G	S	E	U	C	K

Adverbien des Ortes	Adverbien der Zeit	Adverbien der Art und Weise	Adverbien des Grundes
		leider	

Digital+ Buchstabengitter WES-126426-137

c) Bilde mit 3, 5, 7 der Adverbien Sätze, die etwas mit dem Thema *Müll* zu tun haben.

LERNBOX

Mit Adverbien genaue Umstände beschreiben

1. **Mit Adverbien** (Singular: das Adverb) beschreibst du die **genauen Umstände**. Adverbien kannst du erfragen:
   - **Adverbien des Ortes**: *Wo? Woher? Wohin? → dort, draußen, links, heimwärts, herab, innen, nirgends …*
   - **Adverbien der Zeit**: *Wann? Seit wann? Wie lange? Wie oft? → dann, mittags, nun, bald, immer, niemals, später …*
   - **Adverbien der Art und Weise**: *Wie? Auf welche Weise? → kaum, genauso, wahrlich, sogar …*
   - **Adverbien des Grundes**: *Warum? Weshalb? Weswegen? Wozu? → trotzdem, somit, deshalb, allerdings, zwar …*
2. Adverbien gehören zu den vier **unveränderlichen Wortarten**.

Fachwortschatz, S. 274-275

Absichten verdeutlichen

„Hast du gelesen, was auf dem Schild über Plastik steht?“
„Welches Schild meinst du genau?“
„Das Schild mit dem Bild, auf dem ein Seepferdchen und ein Wattestäbchen zu sehen sind.“
„Ach das! Natürlich habe ich das Schild gesehen!“
„Warst du auch so geschockt?“
„Um ehrlich zu sein, kann ich mich gar nicht mehr richtig an den Inhalt erinnern. Es wäre toll, wenn du mir nochmal erzählen würdest, worum es dabei ging.“
„Ja klar, mache ich gern!“

1 Worüber sprechen die beiden Personen? Bezieht das Bild mit ein.

2 **a)** Schreibe den Dialog ab und ergänze die Redebegleitsätze, damit noch deutlicher wird, welche Sprechabsichten die beiden Personen jeweils haben. Nutze die Verben aus der Box rechts. Beginne so: Marlene fragt: „Hast du gelesen, ...?“
b) Unterstreiche die Verben in den Redebegleitsätzen. Überprüft paarweise, ob sie zu den Satzschlusszeichen, d.h. zur Aussageabsicht, passen.

fragen – sagen – antworten – zugeben – erklären – entgegnen – staunen – nachhaken – meinen – feststellen – nachfragen

Marlene: Hast du den Text jetzt verstanden ___
Mario: Ja, habe ich ___ Und ich finde, dass wir schleunigst etwas ändern müssen ___
Marlene: Welche Info hat dich denn am meisten schockiert ___
Mario: Naja, ich finde es schlimm, dass in den Weltmeeren sechsmal mehr Plastik als Plankton schwimmt ___ Wenn ich mir vorstelle, dass manche Menschen einfach ihren Müll in den Sand schmeißen, werde ich richtig wütend ___

3 Setze in dem Dialog die Satzschlusszeichen, um deutlich zu machen, welche Absichten die Gesprächspartner verfolgen. Lies dazu die **LERNBOX**.
Setze 3 Fragezeichen, 2 Ausrufezeichen und 3 Punkte.

LERNBOX

Mit Satzarten unterschiedliche Absichten deutlich machen

1. Sätze können **verschiedene Sprechabsichten** zum Ausdruck bringen. In der **geschriebenen Sprache** erkennst du diese auch an den **Satzschlusszeichen**:
   Fragesatz: *„Hast du gesehen, was auf dem Schild über Plastik steht?“*
   Aussagesatz: *„Ich habe den Text auf dem Schild gelesen.“*
   Aufforderungssatz: *„Setzt euch gegen die Umweltverschmutzung ein!“*
   Ausrufesatz: *„Ach das!“*
2. Häufig geben bei wörtlicher Rede auch die **Verben in den Begleitsätzen** einen Hinweis auf die **Sprechabsicht**: *Marlene fragt: ...*
3. In der **mündlichen Sprache** erkennst du die Absicht auch an der **Betonung**.

AH S. 51
Fachwortschatz, S. 255
Richtig schreiben, S. 295

Satzreihe – Hauptsätze verknüpfen

Ⓐ Ein Licht ist für eine Höhlenerkundung lebensnotwendig.

Ⓑ Warme Kleidung ist sinnvoll.

Ⓒ Ein Erste-Hilfe-Set begleitet jede Wanderung.

Ⓓ Ihr erkundet die Höhle zu zweit.

Ⓔ Ein Helm schützt den Kopf.

① Eine Person kann immer Hilfe holen.

② Du könntest dich in der Dunkelheit verirren.

③ Die Verletzungsgefahr ist in einer Höhle hoch.

④ Spitze Steine können von der Decke auf den Kopf fallen.

⑤ Die Temperaturen sind in der Höhle kühler.

1 **a)** Bei einer Höhlenexpedition sind Verhaltensregeln wichtig. Was gehört zusammen? Verbinde die passenden Hauptsätze, sodass sich daraus eine Regel ergibt.
b) Schreibe die Regeln in dein Heft. Zeige, dass jeweils zwei Hauptsätze zusammengehören, indem du sie mit einer Konjunktion verbindest. Setze auch ein Komma.
Schreibe so: Warme Kleidung ist sinnvoll, denn die Temperaturen sind in der Höhle kühler.
c) Markiere die Prädikate wie im Beispiel.
d) Erkläre, an welcher Stelle das Prädikat im Hauptsatz immer stehen muss.
e) Vergleiche dein Ergebnis mit den Hinweisen 1 und 2 der **LERNBOX**.

In 650 Metern Tiefe gefangen

Ⓐ Zwei Männer mussten aus einer Höhle geborgen werden. Wassermassen hatten ihnen den Rückweg abgeschnitten.
Ⓑ Die Rettung erfolgte nicht sofort. Taucher konnten die beiden schließlich befreien.
Ⓒ Sie brachten die beiden erschöpften Männer aus der Höhle heraus. Sie fuhren die zwei in ein nahe gelegenes Krankenhaus.

2 **a)** Verwende Konjunktionen, um die Sätze miteinander zu verknüpfen.
Nutze folgende Konjunktionen: *denn, und, doch.*
b) Überprüft eure Vorschläge. (**LERNBOX**, Hinweis 3 und 4).

LERNBOX

Hauptsätze miteinander verknüpfen

1. Häufig werden **Hauptsätze** durch die **Konjunktionen** *und, oder, aber, denn, doch* miteinander verbunden. Die Satzgliedstellung bleibt in beiden **Hauptsätzen** gleich.
2. Aneinandergereihte Hauptsätze bilden eine **Satzreihe**.
3. Ein vollständiger **Hauptsatz** enthält immer ein **Subjekt** und ein **Prädikat**. Das Prädikat steht im Aussagesatz immer an der zweiten Satzgliedstelle.
4. Die **Sätze einer Satzreihe** werden durch **Kommas** voneinander getrennt. Nur vor *und* bzw. *oder* darf das Komma wegfallen: *Warme Kleidung ist sinnvoll, denn es ist kalt. / Sie retteten die Männer und fuhren sie in ein Krankenhaus.*

AH S. 52

Fachwortschatz, S. 275

Richtig schreiben, S. 297, S. 301

Satzgefüge – Haupt- und Nebensätze verknüpfen

Die Cromagnon-Menschen

Ⓐ Es gab viele neue Erkenntnisse, als Forscher 1868 den Cromagnon-Menschen entdeckten.

Ⓑ Obwohl der Cormagnon-Mensch auf Höhlenmalereien noch etwas ungewöhnlich aussieht, ähnelt er den heutigen Menschen bereits stark.

Ⓒ Während der Neandertaler maximal 1,65 m groß wurde, erreichte ein Cromagnon-Mensch eine Größe von 1,70 m.

Ⓓ Höhlenmalereien beweisen zudem, dass der Cromagnon-Mensch ein geschickter Maler, Werkzeughersteller und Jäger war.

Ⓔ Da der Cromagnon-Mensch eine hohe Stirn und ein ausgeprägtes Kinn besaß, lässt er sich deutlich vom Neandertaler unterscheiden.

Ⓕ Die Ähnlichkeit zu Menschen aus subtropischen Regionen, wie z. B. Afrika, lässt vermuten, dass die Cromagnon-Menschen aus wärmeren Gegenden einwanderten.

1 **a)** Markiere die Prädikate und Konjunktionen wie im Beispielsatz Ⓐ.
b) Unterstreiche die Nebensätze. Lies dazu die **LERNBOX**.

In den Sätzen Ⓑ, Ⓒ und Ⓔ steht der Nebensatz vor dem Hauptsatz. In den Sätzen Ⓐ, Ⓓ, Ⓔ und Ⓕ steht der Nebensatz hinter dem Hauptsatz.

Steinzeitmenschen = Höhlenmenschen?

Archäologen fanden viele Höhlen mit Wandmalereien. (1) es darin dunkel und kalt war, wohnten die Steinzeitmenschen dort nicht. Felsüberhänge und Höhleneingänge boten allerdings Schutz, (2) die Steinzeitmenschen sich darin zeitweise aufhielten. Diese Informationen machen jedoch klar, (3) die Bezeichnung „Höhlenmenschen“ nicht passt. (4) Hütten aus Zweigen in Nizza gefunden wurden, staunten die Menschen besonders über das Alter der Hütten von 380.000 Jahren.

2 **a)** Überlege, ob die Bezeichnung *Höhlenmensch* für den Steinzeitmenschen passt.
b) Ergänze in den Lücken jeweils eine Konjunktion, sodass ein Satzgefüge entsteht (**LERNBOX**, Hinweis 2).

LERNBOX

Haupt- und Nebensätze verknüpfen

1. Ein **Satzgefüge** besteht aus einem **Hauptsatz und einem Nebensatz**. Diese Sätze werden durch ein Komma voneinander getrennt.
2. Nebensätze werden häufig durch eine **Konjunktion** *(sodass, weil, dass, als, …)* eingeleitet. Das **Prädikat** steht im Nebensatz an **letzter Stelle**. *Es gab viele neue Erkenntnisse, als der Cro-Magnon Mensch 1868 entdeckt wurde.*
3. Du kannst Nebensätze **vor** oder **hinter** den Hauptsatz stellen: *Als der Cromagnon-Mensch 1868 entdeckt wurde, gab es viele neue Erkenntnisse.*

» Richtig schreiben, S. 298

AH S. 53

Satzglieder ermitteln

Texthaus

1	Am Samstag	war	in der Schule	endlich	der Tag der offenen Tür.
2	Viele Gäste	strömten	in das Schulgebäude.		
3	Auf dem Schulhof	grillten	die Mitglieder des Schülercafés	in der Sonne	Gemüse und Bratwurst.
4	Zum Glück	schien	am Nachmittag	die Sonne.	
5	Berkant	bediente	fleißig und freundlich	die Besucher	während der ganzen Zeit.
6	Die anderen	verkauften	im Café	unermüdlich	selbst gebackene Waffeln.

1 **a)** Lies die Sätze im „Texthaus“: Was bieten die Schülerinnen und Schüler den Gästen zu welchem Anlass an? Was hätten sie außerdem vorbereiten können?
b) Betrachte die Satzglieder und vergleiche die Reihenfolge: Was fällt dir auf?
Finde heraus, in welcher Spalte immer das gleiche Satzglied steht?
c) Vergleiche deine Ergebnisse mit den Hinweisen 1 und 2 in der **LERNBOX**.

2 Verändere die Stellung der Satzglieder aus dem Texthaus mit der Umstellprobe, aber ändere nicht die Satzzeichen. Stelle die einzelnen Sätze so oft wie möglich um. Lies dazu vorher die **LERNBOX** (3. Hinweis).
Arbeite mit den Sätzen 1–4. Schreibe die einzelnen Bausteine (= Satzglieder) auf kleine Zettel und verschiebe sie. Schreibe die neuen Sätze auf.
Führe die Umstellprobe mit allen Sätzen durch.

Am Abend freuen sich die Mitglieder des Schülercafés über die Einnahmen.

3 **a)** Führe zu diesem Satz die Umstellprobe durch: Schreibe alle Möglichkeiten, die dir einfallen, in dein Heft. Beachte dazu auch den 4. Hinweis in der **LERNBOX**.
b) Trenne in einem Satzbeispiel die Satzglieder durch Schrägstriche.

AH S. 54

LERNBOX

So ermittelst du Satzglieder:

1. Sätze bestehen aus mehreren Bausteinen, den **Satzgliedern**. Diese kannst du unterschiedlich zusammenfügen.
2. In **Aussagesätzen** steht das **Prädikat an der zweiten Stelle**.
3. Mit der **Umstellprobe** findest du heraus, welche Wörter beim Umstellen zusammenbleiben und deshalb gemeinsam ein Satzglied bilden. Der folgende Satz besteht aus vier Satzgliedern:
   Viele Grundschulkinder / besuchten / am Vormittag / das Café.
4. Stellst du das **Prädikat** an die **erste Stelle**, entsteht eine **Frage**:
   Besuchten / viele Grundschulkinder / den Probeunterricht / am Vormittag?

Fachwortschatz, S. 274

Fachwortschatz, S.274

Satzglieder untersuchen – *Subjekt und Prädikat*

Der Glückskeks

Der Glückskeks ist ein knuspriges Süßgebäck, das nach dem Essen gereicht wird. Er besteht aus Zucker, Butter, Eiweiß und Mehl. Ein Papierstreifen befindet sich in seinem Inneren. Darauf steht ein Sinnspruch für die Zukunft. Das süße Gebäck ist vor allem in den Vereinigten Staaten und Europa verbreitet und beliebt. Besonders in chinesischen Restaurants wird dieser Keks als Nachtisch verteilt.

1 **a)** Habt ihr auch schon einmal Glückskekse probiert? Wo könnt ihr sie bekommen?

b) Markiere alle Subjekte wie im Beispiel. Lies die Hinweise 1 und 2 in der **LERNBOX**.

Du musst fünf Subjekte markieren.

c) Aus welchen Wortarten bestehen die Subjekte jeweils? Schreibe so:

der Glückskeks → bestimmter Artikel + Nomen ...

d) Setze jeweils das Subjekt, das im Singular (Einzahl) steht, in den Plural (Mehrzahl). Schreibe die veränderten Sätze ab. Achte auch darauf, die Prädikate zu verändern. Lies dazu den 3. Hinweis in der **LERNBOX**.

» Fachwortschatz, S. 275

e) Neben Subjekt und Prädikat musst du weitere Wortarten ändern: Welche sind es?

Seit 1964 (1. *werden)* Glückskekse in den USA hergestellt. Man (2. *fertigen)* sie heute maschinell in hohen Stückzahlen. Sie (3. *bestehen)* aus Waffelteig. Ein kreisrundes Teigstück (4. *werden)* erhitzt und von Automaten in Form gebogen. Vorher (5. *legen)* man einen schmalen Streifen Papier hinein. Diese Glückskekse (6. *verschweißen)* man einzeln in Folie und (7. *verkaufen)* sie in Großpackungen an Restaurants oder Händler. Diese (8. *bestellen)* oft verschiedene Texte, zum Beispiel „Weisheiten". Oft (9. *schreiben)* freiberufliche Texter oder Mitarbeiter die Sprüche. Horoskope, Zitatsammlungen und chinesische Sprichwörter (10. *dienen)* als Ideengeber.

2 **a)** Unterstreiche im Text die Subjekte.

Es gibt 10 Subjekte.

b) Schreibe den Text ab und setze die Prädikate in der richtigen Form ein.

AH S. 55

LERNBOX

Subjekt und Prädikat

1. Das **Subjekt** ist das Satzglied, über das im Satz etwas ausgesagt wird. Subjekte sind meistens **Nomen und ihre Begleiter** (die leckeren Glückskekse) oder **Pronomen** *(ich, du, er ...)*.
2. Subjekte stehen im **Nominativ**. Du erfragst sie mit **Wer oder was?**
3. Das **Prädikat** ist immer ein Verb. Es richtet sich in seiner Form nach dem Subjekt: *Die Kekse schmecken. Der Keks schmeckt. Du schmeckst. Ihr schmeckt.*
4. Das **Prädikat** kann **aus mehreren Teilen** bestehen: *Samira bereitet den Teig vor. / Nico hat die Kekse probiert. / Die Kekse werden von Samira gebacken.*

» Fachwortschatz, S. 275
» Sprache untersuchen, S. 248

Zusammenhänge erkennen – *Prädikat und Objekt*

(A) Timo kocht Spaghetti Bolognese.
(B) Berkant und Marnie beobachten ihn beim Vorbereiten.
(C) Das Essen schmeckt den beiden besonders gut.
(D) Das Geschirr spült Timo nach dem Festmahl.
(E) Die Eingeladenen helfen Timo.
(F) Sie loben ihn und gratulieren ihm.
(G) Das Essen bedarf keiner weiteren Verbesserung.

1 Bestimme Subjekt und Prädikat in den Sätzen (A) – (E), (A) – (F), allen Sätzen.

a) Schreibe die Sätze mit Zwischenzeilen ab und markiere die Subjekte.

b) Kreise die dazugehörigen Prädikate ein, z. B. Wer oder Was (kocht) Spaghetti Bolognese? Timo (kocht) Spaghetti Bolognese. (= Subjekt)

c) Vergleicht eure Ergebnisse miteinander.

2 Ausgehend vom Prädikat (Verb) kannst du verschiedene Fragen formulieren, mit denen du auch die Objekte bestimmen kannst. Arbeite wieder mit den Sätzen (A) – (E), (A) – (F), allen Sätzen.

a) Lies die **LERNBOX** unten und fasse kurz zusammen, welche Objekte es gibt und wie man sie unterscheiden kann.

b) Überlege dir zu den Sätzen passende Fragen, um die Objekte zu ermitteln. Notiere die Antworten und schreibe in Klammern dazu, um welches Objekt es sich handelt. Schreibe so: Timo (kocht) Spaghetti Bolognese. → Wen oder Was (kocht) Timo? Spaghetti Bolognese. (= Akkusativobjekt)

Der Satz (F) enthält zwei Objekte, also musst du zwei Fragen stellen.

LERNBOX

Was sind Objekte?

1. **Objekte** sind Satzglieder. Das **Prädikat** bestimmt, in **welchen Fall das Objekt** gesetzt werden muss.
2. Nach dem **Akkusativobjekt** fragst du mit **Wen oder Was?** *Timo kocht Spaghetti Bolognese. → Wen oder Was kocht Timo? – Spaghetti Bolognese. (= Akkusativobjekt)*
3. Nach dem **Dativobjekt** fragst du mit **Wem?** *Berkant gratuliert ihm. → Wem gratuliert Berkant? – Ihm. (= Dativobjekt)*
4. Das **Genitivobjekt** erfragst du mit **Wessen?** Es wird nur noch selten gebraucht: *Wessen schäme ich mich? – Ich schäme mich meiner schlechten Kochkünste. (= Genitivobjekt)*
5. Das **Prädikat** bestimmt auch, ob überhaupt ein Objekt nötig ist. Zum Beispiel benötigt das Prädikat *essen* kein Objekt: *Wir essen.*
6. Manchmal musst du Objekte ergänzen, damit der Satz sinnvoll und richtig ist: *Mert schenkt Timo ein Kochbuch. → Wem? Timo, Wen oder Was? ein Kochbuch.*

(AH) S. 56

» Fachwortschatz, S. 274

Angaben zu Ort und Zeit machen

1 Der Flyer ist unvollständig. Sprecht darüber, welche Angaben fehlen, um an der Aktion teilnehmen zu können.

Liebe Kröten-Liebhaber,
weil uns das Wohl der Kröten am Herzen liegt, möchten wir auch dieses Jahr wieder eine Krötenaktion starten. Gemeinsam mit dir möchten wir den Kröten über die Straße helfen. Macht mit!
Das Team Krötenschutz

Helfende Hände für Kröten gesucht

Zwischen März und April (Wann?) brechen die Kröten und Frösche wieder zu abgelegenen Gewässern (Wohin?) auf, um dort ihre Eier abzulegen. Wenn zwischen dem Revier und dem Laichplatz (Wo?) eine asphaltierte Straße liegt, benötigen sie unsere Hilfe. An den ersten Tagen müssen die Helfer zunächst Zäune entlang der Straßen aufbauen. Jeden Tag müssen diese kontrolliert werden, am besten am frühen Abend und am frühen Morgen. Wenn sich in dieser Zeit in den Eimern Kröten oder Frösche gesammelt haben, werden diese in Transporteimer umgefüllt und über die Straße getragen. Auf einem Notizblock werden Anzahl, Art und Geschlecht notiert. Nach kurzer Zeit werden die Tiere in einem Teich ausgesetzt. Die Saison erstreckt sich in der Regel über zwei bis drei Monate. Wenn du in diesem Zeitraum an einzelnen Tagen Zeit hast, wird deine Hilfe in deinem Heimatort dankend entgegengenommen.

Digital+
Textvorlage
WES-126426-138

2 **a)** Unterstreiche im Text die adverbialen Bestimmungen des Ortes und der Zeit. Ergänze die Fragen in Klammern: *Wann? Wie lange? Wo?* Lies dazu die **LERNBOX**.
Du findest 11 adverbiale Bestimmungen der Zeit und 9 des Ortes.
b) Schreibe die adverbialen Bestimmungen geordnet heraus.

adverbiale Bestimmungen des Ortes	adverbiale Bestimmungen der Zeit
zwischen März und April	

3 Formuliere ein Antwortschreiben auf den Flyer von oben.
Nutze jeweils zwei drei adverbiale Bestimmungen der Zeit und des Ortes.
Wähle dazu aus: Am Donnerstag / 7.00 Uhr / bis 15.00 Uhr / am Wochenende / im Park / am Froschteich / im Wald / an der Straße ...

LERNBOX

Adverbiale Bestimmungen des Ortes und der Zeit

1. Adverbiale Bestimmungen sind **Satzglieder**, die **genaue Angaben** zu einem Geschehen machen: *Zwischen März und April findet im Wald eine Kröten-Aktion statt.*
2. **Adverbiale Bestimmungen des Ortes** erfragst du mit: *Wo? Woher? Wohin?*
Wo findet zwischen März und April die Kröten-Aktion statt? Im Wald.
3. **Adverbiale Bestimmungen der Zeit** erfragst du mit: *Wann? Seit wann? Wie lange?*
Wann findet an den Straßen die Kröten-Aktion statt? Zwischen März und April.

Fachwortschatz, S. 274

AH S. 57

Angaben zur Art und Weise und zum Grund machen

Auch Insekten brauchen Urlaub

(1) Wegen der menschlichen Eingriffe in die Natur sind nur noch wenige natürliche Lebensräume für Insekten vorhanden. (2) Aus diesem Grund bastelten alle 6. Klassen der Wolfgang-Borchert-Gesamtschule Insektenhotels, die die Schule mittlerweile (3) ansehnlich schmücken. (4) Schnell waren sich die Klassenlehrer einig, dass jede Klasse ein eigenes Insektenhotel bekommen sollte. (5) Engagiert und (6) mit großer Freude besorgten die Schüler zunächst alle notwendigen Materialien. (7) Behutsam und (8) mit sicherer Hand schliffen, bohrten und schraubten sie die Einzelteile zusammen. (9) Mit großer Begeisterung bemalten sie im Anschluss die Hotels. (10) Aufgrund ihrer Kreativität ließ es sich der Bürgermeister nicht nehmen, die Insektenhotels (11) persönlich zu begutachten und die Schüler zu loben, (12) weil sie sich besonders engagiert hatten.

1 **a)** Beschreibe, was du durch die unterstrichenen Angaben zusätzlich erfährst.
Lies den Text einmal ohne diese Angaben. Welche Informationen fehlen?
b) Formuliere zu den Angaben passende Fragen und notiere sie zusammen mit den Antworten. Benenne die Art der adverbialen Bestimmung und schreibe sie in Klammern hinter deine Antwort. Lies dazu auch die **LERNBOX**. Schreibe so:
(1) Warum sind nur noch wenige natürliche Lebensräume für Insekten vorhanden? – wegen der menschlichen Eingriffe in die Natur (= Grund)
Finde zusätzlich heraus, welche adverbiale Bestimmung zugleich ein Nebensatz ist.

Das Projekt wird (1. *Warum?*) auch im nächsten Jahr (2. *Wie?*) wiederholt. (3. *Wie?*) machen sich die 5er bereits jetzt Gedanken um die Gestaltung, (4. *Warum?*).

2 Schreibe das Ende des Textes ab und setze die folgenden Angaben zur Art und Weise und zum Grund an passender Stelle ein: *in ähnlicher Form – aufgrund der guten Rückmeldungen – Voller Vorfreude – damit ihr Insektenhotel besonders kreativ wird.*

LERNBOX

Adverbiale Bestimmungen der Art und Weise / des Grundes

1. Mit **adverbialen Bestimmungen** kannst du genaue Angaben **zu den Gründen** und zur **Art und Weise** eines **Geschehens und** machen: *Aufgrund ihres Engagements wurden die Klassen besonders anerkennend gelobt.*
2. Die **adverbiale Bestimmung des Grundes** erfragst du mit: *Warum? Wieso?* → *Warum wurden die Klassen gelobt? – Aufgrund ihres Engagements.*
3. Die **adverbiale Bestimmung der Art und Weise** erfragst du mit: *Wie? Auf welche Weise?* → *Wie wurden die Klassen gelobt? besonders anerkennend*
4. Auch ein **Nebensatz** kann eine adverbiale Bestimmung sein. Er wird mit einem Komma vom Hauptsatz abgetrennt: ... , *weil sie viel Gutes für die Bienen taten.*

AH S. 58
Fachwortschatz, S. 274

Attribute – Angaben zu Nomen machen

Tierheim sucht Helfer und Helferinnen!	Das Tierheim der Gemeinde Bummelrang sucht tierfreundliche und zuverlässige Helfer und Helferinnen!

1 Lies die beiden Ausrufe: Was wird gesucht?

2 **a)** Welcher Text ist genauer? Woran liegt das?
b) Unterstreiche rechts die Wörter oder Wortgruppen, die nähere Informationen zu den Nomen geben.
c) Lies in der **LERNBOX** nach, wie diese Satzgliedteile heißen.

Digital+ Textvorlage WES-126426-139

Liebe Oma, Bummelrang, 13.10.20...

Ⓐ ich habe heute einen aufregenden Tag erlebt! Heute Morgen bin ich zusammen mit meiner besten Freundin in Richtung Empfang des Tierheims gegangen. Dort wartete eine sehr nette Frau schon auf uns.
Nach einem kurzen Gespräch zeigte sie uns die Räume der Unterkunft. Schon von Weitem sah ich einen kleinen Hund. Ich durfte das Tor seines Käfigs öffnen und diesen lieben Hund streicheln.

Ⓑ Die freundliche Tierpflegerin teilte mir mit, dass ich am heutigen Tag hauptsächlich die Betreuung dieses Hundes übernehmen sollte. Ich durfte den Napf des Hundes mit Nahrung füllen und das schmutzige Trinkwasser durch sauberes Wasser austauschen.

Ⓒ Gemeinsam mit der Tierpflegerin suchte ich eine (1) Leine heraus. Wir gingen in den (2) Garten (3). Sie zeigte mir sogar, wie ich dem (4) Hund (5) Tricks beibringen konnte. Am Ende (6) ging ich müde und zufrieden nach Hause.

3 Welche Attribute findest du im Text? Untersuche den Text dazu genauer:
a) Bestimme in Teil Ⓐ die unterstrichenen Attribute. Schreibe dazu die Attribute und dazugehörigen Nomen heraus: aufregender Tag = Adjektivattribut
b) Unterstreiche in Teil B alle Attribute und zeichne Pfeile zu den dazugehörigen Nomen ein. Bestimme auch diese Attribute genauer.
c) Ergänze in Teil Ⓒ die fehlenden Attribute mit der Erweiterungsprobe. Ordne dazu die Wörter zu: *keinen – lustige – lange – großen – des Tierheims – des Tages.*

Fachwortschatz, S. 35

LERNBOX

Was sind Attribute?

„Attribut“ (= Beifügung) ist eine Sammelbezeichnung für unterschiedliche Möglichkeiten, **zu einem Nomen genauere Angaben zu machen**:
1. **Adjektiv (das Adjektivattribut):** *Der kleine Hund läuft über diese Wiese.*
2. **Nomen im Genitiv (das Genitivattribut):** *Die Leine des Hundes ist grün.*
3. Ein Attribut bezieht sich auf ein **vorausgehendes oder folgendes Nomen.** Attribute können zu Subjekten, Objekten oder adverbialen Bestimmungen ergänzt werden und sind dann Teil dieser Satzglieder.

Fachwortschatz, S. 274

Sätze in verschiedenen Sprachen vergleichen

Der dänische Schüler streichelt den Schulhund.

1 **a)** Lies den Satz oben und bestimme, um welche Satzglieder es sich bei den farbig markierten Wörtern und Wortgruppen handelt, indem du diese erfragst.
Subjekt: *Wer oder Was?*/ Akkusativobjekt: *Wen oder Was?*/ Prädikat: *Was tun sie?*
b) Stelle den Satz oben mehrfach um. Lege dir dazu Kärtchen an und probiere verschiedene Möglichkeiten aus.
c) An welchen Stellen können das Subjekt und das Objekt im Deutschen jeweils stehen (= Satzgliedstellung)? An welcher Stelle steht das Prädikat? Gleiche deine Überlegungen mit der **LERNBOX** (Hinweis 1) ab.
d) Überlege, wann das Objekt am Satzanfang steht.

» Sprache untersuchen, S. 258-259

2 **a)** Lies die Sätze A–C und verbinde die Sätze mit ihren englischen Übersetzungen.
b) Bestimme in den deutschen Sätzen die Satzglieder, indem du diese in denselben Farben markierst wie in Aufgabe **1**.
c) Vergleiche die deutschen Sätze mit den Übersetzungen rechts. Überprüfe, ob es bei der Satzgliedstellung von Subjekt und Objekt im Englischen auch mehrere Möglichkeiten gibt. Gleiche deine Überlegungen mit der **LERNBOX** (Hinweis 2) ab.

(A) Hamed hat einen langen Schulweg.	Henry wears a schooluniform.
(B) Die Schüler lernen Sprachen.	Hamed has a long way to school.
(C) Eine Schuluniform trägt Henry.	The pupils learn languages.

3 Überlegt gemeinsam, welche Probleme sich ergeben könnten, wenn ihr in folgendem Satz das Objekt an den Anfang stellt. Überprüft eure Antwort mithilfe der Bilder.

The danish pupil kisses the school dog.

4 **a)** Welche Sprachen sind in eurer Lerngruppe vertreten? Sammelt diese an der Tafel.
b) Tauscht euch darüber aus, wie die Abfolge im Satz in diesen Sprachen aussieht.

LERNBOX

Warum ist der Satzbau im Englischen anders?

1. Im **Deutschen** wird oft durch die **Beugung der Nomen und ihrer Begleiter** (Artikel, Adjektive) **deutlich**, welches Satzglied in einem Satz Subjekt oder Objekt ist. Oft steht das Subjekt an der 1. Stelle *(Subjekt – Prädikat – Objekt)*. Aber auch das Objekt kann am Satzanfang stehen. Es wird dadurch **betont**.
2. Im Englischen ist die **Satzgliedstellung** (Subjekt-Prädikat-Objekt → S-P-O) **fest vorgegeben.** Dadurch wird deutlich, um welches Satzglied es sich handelt. Stellst du wie im Deutschen das Objekt an den Anfang, verändert sich der Sinn des ganzen Satzes.

Sprachvarianten untersuchen

Lieber Opa,
ich hoffe, dass es dir gut geht! Hier in Neuseeland ist es sehr schön, das Wetter ist sehr warm. Die ersten Tage an der Pembrokeschool verliefen sehr aufregend und ich habe bereits viele nette Leute kennengelernt. Heute morgen haben sich alle Schülerinnen und Schüler versammelt, um die Nationalhymne gemeinsam zu singen. Das war mir völlig neu. Gleich habe ich Gebärdenunterricht, auch das kannte ich so noch nicht.
Ich freue mich darauf, bald wieder von dir zu hören!
Viele liebe Grüße,
deine Julia

Hey Sis, alles fit? 🙂
Neuseeland ist mega, geiles Wetter, geiler Strand und nette Typen! Die neue Schule läuft auch richtig steil, nur so früh aufstehen, kein Bock ☹
Muss los, gleich geht's weiter …
Lass krachen, hau rein,
see u <3

1 **a)** Lies die beiden Texte: Was berichtet Julia von der Pembrokeschool?
b) Stelle Vermutungen darüber an, warum Julia manche Informationen in der Nachricht an ihre Freundin weglässt, aber in dem Brief an ihren Opa erwähnt.
Bedenke auch das Alter der beiden Adressaten.

2 **a)** Untersuche die Sprache in den Nachrichten genauer. Beantworte folgende Fragen:
- Welche Wörter oder Wortgruppen fallen dir auf?
- Welche Unterschiede im Satzbau und bei den Satzzeichen kannst du feststellen?
- Welche Abkürzungen, Zeichen oder Symbole verwendet Julia rechts?

b) Vergleicht eure Ergebnisse und schlussfolgert, warum sich die Darstellungsweise so deutlich unterscheidet.
c) Lies in der **LERNBOX** nach, wie man diese beiden Sprachvarianten benennt.

3 Entscheide dich begründend, ob du in diesen Situationen eher die Standardsprache oder die Jugendsprache anwenden solltest:
(A) Gespräch mit deinen Freunden auf dem Schulhof, (B) Unterricht im Klassenraum, (C) Unterhaltung beim Abendessen mit deiner Familie.

LERNBOX

Sprachvarianten erkennen und untersuchen
Je nach Empfänger verwendest du **unterschiedliche Sprachvarianten** (= unterschiedliche Darstellungsweisen).
Die **Standardsprache** ist die **allgemein verbindliche Form** einer Sprache.
Du verwendest sie in der Öffentlichkeit, in der Schule und in den Medien.
Die **Jugendsprache** unterscheidet sich von der sonst üblichen **Standardsprache** durch bestimmte Wörter, Wortgruppen oder den Satzbau, wie z. B. Kurzschreibungen *(ne* für *eine)* oder Wortauslassungen *(Gehe zum Strand* statt *Ich gehe zum Strand).*

» Fachwortschatz, S. 274

WORTBILDUNG

Wortzusammensetzungen kennen

1 Was erkennst du auf dem Bild? Finde ein Nomen, das das Nahrungsmittel genau beschreibt.

2 Mache ein Wettspiel mit einem Partner oder einer Partnerin: Beginne mit einem Wort, das aus zwei Nomen besteht. Dein Partner bildet eine neue Zusammensetzung mit dem zweiten Nomen des Wortes usw., z. B.: Ofenkartoffel → Kartoffelsalat → Salatschüssel ...

Essen – Teller – Schrank – Erdbeer– Reis – Muffins – Kuchen – Vanille – Soße – Obst – Salat – Waffel – Teig – Becher – Eis – Käse – Schoko – Essen – Milch –Torte – Küche – Rest – Brot – Liebling

3 **a)** Bilde aus den Nomen im Kasten durch Zusammensetzung 5, 8, 12 Wörter. Lies dazu die **LERNBOX**.
b) Trage die Zusammensetzungen mit dem passenden Artikel in die Tabelle ein.

Zusammensetzung	Zusammensetzung mit Fugenbuchstaben
der Käsekuchen	das Lieblingsessen

c) Betrachte die Wörter genauer. Markiere in der Tabelle jeweils das Bestimmungs- und das Grundwort, so wie in der **LERNBOX** (Hinweis 2).

das Backblech – der Feinschmecker – goldgelb – die Garzeit – die Zartbitterschokolade – fettarm – zuckersüß – bissfest – steifschlagen – der Schnellkochtopf – die Sonnenblumenkerne

4 Untersuche 8, 10, 12 Wörter im Kasten oben. Aus welchen Wortarten bestehen sie jeweils? Orientiere dich am zweiten Hinweis der **LERNBOX**. Schreibe so:
das Backblech = backen (Verb) + das Blech (Nomen) ...

LERNBOX

Mit Zusammensetzungen genauer formulieren

1. Viele unserer Wörter sind **Zusammensetzungen** (= das Kompositum, die Komposita). Sie bestehen meistens aus einem Bestimmungswort und einem Grundwort: *die Ofenkartoffel, der Kartoffelsalat.*
2. Das **Grundwort** des Kompositums bestimmt seine Wortart und damit seine Groß- und Kleinschreibung: *das Schneidebrett:* Nomen (Verbstamm + Nomen); *dunkelrot:* Adjektiv (Adjektiv + Nomen); *küchenfertig:* Adjektiv (Nomen + Adjektiv); die Kühltruhe: Nomen (Adjektiv+Nomen).
3. Bei Nomen richtet sich der **Artikel** des zusammengesetzten Wortes immer nach dem **Grundwort**. Manchmal musst du zwischen den Wörtern **Fugenbuchstaben** (Verbindungsbuchstaben) ergänzen: *der Küchenschrank.*

Fachwortschatz, S. 275

AH S. 59

Ableitungen bilden

1 Kennst du das abgebildete Gericht? Welche Zutaten brauchst du dafür?

So kochst du Spaghetti Carbonara

- zuerst in einer Pfanne 3 El Öl (wärmen) = erwärmen
- 120 g Speck in darin (braten)
- Speck beiseite stellen und (kühlen) lassen
- in einer Schüssel 4 Eigelb (schlagen)
- Eigelb mit 2 Tl geriebenem Parmesan, Salz und Pfeffer und Schinken (mischen)
- einen großen Topf aus dem Küchenschrank (nehmen)
- etwa zwei Liter Wasser mit einem Messbecher (messen)
- das Wasser in den bereitgestellten Kochtopf (füllen)
- eine Prise Salz (fügen)
- das Wasser (kochen) lassen
- die Spagetti dem kochenden Wasser (fügen)
- nach acht Minuten die Nudeln in ein Sieb gießen und gut (tropfen) lassen
- die Soße in eine Schüssel mit 4–5 EL des kochenden Wassers (füllen) und die Spaghettis mit der Soße in den Topf (gießen)

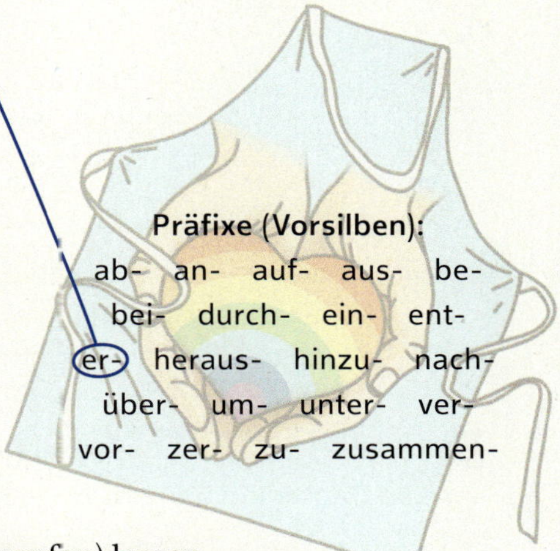

2 **a)** Viele Verben in der Kochanleitung oben sind ungenau. Formuliere genauer, indem du die Verben in Klammern mit passenden Präfixen von der Schürze verbindest. Lies vorher den 1. Hinweis in der **LERNBOX**.

b) Schreibe die Anleitung in ganzen Sätzen für die Mitschüler auf. Beginne so:
Zuerst erwärmst du in einer Pfanne 3 EL Öl.
Dann brät man 120g ...

c) Sprecht darüber, was mit einigen Präfixen passiert, wenn ihr in vollständigen Sätzen formuliert.

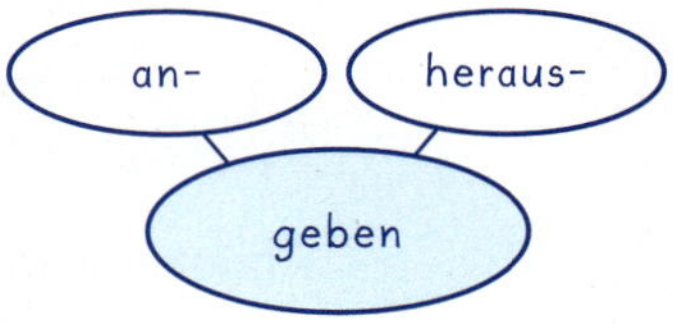

3 **a)** Bilde zu 3, 4, allen folgenden Verben möglichst viele weitere Ableitungen, indem du Präfixe davorsetzt: *geben, denken, spielen, drücken, halten.*

b) Bilde zu fünf Verben auch das Partizip II, z. B. überdacht.

» Verbtabelle, S. 308

angeben – übergeben – unterstellen – aufheben – aufheben – durchkämmen – umschreiben

4 Manchmal entstehen durch Ableitungen Wörter mit unterschiedlicher Bedeutung. Mache diese deutlich, indem du 3 5 7 Verben aus dem Kasten in verschiedenen Sätzen verwendest, z. B. angeben: Gib mit deiner Carbonara nicht so an. / Gib deine Telefonnummer hier an. / Gib mir bitte mal den Teller an.

» Fachwortschatz, S. 275

5 Bilde Nomen. Verbinde dazu die Wörter aus dem Kasten rechts mit den folgenden Suffixen: *-ung, -heit, -keit, -schaft, -tum, -nis, -sal, -ling*. Setze den passenden Artikel davor, z. B. *der Irrtum*. Orientiere dich an den Hinweisen 2 und 3 der **LERNBOX**.

- Bilde mit jeder Endung jeweils ein Nomen.
- Bilde 11 Nomen
- Arbeite mit allen Wörtern.

> irren – gesund – erleben – bewirten – fähig – eigen – trüb – bekannt – trennen – selten – sauber – ersparen – wissen

> wirken – essen – raten – Manieren – verschwenden – Genuss – Natur – Hunger – Salz – halten – Geschmack – fassen – Duft – taugen – Liebe – Rand – Stimme – Geschmack

6 Bilde Adjektive. Verbinde dazu die Wörter aus dem Kasten links mit den folgenden Suffixen: *-sam, -lich, -ig, -isch, -voll, -bar, -haft, -los.*

- Bilde mit jeder Endung jeweils ein Adjektiv.
- Bilde 14 Adjektive
- Bilde zu allen Wörtern Adjektive.

7 Zerlege 4, 7, alle der folgenden Wörter in die unten genannten Bestandteile und trage sie in die Tabelle ein. Beachte dazu den 3. und 4. Hinweis in der **LERNBOX**.

> Versäumnis, ablöschen, Zubereitung, zerstäuben, abspülen, verrühren, verständlich, überbacken, unterheben

Wort	Präfix	Wortstamm	Suffix
Versäumnis	Ver-	-säum-	-nis

a) Bilde mit den Wortstämmen im Kasten so viele Ableitungen wie möglich. Achte dabei auf Groß- und Kleinschreibung.

> -koch- / -lieb- / -glück- / -weib- / -mann- / -wahr- / -les-

b) Führt einen Wettbewerb durch. Wer findet die meisten Ableitungen?

LERNBOX

Ableitungen bilden

1. Wenn du ein **Präfix** (= Vorsilbe) vor ein Wort setzt, entsteht ein **neues Wort mit einer anderen Bedeutung** *(be- + rühren = berühren)*. Oft ist es **genauer**.
2. Auch durch das Anhängen eines **Suffixes** (= Nachsilbe) entsteht ein neues Wort. Achtung: Die Nachsilben bestimmen die Wortart. Daher kann sich die Groß- und Kleinschreibung ändern: *frech + -heit = (die) Frechheit; (der) Duft + -ig = duftig; er- + -hell- + -en = erhellen.*
3. Der **Stamm** kann sich beim Ableiten auch verändern: *Mann + -lich = männlich.*
4. Es können auch **mehrere Präfixe** und **Suffixe** in einem Wort vorkommen: *das Geständnis (Ge-, -nis), un-be-zahl-bar (un-, be-,-bar).*

» Fachwortschatz, S. 274

AH S. 60

Sich mit Wortfeldern genau ausdrücken

Was für ein Wetter!

Was meinst du genau? Meinst du den Nebel, den Sturm, die Wolken...?

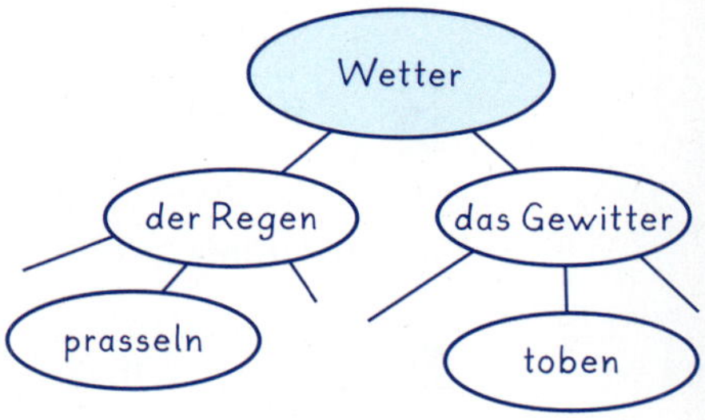

1 Vervollständige das Wortfeld zum Oberbegriff *Wetter* mithilfe einer Mindmap, wie im Beispiel rechts. Lies dazu die **LERNBOX**, Hinweis 1.

2 Streiche in jeder Reihe das Wort weg, das nicht zum Wortfeld gehört.
Ⓐ gießen – prasseln – schütten – fließen – heulen
Ⓑ Wärme – Hitze – Schwüle – Gluthitze – Frost
Ⓒ wirbeln – wehen – scheinen – heulen – stürmen
Ⓓ bitterkalt – frostig – stürmisch – eisig – kühl

3 **a)** Mithilfe von Wortfeldern kannst du Texte abwechslungsreicher gestalten. Erstelle ein Wortfeld zum Oberbegriff *gehen* in Form eines Clusters (**LERNBOX**, Hinweis 2).
b) Vergleicht euer Cluster zu zweit und ergänzt es.
c) Fülle die Lücken im Text unten mit den Verben aus deinem Cluster. Achte auf den Zusammenhang und entscheide, welches Verb jeweils am besten passt. Bilde die richtige Form und verwende das Präteritum. Schreibe so: 1) = schlenderte.

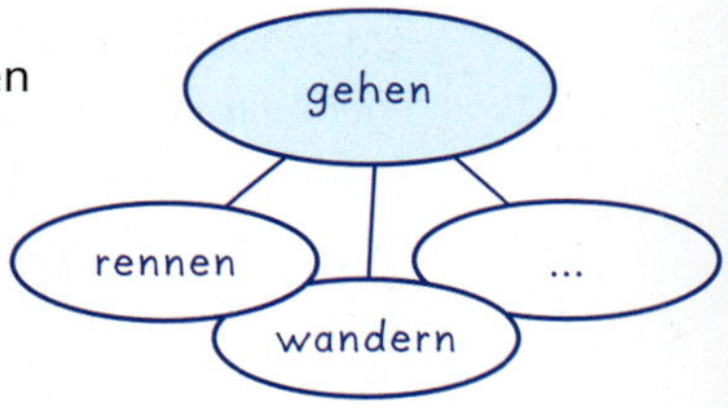

Setze ein: *schlendern, entkommen, bummeln, sprinten, losgehen, herbeieilen, sausen vorbeirennen, stolpern, stapfen, springen, stürmen.*

Ergänze die Lückenwörter und setze ein: schl_nde_n, bu__eln, herb_ie_len, sau__n, prin_en, lo_ge_en, _tapfen, sprin_en, vor_eire__e_, st__pern, st_r_en, ent__mmen.

Denke an verschiedene Fortbewegungsarten und Geschwindigkeiten.

Verbtabelle, S. 308

Hallo Opa,
du kannst dir nicht vorstellen, was mir gestern passiert ist! Ich (1) mit Mama durch die Straßen und (2) in Geschäften, als plötzlich ein starker Sturm (3). Der Wind (4) mit pfeifendem Geschrei durch die Gassen und wir (5) in Höchstgeschwindigkeit nach Hause, bevor der Sturm so richtig (6).
Wir (7) durch den Schlamm, (8) über Pfützen und (9) an überfüllte Wasserbecken. Dabei (10) ich fast über einen großen Ast. Als wir unser Zuhause sahen, (11) wir nur so durch die Tür. Ob du es glaubst oder nicht: Wir (12) dem Sturm! Wie hast du denn den Sturm gestern erlebt?

LERNBOX

Was ist ein Wortfeld?

1. Wörter, die eine **ähnliche Bedeutung** haben und zu **derselben Wortart** gehören, bilden ein **Wortfeld**, z. B. *Orkan: Sturm, Hurrikan ...*
2. Wenn du viele Wörter eines Wortfeldes kennst, kannst du Texte **abwechslungsreicher** gestalten: <u>sprechen</u> (= Verben): *denken, meinen, sagen, fragen, antworten, flüstern, entgegnen, erwidern, behaupten, schreien, rufen, brüllen, bestimmen ...*

Fachwortschatz, S. 275

AH S. 61

Wortfamilien haben Gemeinsamkeiten

Gefahr – Autofahrt – fahrbereit – gefährlich – verfahren – abfahren – fahren – umfahren – gefahrlos – Fahrzeug – Fahrplan – Fahrerflucht – Fahrerin

1 **a)** Lies die Wörter im Wortkasten und tausche dich darüber aus, welche Ähnlichkeit du feststellst.
b) Vergleiche deine Überlegungen mit den Hinweisen in der **LERNBOX** (1. Hinweis).

2 **a)** Markiere in den Wörtern im Kasten jeweils den Wortstamm (**LERNBOX**, 1. Hinweis).
b) Ergänze weitere Wörter mit Wortstamm *-fahr-*.
c) Schreibe die Wörter in einer Tabelle nach Wortarten geordnet auf.
d) Untersucht die Wörter zu zweit und überprüft, ob die Bedeutung ähnlich ist.

Nomen	Verben	Adjektive
	fahren	

Ein Donnerwetter auf dem Fußballplatz

Am vergangenen Dienstag musste das (1) zwischen den Juniorenmannschaften Fortuna Dortmund und Eintracht Bochum für eine kurze Zeit unterbrochen werden. Als (2) zeigte sich in diesem Fall nicht eine gegnerische Fußballmannschaft, sondern ein starkes Unwetter. Das (3) wurde durch eine Nebelbildung so erschwert, dass ein genaues (4) in Richtung der (5) kaum noch möglich war. Der (6) entschied sich, den (7) zu unterbrechen.
Als der Sturm nach etwa 20 Minuten abgeklungen war und die (8) wieder (9) waren, konnte das (10) fortgesetzt werden. Die versäumte (11) wurde verlängert und im (12) konnten die (13) schlussendlich besiegt werden. Auch das Wetter muss bei einem erfolgreichen (14) (15)!

Spiel – Spielverderber – Zusammenspiel – Zuspiel – Spielleiter – Spielfluss – Abspiel – Fußballspieler – Spielzeit – Gegenspieler – spielbereit – Spiel – mitspielen – Mitspieler – Fußballspiel

3 **a)** Arbeitet zu zweit. setzt die Wörter aus dem Wörterkasten in die Lücken des Textes ein. Sie haben alle den Wortstamm *-spiel -*. Schreibe so: (1) Fußballspiel ...
b) Vergleicht eure Ergebnisse mit denen eines anderen Paares und einigt euch auf eine sinnvolle Lösung.
c) Sammle 3, 4, 5 weitere Wörter aus dieser Wortfamilie.

LERNBOX

Was ist eine Wortfamilie?

1. Wörter, die den **gleichen Wortstamm** haben, gehören zu einer **Wortfamilie:** *die Nebelwarnung – warnend – warnen – das Warnsignal.*
2. Den Wortstamm **schreibst du immer gleich**.
3. Wörter einer Wortfamilie bildest du durch **Ableitungen** (verwarnen) oder durch **Zusammensetzungen** *(die Warnweste).*

Fachwortschatz, S. 275

TEXTÜBERARBEITUNG

Mit der ESAU-Methode überarbeiten

Digital+ Textvorlage WES-126426-140

Ein Schultag

① Die Galacto hielt auf einer Fläche, die Ayse, Maxi und Selma ein wenig an ihren Schulhof erinnerte. Bereits von weitem sahen sie viele Aliens, die durch die Luft flogen und dabei Spiele in der Luft machten. Auf dem Rücken trugen sie Rucksäcke, die fast wie Schultornister aussehen. ~~Vier Schüler trugen blaue Tornister und unzählige Schülerinnen hatten rote Tornister auf dem Rücken.~~ Die Gruppe näherte sich den spielenden Kindern und Ayse fragte ein Kind ~~die Frage~~: „Was ist das für ein Propeller an deinem Rucksack?“ „Wir können den Propeller auf unterschiedliche Stufen machen. Wenn wir es sehr eilig haben, können wir dank des Propellers besonders schnell durch die Luft schleichen.“ Die Gruppe schaute sich beeindruckt weiter um. Die Gruppe staunte sehr.

② Nachdem sie das Haus betreten hatten, gingen sie in den Raum der Klasse 6.1, in welchem alle Schülerinnen und Schüler auf ihren Stühlen festgeschnallt waren. „Wenn sich die Kinder nicht anschnallen würden, würde jeden Moment ein Kind wegfliegen, das wollen wir verhindern!“, erklärte Alexa. Die Bücher waren über Schnüre mit der Alienkleidung befestigt, damit auch diese nicht einfach verschwinden konnten. So konnten die Bücher nicht wegfliegen. Die Kinder wurde gerade im Fach „Alien-Sprache“ unterrichtet. Die Kinder versuchten Wörter auszusprechen, die sich für Ayse wie eine Geheimsprache anhörte.

③ Die Klasse hatte in der 2. Stunde das Fach Alien-Sport auf dem Stundenplan. Nach der 1. Stunde Alien-Sprache folgte in der 2. Stunde Alien-Sport. Ein kleiner Teil der Schülerinnen und Schüler machte auf einem Trampolin Sprünge und Saltos. Der Großteil der Schülerinnen und Schüler hatte viel Spaß am Weltraumfußball. Der Großteil durfte seine Propeller nicht anmachen, um nicht gegen die Spielregeln zu verstoßen. Besonders toll fand Selma den Alien-Schulhund, der plötzlich durch die Sporthalle flog und aufgrund seiner grünen Farbe kaum als Hund zu erkennen war. Die Kinder mussten zweimal hinsehen, um zu erkennen, dass es sich hierbei wirklich um einen Hund handelte …

außergewöhnlicher
riesigen Plattform
gewohnten kleine
eigenartige spielten
bunte normale
neugierig komischer
stellen
fliegen

1 Was würdest du am galaktischen Schulalltag selber gerne mal erleben?

2 Bastle dir mithilfe der Anleitung einen ESAU-Fächer, um damit die Erzählung zu überarbeiten.

Digital+
ESAU-Fächer
WES-126426-141

3 Wende nun die ESAU-Methode an, um den Text zu überarbeiten. Lies zuvor die **LERNBOX**.

Überarbeite Abschnitt (1) der Erzählung: Lies dazu die Überarbeitungsvorschläge in der Randspalte und setze die Verbesserungen um, indem du den Teil abschreibst.

Überarbeite die Abschnitte (1) und (2). In Abschnitt (2) musst du die Korrekturzeichen in die Randspalte einsetzen und in der Erzählung kennzeichnen, was du überarbeiten willst. Beachte dazu folgende Hinweise:

- Füge folgende Wörter ein: *beeindruckende, dicke, unbekannte, spannende, elegante, strengen, niedlichen.*
- Tausche mit der Ersatzprobe Verben, Zeitadverbien und Fachwörter.
- Stelle einige Sätze so um, dass sie nicht immer mit denselben Nomen beginnen.

Überarbeite die gesamte Erzählung. In Abschnitt (2) und (3) musst du die Korrekturzeichen in die Randspalte einsetzen und in der Erzählung kennzeichnen, was du überarbeiten willst.

├┤ = streichen
⌈ = erweitern
└×┘ = ersetzen
⟷ = umstellen

4 Vergleicht eure überarbeiteten und abgeschriebenen Texte miteinander.

5 Schreibe den Erzählung fort und überarbeite deinen Text nach dem gleichen Prinzip.

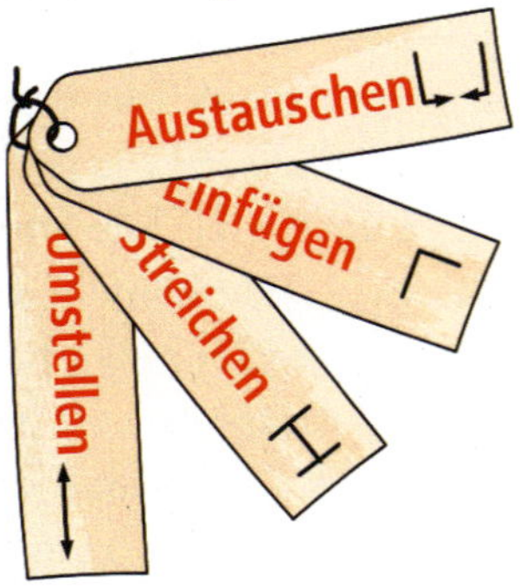

LERNBOX

Mithilfe der ESAU-Methode kannst du eigene Texte gezielt überarbeiten:
Die ESAU-Methode wendest du an, um deine Texte gezielt zu überarbeiten.
Du nutzt dazu alle **Proben:**

1. **Einfügen** ⌈: Mit der Erweiterungsprobe prüfst du, ob du noch etwas ergänzen musst, um den Text anschaulicher zu gestalten oder weil wichtige Informationen fehlen.
2. **Streichen** ├┤: Die **Weglassprobe** wendest du an, um Texte zu straffen (z.B. überflüssige Wörter, Sätze, Gedanken, unwichtige Informationen, Wiederholungen ...).
3. **Austauschen** └→←┘: Mit der **Ersatzprobe** suchst du nach Ausdrücken, um Wiederholungen, unpassende Formulierungen oder Umgangssprache zu vermeiden.
4. **Umstellen** ⟷: Die **Umstellprobe** wendest du an, damit dein Text abwechslungsreich klingt. Du stellst die Satzglieder zum Beispiel so um, dass die Sätze nicht immer mit dem Subjekt beginnen. Nummeriere dazu als Überarbeitung die Satzglieder in der umgestellten Reihenfolge.

» Fachwortschatz, S. 275

Sprache untersuchen

Kompetenz / Inhalt zum Kapitel: Sprache untersuchen	Selbsteinschätzung ☺ 😐 ☹	Fremdeinschätzung ☺ 😐 ☹	Bemerkungen	Hier kannst du weiterüben:
Ich kann …				
Fachbegriffe benennen. (S. 244)				AH, S. 45
Nomen erkennen und (S. 245) und im richtigen Fall verwenden. (S. 246)				AH, S. 46
Pronomen richtig verwenden: – Personalpronomen (S. 247) – Possessivpronomen (S. 248) – Demonstrativpronomen (S. 249).				AH, S. 47 AH, S. 48
Zeitformen der Verben erkennen und verwenden: – Präteritum und Plusquamperfekt. (S. 250) – Präsens und Futur. (S. 251)				AH, S. 49
Sprache mündlich und schriftlich verwenden. (S. 252)				
Präpositionen richtig verwenden. (S. 253)				AH, S. 50
mit Adverbien genaue Umstände angeben. (S. 254)				
Redeabsichten erkennen und passende Satzschlusszeichen setzen. (S. 255)				AH, S. 51
Satzreihen erkennen und bilden. (S. 256)				AH, S. 52
Satzgefüge erkennen und bilden. (S. 257)				AH, S. 53
mithilfe der Umstellprobe Satzglieder ermitteln (S. 258), Subjekt und Prädikat erkennen (S. 259) und Objekte bestimmen. (S. 260)				AH, S. 54 AH, S. 55 AH, S. 56
Adverbiale Bestimmungen erkennen: – Ort, Zeit (S. 261) – Grund, Art und Weise (S. 262)				AH, S. 57 AH, S. 58
mit Attributen genaue Angaben machen. (S. 263)				
Sprachen vergleichen : – Deutsch und Englisch. (S. 264)				
Sprachvarianten untersuchen. (S. 265)				AH, S. 59
Zusammensetzungen bilden. (S. 266)				
Ableitungen bilden. (S. 267–268)				AH, S. 60
Wortfelder bilden und nutzen. (S. 269)				AH, S. 61
Wortfamilien bilden und nutzen. (S. 270)				
Texte mit Proben überarbeiten. (S. XY)				

AH = Arbeitsheft, SB = Schülerband

Fachwörter und Methoden

die Ableitung	Die Ableitung ist eine Möglichkeit der Wortbildung. Der Wortstamm eines Wortes wird durch Hinzunahme einer **Vorsilbe (Präfix)** oder eine **Nachsilbe (Suffix)** zu einem neuen Wort: *be- + rühren = berühren*
das Adverb	Adverbien sind eine Wortart, die die genauen Umstände eines Geschehens beschreiben.
die adverbialen Bestimmungen	Die adverbialen Bestimmungen sind Satzglieder, die du durch die Frageprobe ermitteln kannst: adverbiale Bestimmung des Ortes: *Wo, Wohin und Woher?* adverbiale Bestimmung der Zeit: *Wann, Wie oft und Wie lange?* adverbiale Bestimmung des Grundes: *Warum und Wieso?* adverbiale Bestimmung der Art und Weise: *Wie und Auf welche Weise?*
der Artikel	Artikel sind eine Wortart, die das Nomen begleiten. Du unterscheidest den **bestimmten** (der,die, das) und den **unbestimmten Artikel** (*ein, eine, ein*). Die Artikel geben das **grammatische Geschlecht** des Nomens an, also ob es Maskulinum *(der/ein Wald)*, Femininum *(die/eine Katze)* oder Neutrum *(das/ein Haus)* ist. Der Artikel wird mit dem Nomen in den **Singular** *(Einzahl)* oder **Plural** *(Mehrzahl)* und in die **einzelnen Fälle** gesetzt.
das Attribut	Attribute machen genauere Angaben zu einem Nomen. Sie können z.B. **Adjektive** (Adjektivattribut) sein: *der breite Weg* oder ein **Nomen im Genitiv** (Genitivattribut): *die Breite des Weges.*
deklinieren	Bestimmte Wortarten (z. B. Nomen, Adjektive, Pronomen) können in Fall (Kasus), Zahl (Numerus) und Geschlecht (Genus) verändert werden.
das Demonstrativpronomen	Wortart, mit der du auf etwas zurück- oder vorausweisen kannst. Demonstrativpronomen sind *der, die, das / diese, diese, dieses / jener, jene, jenes / solcher, solche, solches / derselbe, dieselbe, dasselbe.*
die ESAU-Methode	Die ESAU-Methode ist eine Methode zur Überarbeitung von eigenen Texten. Du wendest dabei alle Proben an: Einfügen mit der **Erweiterungsprobe**, Streichen mit der **Weglassprobe**, Austauschen mit der **Ersatzprobe**, Umstellen mit der **Umstellprobe**.
die Fälle	Nomen können in vier unterschiedlichen Fällen auftreten. Durch Fragen kann man den jeweiligen Fall bestimmen. **Nominativ**: *Wer?* oder *Was?* **Genitiv**: *Wessen?* **Dativ**: *Wem?* **Akkusativ**: *Wen?* oder *Was?* Nach dem Kasus richtet sich die Form des Artikels und die Endung des Nomens.
das Futur I	Das Futur I ist eine **Zeitform** des Verbs. Das Futur benutzt du, wenn du eindeutig ausdrücken willst, dass etwas in der Zukunft geschieht: *Wir werden gewinnen.*
die Konjunktion	Wortart, die Wörter, Wortgruppen oder Sätze miteinander verbindet. Mit Konjunktionen kannst du in deinen Texten Zusammenhänge deutlich machen. Du unterscheidest zwischen **unterordnenden Konjunktionen** *(weil, wenn, da, obwohl, als, nachdem, bevor ...)* und **nebenordnenden Konjunktionen** *(und, oder, aber, denn, doch).*
konjugieren	Verben kannst du nach Person, Zahl (Numerus), Zeit (Tempus), und Aussageweise (Modus) verändern.
das Nomen	Mit Nomen bezeichnet man **Lebewesen**, **Gegenstände** sowie **Gedachtes** und **Gefühltes**. Die meisten Nomen können im **Singular** (Einzahl) und **Plural** (Mehrzahl) stehen. Nomen werden immer großgeschrieben. Sie haben ein **grammatisches Geschlecht**: Maskulinum *(der Wald)*, Femininum *(die Katze)* oder Neutrum *(das Haus).*
das Objekt	Das Objekt ist ein Satzglied, das eng mit dem Verb verbunden ist. Dieses legt fest, in welchem Fall das Objekt steht (z. B. **Dativ**- oder **Akkusativobjekt**). Objekte können aus einem oder mehreren Wörtern bestehen: *Der Sieg gehört der roten Mannschaft. Die Zuschauer feuern die Spieler an.*
das Perfekt	Das Perfekt ist eine **Zeitform** des Verbs. Mit dem Perfekt drückst du die Vergangenheit aus. Du verwendest es vor allem dann, wenn du mündlich erzählst: *bekommen – sie haben bekommen.*
das Personalpronomen	Personalpronomen gehören zu den Pronomen. Pronomen sind Wörter, die für Nomen stehen und einen Text abwechselungsreicher gestalten: *Der Hase schläft. Er fühlt sich wohl.* Die Formen stehen im Nominativ: *ich, du, er, sie, es, wir, ihr, sie* sowie im Dativ und Akkusativ.
das Plusquamperfekt	Das Plusquamperfekt ist eine **Zeitform** des Verbs. Wenn in der Vergangenheit zwei Handlungen aufeinanderfolgen, verwendest du für die frühere der beiden Handlungen das Plusquamperfekt: *Nachdem wir Krötenzäune aufgestellt hatten, buddelten wir Eimer um.*

das Possessiv-pronomen	Possesivpronomen geben an, wem etwas gehört: *ich* → *mein, du* → *dein, er* → *sein, sie* → *ihr, es* → *sein, wir* → *unser, ihr* → *euer, sie* → *ihr.*
das Präsens	Das Präsens ist eine **Zeiform** des Verbs. Das Präsens benutzt du, wenn du über etwas berichtest, das gerade passiert: *gehen – du gehst.* Manchmal verwendest du das Präsens auch, wenn du ausdrücken willst, dass etwas in der Zukunft passiert: *Morgen gehen wir schwimmen.*
das Prädikat	Das Prädikat ist ein Satzglied. Es bildet den Kern eines Satzes und wird immer durch ein **Verb** gebildet.
die Präposition	Präpositionen sind eine Wortart, mit der du räumliche und zeitliche Verhältnisse angibst: *Der Müll lag entlang der Promenade.* Präpositionen bestimmmen den Fall des darauffolgenden Nomens und seiner Begleiter.
das Präteritum	Das Präteritum ist eine **Zeitform** des Verbs. Du verwendest das Präteritum, wenn du schriftlich von einem Ereignis in der Vergangenheit berichtest oder erzählst: *laufen – wir liefen.* Eine Tabelle zum Nachschlagen findest du auf Seite 308.
die Satzart	Sätze werden verschiedenen Satzarten zugeordnet, die in der gesprochenen Sprache durch Stimmführung und in der geschrieben Sprache durch Satzschlusszeichen gekennzeichnet werden. Es wird zwischen **Fragesätzen**, **Aussagesätzen**, **Aufforderungssätzen** und **Ausrufesätzen** unterschieden.
das Satzgefüge	Ein Satzgefüge besteht aus einem Hauptsatz und mindestens einem Nebensatz. Haupt- und Nebensatz werden durch ein Komma getrennt. Der Nebensatz wird häufig durch **untergeordnete Konjunktionen** wie *weil, wenn, dass, damit, obwohl … eingeleitet: Isabelle fürchtet sich, weil sie einen Schädel sieht.*
das Satzglied	Sätze bestehen aus verschiedenen Satzgliedern. Diese kannst du durch die **Umstellprobe** ermitteln. Ein Satzglied kann aus einem Wort oder eine Wortgruppe bestehen. Die meisten Sätze im Deutschen bestehen mindestens aus einem Subjekt und einem Prädikat.
die Satzreihe	Eine Satzreihe besteht aus mindestens zwei Hauptsätzen. Oft sind die Hauptsätze einer Satzreihe durch die **nebenordnenden Konjunktionen** *und, aber, oder, denn* oder *doch* verbunden: *Isabelle sah den Schädel und rannte davon.* Zwischen den Hauptsätzen steht ein **Komma**; nur vor *und* und *oder* muss kein Komma stehen.
die Sprach-varianten	Sprachvarianten sind unterschiedliche Darstellungsweisen innerhalb einer Sprache. Je nach Adressat und Situation drückst du dich unterschiedlich aus, verwendest also unterschiedliche Sprachvarianten, z. B. **Standardsprache**, Jugendsprache, …
das Satzzeichen	Satzzeichen helfen, einen Satz bzw. einen Text lesbar zu machen. Das Satzende kennzeichnest du durch je nach Satzart durch einen Punkt, durch ein Ausrufungs- und ein Fragezeichen.
das Subjekt	Das Subjekt ist ein Satzglied. Das Subjekt bezeichnet jemanden oder etwas, von dem eine Tätigkeit ausgeht oder das in einem bestimmten Zustand ist.
die Umstellprobe	Mithilfe der Umstellprobe kannst du bestimmen, wie viele Satzglieder ein Satz hat. Die Wörter, die bei der Umstellprobe immer zusammenbleiben, bilden ein Satzglied.
das Verb	Mit Verben bezeichnest du Tätigkeiten (brennen) oder Zustände (sein). Im Wörterbuch findest du ein Verb im Infinitiv. In Sätzen wird das Verb zumeist in konjugierter Form verwendet. Es informiert dich über Person: *ich, du, er/sie/es, wir, ihr, sie*; Zahl: Singular oder Plural und die Zeitform: Präteritum, Perfekt, Präsens und Futur I.
die Wortart	Die Wörter der deutschen Sprache lassen sich verschiedenen Wortarten zuordnen, z. B. Nomen, Artikel, Pronomen, Verben und Adjektive.
die Wortfamilie	Wörter, die einen **gemeinsamen Wortstamm** (z.B. *streit*) haben, gehören zu einer Wortfamilie: *streiten – der Streit – die Streiterei – die Streitschlichter.* Bei unregelmäßigen Verben kann sich der Vokal im Wortstamm ändern: *du streitest, ich stritt.* Wörter einer Wortfamilie entstehen durch **Ableitungen** vom Wortstamm.
das Wortfeld	Wörter der gleichen Wortart und mit ähnlicher Bedeutung ergeben ein Wortfeld, z. B. *gehen* (= Verben) oder das Wortfeld *Bewegung* (= Nomen).
der Wortstamm	Der Wortstamm ist der Kern des Wortes: *fahr* in *fahren*. Bei unregelmäßigen Verben kann sich der Vokal im Wortstamm ändern: *fahren – fuhr.*
die Wortzusam-mensetzung	Durch Wortzusammensetzungen entstehen neue Bedeutungen: der *Schnee + der Besen = der Schneebesen.* Das Bestimmungswort erläutert das Grundwort näher. Das Grundwort bestimmt die Wortart und bei Nomen auch den Artikel.

1 Trainiere den Fachwortschatz mithilfe der Karteikarten über den Webcode.

Digital+
Karteikarten
WES-126426-142

Rechtschreibstrategien

A Sag mal, schreibt man Hun? eigentlich mit d oder t?

B Und wie schreibe ich eigentlich au?erdem – mit ß oder ss?

C Schreibe ich f/Fabel groß oder klein?

D Und wie oft kann man denn Zeitreise trennen?

1 **a)** Setzt euch zu viert zusammen und tauscht euch über die Fragen der Schülerinnen und Schüler aus: Wie können sie Antworten ohne Wörterbuch finden?

AH S. 63

Denke an die Rechtschreibstrategien, die du schon kennst.

b) Lest nun die Karteikarten unten und überprüft mit den Hinweisen eure Lösungen.

2 Löst die folgenden Rätsel in eurer Gruppe mithilfe der Karteikarten. Setze die nummerierten Buchstaben dann in die richtige Reihenfolge. Sie ergeben den Lösungssatz.

Lösung:

___ ___ ___ ___ ___
1 2 3 4 5

___ ___ ___ ___ ___
6 7 8 9 10

___ ___ ___ f
11 12 13 14

___ n !!!
15 16

Nomen ermittle ich mit der ___ 3 5 ___ k ___ 13 ___ ___ ___ ___ 15
Um den Auslaut herauszuhören, ___ 12 r ___ ___ 10 7 ___ ___ 6 ich das Wort.
Wenn ich eine Ableitung bilde, ist der ___ ___ ___ 2 s ___ 4 ___ ___ immer gleich.
Lernwörter sammle ich in meiner ___ 9 ___ 11 1 ___ ___ ___ ___ ___ ___ ___ ___ ___ ___ ___ t ___ 8

1. Wenn du **Wortarten** und ihre typischen Endungen erkennst, kannst du herleiten, ob sie groß- oder kleingeschrieben werden: *die Entdeckung (Nomen) = groß, niedlich (Adjektiv) = klein, empfindsam (Adjektiv) = klein.* **S. 284, 290, 291–292**

2. Kannst du bei Nomen die **Artikelprobe** durchführen oder **Signalwörter** (z. B. Adjektiv, Pronomen, Artikel + Präposition) finden oder davorsetzen, schreibst du sie groß: *der Kaffee, meine Schule, beim Essen.* **S. 290–292**

3. Die **Silbenprobe** führst du durch, wenn du Wörter trennen willst oder wenn du herausfinden willst, ob eine Silbe offen oder geschlossen ist. So bekommst du einen Hinweis darauf, ob der Vokal kurz oder lang gesprochen wird: *die Schu-le, ge-hen, die Müll – tren – nung.* Du schreibst sie mit Silbenbögen auf. **S. 277,280–282, 285–286**

4. Du **verlängerst** Wörter, um zu ermitteln, welchen Auslaut sie haben, denn diese klingen oftmals gleich. Ebenso können sie mit einem Doppelkonsonanten enden: *das Beet → die Bee te, freundlich → freundli cher, das Bett → die Bet ten.* **S. 290–292**

5. **Zerlege** mehrsilbige Wörter und verlängere sie dann: *das Raumschiff → der Raum + die Schif fe, der Strandkorb → die Strän de + die Kör be.* **S. 283**

6. Wenn du unsicher bist, wie Wörter geschrieben werden, weil man die Schreibweise nicht am Klang erkennen kann, bilde eine **Ableitung**, denn Wörter aus derselben Wortfamilie haben denselben Wortstamm; also schreibst du sie gleich: *die Bäume → der Baum, fahren: das Fahrrad, befahren, die Fahrbahn, fahrlässig …* **S. 279–281,283, 278**

7. Wörter, deren Schreibweise du dir nicht durch eine Strategie erklären kannst, sind **Lernwörter**. Sammle sie in einer Rechtschreibkartei oder Wörterliste: *das Kilo.* **S. 278, 289**

Kurze und lange Vokale – Silbenprobe

1 **a)** Was gehört eigentlich nicht in die Restmülltonne?
b) Besprecht, in welchen Abfallbehälter diese Dinge gehören.
c) Übertrage die Tabelle in dein Heft. Schreibe die Wörter für die Dinge aus der Mülltonne mit Silbenbogen in die richtige Spalte. Achte dabei auf die Großschreibung.
d) Prüfe, welche Vokale kurz und welche lang gesprochen werden. Setze unter die langen Vokale einen Strich und unter die kurzen Vokale einen Punkt (s. **LERNBOX**).
e) Finde zu jeder Spalte zwei, drei, vier weitere zweisilbige Nomen.

Wörter mit offener Silbe	Wörter mit geschlossener Silbe
die Glä ser , ...	die Scher ben, ...

Wenn die erste betonte Silbe mit einem (1) endet, so ist sie offen. Der Vokal wird deshalb (2) gesprochen. Wenn die erste betonte Silbe mit einem (3) endet, so ist sie geschlossen. Der Vokal wird deshalb (4) gesprochen.

2 **a)** Ergänze die Lücken und schreibe die Sätze vollständig in dein Heft.
Überlege dir bei den Lücken (1) und (3), welche Buchstabenbezeichnungen du einsetzen musst, bei den Lücken (2) und (4), ob der Vokal kurz oder lang gesprochen wird.
b) Überprüfe deine Lösung mit der **LERNBOX**.

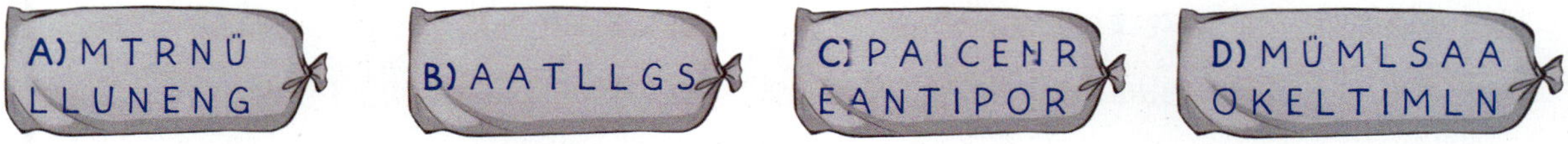

3 **a)** Welche Wörter sind hier verwürfelt? Sie gehören zum Thema *Müll*.
Entschlüssele A) + B), A) – C), alle Wörter. Trenne sie, so oft du kannst, und schreibe sie mit Silbenbögen auf.
b) Lies den dritten Hinweis in der **LERNBOX** und entscheide für jede Silbe, ob der Vokal kurz oder lang gesprochen wird, d. h. ob die Silbe geschlossen oder offen ist.

LERNBOX

So unterscheidest du kurze und lange Vokale:

1. a) Buchstaben, die alleine ausgesprochen werden können, heißen **Vokale** (Selbstlaute): *a, e, i, o, u*.
   b) Auch die **Umlaute** *ä, ö, ü* und die **Zwielaute** (Diphthonge) *ai, ei, au, äu, eu* können alleine ausgesprochen werden.
2. In jeder Silbe eines Wortes kommt entweder Vokal, Umlaut oder Zwielaut vor.
3. Wenn du ein Wort in Silben sprichst, kannst du erkennen, ob du den Vokal kurz oder lang sprechen musst:
   a) *der Ab fall* = zwei Silben → Die **betonte Silbe** endet mit einem **Konsonanten**. Die **Silbe** wird dadurch **geschlossen**. Den **Vokal sprichst du deshalb kurz.**
   b) *die Do se* = zwei Silben → Die **betonte Silbe** endet mit einem **Vokal**. Diese Silbe ist **offen**. Den **Vokal sprichst du deshalb lang.**
   c) **Zwielaute** werden immer **lang** gesprochen: *sau ber, die Vermei dung* ...

» Fachwortschatz, S. 307

AH S. 64

Wörter mit *ie* richtig schreiben

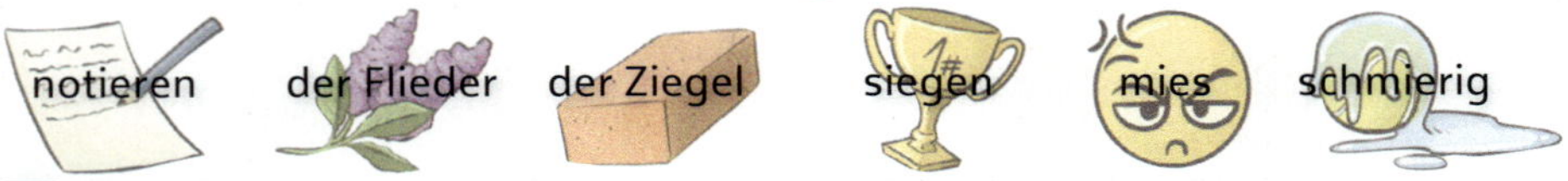

1 **a)** Lies die Wörter leise für dich. Was haben sie alle gemeinsam?
b) Vergleiche deine Ideen mit den Hinweisen in der **LERNBOX**.

2 **a)** Wer findet die meisten Reimwörter zu den Wörtern oben? Schreibe möglichst viele auf: notieren – spazieren – verlieren ...
Schreibe Reimwörter zu drei, vier, allen Wörtern auf.
b) Sortiere deine Reimwörter nach Wortarten. Lege dir dazu eine Tabelle wie unten an und trage die Wörter ein. Ergänze bei Nomen den Artikel.
Wenn du unsicher bist, schlage im Wörterbuch oder im Internet nach.
c) Markiere jeweils den lang gesprochenen *i*-Laut.

Nomen	Verben	Adjektive	andere Wortarten
der Flieder	notieren	...	...

3 Suche zu den folgenden Adjektiven jeweils ein verwandtes Nomen und zu den Nomen ein verwandtes Verb. Markiere das *ie*.
Bearbeite eine Spalte. Bei diesen Ableitungen enden die Nomen auf *ie*, die Verben auf *ieren*. Bearbeite zwei, drei Spalten.

melodisch → die Melodie	sympathisch	theoretisch
biologisch	energisch	die Blamage
die Korrektur	die Sorte	die Nummer
die Kopie	der Marsch	das Minimum

4 **a)** Markiere im Rätselgitter Wörter mit *ie*.
Finde zehn Wörter: sechs waagerecht, vier senkrecht.
b) Schreibe die Wörter in der richtigen Groß- und Kleinschreibung auf.
c) Schreibe Wörter, die du dir einprägen willst, auf Karteikärtchen und ordne sie in deine Rechtschreibkartei ein.

V	I	E	L	L	E	I	C	H	T
K	R	F	S	P	I	E	ß	G	A
L	S	G	C	T	D	E	G	Ö	M
A	D	A	H	Z	W	S	Ä	L	I
V	E	U	I	L	I	E	D	J	E
I	N	I	E	D	E	R	C	W	S
E	H	B	F	J	S	I	E	G	F
R	Q	N	L	I	E	G	E	Z	V

Digital+
Rätselgitter
WES-126426-143

LERNBOX

So erkennst du Wörter mit *ie*:

1. Der **lang gesprochene *i*-Laut** wird meistens **mit *ie* geschrieben:** *die Bie ne, die Schie ne, die Rie sen*.
2. Ermittle bei einsilbigen Wörtern die Schreibung, indem du eine **zweisilbige Form** bildest, das heißt du **verlängerst** das Wort. Steht das lange *i* am Ende der ersten offenen Silbe, wird es meistens mit *ie* geschrieben: *das Tier → die Tie re*.
3. Wörter, in denen der lang gesprochene *i*-Laut nur als *i* geschrieben wird, sind **Lernwörter:** *die Musik, dir, das Kilo, erwidern ...*
4. Bist du bei der Schreibung unsicher, schlage im **Wörterbuch** nach.

Wörter mit silbentrennendem *h* – Wörter verlängern

1 Erarbeitet die folgenden Aufgaben im Lerntempoduett. Geht dazu so vor:
- Jede und jeder bearbeitet die erste Aufgabe zunächst allein.
- Sobald du diese Aufgabe geschafft hast, meldest du dich. So zeigst du an, dass du dich mit einer Partnerin oder einem Partner austauschen möchtest.
- Vergleicht eure Ergebnisse zu zweit, korrigiert und ergänzt sie.

A Füge in die folgenden Wörter das *h* ein und notiere sie mit Silbenbogen. Ergänze bei den Nomen den Artikel. Schreibe so: die Rei he.

die Reie – droen – dreen – die Müe – wieern – die Schue – flieen – fleend – versteen – näer – die Rue – die True – der Mäer – die Zeen – die Küe – die Kräe – roer Fisch

Sprich die Wörter leise aus. Wo die zweite Silbe beginnt, setzt du ein silbentrennendes *h*.

B Erkläre, warum das *h* hier silbentrennendes *h* genannt wird. Nutze die **LERNBOX**.

C Verlängere die Wörter im Kasten mit h und schreibe sie in getrennten Silben auf:
der Zeh → die Ze hen, Verzeih mir! → verzei hen …

Bilde bei Nomen den Plural, bei Verben den Infinitiv, Adjektive setzt du vor ein Nomen.

der Zeh – Geh! – der Schuh – Verzeih! – das Reh – nah – der Floh – Sieh an!

D Bilde Wortfamilien zu folgenden Verben: sehen, gehen, nähen, drohen. Schreibe so:
sehen → er sieht, gesehen, der Seher …

Wähle zwei, drei Verben aus. Arbeite mit allen Verben.

Sprache untersuchen, S. 270

Die „MÜLL*weg*!“ – App

Immer mehr Städte geben sich bei der Müllentsorgung Müe, um Umweltsündern auf die Spur zu kommen und Abfall zu beseitigen. Das ist beruigend! Die Betriebe steen bereit, wenn „Mülldetektive“ Fotos machen – diese werden angeseen und geen dann per App direkt an eine Hotline-Datenbank. Sie landen umgeend automatisch bei den zuständigen Betrieben, die sich um die Verschmutzung kümmern und sie beseitigen – und sich danach auch in Rue um die Bösewichte kümmern. Beinae unheimlich! ☺

E Markiere die Wörter im Text, in denen das silbentrennende *h* fehlt.

Markiere acht Wörter.

LERNBOX

Das silbentrennende *h*:

1. Wenn eine Silbe mit einem Vokal endet und die nächste mit einem Vokal beginnt, dann setzt man meistens ein *h* dazwischen. Dadurch wird das Wort **leichter lesbar**. Dieses *h* heißt **silbentrennendes** h: *ge hen*.
2. Damit du überprüfen kannst, ob einsilbige Wörter am Ende mit *h* geschrieben werden, musst du diese **verlängern:** *die Kuh* → *die Kü he*.
3. Gehört das silbentrennende *h* zum Wortstamm, bleibt es in **allen verwandten Formen des Wortes erhalten.**

Sprache untersuchen, S. 270

Konsonant – einfach oder doppelt?

1 **a)** Im Schülercafé gibt es viel zu entdecken: Schreibe die Wörter zu den Bildern auf. Verlängere die Nomen, indem du den Plural bildest.

» Fachwortschatz, S. 306

b) Wann musst du den Doppelkonsonanten einfach und wann doppelt schreiben?

c) Vergleiche deine Ergebnisse mit den Hinweisen 1–3 in der **LERNBOX** auf Seite 281.

f oder ff: der Holzlö?el, o?en, der O?en, der Pfe?er
l oder ll: sie ste?t, er ho?t, bi?ig, die We?e
m oder mm: das sti?t, der Ei?er, i?er, der Ja?er
n oder nn: dü?, der Ho?ig, es verbre?t, der Si?
p oder pp: do?elt, das Pa?ier, er schna?t, die Su?e
r oder rr: die Wa?en, er i?t, schmo?en, der Ka?en
t oder tt: die Tü?e, fü?ern, er hü?et, das We?er
b oder bb: sie bi?ert, die Wa?e, die Kra?e, der Ra?e

2 **a)** Entscheide, ob du in den Wörtern einen einfachen oder doppelten Konsonanten einsetzen musst. Nutze dazu auch die **LERNBOX** auf Seite 281.
Ergänze zwei, drei, alle Wörter pro Reihe.

b) Schreibe deine Wörter mit Silbenbogen auf und markiere den Vokal. Einsilbige Wörter musst du verlängern (4. Hinweis **LERNBOX**): er trifft → wir tref fen.

c) Ergänze die fehlenden Konsonanten in diesen Wörtern und schreibe sie mit Silbenbogen auf: der Hi?el, der Ra?en, wi?en, er kä?t, ma?en, die Tü?e, der Tre?punkt.

Schlemen bis zum Umfalen – Einweihungsfest des neuen Schülercafés voler Erfolg!
Am Mitwoch wurde das neue Café der Schülergrupe eingeweiht. Eingeladen waren ale Schülerinen und Schüler des 6. Jahrgangs, die Lehrerinen und Lehrer sowie Eltern und Geschwister. Unter dem Moto „Lernt uns kenen!" wurden verschiedene Gerichte angeboten, die von den Gästen probiert werden konten. Die Gruppe hate außerdem ein toles Rezeptbuch zusamengestelt, das man auch kaufen konnte. Besonders gut angenomen wurden die internationalen Gerichte, wie Börek und Focaccia. Aber auch an Vegetarier und Gäste, die sich glutenfrei ernähren müsen, haten die AG-Mitglieder gedacht. An einem Tisch solten Fragebögen ausgefült werden, mit denen die Lieblingsgerichte erfragt wurden. Ales in alem eine sehr gelungene Veranstaltung, denn so kamen Menschen verschiedener Kulturen zusamen und lernten sich kenen. Weiter so!

3 Gofran hat zum Einweihungsfest des neuen Schülercafés einen Artikel für die Homepage der Schülerzeitung verfasst.

a) Welche Wörter muss sie mit Doppelkonsonanten schreiben? Markiere sie.

Du musst 22 Wörter markieren, weil sie mit Doppelkonsonanten geschrieben werden. Achtung! In einem Wort verbergen sich zwei Fehler!

b) Schreibe den Artikel richtig in dein Heft oder lade ihn über den Webcode herunter und verbessere die Wörter, die mit Doppelkonsonanten geschrieben werden müssen.

4 **a)** Schreibe die Wörter rechts geordnet nach Wortfamilien auf (vgl. Hinweis 5 in der **LERNBOX**). Markiere die Wortstämme farbig und unterstreiche den Doppelkonsonanten darin: kommen, der Ankömmling ...

Du musst drei Familien unterscheiden. Zwei bestehen aus fünf Wörtern, eine aus vier.

b) Suche zu jeder Familie zwei weitere Wörter mit Doppelkonsonanten.

kommen – der Anlasser – fallen – verlässlich – die Gelassenheit – der Ankömmling – beifällig – lassen – das Vorkommen – der Abfall – das Gefälle – verkommen – die Entlassung – entkommen

5 **a)** Schreibe möglichst viele verwandte Wörter zu diesen Wortstämmen auf: *-trenn-*, *-trenn-* und *-stell-*, *-trenn-*, *-stell-* und *-klett-* auf.
Schreibe so: – trenn –: trennbar, die Trennwand ...

Sevens Kochversuch

Natürlich (kommen) auch Sevens Eltern zum Einweihungsfest des Cafés. Sie (gönnen) sich das letzte Rezeptbuch. Seine Mutter (bitten) Fabian, zu Hause für sie zu kochen. Also (greifen) er beherzt zu den Rezepten und (schreiben) eine Einkaufsliste für Börek. Das anschließende Zubereiten (gelingen) ihm gut. Die Mutter (erkennen) ihren Sohn gar nicht wieder. „Das mache ich jetzt jedes Wochenende“, strahlte Seven.

6 **a)** Schreibe den Text ab und setze die Verben im Präteritum im Text ein (vgl. **LERNBOX**, Hinweis 6). Schlage im Zweifelsfall im Wörterbuch oder in der Verbtabelle nach.
b) Kennzeichne die Vokale mit einem _ oder einem .

Verbtabelle, S. 308

7 **a)** Lest zu zweit den 7. Hinweis in der **LERNBOX** und begründet die Schreibweise der folgenden Wörter. Zerlegt sie dazu in Silben und verlängert die erste Silbe.
der Pfannkuchen – die Schnittfläche – das Knallbonbon – der Treffpunkt

b) Erkläre das *bb* in *Korbball*.

LERNBOX

Wörter mit doppeltem Konsonanten:

1. Sprich das Wort deutlich aus und achte auf den Vokal in der betonten Silbe.
2. Wird dieser **Vokal** lang gesprochen, dann ist diese Silbe **offen** – also **ohne Konsonant**. Sie endet mit dem Vokal: *die Tü te, die Spei sen, ko chen*.
3. Wird dieser **Vokal kurz** gesprochen, ist die Silbe **geschlossen**. Sie endet mit einem Konsonanten: *die Bret ter, die Pfan ne, bes ser*. In diesem Fall schreibst du einen **Doppelkonsonanten**, der zweite Konsonant folgt in der zweiten Silbe.
4. **Verlängere einsilbige Wörter:** *das Brett* → *die Bret ter* (Nomen → Plural), *er isst* → *wir es sen* (Verben → Wir-Form), *schnell* → *das schnel le Gericht*.
5. Wörter, die miteinander verwandt sind, werden meist gleich geschrieben. Dann bleibt der **Doppelkonsonant im Wortstamm** erhalten: *öffnen: der Öffner* ...
6. Einige verwandte Wörter werden anders geschrieben. Wichtig ist, ob der **Vokal in der betonten Silbe kurz** oder **lang** ist: *bit ten* → *er bat, treten* → *die Trit te*.
7. Zusammengesetzte Wörter musst du erst **zerlegen**, dann **verlängern**: *der Messbecher* → *mes sen* + *der Becher*.

AH S. 65
Fachwortschatz, S. 306
Richtig schreiben, S. 283

Wörter mit *ck* und *tz*

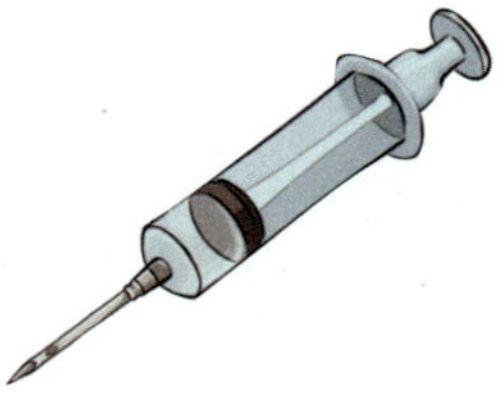

1 Sprich die Wörter zu den Bildern deutlich aus und schreibe sie mit Artikel auf. Setze unter den kurzen Vokal einen Punkt und unter den langen einen Strich.

k oder ck?	z oder tz?
die Kle?se, zan?en, der Zan?, tro?en, den?en, der Bä?er, we?en, strei?en, stin?en, mel?en, der Schin?en, das La?en, le?en	der Scha?, überkreu?en, win?ig, schni?en, he?en, schmel?en, spri?ig, die Wur?el, kür?en, stü?en, die Kreu?ung, sal?ig, die La?hose

2 **a)** Welche Buchstaben fehlen in diesen Wörtern? Lies zunächst die **LERNBOX**.
b) Entscheide, welche Konsonanten du einsetzen musst. Sprich die Wörter deutlich aus, um zu erkennen, ob der Vokal kurz oder lang gesprochen wird.
Bearbeite jeweils die erste Reihe. Wenn du unsicher bist, schlage im Wörterbuch oder im Internet nach. Setze ein: 2 x ck, 3 x k, 3 x tz, 2 x z.
Bearbeite die ersten beiden Reihen. Arbeite mit allen Wörtern.
c) Schreibe die Wörter richtig in dein Heft und kennzeichne kurze und lange Vokale.

witzig – der Witzbold – der Schluckauf – das Schlitzohr – der Zankapfel – die Backe
die Katze – die Schnitzerei – fetzig – die Latzhose – trotzdem – die Lücke – trotzig

3 **a)** Schreibe die Wörter ab und kennzeichne den kurzen Vokal durch einen Punkt. Beachte: Bei einigen Wörtern gehören tz und ck zur ersten Silbe.
Sprich die Silben deutlich aus: *wit zig*, aber: *der Witz bold*. Bei fünf Wörtern gehören *ck* und *tz* zur ersten Silbe.
b) Vergleicht eure Ergebnisse zu zweit.
c) Einige der Zusammensetzungen sind sprachliche Bilder. Wähle drei aus und erkläre ihre Bedeutung in eigenen Worten, z. B. das Schlitzohr → das ist ein Mensch, der andere gerne austrickst.

LERNBOX

Wörter mit *k* oder *ck* – mit *z* oder *tz*

1. Für tz und ck gilt dieselbe Regel wie für alle Doppelkonsonanten: Ist der **Vokal davor kurz**, so schreibst du ***tz*** oder ***ck***: *blitzen, die Fratze, kleckern, die Glocke.*
2. *tz* darfst du trennen, *ck* dagegen nicht: *die Kat-ze, me-ckern.*
3. Steht vor einem *k*-Laut oder dem *z*-Laut ein **langer Vokal** (= offene Silbe), dann schreibst du ***k*** oder ***z***: *sprei zen, die Bre zel, spu ken, die Lu ke.*
4. Steht vor dem *k* oder *z* ein ***anderer*** Konsonant, schreibst du ebenfalls ***k*** oder ***z***: *zan ken, die Bir ke, tan zen, die Lan ze.*

Wörter mit *b, d, g* im Auslaut – Wörter verlängern

der Her? – kal? – sie par?t – gel? – der Die? – schrä? – das Bro? – blon? – sie na?t – der Bun? – es kle?t – flin? – die Nach? – er den?t – das Ra? – der Zu? – er hu?t

1 Finde heraus, ob die Wörter mit *b / p, d / t* oder *g / k* geschrieben werden:
a) Verlängere die Wörter und schreibe sie mit Silbenbogen auf.
Schreibe 3 x b, 1 x p, 4 x d, 3 x t, 3 x g, 3 x k.
b) Formuliere zu jeder Wortart eine Regel, wie du verlängern kannst.
Schreibe so: Nomen kann ich verlängern, indem ich ... Verben ... Adjektive ...
c) Vergleiche deine Regeln mit den Hinweisen 1 und 2 in der **LERNBOX**.

2 **a)** Trage die fehlenden Buchstaben ein und verbinde die Wortteile sinnvoll.
Arbeite mit vier, sechs, allen Wörtern.
b) Überprüfe dein Ergebnis, indem du den ersten Teil des Wortes verlängerst oder ein verwandtes Wort suchst. Lies dazu die Hinweise 3 und 4 in der **LERNBOX**.
Wenn du eine Zusammensetzung gefunden hast, zerlege sie: der Geldschein → das Geld + der Schein → die Gel der.

Gel? – Fel? – Bur? – Bro? – Han? – Fabri? – Musi? – Ran? -graben – -ball – -maus – -aden – -schornstein – -streifen – -schein – -messer

Heute im Angebo(1)	d/t?
Fabri(2)neu für dich,	g/k?
in Originalverpackun(3),	g/k?
einzi(4) im Wel(5)all,	g/k?, d/t?
in bewährter Qualitä(6) und gesun(7),	d/t?, d/t?
nach Hausfrauenar(8) zubereite(9),	d/t?, d/t?
ech(10) nahrhaf(11), vitmainreich und erfrischen(12),	d/t?, d/t?, d/t?
wegen Räumun(13) heute für nur 9,99 Euro	g/k?
dieser vollfleischi(14) Wor(15)sala(16).	g/k?, d/t?, d/t?

3 Ergänze die Buchstaben im Gedicht mithilfe der Regeln in der **LERNBOX**.

LERNBOX

So erkennst du Wörter mit *b, d, g* im Auslaut:

1. Endet ein Wort mit *b, d, g* (= Auslaut), hörst du diese Laute wie *p, t, k*.
2. Durch die **Verlängerungsprobe** hörst du deutlich, ob du Wörter mit *b / p, d / t* oder *g / k* schreiben musst:
   - Bilde bei **Nomen** den **Plural:** *der Herd → die Her de.*
   - Verwende **Verben** in der **Wir-Form:** *sie reibt → wir rei ben.*
   - Setze **Adjektive** vor ein **Nomen:** *gelb → die gel be Banane.*
3. Zusammengesetzte Wörter musst du zuerst **zerlegen:** *das Handrührgerät => die Hand + das Rührgerät → die Hän de.*
4. Wörter aus der derselben Wortfamilie werden im Wortstamm immer gleich geschrieben: die Folge, folgen, folglich, befolgen ...

AH S. 66

Sprache untersuchen, S. 270

Wörter mit *-isch, -ig* oder *-lich* – Wörter verlängern

1 **a)** Lest den Text und sprecht darüber, warum das Vorlesen im Tierheim als „Gewinn für beide Seiten“ zu sehen ist.

Ein Gewinn für beide Seiten

Nicht nur die geduldigen Kinder, auch die niedlichen Tiere profitieren durch das Vorlesen. Im stressigen Alltag fehlt oft Zeit zur regelmäßigen Beschäftigung mit allen Vierbeinern. Es fehlt an freundlicher Zuwendung und Aufmerksamkeit. Genau diese erhalten die possierlichen[1] Tiere beim Vorlesen durch die fleißigen Kinder. In München dürfen die Kids in den Katzenbereich hinein. Die samtigen Vierbeiner dürfen entscheiden, ob sie sich nähern wollen oder nicht. Die Kinder lernen, das typische Verhalten der Katze zu deuten und zu akzeptieren. So lassen sie die pelzigen Samtpfoten in Ruhe, wenn diese keinen spielerischen Kontakt möchten oder launisch oder missmutig sind. Es kommt zu zügigen Annäherungen und Katzen möchten hurtig[2] gestreichelt werden. Das zu respektieren, schult das Sozialverhalten der kindlichen Betreuer und fördert ihr persönliches Selbstbewusstsein. Manche Tiere haben Schlimmes erlebt und brauchen positive Erfahrungen, um wieder zu vertrauen. Genau diese herrliche Möglichkeit wird durch geduldiges Vorlesen geboten.

1 **possierlich:** niedlich

2 **hurtig:** schnell

2 **a)** Markiere die im Text verwendeten Adjektive. Lies dazu die **LERNBOX**.
Markiere insgesamt achtzehn Adjektive mit den Endungen *-isch, -ig, -lich*.
b) Übertrage die Tabelle in dein Heft und ergänze die fehlende Überschrift.
c) Ordne die Adjektive (zehn, zwölf, alle) zu und schreibe sie als Adjektiv zusammen mit einem passenden Nomen auf. Markiere die jeweilige Endung.

Digital+ Textvorlage WES-126426-144

Wörter mit -isch		Wörter mit -lich
	geduldig → die geduldigen Kinder	

3 **a)** Bilde aus den Nomen rechts Adjektive mit *-isch, -ig, -lich*. Ergänze sie mit einem Nomen in der Tabelle. Schreibe so: der Herbst → das herbstliche Wetter.
Wähle zehn, vierzehn Adjektive aus. Arbeite mit allen Adjektiven.
b) Zu zwei der Nomen kannst du jeweils zwei Adjektive bilden. Finde heraus, welche es sind, und schreibe die Adjektive mit einem Nomen auf.

Herbst – Witz – Saft – Fantasie – Fleiß – Farbe – Dieb – Welle – Sport – Kind – Geselle – Abend – Woche – Wähler – Eifer – Grund – Romantik – Stunde

LERNBOX

Wörter mit *-isch, -ig* oder *-lich*

1. Viele **Adjektive** haben die Endungen ***-isch, -ig*** oder ***-lich*** (Suffixe): *die Fantasie => fantastisch, der Pelz → pelzig, der Typ → typisch.*
2. Da diese Endungen beim Sprechen ähnlich klingen, musst du sie **verlängern**, um die Endungen zum Klingen zu bringen: *launisch → die launische Katze.*
3. Der Wortbaustein -lich ist eine Silbe, während *-isch, -ig* keine Silben sind. Das musst du beim Trennen der Wörter berücksichtigen: *fröh-lich → das frö-li-che.*

Fachwortschatz, S. 307

s-Laute zum Klingen bringen: *s* oder *ß*?

Kleiner Einsatz, gro(?)e Wirkung – nach die(?)en Hinwei(?)en zum Tierschutz wei(?)t du, wie du jedem Tier auf einfache Wei(?)e helfen kannst: ...

1 **a)** Lies den Satz oben und tausche dich mit einer Lernpartnerin oder einem Lernpartner darüber aus, welche Hinweise hier gemeint sein könnten.
b) Höre genau hin, ob du den *s*-Laut eher summst oder zischst. Setze dann den passenden Buchstaben *s* oder *ß* ein. Lies dazu die **LERNBOX** (Hinweise 1 und 2).
Setze viermal das weiche *s* und zweimal das scharfe *ß* ein.

das Paradie(1) – er la(2) – gro(3) – ich sa(4) – das Ma(5) – ich nie(6)te – er a(7) – das Lo(8) – blo(9) – ich lie(10) – das Tier gra(11)t – der Erlö(12) – sü(13)

2 **a)** Überlege, wie du die Nomen und Adjektive verlängern kannst, sodass du den *s*-Laut deutlich zum Klingen bringst. Orientiere dich am dritten Hinweis der **LERNBOX**.
b) Schreibe zu jedem Wort eine zweisilbige Form auf: das Gras → die Grä ser, er las → wir la sen ...

1) Adoptieren: In Tierheimen warten Vierbeiner auf ein neues Zuhau(1)e. Solch ein Tier wird dich genauso ins Herz schlie(2)en, wie eines vom Züchter.
2) Laub liegen lassen: Laub- und Rei(3)ighaufen[1] sind ein gro(4)artiges Winterquartier für Igel und Co. Auch kleine Krabbler können dort die ei(5)igen Monate überstehen.
3) Bitte nicht stören: Hilf drau(6)en nur verletzten und verwai(7)ten Tieren – mit diesen solltest du Förster oder Tierärzte auf(8)uchen.
4) Mit anpacken: In jedem Tierheim oder in Naturschutzorgani(9)ationen kannst du ehrenamtlich helfen. Vorle(10)er, Tierpfleger und Gassigänger werden für die sü(11)en Vierbeiner händeringend ge(12)ucht. Frag in einer Ge(13)ellschaft in deiner Nähe nach.

1 **der Reisighaufen:**

3 **a)** Besprecht, welche Tipps zum Tierschutz ihr schon kanntet und welche für euch neu sind. Welche könntet ihr direkt umsetzen?
b) Schreibe die Sätze ab (1–2, 1–3, 1–4) und setze jeweils *s* oder *ß* ein.
c) Markiere in deinen Sätzen die *s*-Laute.
d) Recherchiere weitere Tipps zum Tierschutz, z. B. unter *Ein-Herz-fuer-Tiere*.

AH S. 67

LERNBOX

s-Laute zum Klingen bringen: s oder ß

1. Wenn du nach einer offenen Silbe einen **weichen s-Laut** hörst, den du **summen** kannst **wie eine Biene**, schreibst du *s*: *le sen, der Ra sen*.
2. Wenn du nach einer offenen Silbe einen **scharfen s-Laut** hörst, den du **zischen** kannst **wie eine Schlange**, schreibst du *ß*: *bei ßen, die Spie ße*.
3. Verlängere einsilbige Wörter, um den *s*-Laut zu hören: *das Los → die Lo se, groß → grö ßer, er las → wir la sen*.
4. Bilde eine **Wortform mit offener Silbe**, wenn der *s*-Laut am Ende einer geschlossenen Silbe steht: *er ras te → ras en*.

Biene

Schlange

Kurzer oder langer Vokal: *ss* oder *ß*?

1 **a)** Welche Dinge mit s-Laut sind abgebildet?
b) Tauscht euch darüber aus, ob und welche Tiere diese Dinge fressen.
c) Sprecht darüber, warum die Nomen unterschiedliche s-Laute enthalten, und vergleicht eure Ideen mit den Hinweisen 1 und 2 in der **LERNBOX**.

2 Suche im Rätselgitter die Wörter mit *ss* und *ß*.
Finde mindestens fünf Wörter mit *ss* und fünf mit *ß*. Finde jeweils mindestens 7, alle versteckten Wörter.

3 **a)** Übertrage die folgende Tabelle in dein Heft.
b) Ordne die Wörter aus den Aufgaben **1** und **2** in die Tabelle ein. Schreibe sie mit Silbenbogen auf und markiere den kurzen Vokal mit einem Punkt sowie den langen Vokal mit einem Strich. Ergänze bei Nomen den Artikel. Orientiere dich an der **LERNBOX**.
c) Ergänze in jeder Spalte noch drei weitere Wörter.

langer Vokal = betonte Silbe offen	kurzer Vokal = betonte Silbe geschlossen
	der Schlüs sel

S	C	H	Ü	S	S	E	L	T	H	L	Q	A	V	S	S	V
N	K	L	A	S	G	Z	N	ß	Q	U	A	S	S	E	L	N
D	G	T	T	Ü	ß	ß	A	Ü	N	M	W	Q	Ü	I	H	A
T	E	S	S	ß	A	K	U	S	S	D	E	V	K	J	J	M
G	E	N	I	E	ß	B	A	R	S	S	Z	Z	E	K	I	A
R	F	R	T	A	Z	S	S	S	N	S	Ä	Ü	N	L	L	ß
H	D	R	A	U	ß	E	N	S	U	S	ß	B	B	Ä	Ö	P
J	A	S	S	F	T	Z	W	B	S	A	K	L	O	ß	S	P
L	K	G	H	E	E	B	U	N	S	F	D	T	G	R	S	G
V	E	R	G	E	S	S	E	N	H	W	F	G	S	T	ß	R
S	F	R	T	N	O	H	J	U	K	F	W	A	S	Z	P	Ü
S	S	M	S	S	ß	U	G	E	G	R	R	S	W	I	U	ß
Ö	M	Ü	S	S	E	N	D	G	F	A	S	S	F	Ü	ß	E
ß	H	ß	F	E	ß	G	A	T	R	ß	I	E	D	H	S	S
G	I	I	E	R	G	M	E	S	S	E	R	F	R	U	I	Q
H	I	G	R	G	E	N	U	S	S	N	A	S	D	R	T	H
H	A	L	K	L	Ö	D	D	S	S	F	B	M	A	S	S	E

gießen – stoßen – fressen – messen – wissen – müssen – essen – fassen – vergessen – lassen – zerreißen – grüßen – schließen – küssen – vergießen

Digital+ Rätselgitter WES-126426-145

4 **a)** Bilde zu neun, zwölf, allen Verben jeweils die Wir-Form des Präteritums und markiere den Vokal. Schreibe so: gie ßen → wir gos sen. Orientiere dich dazu am 4. Hinweis in der **LERNBOX**.
b) Vergleicht die Schreibweise des Infinitivs mit den Formen des Präteritums und ordnet sie dann in die Tabelle ein.

Verbtabelle, S. 308

LERNBOX

Wörter mit *ss* oder *ß*

1. **Nach kurzem Vokal** schreibst du den **scharfen s-Laut als *ss***. Die betonte Silbe ist **geschlossen**: *mes sen, die Gebis se*.
2. **Nach langem Vokal** schreibst du den **scharfen s-Laut als *ß***. Die betonte Silbe ist **offen**: *lie ßen, die Grö ße*.
3. Wenn du bei einsilbigen Wörtern unsicher bist, **verlängere** sie, um herauszufinden, ob die betonte Silben offen oder geschlossen ist: *das Fass* → *die Fäs ser*.
4. Im **Präteritum** verändert sich bei starken Verben der s-Laut: *ich zerreiße* → *ich zerriss*.

AH S. 68

Fachwortschatz, S. 307

Sprache untersuchen, S. 250

Wörter mit *ä* / *äu* – Wörter ableiten

Wettervorhersage im Radio: H?te wird es f?cht! Es gibt viel Schnee und die K?lte l?sst uns zus?tzlich frieren. Der Winter wird zwar h?rter, doch n? dabei ist, dass am Nachmittag die Sonne scheint. Sie bringt etwas W?rme.

1 a) Wie würde euch das Wetter gefallen?
b) Tauscht euch zu zweit darüber aus, welche Buchstaben eingesetzt werden müssen.
c) Welche Strategie habt ihr angewendet? Vergleicht eure Ideen mit der **LERNBOX**.

näher – lächeln – das Geräusch – schnäuzen – länger – bärtig – ängstlich – die Äpfel – die Sträucher – träumen – die Fläche

2 Schreibe die Wörter ab und notiere zu jedem ein verwandtes Wort.
Schreibe zum Beispiel so: näher → nah, lächeln → lachen …

stark – der Räumdienst – die Gefahr – fahren – träumen – die Stärke – glatt – bäuchlings – gefährlich – geräumt – der Bauch – träumerisch – glätten – das Glätteisen – die Bäuche – die Stärkung – der Traum – räumen

3 Notiere die Wörter nach Wortfamilien geordnet, unterstreiche den Wortstamm.
Die Wortstämme sind *-fahr-*, *-traum-*, *-stark-*, *-glatt-*, *-bauch-*, *-räum-*.
Notiere zu jeder Wortfamilie weitere Wörter.

Fachwortschatz, S. 307

4 a) Lies das Gedicht: Hattest du ähnliche Erlebnisse im Winter? Erzähle davon.
b) Schreibe das Gedicht ab und setze in die Lücken *ä* / *äu* oder *e* / *eu* ein. Nutze die Strategie des Ableitens (vgl. **LERNBOX**).
Setze 4 x e, 2 x eu, 7 x ä, 4 x äu ein.

Im Winter

Irgendwann um diese Zeit
hatte es gef(1)hrlich viel geschneit.
Erwachsene schn(5)zten sich in Tücher,
vergruben sich drinnen in ihre Bücher.
Für Autos war das Fahren schw(6)r,
Sie lenkten h(7)fig hin und h(8)r.
B(9)me (10)chzten unter l(11)stigem Schnee,
nur Kinder erwiesen sich als z(12)h:
Sie spielten draußen lang und l(13)nger,
bauten sich Schneemann-Doppelg(14)nger,
rodelten und rutschten gar nicht sch(15),
entdeckten tr(16)merisch den Winter n(17).
In den N(18)chten war es klar -
der glatte See ganz wunderbar!
Und deshalb seien wir mal (19)hrlich -
ist so viel Schnee ganz einfach h(20)rrlich!

LERNBOX

So erkennst du Wörter mit *ä* / *äu*:

1. Wenn du ermitteln willst, ob ein Wort im **Wortstamm** mit *ä* / *e* oder *äu* / *eu* geschrieben wird, musst du es von einem verwandten Wort **ableiten**: *gefährlich* → *die Gefahr, die Bäuche* → *der Bauch* (= mit gleichen Wortstamm).
2. Wenn du kein verwandtes Wort mit *a* oder *au* findest, schlägst du zur Sicherheit im **Wörterbuch** nach.

AH S. 69

Sprache untersuchen, S. 270

Lernwörter mit Dehnungs-*h*

1 **a)** Setzt euch zu zweit zusammen und lest die Verse des Gedichts in Murmelstimme vor: Wenn ein Wort geklärt oder nachgeschlagen werden soll, klopft der andere auf den Tisch.

b) Besprecht, welche Gemeinsamkeiten viele Wörter haben.

c) Vergleicht eure Vorschläge mit dem 1. Hinweis in der **LERNBOX** und markiert die Wörter mit langen Vokalen mit unterschiedlichen Farben: die Wörter ohne Dehnungs-*h* grün, die Wörter mit Dehnungs-*h* gelb.

d) Übertrage danach die Tabelle in dein Heft und notiere die markierten Wörter in der richtigen Spalte. Schreibe Nomen mit passendem Artikel auf.

Links müssen 10 verschiedene Wörter stehen, rechts 12.

e) Unterstreiche rechts das Dehnungs-*h* sowie den Buchstaben, der darauf folgt, und vergleiche dein Ergebnis mit dem 2. Hinweis in der **LERNBOX**.

Wenn der Hahn kräht,
werden die Hühner kühner.
Sie dehnen und sehnen sich,
föhnen die Strähnen allmorgendlich.
Sie werden zahm und picken ganz seltsam
Löcher in den Boden – ohne Scham.
Und ihr Schwarm stolziert und prahlt,
geräuschvoll und strahlt,
kräht dann ganz heilsam:
Lasst doch den Kram!

langer Vokal ohne Kennzeichnung	langer Vokal mit Dehnungs-h
sie, …	der Hahn

2 Überprüfe die Eselsbrücke mit der rechten Spalte deiner Tabelle.

Ich kenne eine prima Eselsbrücke: Vor l, m, n, r, das merke ja, steht sehr oft ein Dehnungs-h!

A berü?mt – der Compu?ter – la?m – das Ro?r – der Mo?n – gä?nen – der Ha?se
B die A?nung – der Be?sen – der Ho?n – die Ke?le – wä?rend – die Gefa?r
C sich we?ren – me?r – der Ra?be – ä?nlich – der Pfa?l – der Ra?sen – dä?mlich

3 **a)** Entscheide, welche dieser Wörter du mit einem Dehnungs-*h* schreiben musst. Lies dazu noch einmal die **LERNBOX** (Hinweis 2) und schreibe die Wörter auf.
Arbeite mit Reihe A, Reihe A + B, Reihe A–C.

b) Bilde mit drei Wörtern einen Satz.

4 Bilde Wortfamilien zu den Verben *wohnen*, *fühlen*, *fahren* und *rahmen* (**LERNBOX**, Hinweis 3): wohnen – bewohnt – der Wohnsitz …

AH S. 70

LERNBOX

Wörter mit Dehnungs-*h*

Richtig schreiben, S. 294

1. Das Dehnungs-*h* zeigt einen **lang gesprochenen Vokal** an. Wörter mit Dehnungs-*h* sind **Lernwörter**.
2. Das Dehnungs-*h* steht **nur vor den Buchstaben** *l, m, n, r: das Mehl, lahm, dehnen, das Jahr.* Das gilt aber nicht für alle Wörter, z. B. *die Krone.* Schlage daher im Zweifelsfall im **Wörterbuch** nach.
3. Das Dehnungs-*h* bleibt in derselben **Wortfamilie bestehen**: *die Gefahr, gefährlich, gefährden, die Gefährdung …*

Nomen mithilfe von Endungen und Signalwörtern erkennen

Buchstabe	-heit	-keit	-nis	-schaft	-ung	Punkte
B	die Beschaf-fenheit	die Bedeut-samkeit	die Besorgnis	die Bekannt-schaft	die Bildung	

1 Führt dazu das „Endungsspiel" durch. Es funktioniert wie „Stadt, Land, Fluss":

a) Übertragt dazu die Tabelle oben auf ein Blatt Papier.

b) Wenn ihr einen Buchstaben festgelegt habt, schreiben alle ihre Nomen mit Artikel in die Spalten. Schluss ist, wenn einer alle Spalten gefüllt hat. Nutze ein Wörterbuch.

c) Dann verteilt ihr die Punkte: 20 für eine Spalte, die nur eine Person ausgefüllt hat, 10 für unterschiedliche Wörter in einer Spalte, 5 für gleiche Wörter in einer Spalte.

Digital+
Endungsspiel
WES-126426-146

Geheime schule in Afghanistan

In Afghanistan ist es mädchen verboten, ab der 6. klasse in eine weiterführende schule zu gehen. Deshalb besuchen die älteren einen geheimen raum, der in einem versteck liegt. Diese schule wird von einer ehemaligen schülerin geleitet, die erst 17 jahre alt ist. Sollte dieser ort entdeckt werden, drohen harte strafen. Aber sie möchten englisch lernen, denn sie haben genaue berufswünsche. Sie verstehen nicht, warum zwischen den geschlechtern solche unterschiede gemacht werden.

2 **a)** Lest den Text und sprecht darüber, warum die Mädchen diese Schule besuchen.

b) Markiere noch 15 Nomen. Orientiere dich an der **LERNBOX** (Hinweise 1 und 2).

c) Unterstreiche die zugehörigen Begleiter (vgl. **LERNBOX**, 3. und 4. Hinweis).

Spüre mindestens 8 von insgesamt 17 Begleitern auf.

Zusammen mit der Überschrift musst du im Text 17 Begleiter unterstreichen.

Benenne die Signalwörter mithilfe der **LERNBOX**.

d) Schreibe den Text in der richtigen Großschreibung in dein Heft.

LERNBOX

So erkennst du Nomen:

1. **Nomen** sowie **das erste Wort im Satz** werden **großgeschrieben**.
2. Viele Nomen werden mit den **Wortbausteinen** (Suffixen) **-heit, -keit, -nis, -schaft** oder **-ung** gebildet: *die Schulung, das Erlebnis, die Brieffreundschaft.*
3. Ein Nomen erkennst du am **Signalwort** davor:
   - **Artikel:** *ein Versteck, die Schule, eines Tages.*
   - **Pronomen:** *deine Lehrerin, dieses Geheimnis, unsere Zukunft, solche Pläne.*
   - **Adjektive:** *der geheime Ort, die gewissenhaften, fleißigen Schülerinnen.*
   - **Präposition + Artikel:** *am (an + dem) Mittwoch; beim, im, vom, ans, ins, ...*
4. Wenn du unsicher bist, weil ein Begleiter fehlt, kannst du ihn in Gedanken dazusetzen (**Artikelprobe**): *Wenn [die] Vögel singen, freue ich mich.*

AH S. 71
Fachwortschatz, S. 307
Richtig schreiben, S. 294

Aus Verben können Nomen werden

A Beim (meditieren[1]) sollte nicht gesprochen werden.
B Es liegt mir gar nicht, die ganze Zeit still zu (sein).

1 a) Besprecht mithilfe des Fotos, was „Meditation“ bedeutet.
b) Überlege, ob du das Wort in den Klammern groß- oder kleinschreiben musst. Vergleiche deine Lösung mit der **LERNBOX**.
c) Schreibe die Sätze richtig ab und markiere jeweils das Signalwort.

Das Signalwort steht meist direkt vor dem nominalisierten Verb: *Beim* (= Präposition + Artikel) *Zurückschauen* ... Lies dazu in der **LERNBOX** von Seite 289 nach.

1 **meditieren:** Konzentrationsübungen zur Besinnung machen; dabei nicht sprechen

Die Meditation *Fabel aus Japan (Fabel verändert)*

Vier Priester wollten eine Nacht im tiefen MEDITIEREN (1) verbringen und SCHWOREN (2) sich, dass keiner die Meditation stören dürfe. Diese Übung zum BÜßEN[2] (3) sollte im Tempel[3] stattfinden. Nach dem sorgfältigen AUFSTELLEN (4) von vier Kerzen in Leuchtern wurde ein junger Priesterschüler beauftragt, auf die Kerzen aufzupassen. Sie SOLLTEN (5) hell und gleichmäßig brennen.
Nach einiger Zeit FINGEN (6) die Kerzen an, trüber[4] zu leuchten. Beim AUFPASSEN (7) war der Schüler müde geworden und sah dies nicht. Einer der Priester wollte ihn nun durch wiederholtes WINKEN (8) aufmerksam machen. Als der Schüler ihn aber nicht BEACHTETE (9), SCHNAUZTE (10) er ihn an: „He, du, SIEHST (11) du denn nicht, dass die Lichter geputzt werden müssen?“ Da wandte sich der zweite Priester dem Sprecher zu: „Hast du denn vergessen, dass beim MEDITIEREN (12) nicht gesprochen werden sollte?“ Ärgerlich RIEF (13) nun der dritte: „Wenn ihr beide euch unterhalten wollt, kann ich wirklich nicht MEDITIEREN (14)!“ Und der vierte SAGTE (15) nach langem BETRACHTEN (16) selbstgefällig[5]: „Ich bin der Einzige, der den Schwur nicht gebrochen hat.“

2 **büßen:** durch selbst gewählte Übungen z. B. von einer Schuld frei werden
3 **der Tempel:** Gotteshaus (nicht christlich)
4 **trüber:** Kerzen leuchten schwächer
5 **selbstgefällig:** sehr von sich überzeugt

2 a) Woran erkennt ihr, dass die Fabel aus einer anderen Kultur kommt?
b) Unterstreiche die Signalwörter und markiere die Nominalisierungen (**LERNBOX**).

Du musst sieben der nummerierten Wörter großschreiben.

c) Schreibe die Verben mit Personalpronomen und die Nominalisierungen mit Signalwörtern heraus: (1) im tiefen Meditieren, (2) sie schworen sich ...

Fachwortschatz, S. 306

LERNBOX

Nominalisierung von Verben

1. **Verben im Infinitiv** schreibst du groß, wenn sie im Satz als Nomen verwendet werden. Das Verb wird dann **nominalisiert**.
2. Dies erkennst du daran, dass ein **Signalwort** davorsteht: *das Meditieren, dieses Betrachten, das schnelle Handeln, beim Schreiben.*
3. Wenn du kein Signalwort findest, mache die **Artikelprobe:** *Zuhören und Handeln geht nicht gleichzeitig. → [Das] Zuhören und [das] Handeln geht nicht gleichzeitig.*

Richtig schreiben, S. 294

Aus Adjektiven können Nomen werden

1 **a)** Kennt ihr Fabeln, auf die diese Sätze des Plakats zutreffen?
b) Stellt Vermutungen dazu an, warum manche der markierten Wörter auf dem Plakat groß- und manche kleingeschrieben werden.
c) Lest die **LERNBOX**. Findet Erklärungen zu den Schreibungen.
d) Ergänze weitere Sätze zum Igel.

Lernplakat zu Fabeltieren:
- Die Maus ist hilfsbereit. / Die Hilfsbereite braucht auch selbst Hilfe.
- Der Löwe ist oft stark. / Der Starke gewinnt nicht immer.
- Der Igel ...

2 In der folgenden Fabel geht es um eine hilfsbereite Taube, die irgendwann selber Hilfe benötigt: Was könnte passieren, damit sie der Biene helfen muss – und wie könnte die kleine Biene ihr dann ebenfalls helfen?

Die Biene und die Taube *nach Gottfried August Bürger* (18. Jh.)

Ein Bienchen fiel in einen TIEFEN (1) Bach. Die HILFLOSE (2) strampelte in Panik im Wasser. Dies sah von oben eine AUFMERKSAME (3) Taube. Sie brach ein Blättlein von einem GROßEN (4) Laubbaum und warf es der PADDELNDEN (5) zu. Die GLÜCKLICHE (6) rettete sich schnell auf das Blatt und half sich aus dem Bach.
Nach kurzer Zeit saß diese FREUNDLICHE (7) Taube in Frieden wieder auf dem Laubbaum. Da kam ein BÖSER (8) Jäger und zielte auf sie. Das ACHTSAME (9) Bienchen sah es und stach ihn in die Hand. Puff – da ging der LAUTE (10) Schuss daneben. Die ALARMIERTE (11) Taube flog davon. Wem dankte die ERSCHROCKENE (12) ihr Leben? Erbarme[1] dich der SCHWACHEN (13) – dann werden sie sich deiner erbarmen!

1 **sich erbarmen:** sich gut kümmern

3 **a)** In Fabeln geht es nicht immer nur um Konflikte. Lies die Fabel und erkläre, wie der letzte Satz (= die Lehre) zu verstehen ist.
b) Überlege, ob du die nummerierten Wörter jeweils groß- oder kleinschreiben musst. Begründe deine Vorschläge mit den Hinweisen in der **LERNBOX**.

Fachwortschatz, S. 306

Fünf der Adjektive sind nominalisiert. Du musst sie großschreiben.
Achte darauf, ob hinter dem Adjektiv noch ein Nomen steht, auf das es sich bezieht.
c) Schreibe die Fabel richtig ab und markiere in deiner Abschrift alle nominalisierten Adjektive, unterstreiche die zugehörigen Signalwörter und verbinde beides mit einem Pfeil: Die Hilflose ...
d) Übertrage die Situation aus der Fabel auf eine Situation aus deinem Alltag: Wann könnte es sich auszahlen, hilfsbereit zu sein?

AH S. 72

LERNBOX

Nominalisierung von Adjektiven
1. **Adjektive** schreibst du **groß**, wenn ein **Signalwort** davorsteht: *das Richtige*. Das Adjektiv wird dann **nominalisiert**.
2. Achte darauf, dass unmittelbar danach kein anderes Nomen steht: *Die hilfsbereite Taube rettet die Biene.* Aber: *Die Hilfsbereite rettet die Biene.*
3. Wenn Adjektive zu Nomen werden, bekommen sie **Endungen wie Nomen:** *die Hilfsbereite, diese Hilfsbereiten.*

Richtig schreiben, S. 289

Digital+ Video WES-126426-147

Die Konjunktion *dass*

Jill: Ich glaube, dass jeder bei so einem Wetter gerne Schlittschuh laufen würde.
Almir: Ich weiß, dass alle auf dem zugefrorenen See viel Spaß haben werden.
Ikranur: Unser Sportlehrer befürchtet, dass es nicht allen gelingen wird.

1 **a)** Die Schülerinnen und Schüler sprechen über das Eislaufen, aber manche Aussagen klingen sicherer als andere. Woran liegt das?
b) Unterstreiche alle Verben, nach denen die Konjunktion *dass* steht. Schreibe sie als Wörterliste auf: Nach diesen Wörtern steht die Konjunktion dass: glauben, ...
c) Findet zu zweit weitere Verben oder Ausdrücke, mit denen ihr Gedanken, Wünsche oder Meinungen ausdrücken könnt, und ergänzt eure Wörterliste.
d) Vergleicht die Liste mit der **LERNBOX**. Ergänzt Verben und Ausdrücke, die fehlen.
e) Wähle drei der Verben oder Ausdrücke aus und formuliere mit ihnen jeweils einen Beispielsatz zum Thema Schlittschuhlaufen, z. B. Ich glaube, dass die Kälte die meisten Jugendlichen nicht kümmern wird.

Eine Schülerin behauptet nach dem Lesen des Gedichts, (1) sie auch gern mitgemacht hätte. Ich kann ganz gut nachvollziehen, (2) sie das sagt, denn ich glaube, (3) jedes Kind bei so einem Wetter Spaß daran hätte, auf dem Eis Schlittschuh zu laufen. Zudem denke ich, (4) es einfach motivierend ist, wenn so viele Kinder mitmachen. Ich glaube, (5) man so etwas einfach genießen muss, da im Gedicht steht, (6) das Eis freundlich glänzt (V. 4) und alle im „Sonnenglanz“ strahlen (V. 22).

2 Schreibe die Stellungnahme zum Gedicht „Der Eislauf“ ab und setze in die Lücken *dass* ein. Orientiere dich am Verb im Hauptsatz. Unterstreiche das Verb oder den Ausdruck, worauf sich der dass-Satz bezieht. Kennzeichne dies mit einem Pfeil.
Schreibe so: Eine Schülerin behauptet nach dem Lesen des Gedichts, dass ...

A	Ich habe mir gewünscht.	Ich lerne im Winter Schlittschuhlaufen.
B	Es ist sinnvoll.	Man übt zur Vorbereitung mit Inline-Skates.
C	Es ist erwiesen.	Jeder kann das mit genügend Übung lernen.

3 **a)** Verbinde die Sätze jeweils mit der Konjunktion *dass*. Denke an das Komma. (AH) S. 74
b) Schreibe die Sätze so auf, dass der *dass*-Satz vorne steht (**LERNBOX**, 3. Hinweis).

LERNBOX

Die Konjunktion *dass*

1. Mit der Konjunktion *dass* kannst du einen **Gedanken** fortsetzen oder Wünsche und **Meinungen** zum Ausdruck bringen. Fachwortschatz, S. 306
2. Deshalb stehen *dass*-Sätze **oft nach Verben** und **Ausdrücken** wie *behaupten, bedauern, wollen, hoffen, feststellen, der Meinung sein, es zeigt sich ...*
3. Den *dass*-Satz trennst du mit einem **Komma** vom Hauptsatz ab: *Tim meint, dass Eislaufen Spaß macht. / Dass Eislaufen Spaß macht, meint Tim.*
4. Bist du unsicher, ob du *das* oder *dass* schreiben musst, mache die **Ersatzprobe**: Kannst du nicht *dieses, jenes* oder *welches* einsetzen, schreibst du *dass*. Richtig schreiben, S. 294

Wörter richtig trennen

der Papagei – der Kakadu – der Wellensittich

1 **a)** Tauscht euch zu zweit darüber aus, woran ihr erkennen könnt, an welchen Stellen ihr ein Wort trennt, und probiert eure Ideen mit den Vogelnamen rechts aus.
b) Vergleicht eure Lösungsvorschläge mit den Hinweisen in der **LERNBOX**.

Zwergel-stern / Uro-ma / Blumento-pferde / Heima-torte / Fernse-hecke / Tee-nager / Fass-ade / Fischer-eihafen / Dieb-esgut / Vers-tauchen / Freischwimm-erzeugnis / Vers-endung

2 **a)** Hoppla! Diese Wörter wurden falsch getrennt. Lies sie leise für dich.
b) Schreibe sie mit der richtigen Trennung (vgl. **LERNBOX**) und dem Artikel auf.
Wähle sechs Wörter aus. Das erste Wort wird zum Beispiel so gelesen: *die Zwerg-els-tern.* Das ist eine Vogelart. Schreibe neun Wörter auf.
Arbeite mit allen Wörtern. Eines kannst du zum Beispiel auf zwei Arten trennen. So erhält es zwei Bedeutungen. Finde heraus, welches es ist.

die Schu-he / das Fens-ter / der Gold-fisch / der Trock-ner / der Ofen / der Stadt-teil
fut-tern / das Mäd-chen / die Ta-fel / rup-fen / die Haie / der Tisch-ler / die Ba-cke

3 **a)** Welche Regeln gelten bei der Trennung dieser Wörter? Ordne die passenden Regeln aus der **LERNBOX** zu. Schreibe so: die Schu-he = Regel 1.
Arbeite mit der 1. Reihe. Ordne Regel 1-4 jeweils einmal und Regel 5 zweimal zu.
Wähle 10 Wörter aus. Arbeite mit allen Wörtern.

4 Übertragt zu zweit den Satz ins Heft und schreibt dabei die mehrsilbigen Wörter mit Trennungsstrichen auf. Ihr müsst acht Wörter großschreiben.

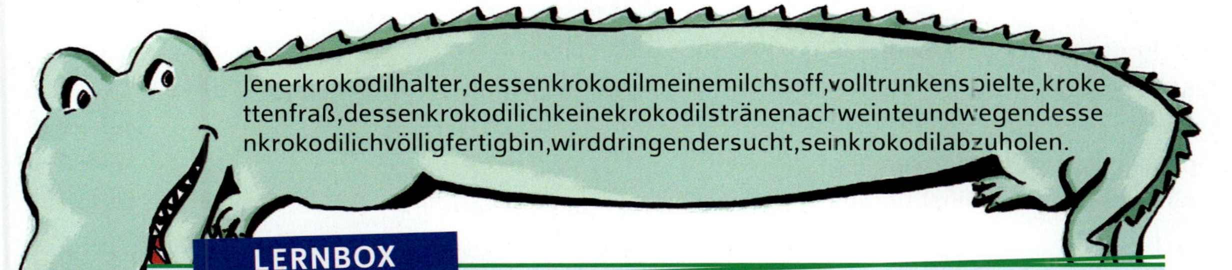

LERNBOX

Wörter richtig trennen

1. Mehrsilbige Wörter kannst du **am Zeilenende trennen**. Beim langsamen Sprechen kannst du hören, wo man ein Wort trennt: *der Re-gen-bo-gen.*
2. Stehen mehrere Konsonanten zwischen zwei Vokalen, schreibst du den **letzten Konsonanten auf die nächste Zeile**, denn er gehört zur nächsten Silbe: *das Wet-ter, der Rech-ner, hüp-fen, ers-te, die Ker-ze, die Knos-pe ...*
3. Die Buchstabenverbindungen *ch, sch, ph, rh, sh, th, ck,* die für einen Buchstabenlaut stehen, trennst du jedoch nicht: *wa-schen, die Teil-chen-phy-sik, der Bä-cker, das Haupt-the-ma ...*
4. **Einzelne Vokale** am Anfang oder Ende eines Wortes trennst du nicht: nicht *A-bend,* sondern *Abend.*
5. Zusammengesetzte Wörter trennst du nach den **Wortbausteinen:** *der Eis-lauf, der Schlitt-schuh, die Ge-wit-ter-wol-ken.*

AH S. 75

Fachwortschatz, S. 307

Rechtschreibstrategien auf einen Blick

In diesem Kapitel hast du geübt, wie du mit **Rechtschreibstrategien** die richtige Schreibweise von Wörtern ermitteln kannst. Hier findest du alle Strategien, die du bereits kennst.

Digital+ Strategien WES-126426-148

SILBENPROBE

Lange und kurze Vokale erkennst du mithilfe der Silbenprobe → Nach einem langen Vokal ist die Silbe offen, nach einem kurzen Vokal ist sie durch einen Konsonanten geschlossen:
- Wörter mit *ie* — **Seite 278**
- Schreibung von doppelten Konsonanten — **Seite 280–281**
- Wörter mit *ck* und *tz* — **Seite 282**
- Schreibung von *ss* und *ß* — **Seite 286**
- Wörter trennen — **Seite 293**

VERLÄNGERUNGSPROBE

Endungen zum Klingen bringen durch die Verlängerungsprobe → Ich bilde die zweisilbige Form eines Wortes (Nomen → Plural, Verben → Wir-Form, Adjektive → vor ein Nomen setzen):
- *b, d, g* im Auslaut — **Seite 283**
- Schreibung von Adjektiven auf *-isch, -lich, -ig* — **Seite 284**
- Schreibung von *s* und *ß* — **Seite 285**

ABLEITUNGSPROBE

Verwandte Wörter finden durch die Ableitungsprobe → Ich bilde Wörter der Wortfamilie mit gleichem Wortstamm:
- Schreibung von *ä / äu* — **Seite 287**
- Silbentrennendes *h* — **Seite 279**
- Wörter mit Dehnungs-*h* — **Seite 288**

SIGNALWÖRTER / ARTIKELPROBE

Großschreibung erkennen durch Signalwörter und Artikelprobe → Ich überprüfe, ob ich Artikel davorsetzen kann, oder achte auf Signalwörter (Artikel, Adjektive, Pronomen, Präposition + Artikel):
- Schreibung von Namen und Nomen — **Seite 289**
- Großschreibung (Nominalisierung) von Verben — **Seite 290**
- Großschreibung (Nominalisierung) von Adjektiven — **Seite 291**

ERSATZPROBE

Unterscheidung von das / dass mit der Ersatzprobe → Wenn sich der *dass*-Satz auf Verben und Ausdrücke bezieht, die Gedanken, Wünsche oder Meinungen verdeutlichen, schreibe ich *dass*.
- Ich überprüfe, ob ich statt ***das*** *dieses, jenes, welches* einsetzen kann.
  Wenn nicht, schreibe ich *dass*. — **Seite 292**

1 **a)** Lies die folgenden Kärtchen A) – C) und ordne sie einer Rechtschreibstrategie zu.
b) Unter dem Webcode findest du weitere Kärtchen. Ordne diese zu.
c) Vergleicht eure Ergebnisse zu zweit.

Digital+ Karteikarten WES-126426-149

A) der Her? mit d oder t?	B) die L?se mit äu oder eu?	C) Welche Wörter werden in diesem Satz großgeschrieben?
→ Wenn ich Herd verlängere, kann ich das d zum Klingen bringen: die Her de.	→ Wenn die das Wort ableite, erhalte ich die Laus; es hat den gleichen Wortstamm, also äu.	Das essen und das trinken sind hier verboten! → ...

Satzschlusszeichen setzen

(I) [Die Galacto <u>klebte</u> wirklich buchstäblich am Planeten Magnus <u>fest</u>] gleichzeitig rutschte sie in die Nähe des tiefen Kraters Alexa lenkte und gab auch mehr Gas als sonst aber das half alles nichts die Galacto bewegte sich keinen einzigen Zentimeter was sollten sie also machen da hatte Alexa plötzlich eine zündende Idee …

1 **a)** Tauscht euch zu zweit dazu aus, welches Problem Alexa lösen muss.
b) Was hat das Lesen des Textes erschwert?
c) Setze die Satzzeichen. Gehe dabei so vor, wie in der **LERNBOX** beschrieben.
Unterstreiche weitere sieben Prädikate. Bilde Sinneinheiten und setze Klammern.
d) Vergleicht eure Ergebnisse zu zweit. Gibt es unterschiedliche Lösungen?

(II) Alexa rannte in den Kontrollraum der Galacto die Kinder liefen hinterher die erfahrene Kapitänin schaute sich um und überlegte dann drehte sie sich zum Verwandler war das die Rettung die erfahrene Kapitänin programmierte den Verwandler konnte das klappen danach ging es auch schon los das Raumschiff rumpelte und drehte sich Selma, Maxi und Ayse staunten nicht schlecht die Galacto verwandelte sich in einen zweiten Magneten nun stießen sich die beiden Magneten gegenseitig ab

2 **a)** Was hälst du von Alexas Lösung?
b) Schreibe den zweiten Teil des Textes ab und setze die Satzzeichen. Arbeite dabei so wie in Aufgabe **1**. Überlege, ob du als Satzschlusszeichen eher einen Punkt, ein Frage- oder Ausrufezeichen setzen musst.
Du kannst neun Punkte, ein Ausrufezeichen und zwei Fragezeichen setzen. Denke daran, die Satzanfänge großzuschreiben.

LERNBOX

So setzt du Satzschlusszeichen:
Ein Text besteht aus einer Folge von **Sinneinheiten**. Um diese beim Lesen schnell erkennen zu können, setzt du **Satzschlusszeichen** (.!?).
So findest du Sinneinheiten heraus:
1. Unterstreiche die **Prädikate** (Verben). Achtung: Manchmal besteht ein Prädikat aus mehreren Teilen: *Alexa <u>hat</u> sich furchtbar <u>aufgeregt</u>.*
2. Kennzeichne durch eine Klammer, welche Wörter zu dem Prädikat gehören.
3. Je nach **Aussageabsicht** trennst du Sinneinheiten durch einen **Punkt** (Aussage), ein **Fragezeichen** (Frage) oder ein **Ausrufezeichen** (Ausruf/Aufforderung): *[Sie <u>konnten</u> sich nicht lösen]. [Da <u>war</u> guter Rat teuer]! [Was <u>sollten</u> sie also <u>machen</u>]?* Die **Satzanfänge** schreibst du **immer groß**.
4. Sinneinheiten, die durch *und* verbunden werden, trennst du nicht durch ein Satzzeichen voneinander: *[Die vier <u>diskutierten</u>] und [<u>suchten</u> nach einer Idee].*

Fachwortschatz, S. 307

Sprache untersuchen, S. 255

Das Komma bei Aufzählungen

NUR HEUTE HIER!!! – Unser neues Rezeptbuch zum Nachkochen!!!
Alle Vorteile auf einen Blick:
1. Ihr findet alle Gerichte, die ihr heute probieren könnt, mit Bildern und Zutatenliste und Materialangaben und Arbeitsschritten strukturiert dargestellt.
2. Ihr könnt nachkochen, was euch geschmeckt hat und was ihr noch ausprobieren und für andere vorbereiten und anbieten wollt.
3. Außerdem könnt ihr nachlesen, welche Zutaten enthalten sind, um herauszufinden, ob die Gerichte für euch bekömmlich und verträglich und gesund sind.

1 **a)** Lies das Plakat: Was bietet die AG auf dem Fest aus welchen Gründen an?
b) Einige Sätze klingen umständlich. Besprecht, woran das liegt.
c) Schreibe den Text ab, ersetze einige *und* durch Kommas. Lies dazu die **LERNBOX**.
Du kannst fünfmal das Wort *und* durch ein Komma ersetzen.
Ersetze das Wort *und* durch Kommas oder durch *sowie*.

A Zur Feier lädt die AG alle Eltern Geschwister Freunde und Bekannte ein.
B Sie bitten die Gäste, noch Besteck Teller Becher und Servietten mitzubringen.
C Der Bäcker stiftet Brötchen Meterbrot sowie Blechkuchen, damit die Jugendlichen nicht noch extra Mehl Hefe Salz Mohn und Sesam einkaufen müssen.
D Saliha bereitet einen Obstsalat vor: Sie schneidet Erdbeeren raspelt Äpfel hobelt Birnen und schält Apfelsinen. Dazu gibt sie Rosinen 2 TL Zitronensaft und ein wenig Honig.
E Als besondere Gags hat sich Max Überraschungen einfallen lassen: Er hat Papierhütchen Gummispinnen Knallerbsen und Berliner mit Senf besorgt.

2 **a)** Schreibe die Sätze ab und setze bei den Aufzählungen die fehlenden Kommas ein. Lies die Sätze leise. Unterstreiche die Wörter oder Wortgruppen der Aufzählungen.
Setze bei Lesepausen Kommas: A = zwei, B = zwei, C = vier, D = drei, E = zwei.
b) Was passiert noch auf dem Einweihungsfest? Denke dir zwei weitere Sätze mit Aufzählungen aus. Lass die Kommas von einer Partnerin oder einem Partner setzen.

AH S. 76

LERNBOX

Das Komma bei Aufzählungen

1. Bei Aufzählungen von Wörtern oder Wortgruppen setzt du ein **Komma**:
   a) **Aufzählung von Wörtern:** *Der Bäcker stiftete für die Einweihungsfeier Brötchen, Meterbrot und Blechkuchen.*
   b) **Aufzählung von Wortgruppen:** *Die AG-Mitglieder dekorierten mit Flaggen, bereiteten Glückskekse vor und gestalteten einen Stand mit Rezeptheften.*
2. Vor **und, oder** und **sowie** steht kein Komma: *Der Bruder von Seven verputzte zwei belegte Brötchen sowie eine Spinat-Quiche und ein Stück Marmorkuchen.*

Fachwortschatz, S. 306

Das Komma zwischen Hauptsätzen (Satzreihe)

A Callie ist auf Klassenfahrt in London plötzlich stolpert sie mit ihren hohen Schuhen.
B Aus unerfindlichen Gründen wacht sie im Jahr 1815 auf das überrascht sie sehr.
C Freundlicherweise nimmt Emily sie im Herrenhaus auf dort fühlt sie sich fremd.

1 Schreibe die Sätze ab und setze die fehlenden Satzzeichen. Gehe so vor, wie in der **LERNBOX**, Hinweis 5 beschrieben: [Callie ist auf Klassenfahrt in London], [...]

Du musst in jedem Satz ein Komma setzen.

Callie wacht nach der Nacht im fremden Bett auf sie erinnert sich kaum an die Ereignisse. Eigentlich möchte sie weinen sie ist orientierungslos. Der Raum ist riesengroß er erscheint ihr völlig fremd. Sie sieht einen Kamin sie sieht keine anderen Menschen. Alles wirkt prunkvoll sie hat immer noch keine Ahnung. Dann bemerkt sie eine Person die musste sie geweckt haben. Die hübsche Frau schleppt einen großen Koffer durch das Zimmer sie scheint nicht überrascht zu sein. Callie soll sich schnell anziehen der Herzog wartet schon mit dem Frühstück auf Callie und Emily.

2 **a)** Schreibe die Sätze oben ab und bearbeite sie wie in Aufgabe **1**.

Unterstreiche folgende Prädikate: *wacht ... auf, erinnert, möchte ... weinen, ist ... orientiert, ist, erscheint, sieht, sieht, wirkt, hat, bemerkt, musste ... geweckt haben, schleppt, scheint, soll ... anziehen, wartet.* Setze neun Kommas in den Satzreihen.

b) Probiere aus, wo du vor dem zweiten Hauptsatz einer Satzreihe die Konjunktionen *denn, aber, doch* einsetzen kannst. Schreibe auch diese Sätze mit Komma auf.

c) Lies in der **LERNBOX** den vierten Hinweis. Tauscht euch zu zweit darüber aus, in welchen Sätzen ihr einen Punkt anstatt eines Kommas setzen würdet.

LERNBOX

Kommasetzung in Satzreihen

1. **Satzreihen** sind **aneinandergereihte Hauptsätze.**
2. Häufig wird der zweite Hauptsatz mit einer **Konjunktion** *(und, oder, aber, denn, sondern, doch)* **eingeleitet**: *Callie wacht im Herrenhaus auf, sie ist überrascht.*
3. Die beiden Hauptsätze werden **durch Komma voneinander getrennt.** Steht zwischen den beiden Hauptsätzen ein *und* bzw. *oder*, kann das Komma fehlen: *[Callie schaut sich um] und [sie beginnt zu grübeln.]*
4. Wenn die Hauptsätze nicht eng zueinander gehören, kannst du anstelle des Kommas auch einen **Punkt** setzen: *Das Mädchen schleppt den Koffer. [Callie schaut sich genauer um.]*
5. So ermittelst du **Satzreihen:**
   a) **Unterstreiche die Prädikate** und **klammere** die dazugehörigen Wörter (**Sinneinheiten**) ein. Einige Prädikate sind mehrteilig: *[Sie wacht morgens auf.]*
   b) Setze vor den Beginn des zweiten Satzes ein **Komma**.

» Sprache untersuchen, S. 256
» Fachwortschatz, S. 306
» Fachwortschatz, S. 307

Das Komma zwischen Haupt- und Nebensätzen (Satzgefüge)

A Als Callie im fremden Bett aufwacht ist sie sehr verwundert.
B Da die Einrichtung ihr luxuriös erscheint ist es wohl eine Unterkunft für Reiche.
C Obwohl die Bedienstete in ihrem Zimmer fleißig arbeitet lächelt sie Callie an.
D Die Bedienstete mahnt zur Eile während sie ihr verschiedene Kleider zeigt.
E Callie versteht nichts weil sie den Anlass für solch ein schönes Kleid nicht kennt.
F Dass sie mit dem Herzog frühstücken soll verursacht bei ihr Panik weil sie so etwas gar nicht gewohnt ist.
G Das ist aber auch verständlich da sie die Traditionen im 19. Jahrhundert nicht kennt obwohl sie langsam versteht dass sie in der Zeit gereist ist.

1 **a)** Sprecht darüber, wie ihr an Callies Stelle reagiert hättet, wenn ihr mit einem fremden Herzog frühstücken solltet.
b) Lies die Sätze in Murmelstimme und setze bei Sprechpausen ein Komma.

2 Überprüfe, ob du die Kommas richtig gesetzt hast. Nutze dazu die **LERNBOX**.
a) Schreibe die Sätze ab und unterstreiche die Prädikate wie in Satz **A.**
Arbeite mit den Sätzen A–E, A–F, A–G. Achtung: Die Sätze F und G enthalten mehrteilige Prädikate.
b) Klammere die Wörter ein, die zu dem jeweiligen Prädikat gehören (= Sinneinheit). Die Sätze A–E bestehen aus zwei, F aus drei und G aus vier Sinneinheiten.
c) Markiere die Konjunktionen und bestimme wie in der **LERNBOX** (Hinweis 4) die Haupt- und Nebensätze: Welche Kommas musst du noch verändern?
Bei drei deiner Sätze, vier deiner Sätze steht die Konjunktion am Satzanfang.

LERNBOX

Das Komma zwischen Haupt- und Nebensatz (Satzgefüge)

1. Ein **Satzgefüge** besteht mindestens aus einem **Haupt-** und einem **Nebensatz**.
2. Der **Hauptsatz** ist in sich **abgeschlossen**. Den **Nebensatz** erkennst du an der einleitenden **Konjunktion** *(als, wenn, dass, obwohl, ob, während …)* und der **Stellung des Verbs am Satzende**. Der Nebensatz ergibt für sich keinen Sinn.
3. Haupt- und Nebensätze werden immer durch ein **Komma** getrennt. Der Nebensatz kann **vor** oder **nach** dem Hauptsatz stehen.
4. So findest du heraus, wo du ein Komma setzen musst:
   a) Ermittle die **Sinneinheiten** des Satzgefüges, indem du die **Prädikate** (Verben) unterstreichst und die dazugehörigen Teile einklammerst. Achte darauf, ob das **Prädikat mehrteilig** ist. Markiere die Konjunktion.
   b) Setze zwischen den Sinneinheiten ein Komma:

[Als Callie im fremden Bett aufwacht], [ist sie sehr verwundert].
NS (= Nebensatz) HS (= Hauptsatz)

[Callie ist sehr verwundert], [als sie im fremden Bett aufwacht].
HS NS

Sprache untersuchen, S. 257
Fachwortschatz, S. 307
AH S. 77

Digital+
Video
WES-126426-150

Das Komma bei Appositionen

Plogging ist ein Kofferwort[1], gebildet aus den Bestandteilen *plocka*, schwedisch für „aufheben, pflücken", und *Jogging*. Es ist eine Natursportart, bei der Jogger, organisiert und mit Handschuhen sowie Abfallbehältnissen ausgestattet, die Vermüllung der Landschaft bekämpfen sowie den Müll dem Recyclingkreislauf[2] zuführen. Schätzungsweise 2.000.000 Menschen ploggen täglich in 100 Ländern und einige Plogging-Veranstaltungen haben bereits über 3.000.000 Teilnehmer angezogen.

1 Teile einzelner Wörter verschmelzen zu einer neuen Bedeutung

2 Wiederverwertung von Müll

1 **a)** Zu einem ersten Verständnis von Wörtern oder Sachverhalten ist oftmals das Recherchieren im Internet hilfreich. Lies diesen Netzwerk-Eintrag zum Kofferwort *Plogging:* Was bedeutet dieser Begriff und wie wird er gebildet?

b) Bilde Kofferwörter zu *Müll sammeln + Walking* und zu *Müll sammeln + Skating*.

c) Lies noch einmal die unterstrichenen Aussagen: Welche Aufgabe haben diese Ergänzungen im Text? Vergleiche deine Ideen mit dem 1. Hinweis in der **LERNBOX**.

Raus aus der Komfortzone – die Umwelt braucht dich!!!

Am Samstag, 23. September ab 14 Uhr, wollen wir, die SV und alle Klassensprecher, eine Müll-Sammel-Aktion am See durchführen. Dazu treffen wir uns am oberen Parkplatz. Um Aufmerksamkeit zu erregen und die Spaziergänger, meist Familien mit kleinen Kindern, auf das Müllproblem aufmerksam zu machen, wollen wir alle auf Inline-Skates fahren. So sind wir schneller und haben auch noch Spaß dabei! Das Ordnungsamt, zwei ältere Beamte, wird die Aktion absichern. Unser Sportlehrer, Herr Eisenhart, wird auch mit dabei sein. Bitte bringt eure Inline-Skates, blaue Müllsäcke und Getränke, am besten gut gekühlt, mit. Der Reporter vom Billerbecker Boten, Julius Frank, wird im Podcast und in der Online-Presse live berichten. Bitte erscheint zahlreich!!!

2 **a)** Alina möchte Interessierte zu dieser Inline-Skating-Tour aufrufen, bei der Müll gesammelt werden soll. Lies den Aushang: Würdest du teilnehmen?

b) Lies die **LERNBOX** und unterstreiche alle Appositionen.

Du musst sieben Appositionen unterstreichen.

c) Markiere wie der **LERNBOX** das Wort oder die Wortgruppe, auf den sich die nachgestellte Erläuterung beziehen. Mache dies mit einem Pfeil deutlich.

Digital+ Textvorlage WES-126426-151

LERNBOX

Das Komma bei Appositionen

1. Eine **Apposition** ist eine **nachgestellte Erläuterung**, die ein **vorausgehendes Nomen** näher beschreibt. Sie enthält kein konjugiertes Verb: *Alle arbeiten für die Plogging-Aktion, ein lobenswertes Event.*
2. Sie steht **in demselben Fall wie das Nomen** und wird durch Komma(s) abgetrennt: *Julius Frank, der Reporter des Billerbecker Boten, ist sehr gewissenhaft.*

Fachwortschatz, S. 306

Zeichen der wörtlichen Rede setzen

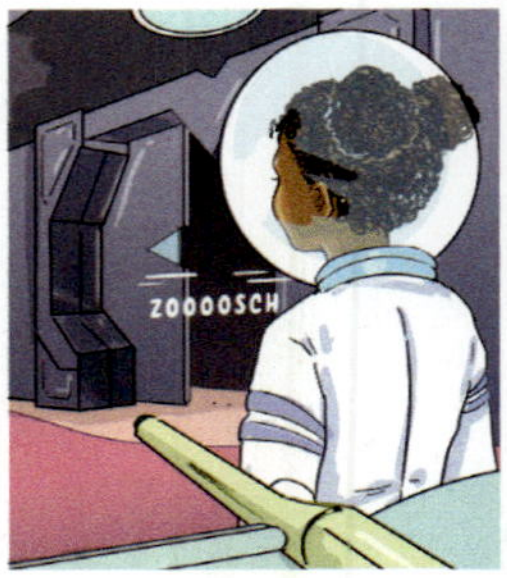

Ich kann mir nicht vorstellen, dass wir es noch rechtzeitig zu Trollvist schaffen, äußerte Selma ihre Bedenken. Und Maxi forderte Alexa auf Wir müssen wirklich Vollgas geben! Wenn die Galacto nicht überhitzt, wird das schon klappen, beruhigte Alexa die Kinder. Ayse grinste Auf solch eine Raststätte im All bin ich wirklich richtig gespannt.

1 Schreibe den Text ab und setze die Zeichen der wörtlichen Rede:

a) Unterschlängele in deinem Text wie im Beispiel, was gesprochen wird.

Du musst vier Aussagen in wörtlicher Rede unterstreichen.

b) Setze die Doppelpunkte und die Anführungsstriche (siehe **LERNBOX**).

A „Weißt du“, , „ich habe sowas schon einmal erlebt und kenne mich aus!“

B „Aber glaubst du wirklich“, , „wir schaffen es noch rechtzeitig?“

C „Mensch“, , „sie muss wahrscheinlich immer solche Probleme lösen.“

murmelte Maxi vor sich hin / fügte Alexa bestimmt hinzu / fragte Selma ängstlich

2 **a)** Schreibe die Sätze auf und ordne dabei die Begleitsätze in die wörtliche Rede ein.

b) Vergleicht eure Sätze miteinander und begründet, warum ihr was eingesetzt habt.

Die Galacto glitt rasant durch das All. Die legt aber ein ganz schönes Tempo vor stellte Maxi fest. (Regel ___) Ja erklärte Alexa Stern eigentlich könnten wir noch schneller fliegen. (Regel ___) Selma wandte erneut ein Wir sollten wirklich kein Risiko eingehen. (Regel ___) Schau rief Ayse plötzlich da hinten ist Delta 12. (Regel ___)

3 **a)** Lies den Text und schreibe ihn Satz für Satz ab.

b) Unterschlängele die wörtliche Rede und unterstreiche die Begleitsätze.

c) Ergänze alle fehlenden Satzzeichen und gib die Regeln aus der **LERNBOX** an.

(AH) S. 78

Fachwortschatz, S. 307

LERNBOX

Zeichensetzung der wörtlichen Rede:

Die wörtliche Rede kennzeichnest du durch **Anführungszeichen**. Diese werden am Anfang unten und am Ende oben gesetzt.

1. **Zeichensetzung bei vorangestelltem Begleitsatz:**
   Maxi stellte überrascht fest: „Das ist doch Alexas Heimatsprache.“
   Nach vorangestelltem Begleitsatz steht ein Doppelpunkt. Achte im Begleitsatz auf das Verb des Sagens (antworten, ...). Es zeigt an, ob die wörtliche Rede mit **Punkt** (Aussage), **Frage-** oder **Ausrufezeichen** (*Ausruf/Aufforderung*) schließt.
2. **Zeichensetzung bei nachgestelltem Begleitsatz:**
   „Warum spricht der Absender so?“, fragte Maxi. „________?“, ________.
   „Das ist doch Trollvist!“, rief Alexa freudig aus. „________!“, ________.
   „Jetzt werden wir ihn finden“, meinte Selma. „________“, ________.
   Zwischen wörtlicher Rede und nachgestelltem Begleitsatz steht immer ein **Komma**. Beim Aussagesatz entfällt aber in der wörtlichen Rede der Punkt.
3. **Zeichensetzung bei eingeschobenem Begleitsatz:**
   Der Begleitsatz wird in die wörtliche Rede eingeschoben. Davor und danach steht ein **Komma:** *„Ich glaube“, ergänzte Ayse, „das musst du übersetzen!“*

Strategien zur Zeichensetzung üben

In diesem Kapitel hast du geübt, wie du mit Strategien die richtige Zeichensetzung ermitteln kannst. Hier findest du alle Strategien, die du bereits kennst.

Digital+
Strategien
WES-126426-152

LESE-PAUSEN

Kommas setzen bei Lesepausen → Ich setze dort Zeichen, wo ich eine Lesepause mache. Dazu muss ich sinnentnehmend lesen und die Wörter zusammenfassen, die zu einem Prädikat gehören.

SINNEINHEITEN BILDEN

Kommas setzen durch Bilden von Sinneinheiten → Ich unterstreiche die Prädikate und klammere die dazugehörigen Wörter ein. Hängen diese nicht eng zusammen, setze ich einen Punkt. Hängen diese eng zusammen, setze ich ein Komma.
- Satzschlusszeichen setzen **Seite 295**
- Komma zwischen Hauptsätzen setzen (Satzreihe) **Seite 297**
- Komma zwischen Haupt- und Nebensätzen setzen (Satzgefüge) **Seite 298**

SIGNAL-WÖRTER

Signalwörter für Zeichensetzung (z. B. Konjunktionen) für Zeichensetzung einprägen → Ich lerne Konjunktionen.
- Komma zwischen Hauptsätzen setzen (Satzreihe) **Seite 297**
- Komma zwischen Haupt- und Nebensätzen setzen (Satzgefüge) **Seite 298**

WÖRTLICHE REDE

Zeichen setzen bei wörtlicher Rede → Ich unterschlängele, was wörtlich gesagt wird, und unterstreiche den Regebegleitsatz. Die wörtliche Rede setze ich in Anführungsstriche und grenze sie mit einem Komma vom Redebegleitsatz ab.
- Zeichen der wörtlichen Rede setzen **Seite 300**

AUFZÄH-LUNGEN

Kommas setzen bei Aufzählungen: → Ich unterstreiche Wörter und Wortgruppen, die aufgezählt werden. Zwischen den ersten setze ich ein Komma, die letzte ergänze ich durch *und oder sowie* und setze kein Komma.
- Komma bei Aufzählungen setzen **Seite 296**

BEZUGS-WÖRTER FINDEN

Kommas setzen bei Appositionen → Ich markiere das Bezugswort und suche nach einer näheren Erläuterung; diese grenze ich durch Kommas vom übrigen Satz ab.
- Komma bei Appositionen **Seite 296**

1 a) Präge dir die Strategien auf dieser Seite gut ein.
b) Setze die Kommas auf den Karteikärtchen unten. Wähle dazu die passende Strategie aus und begründe die Zeichensetzung.
Setze bei A) 1 Komma, B) 2 x Anführungsstriche, 2 Kommas und C) 1 Komma.
c) Unter dem Webcode findest du weitere Kärtchen.

Digital+
Karteikarten
WES-126426-153

AH S. 79

A) Nachdem sie einen furchtbaren Albtraum gehabt hatte kam Caro übermüdet zur Schule.	B) Ich habe geträumt dass ich in Mathe und Deutsch eine Sechs geschrieben habe sagte sie noch etwas verstört.	C) Melina will sie trösten in den Arm nehmen und dadurch beruhigen.

Fehler finden und korrigieren - Texte abschreiben und überprüfen

Rezept für Bärentatzen

Zutaten: 300 g Butter, 100 g Marzipan, 130 g Puderzucker, 2 Eiklar, 350 g Mehl, 1 Päckchen Vanillezucker, Marmelade, flüssige Schokolade

Butter, Zucker, Vanillezucker und Marzipan gut mit dem Mixer verrühren, dann langsam Eiklar dazurühren, anschließend das Mehl unterrühren. Ofen auf 180 Grad aufheizen. Backbleche einfetten oder mit Backpapier belegen. Teig in eine Spritztüte mit einer großen zackigen Lochtülle füllen und kleine „Bärentatzen" aufspritzen. Nach dem Backen die Hälfte der Kekse mit Marmelade bestreichen und mit einem anderen zusammenkleben. Danach zur Hälfte in geschmolzene Schokolade tunken.

Rezept für Bärentatzen (von Bonita)

Zutaten: 30 g Butter, 100 g Marzipan, 130 g Puderzucker, 2 Eikla, 350 Mehr, 1 Päckhen Vanillezucker, Marmelade, Marmelade, flüsige Schokolade
Butter, Zucker, Vanillezucker und Marzipan gut mir dem Mixer verrühren, anschließent langsam Eikla dazurühren, dan das Mehl unterrühren. Ofen auf 180 Grad Grad aufheizen. Backbleche einfetten oder mit Backpapiehr belegen. Teig in eine Spitztüte mit mit einer grossen zackigen Lohtülle fülle und kleine „Bärentatzen" aufspritzen. Nach dem Backen die Häfte der Kekse mit Marmelade bestreichen und mit einem anderen zusammenkleben. Danach zur Hälfte in geschmolzen Schockolade tunken.

1 Bonita hat ein Rezept abgeschrieben: Vergleiche Original und Abschrift und finde heraus, warum das Nachbacken so nicht gelingen wird.

Digital+
Kontrollkarte
WES-126426-154

2 Finde die Fehler in Bonitas Rezept.

a) Lege die Kontrollkarte über den Text. Lies zuerst vorwärts und kontrolliere, ob Wörter doppelt geschrieben wurden.

b) Überprüfe beim Rückwärtslesen, ob Wörter oder Buchstaben vergessen wurden.

c) Lies vorwärts und überprüfe die Satzzeichen.

Du musst insgesamt 17 Fehler finden.

d) Schreibe den Text richtig und übersichtlich ab.

e) Schreibe den Text unten richtig ab. Überprüfe die Abschrift mit der Kontrollkarte.

Kontrollkarte

1. Vorwärtslesen:	Wörter doppelt geschrieben?
2. Rückwärtslesen:	Wörter oder Buchstaben vergessen?
3. Vorwärtslesen:	Alle Satzzeichen übernommen?

Rezept für Taboulé (orientalischer Petersiliensalat)

Zutaten: 2 Bund glatte Petersilie, 200 g Bulgur (Weizenschrot), 2 Tomaten, 1 kleine Gurke, Saft einer Zitrone, etwa 5 Esslöffel Olivenöl, eine Prise Salz
Lass den Bulgur in Wasser aufquellen. Dann hackst du die Petersilie. Als Nächstes schneidest du die Tomaten in Würfel. Diese Zutaten vermischst du mit dem ausgedrückten Bulgur. Zum Schluss wird die Masse mit Zitronensaft, Salz und ein paar Esslöffeln Olivenöl verrührt.

Texte überarbeiten – eigene Fehlerschwerpunkte ermitteln

Der Sportverein möchte an einem Tag die Aktion „FahrRad!“ durchführen. Alina hat eine E-Mail an das Ordnungsamt verfasst, damit die Aktion angemeldet ist und unterstützt wird.

Digital+ Textvorlage WES-126426-155

Sehr geehrte Damen und Heren, R1
um unser Engagement für den Klimaschutz nach aussen zu tragen und ein R2
Zeichen zu setzen, möchte der Sportverein unserer schule mit engagierten R3
Schülerinen und Schülern sowie unser Mathelehrerin Frau Müller am Projekt R4
„FahrRad! Fürs Klima auf Tour“ teilnemen R5, Z6
Dazu werden wir uns bei jeder Erdenklichen gelegenheit aufs Fahrrad schwin- R7, R8
gen und die gefarenen Kilometer aufschreiben. Ziel ist es, mit der gesamten R9
Gruppe so viele Kilometer wie möglich zu erradeln und damit Co_2 einzuspa-
ren, die dan von unserer Teamchefin auf der Homepage vermerkt werden. R10
Wir wollen in sechs monaten 2.641 Kilometer schafen und die Fragen an den R11, R12
11 virtuellen Stationen auf dem weg richtig beantworten damit wir am Ende R13, Z 14
an der Verlosung für den hauptpreis teilnehmen könen. R15, R16
Damit wir möglichst viele Teilnehmerinnen und Teilnehmer erreichen und
mobilisieren könen, wollen wir am sonntag in zwei Wochen eine Fahrradtour R17, R18
durch die Stadt machen. Dabei möchten wir erstens andere anregen, sich
auch an dem projekt zu beteiligen, gleichermasen wollen wir aber auch auf R19, R20
die notwendigkeit hinweisen, Co_2 einzusparen und damit aktiv Klimaschutz zu R21
betreiben.
Aus diesem Grund möchten wir Sie darum biten, die Veranstaltung, an der R22
von etwa 10.00 – 12.00 Uhr etwa 30 Radlerinnen und Radler teilnehmen
werden, zu genehmigen und durch ein Begleitfarzeug zu unterstützen. Über R23
eine positive rückmeldung würden wir uns sehr freuen R24, Z 25
Mit freundlichen Grüssen R26
Alina Reinhard (Mitglied des Sportvereins)

1 **a)** Lest die E-Mail aufmerksam durch. Sprecht darüber, was Alina mit der E-Mail erreichen will.
b) Überlegt gemeinsam, ob sich solch eine Aktion eignet, um weitere Unterstützer zu finden.

2 **a)** Lies den Kommentar aus der Schreibkonferenz und erkläre, ob die Kritik angemessen ist.
b) Überfliege die gekennzeichneten Fehlerarten und benenne, was Alina noch überarbeiten muss, bevor sie die E-Mail abschicken kann.

Du hast sehr höflich formuliert und das Anliegen auch erläutert. Allerdings enthält deine E-Mail auch Rechtschreibfehler. Die solltest du verbessern, damit das Anliegen ernst genommen wird.

» Fachwortschatz, S. 306

3 Überarbeite Alinas E-Mail. Gehe dabei so vor:

a) Lies die E-Mail auf Seite 303 genau und spüre die rechts angezeigten Fehler im Text auf. Markiere sie farbig. Du kannst dazu auch deinen Textkorrekturstift nutzen.

b) Korrigiere die markierten Wörter, indem du die passenden Rechtschreib- und Zeichensetzungsstrategien anwendest. Du findest sie im Überblick auf den Seiten 294 und 301 dieses Kapitels. Schreibe so:

R1 Herren → die Her ren (Silbenprobe)

R2 außen => <u>au</u> ßen (Silbenprobe, langer Vokal, scharfes s)

Diese Rechtschreibstrategien kannst du anwenden: *Silbenprobe, Signalwörter/ Artikelprobe, Ableitungsprobe.*

c) Besprecht Fehler, bei denen ihr euch unsicher seid, in der Klasse. Nutzt dazu auch das Wörterbuch zum Nachschlagen.

d) Schreibe die E-Mail ohne Fehler ab.

4 Welche Fehlerschwerpunkte kannst du bei Alina entdecken?

a) Übertrage die Tabelle ins Heft und ergänze sie, durch weitere Zeilen. Du benötigst die Kategorien *Großschreibung, Doppelkonsonanten, ss oder ß, Dehnungs-h, Satzschlusszeichen, Kommas bei Satzgefügen.*

b) Zähle die Fehlerarten, indem du Striche machst. Wiederholungen zählst du nur einmal. Benenne die Fehlerschwerpunkte.

c) Finde mithilfe der Seiten 294, 301 und 305 heraus, welche Übungstipps du Alina geben würdest: Suche die passenden Seiten in diesem Buch und im Arbeitsheft heraus.

Großschreibung	I
Doppelkonsonanten	
ss oder ß	
...	

5 **a)** Wähle einen eigenen Text, der schon korrigiert ist. Das kann zum Beispiel die letzte Klassenarbeit oder eine Hausaufgabe sein.

b) Finde deine Fehlerschwerpunkte heraus, indem du wie in der **LERNBOX** vorgehst.

LERNBOX

So findest du deine Fehlerschwerpunkte heraus:

Das Herausarbeiten von **Fehlerschwerpunkten** schärft deinen Blick für die **Überarbeitung eigener Texte**. Du kannst Rechtschreibung und Zeichensetzung verbessern, indem du die gelernten Strategien gezielt anwendest:

1. Lass deinen Text von einer anderen Person, die sich mit Rechtschreibung und Zeichensetzung auskennt, korrigieren.
2. Nummeriere die Fehler wie im Beispiel auf Seite 303.
3. Lege dir eine Tabelle mit Fehlerschwerpunkten an.
4. Untersuche die Fehlerarten in deinem Text und zähle sie. Wiederholungen zählst du nur einmal.
5. Nun kannst du gezielt zu deinen Fehlerschwerpunkten üben. Beginne mit deiner häufigsten Fehlerquelle.

» Fachwortschatz, S. 306

AH S. 80

Richtig schreiben

Kompetenz / Inhalt	Selbsteinschätzung ☺ 😐 ☹	Fremdeinschätzung ☺ 😐 ☹	Bemerkungen	Hier kannst du weiterüben:
Ich kann …				
Rechtschreibstrategien zuordnen. (S. 276)				AH, S. 63
kurze und lange Vokale unterscheiden. (S. 277)				AH, S. 64
Wörter mit *ie* richtig schreiben. (S. 278)				
Wörter mit silbentrennendem *h* erkennen. (S. 279)				
Doppelkonsonanten richtig schreiben. (S. 280)				
Wörter mit *ck* und *tz* richtig schreiben. (S. 281)				AH, S. 65
Wörter mit *b/p, d/k, g/k* unterscheiden. (S. 282)				
Wörter mit *-isch, -ig, -lich* richtig schreiben. (S. 283)				AH, S. 66
Wörter mit s-Lauten unterscheiden. (S. 284–286)				AH, S. 67 AH, S. 68
Wörter mit *ä/äu* ableiten. (S. 287)				AH, S. 69
Lernwörter mit Dehnungs-*h* richtig schreiben. (S. 288)				AH, S. 70
Großschreibung erkennen. (S. 289–291)				AH, S. 71 AH, S. 72
die Konjunktion *dass* erkennen und schreiben. (S. 292)				AH, S. 74
Wörter richtig trennen. (S. 293)				AH, S. 75
Rechtschreibstrategien verstehen. (S. 294)				
Satzzeichen richtig setzen: – Satzschlusszeichen (S. 295) – Komma bei Aufzählungen (S. 296) – in Satzreihen (S. 297) – in Satzgefügen (S. 298) – bei Appositionen (S. 299) – bei der wörtlichen Rede. (S. 300)				 AH, S. 76 AH, S. 77 AH, S. 78
Zeichensetzungsstrategien verstehen. (S. 301)				AH, S. 79
Texte abschreiben und überprüfen; Fehlerschwerpunkte ermitteln und dazu üben. (S. 302–304)				AH, S. 80

AH = Arbeitsheft, SB = Schülerband

FACHWORTSCHATZ

Fachwörter und Methoden

die Abkürzung	Abkürzungen sind festgelegte Verkürzungen für Wörter, die allgemein bekannt sind und immer gleich geschrieben werden, z. B. *g = das Gramm, l = der Liter.* Nach Maßangaben setzt du keinen Punkt, bei abgekürzten Wörtern aber schon: *z. B.* (= zum Beispiel), *u. a.* (= unter anderem), *s.* (= siehe).
die Apposition	= eine nachgestellte Erläuterung, die ein Nomen näher beschreibt. Sie wird durch Kommas vom übrigen Satz abgetrennt: *Die Müll-Sammel-Aktion, die erste dieser Art, wird auf Inline-Skates durchgeführt.*
die Aufzählung	Bei Aufzählungen von Wörtern und Wortgruppen setzt du ein Komma: *Im Schülercafé gab es belegte Brötchen, Meterbrot und selbstgebackene Kuchen.*
der Doppelkonsonant	Doppelkonsonanten bezeichnen eine Verdopplung der Mitlaute: *b, d, f, g* ... Führe die Silbenprobe durch: Wird der Vokal in der betonten Silbe kurz gesprochen, schreibst du zwei Konsonanten: *der Löf fel, das Mes ser.* Dann ist er geschlossen: *das Brett* → *die Bret ter* (= Rechtschreibstrategie).
der Fehlerschwerpunkt	Die Ermittlung von Fehlerschwerpunkten hilft dir, einen Überblick über deine persönlichen Fehlerquellen zu erhalten. So ermittelst du genau, welche Aspekte der Rechtschreibung und Zeichensetzung du noch üben musst.
der Hauptsatz	Er enthält immer ein Subjekt und Prädikat: *Die Fabel passt genau zum menschlichen Verhalten.*
das Komma	Es ist erforderlich bei Aufzählungen, Satzreihen und Satzgefügen.
die Konjunktion	Das sind Satzverknüpfungswörter, die HS und HS oder HS und NS verknüpfen: *und, dass, weil, da, denn* ...
die Konjunktion *dass*	Die Konjunktion dass leitet einen Nebensatz ein, der oftmals nach Verben wie *wissen, meinen, behaupten, vermuten, sich freuen, bedauern* steht und den Hauptsatz näher erläutert. Den *dass*-Satz trennst du mit einem Komma vom Hauptsatz ab: *Tim meint, dass das Wetter die Laune steuern kann.*
der Konsonant	= ein Mitlaut: *b, c, d, f, g, h, j, k* ... Wenn der Vokal vor dem Konsonanten kurz gesprochen wird, ist diese Silbe geschlossen; dann schreibst du einen Doppelkonsonanten: *kä men, das schnel le Auto, die Klas se* ...
das Lernwort	= ein Wort, dessen Rechtschreibung du nicht mithilfe einer Rechtschreibstrategie erklären kannst. Sammle diese Wörter in deiner Rechtschreibkartei oder in einer Wörterliste.
die Korrekturzeichen	Verwende zur Korrektur von Texten diese Korrekturzeichen: ├┤ = streichen, ┌ = einfügen, └→ ←┘ =ersetzen _┌ Absatz. Bei „einfügen“ und „ersetzen“ ergänzt du immer die Formulierungen, die besser genutzt werden sollten. R steht für Rechtschreibfehler, T für Fehler der Zeitform, → für Veränderung der Reihenfolge.
der Nebensatz	Ein Nebensatz kann nicht ohne Hauptsatz stehen; er wird häufig von einer Konjunktion eingeleitet und durch ein Komma vom Hauptsatz abgetrennt. Die gebeugte Form des Verbs steht am Ende: *Weil Callie in der Zeit gereist ist,* (NS) *kommt ihr die Umgebung merkwürdig vor.* (HS)
die Nominalisierung	Wenn diese Wörter nominalisiert werden, schreibst du Infinitive und Adjektive groß. Dies erkennst du zum Beispiel, wenn ein Signalwort davorsteht: *das Denken, dieses Laufen, die Kleinen glauben* ...
die Rechtschreibkartei	Sie hilft dir beim Lernen von Wörtern, die du falsch geschrieben hast. Schreibe das Wort, das du dir einprägen willst, oben auf die Karteikarte. Notiere verschiedene Wortformen darunter: Plural, Fälle etc.
die Rechtschreibstrategie	Rechtschreibstrategien sind z. B.: – **Silbenprobe** (= geschlossene / offene Silbe): *die Wöl fe, die Men sa* ... Ergänze die Silbenbogen. – **Wörter verlängern** (= Buchstaben zum Klingen bringen): *das Tier* → *die Tie re, er geht* → *wir ge hen, mutig* → *mu ti ge* ... – **Artikelprobe** (= einen Artikel vor ein Nomen setzen), **Signalwörter überprüfen:** *das Essen, beim Lernen* ... – **Wörter zerlegen** (= ein Wort in seine Bestandteile zerlegen): *aufdrehen* → *auf dre hen, das Schneidebrett* → *schnei den + Bret ter* ... Wenn du unsicher bist, wie du Zusammensetzungen schreiben musst, **zerlege** sie zuerst und **verlängere** dann das erste Wort: *der Ran?streifen* → *der Rand (die Rän der) + der Streifen.* – **Wörter ableiten** (= verwandtes Wort finden): *sehen* → *er sieht, der Seher,* ...; *gefährlich* → *die Gefahr,* ...

das Satzgefüge	Es besteht mindestens aus einem **Haupt**- und einem **Nebensatz**. Den Nebensatz erkennst du an der einleitenden Konjunktion *(als, wenn, während, dass, obwohl, wenn ...)* sowie an dem konjugierten Verb am Satzende: *Ich lese gerne Fabeln, weil sie oft lehrreich sind.* Haupt- und Nebensatz werden durch Kommas getrennt.
die Satzreihe	Sie besteht aus mindestens zwei **Hauptsätzen**; oft sind diese durch die Konjunktionen *und, oder, aber, denn* oder *doch* verbunden. Zwischen diesen Hauptsätzen steht ein Komma, z. B.: *Im Schülercafé gibt es etwas zu essen, denn alle sind in den Pausen hungrig.*
das Satzschlusszeichen	Satzschlusszeichen helfen dir, einen Text übersichtlich zu gestalten und die Aussageabsicht zu verdeutlichen: – **Aussagesatz:** *Die Galacto hebt langsam ab.* – **Fragesatz:** *Wie weit konnte das Raumschiff mit dem gefüllten Tank fliegen?* – **Aufforderung/Ausrufesatz:** *Öffne die Seitenklappe! / Das reicht! / Oh weh!*
das Signalwort	Mithilfe von Signalwörtern kannst du erkennen, ob du ein Wort großschreiben musst. Signalwörter sind: – **Artikel:** *ein Löwe, die Brötchen, eines Tages ...* – **Pronomen:** *dein Pausenbrot, dieses Buch, unser Küchenteam ...* – **Adjektive:** *der störrische Esel, die listige, diebische Elster ...* – **Präposition + Artikel:** *am (an + dem) See, beim, im, am, ans, ins ...*
die Silbe	Mit Silben bildest du Wörter. In jeder Silbe kommt ein Vokal, Umlaut oder Zwielaut vor; die offene Silbe endet mit einem Vokal, die geschlossene mit einem Konsonanten: *die Blu me, die Son ne ...*
der Textkorrekturstift	Das ist ein Stift in anderer Farbe. Damit korrigierst du, um besser erkennen zu können, was du verbessern oder noch üben musst.
die Textkorrekturkarte	Darauf notierst du deine Fehlerschwerpunkte. Ergänze die passenden Rechtschreibstrategien, um sie dir einzuprägen.
überarbeiten	Beim Überarbeiten hältst du dich an festgelegte Kriterien. Wenn du Anmerkungen am Rand notierst, orientierst du dich an der CHECKLISTE und nutzt die Korrekturzeichen. Wichtig ist, dass du Rechtschreibung und Zeichensetzung überprüfst. Dazu wendest du die Strategien an, die du gelernt hast (s. Seiten 294 und 301).
der Vokal	= ein Selbstlaut: *a, e, i, o, u*; dazu gehören auch Zwielaute (Diphthonge): *ai, ei, au, äu, eu* und die Umlaute: *ä, ö, ü*.
Wörter trennen	Mehrsilbige Wörter kannst du trennen; du orientierst dich dabei an den Silben. Die Buchstabenverbindungen, die für einen Buchstabenlaut stehen, trennst du nicht *(ch, sch, ph, rh, sh, th, ck)*; einzelne Vokale trennst du ebenfalls nicht: *der Bag-ger, ers-te, der Bä-cker, aber: der Abend.*
die Wörterliste	Eine Wörterliste kann dir helfen, dir neue Wörter, deren Bedeutung und Funktion und natürlich auch die Schreibweise besser einzuprägen. Du notierst links das Wort (bei Nomen mit Artikel) und ergänzt rechts in eigenen Worten eine Erklärung. Eine Rechtschreibkartei ist auch eine Art Wörterliste. Auf solche einer Karteikarte notierst du die Wortart, das Wort in anderen Formen (z. B. Plural, Zeitformen, Komparativ ...) und einen kurzen Satz. Unterstreiche auch die Fehlerstelle im Wort, damit du dir die Rechtschreibschwierigkeit einprägen kannst.
die Wortfamilie	Wörter mit gleichem Wortstamm bilden eine Wortfamilie: *fahren: erfahren, das Fahrrad, fahrlässig ...*
die wörtliche Rede	Du kennzeichnest sie durch Anführungsstriche am Anfang unten und am Ende oben. Die wörtliche Rede wird meistens durch einen **Begleitsatz** eingeführt; dieser kann aber auch eingeschoben oder nachgestellt sein: *Maxi fragte: „War das wirklich so knapp?“ // „Oh je“, stöhnte Maxi, „das war wirklich knapp!“ // „War das wirklich so knapp?“, fragte Maxi.*
der Wortstamm	= der Kern des Wortes; durch das Anhängen von Präfixen und Suffixen entstehen Zusammensetzungen mit unterschiedlicher Bedeutung: *rennen: verrennen, die Rennbahn ...*

1 Du kannst die Fachwortliste zum Nachschlagen während der Arbeit im Kapitel sowie zum Lernen des Fachwissens benutzen. Nutze dazu die Karteikarten unter dem Webcode.

Digital+
Karteikarten
WES-126426-156

UNREGELMÄSSIGE VERBEN

Infinitiv	Präteritum	Perfekt
befehlen	befahl	hat befohlen
beginnen	begann	hat begonnen
biegen	bog	hat gebogen
bitten	bat	hat gebeten
bleiben	blieb	ist geblieben
brechen	brach	ist gebrochen
bringen	brachte	hat gebracht
denken	dachte	hat gedacht
erschrecken	erschrak	ist erschrocken
essen	aß	hat gegessen
fahren	fuhr	ist gefahren
fallen	fiel	ist gefallen
fangen	fing	hat gefangen
finden	fand	hat gefunden
fliegen	flog	ist geflogen
fliehen	floh	ist geflohen
fließen	floss	ist geflossen
fressen	fraß	hat gefressen
geben	gab	hat gegeben
gehen	ging	ist gegangen
gelingen	gelang	ist gelungen
geschehen	geschah	ist geschehen
gewinnen	gewann	hat gewonnen
gießen	goss	hat gegossen
gleiten	glitt	ist geglitten
greifen	griff	hat gegriffen
haben	hatte	hat gehabt
halten	hielt	hat gehalten
hängen	hing	hat gehangen
heben	hob	hat gehoben
heißen	hieß	hat geheißen
helfen	half	hat geholfen
kennen	kannte	hat gekannt
klingen	klang	hat geklungen
kommen	kam	ist gekommen
können	konnte	hat gekonnt
lassen	ließ	hat gelassen
laufen	lief	ist gelaufen
leihen	lieh	hat geliehen
lesen	las	hat gelesen
liegen	lag	hat gelegen
nehmen	nahm	hat genommen
raten	riet	hat geraten

Infinitiv	Präteritum	Perfekt
reißen	riss	hat gerissen
reiten	ritt	ist geritten
rennen	rannte	ist gerannt
riechen	roch	hat gerochen
rufen	rief	hat gerufen
scheinen	schien	hat geschienen
schießen	schoss	hat geschossen
schlafen	schlief	hat geschlafen
schlagen	schlug	hat geschlagen
schleichen	schlich	ist geschlichen
schließen	schloss	hat geschlossen
schneiden	schnitt	hat geschnitten
schreiben	schrieb	hat geschrieben
schreien	schrie	hat geschrien
schweigen	schwieg	hat geschwiegen
schwimmen	schwamm	ist geschwommen
schwören	schwor	hat geschworen
sehen	sah	hat gesehen
sein	war	ist gewesen
singen	sang	hat gesungen
sinken	sank	ist gesunken
sitzen	saß	hat gesessen
sprechen	sprach	hat gesprochen
springen	sprang	ist gesprungen
stehen	stand	hat gestanden
stehlen	stahl	hat gestohlen
steigen	stieg	ist gestiegen
sterben	starb	ist gestorben
streichen	strich	hat gestrichen
streiten	stritt	hat gestritten
tragen	trug	hat getragen
treffen	traf	hat getroffen
treten	trat	hat getreten
trinken	trank	hat getrunken
vergessen	vergaß	hat vergessen
verlieren	verlor	hat verloren
verzeihen	verzieh	hat verziehen
wachsen	wuchs	ist gewachsen
werden	wurde	ist geworden
werfen	warf	hat geworfen
wissen	wusste	hat gewusst
ziehen	zog	hat gezogen
zwingen	zwang	hat gezwungen

Verben mit Dativobjekt (Wem?)

absagen	Alexa sagt **Ayse, Selma und Maxi** den Besuch der Galacto nicht ab.
antworten	Ayse, Selma und Maxi haben **Alexa** sofort geantwortet.
auffallen	Der Innenraum der Galacto ist **den Freundinnen** gleich aufgefallen.
begegnen	Auf dem Planeten Ergo begegnen sie **Außerirdischen**.
bevorstehen	Ein spannendes Weltraumabenteuer steht **den Kindern** bevor.
danken	Die Freundinnen danken **Alexa** für die tolle Expedition.
einfallen	Henry fällt ein, dass er **Julia** noch eine E-Mail schreiben will.
entgegenkommen	In Dänemark kommen die Schulhunde **den Kindern** auf dem Hof entgegen.
folgen	In Äthiopien folgen die Schulkinder **einander** durch die heiße Wüste.
gehören	In Dänemark gehören die bunten Kostüme für den Unterricht **den Kindern**.
gelingen	Den Kindern an der Maotanchang-Schule gelingt ein **guter Abschluss**.
helfen	Ältere Schüler und Schülerinnen helfen **den Neuankömmlingen** gern.
missglücken	Die Organisation eines Müllaktionstags ist **Jannik** noch nie missglückt.
nachgehen	Das Lauf-Team will **den Umweltsünden** beim Plogging nachgehen.
nutzen	**Den Joggenden** wird ihre große Ausdauer für die Sammelaktion nutzen.
passen	**Den Kindern** passt die Aktion am Samstagnachmittag zeitlich gut.
schwerfallen	**Manchen Helfenden** fällt es schwer, die vollen Säcke zu tragen.
vertrauen	Die Kinder werden **der neuen Team-Chefin** vertrauen.
widersprechen	Im April widerspricht das Wetter häufig **sich selbst**.
zuhören	Blitz, Donner und Regenprasseln kann man in der Natur zuhören.
zustimmen	Ich stimme dir zu, dass wir lieber bei Sonnenschein nach draußen gehen.

Verben mit Dativobjekt (Wem?) und Akkusativobjekt (Wen? oder Was?)

anbieten	Der Affe bietet **dem Fuchs und dem Hund** **kein Stück von der Wurst** an.
beantworten	Alaska beantwortet **Emil** **seine Fragen zu Saint-Port-sur-Mer**.
beibringen	Alaska bringt **Emil** **die Wahrheit zum Klimawandel** nicht schonend bei.
berichten	Der Fuchs berichtet **dem Hahn** **die Neuigkeit vom Friedenspakt**.
empfehlen	Fabeln empfehlen **den Menschen** **ein vernünftiges Verhalten**.
erklären	Alaska erklärt **Emil** **die Müllverwertung in der Zukunft**.
geben	Viele Kinder geben **ihren Haustieren** **ein schönes Zuhause und Fürsorge**.
holen	Ines holt **dem Hund** **ein Leckerli**.
kaufen	Emma kauft **ihrer Riesenschnecke** **frischen Salat**.
leihen	Cem leiht **seiner Cousine** **das Buch Warrior Cats**.
schenken	Ines schenkt **ihrem neuen Hund** zum Einzug **einen gemütlichen Korb**.
schulden	Lisa schuldet **Seven** noch **5 Euro für den Einkauf der Zutaten**.
übergeben	Die Kinder übergeben **Seven** **ihre Rezepte für das E-Book**.
verbieten	Lisa verbietet **den Mithelfenden** **die Nutzung der verdorbenen Zutaten**.
versprechen	Die Kinder versprechen **ihren Freunden** **vegane Gerichte auf der Speisekarte**.
wünschen	Die Lehrerin wünscht **dem Vorleser** **viel Erfolg**.

TEXTSORTENVERZEICHNIS

Informationstexte und Sachtexte

Jugendbuchauszüge

Klappentexte

Nicht lineare Texte

Sprachnachrichten und Kurznachrichten

STICHWORTVERZEICHNIS

Anforderungsbereich I (Reproduktion)	
Nenne/Benenne	Informationen ohne Kommentierung zusammentragen
Beschreibe	Textaussagen oder Sachverhalte wertungsfrei in eigenen Worten darstellen
Gib wieder	Inhalte sachlich in eigenen Worten formulieren
Fasse zusammen	Inhalte verkürzt und strukturiert in eigenen Worten wiedergeben

Anforderungsbereich II (Reorganisation und Transfer)	
Untersuche/ Erschließe	an Texten, Aussagen, Sachverhalten oder Problemstellungen fragegeleitet arbeiten
Ordne ... ein	Inhalte in einen Zusammenhang einbinden
Vergleiche	Texte oder Sachverhalten aspektgeleitet gegenüberstellen, um Gemeinsamkeiten und Unterschiede zu ermitteln
Erkläre/ Erläutere	Textaussagen oder Sachverhalte auf Basis von Kenntnissen darstellen und durch zusätzliche Informationen oder Beispiele veranschaulichen
Setze ... in Beziehung zu	aspektgeleitet Zusammenhänge zwischen Textaussagen, Sachverhalten oder Analyseergebnissen herstellen

Anforderungsbereich III (Reflexion und Problemlösung)	
Nimm Stellung	einen eigenen Standpunkt zu einer Aussage oder Meinung formulieren und auf Basis eines Textes und/oder eigene Erfahrungen und/oder Informationen begründen
Schlussfolgere	auf der Grundlage vorgegebener Informationen zu eigenen Erkenntnissen gelangen
Beurteile	zu einem Text oder Sachverhalt ein selbstständiges und begründetes Urteil fällen
Bewerte	zu einem Text oder Sachverhalt ein selbstständiges und begründetes Urteil mit Bezug zu eigenen Wertmaßstäben fällen
Begründe	eigene Aussagen überzeugend (z. B. mit Belegen oder Beispielen) stützen
Überprüfe/ Prüfe	eine Aussage oder einen Sachverhalt auf Grundlage eigener Kenntnisse untersuchen und zu einem Ergebnis kommen
Gestalte	auf Grundlage einer Vorlage ein eigenes Produkt erarbeiten

Lernboxen

Sprache

Texte

Kommunikation

Medien

Methoden

TEXT- UND BILDQUELLENVERZEICHNIS

Textquellen

37 Simone Mülller: Weltraumschrott. Gefährliches Gerümpel. Aus: Geolino extra: Raumfahrt. Nr. 69 2018. Seite 71.

71 Benita Wintermantel. Plogging: Sport machen und die Umwelt schützen – vor allem nach dem Jahreswechsel. Frankfurt am Main: ÖKO-TEST Verlag GmbH & Co. KG (03.01.2023): https://www.oekotest.de/freizeit-technik/Plogging-Sport-machen-und-die-Umwelt-schuetzten--vor-allem-nach-dem-Jahreswechsel_600772_1.html [Zugriff: 20.02.2023] (verändert).

77 FahrRad! Gebrauchsanleitung. Berlin: Verkehrsclub Deutschland e.V: https://www.klima-tour.de/fileadmin/user_upload/Kampagnenmaterial/Gebrauchsanleitung.pdf [Zugriff: 09.03.2023] (verändert).

78 FahrRad! Fürs Klima auf Tour. Berlin: Verkehrsclub Deutschland e.V.: https://www.aktionfahrrad.de/schule-deutschland-fahrrad-freundlichste-schule-vcd-jugendkampagne.asp [Zugriff: 09.03.2023] (Zeile 1-8, verändert).

78 FahrRad! Gebrauchsanleitung. Berlin: Verkehrsclub Deutschland e.V: https://www.klima-tour.de/fileadmin/user_upload/Kampagnenmaterial/Gebrauchsanleitung.pdf [Zugriff: 09.03.2023] (Zeile 9-26).

92 Erwin Moser. Gewitter. Aus: Ursula Remmers, Ursula Warmbold (Hg.): Von der Erde bis zum Mond. Gedichte für Kinder. Stuttgart: Philipp Reclam jun. GmbH & Co. KG 2004. Seite 50.

94 Heinrich Hoffmann: Die Geschichte vom fliegenden Robert. Aus: Dr. Heinrich Hoffmann: Der Struwwelpeter. Frankfurter Originalausgabe, Loewe Verlag GmbH,.Seite 24.

98 Josef Guggenmos. Das Gewitter. Aus: Antje Hemming, Frauke Köppen (Hg.): Gedichte in der 3. und 4. Klasse. Materialien für den Unterricht. Garching b. München: Hase und Igel Verlag 2009. Seite 93.

100 Georg Britting. Fröhlicher Regen. Aus: Ingeborg Schuldt-Britting (Hg.): Sämtliche Werke. Band 1. Der irdische Tag. Gedichte. Höhenmoos: Georg-Britting-Stiftung 2008. Seite 49.

102 Josef Guggenmos. Geschichte vom Wind. Aus: Was denkt die Maus am Donnerstag? 121 Gedichte für Kinder. Mit einem Nachwort. München: dtv Verlagsgesellschaft 2021. Seite 73.

108 Georg Britting. Am offenen Fenster bei Hagelwetter. Aus: Ingeborg Schuldt-Britting (Hg.): Sämtliche Werke. Band 1. Der irdische Tag. Gedichte. Höhenmoos: Georg-Britting-Stiftung 2008. Seite 55.

111 Hanna Hanisch. Ich und mein Regenschirm. Aus: Hans Bödecker (Hg.): Die Kinderfähre. Stuttgart: Union Verlag 1972. Seite 43.

112 Hoffmann von Fallersleben. Der Eislauf. Aus: Medienwerkstatt Mühlacker Verlagsgesellschaft mbH. 2008.

118 Wolfgang Kuhn. Mit Jeans in die Steinzeit. München: dtv Verlagsgesellschaft 1994. 9. Auflage. Seite 52-54.

125 Claudia Frieser. Oskar und das Geheimnis der verschwundenen Kinder. Hamburg: Dressler 2007. Seite 30-36.

130 Claudia Frieser. Oskar und das Geheimnis der verschwundenen Kinder. Hamburg: Dressler 2007. Seite 167-168.

133 Mandy Hubbard. Wie ich in High Heels durch die Zeit stolperte. Übersetzerin: Franziska Jaekel. Ravensburg: Ravensburger Buchverlag Otto Maier GmbH 2015. Seite 44-47.

137 Jean-Michel Payet. Nächster Halt: Zukunft. Übersetzerin: Ingrid Ickler. Köln: Bastei Lübbe Verlag 2015. Seite 46-50.

143 Jean-Michel Payet. Nächster Halt: Zukunft. Übersetzerin: Ingrid Ickler. Köln: Bastei Lübbe Verlag 2015. Seite 46-50.

149 Klimawandel: Wie der Mensch die Erde verändert. Aus: Geolino online. Hamburg: G+J Medien GmbH (09.03.2021): https://www.geo.de/geolino/natur-und-umwelt/2875-rtkl-globale-erwaermung-klimawandel-wie-der-mensch-die-erde-veraendert [Zugriff: 20.02.2023].

152 Dennis Lenz. Katze, Hund & Co. Forschung und Wissen (01.06.2019): https://www.forschung-und-wissen.de/nachrichten/biologie/in-deutschland-leben-immer-mehr-haustiere-13372999 [Zugriff: 22.02.2023].

155 Bist du bereit für ein Haustier? Deutscher Tierschutzbund e.V., Bonn: https://www.tierheime-helfen.de/bereit-fuer-ein-haustier [Zugriff: 21.02.2023].

156 Barbara Kiesewetter. Achatina achatina. Achatschnecke. Stuttgart: SWR Kindernetz. Südwestrundfunk. https://www.kindernetz.de/wissen/tierlexikon/steckbrief-achatschnecke-100.html [Zugriff: 21.02.2023].

207 Albert Ludwig Grimm. Die beiden Ziegen. Fachbibliothek für die Jugend. Klett o. J. (verändert)

208 Äsop. Fuchs, Bär und Löwe. Florian Russi. Deutschland-Lese. Weimar: Bertuch Verlag GmbH https://www.deutschland-lese.de/streifzuege/fabeln/aesop/fuchs-baer-und-loewe/ [Zugriff: 22.02.2023] (verändert).

212 Unbekannter Verfasser. Das Kamel und die Ratte. Hamburg: c/o Guido Adam. https://hekaya.de [Zugriff: 22.02.2023].

215 Unbekannter Verfasser. Der Affe als Schiedsrichter. Hamburg: c/o Guido Adam: https://hekaya.de [Zugriff: 22.02.2023] (verändert).

220 Jean de la Fontaine. Der Fuchs und der Hahn. Aus: Anne Braun, Isolde Stangner (Hg.): Fabeln für die Grundschule. Stuttgart, Leipzig: Klett 2016. Seite 87 (verändert).

223 Äsop. Rabe und Fuchs. Hamburg: Projekt Gutenberg.de: https://www.projekt-gutenberg.org/aesop/fabeln/chap004.html [Zugriff: 22.02.2023] (verändert).

224 Die Fledermaus. Hamburg: Heyka.de, c/o Guido Adam. https://hekaya.de/fabeln/die-fledermaus--aesop_51.html [Zugriff: 22.02.2023].

228 David Levithan. Das mysteriöse Verschwinden des Aidan S. Übersetzerin: Nadine Lipp. München: Lago 2021. Seite 18-19.

232 Frauke Scheunemann. Klappentext zu „T wie Tessa. Plötzlich Geheimagentin“. Bindlach: Loewe Verlag 2021.

232 David Levithan. Klappentext zu „Das mysteriöse Verschwinden des Aidan S.“ München: Lago 2021.

232 Lieneke Dijkzeu. Klappentext zu „Ein Traum vom Fußball“. Würzburg: Arena 2014.

233 David Levithan. Das mysteriöse Verschwinden des Aidan S. München: Lago 2021. Seite 7-9.

235 David Levithan. Das mysteriöse Verschwinden des Aidan S. München: Lago 2021. Seite 16-19.

237 David Levithan. Das mysteriöse Verschwinden des Aidan S. München: Lago 2021. Seite 35-37.

239 David Levithan. Das mysteriöse Verschwinden des Aidan S. München: Lago 2021. Seite 86-87.

242 Margit Auer. Pling! Pling! Pling!. Die Schule der magischen Tiere – Versteinert! Band 9. Hamburg: Carlsen Verlag 2017. Seite 19-21.

245 Der stolze Schmetterling. Sommer, Ingrid, Sommer, Klaus-Dieter (Hg.): Der Ochse und das Harfenspiel. Fabeln aus aller Welt. Berlin: Verlag Neues Leben 1974. Seite 267-268 (verändert).

246 Äsop. Der Löwe und die Maus. Fabeln des Aesop. Ravensburg: Ravensburger Buchverlag Otto Maier 1966 (verändert).

246 Äsop. Der Löwe und der Bär. Projekt Gutenberg.de: https://www.projekt-gutenberg.org/aesop/fabeln/chap012.html [Zugriff: 23.02.2023] (verändert).

247 Äsop. Die Schildkröte und der Hase. Aus: Johannes Irmscher (Hg.): Sämtliche Fabeln der Antike. Köln: Anaconda Verlag GmbH 2011.

290 Die Meditation. Hamburg: c/o Guido Adam: https://hekaya.de [Zugriff: 22.02.2023].

291 Gottfried August Bürger. Die Biene und die Taube. Aus: Etzel, Theodor: Fabeln und Parabeln der Weltliteratur. Köln: Komet. Seite 242 (verändert).

Bildquellen

|akg-images GmbH, Berlin: 125.1. |Alamy Stock Photo, Abingdon/Oxfordshire: Archivart 227.1; Art Directors & TRIP 178.2; Gari Wyn Williams 54.3; Geopix 37.2; Sean Sprague 43.1; Standard Studio 44.5; Ted Foxx 44.3, 44.6. |Alamy Stock Photo (RMB), Abingdon/Oxfordshire: Hoff, Dana 195.2, 259.1; NASA Photo 37.3; Rahman, Muhammad Mostafigur 244.8. |Arena Verlag GmbH, Würzburg: aus: Lieneke Dijkzeul/Ein Traum vom Fußball. Umschlagillustration: Martijn van der Linden. © 2004, Lemniscaat Publishers, Rotterdam. Für die deutschsprachige Ausgabe © 2006/2016 Arena Verlag GmbH, Würzburg 230.2, 231.11. |Art Explosion, Calabasas, CA: 176.8, 176.9. |Asaro, Cesare, Wien: 185.3. |Astrofoto, Sörth: NASA/Koch 36.1. |Berg, Anke am, Bernau bei Berlin: 280.1. |Berghahn, Matthias, Bielefeld: 5.1, 5.2, 7.3, 7.4, 142.1, 176.1, 176.2, 176.3, 176.4, 177.1, 177.2, 177.3, 177.4, 178.1, 179.1, 179.2, 180.1, 181.1, 181.2, 181.3, 181.4, 181.5, 181.6, 182.1, 183.1, 185.1, 185.2, 188.1, 188.2, 188.3, 188.4, 188.5, 188.6, 189.1, 190.1, 190.2, 190.3, 191.1, 191.2, 192.1, 193.1, 194.1, 194.2, 194.3, 194.4, 194.5, 196.1, 196.2, 196.3, 197.1, 198.1, 198.3, 198.4, 198.5, 198.6, 198.7, 198.8, 198.9, 198.10, 198.11, 199.1, 200.1, 201.1, 267.2, 272.1, 283.1, 296.1. |Börsenverein des Deutschen Buchhandels e. V., Frankfurt am Main: 242.1. |Colourbox.com, Odense: 203.3; Monkey Business Images 198.2. |Dölling, Andrea, Berlin: 6.1, 245.1. |Drescher, Heinrich, Münster: 183.2. |Druwe & Polastri, Cremlingen/Weddel: 73.1. |ESA/NASA: 37.4. |Evelyn Neuss Illustration, Hannover: 2.1, 8.1, 9.1, 10.1, 10.2, 10.3, 10.4, 10.5, 10.6, 11.1, 12.1, 15.1, 15.2, 15.3, 15.4, 15.5, 15.6, 15.7, 15.8, 15.9, 15.10, 15.11, 15.12, 15.13, 15.14, 15.15, 16.1, 16.2, 16.3, 16.4, 16.5, 16.6, 16.7, 16.8, 16.9, 17.1, 19.1, 21.1, 21.2, 21.3, 21.4, 21.5, 21.6, 21.7, 21.8, 22.1, 22.2, 22.3, 22.4, 22.5, 22.6, 23.1, 23.2, 23.3, 23.4, 23.5, 23.6, 23.7, 23.8, 24.1, 24.2, 25.1, 25.2, 25.3, 25.4, 25.5, 25.6, 25.7, 25.8, 25.9, 25.10, 25.11, 25.12, 25.13, 26.1, 26.2, 26.3, 26.4, 26.5, 26.6, 26.7, 26.8, 26.9, 26.10, 26.11, 26.12, 26.13, 26.14, 26.15, 27.1, 27.2, 27.3, 27.4, 27.5, 27.6, 27.7, 28.1, 28.2, 28.3, 28.4, 28.5, 28.6, 28.7, 28.8, 29.1, 29.2, 29.3, 29.4, 29.5, 29.6, 29.7, 29.8, 29.9, 29.10, 29.11, 30.1, 31.1, 31.2, 32.1, 32.2, 32.3, 32.4, 32.5, 32.6, 32.7, 33.1, 33.2, 33.3, 33.4, 33.5, 33.6, 33.7, 35.1, 35.2, 35.3, 35.4, 35.5, 35.6, 35.7, 37.1, 250.1, 250.2, 251.1, 251.2, 271.1, 295.1, 295.2, 300.1. |Feldhaus, Hans-Jürgen, Münster: 57.1. |fotolia.com, New York: Eddie 203.2; Edenwithin 281.1; Heinrichs, Doris 266.1; lexaarts 47.1; Lucianus 133.2; mma23 260.1; moonrun 176.7; PhotoEd 267.1; reeel 129.3; Sanders, Gina 288.1; SolisImages 290.1; Zerbor 46.1, 49.1, 54.1. |Heimrich, Heike, Berlin: 239.1. |Henkel, Christine, Dahmen: 245.2. |Hofman, Justin: 255.1. |Imago, Berlin: Hessland, Karina 256.1; Shotshop 58.1. |Industrieverband Heimtierbedarf (IVH) e.V., Bremen: Heimtiere in Deutschland 2022 152.2. |iStockphoto.com, Calgary: Titel; BartCo 122.2; martin-dm 244.5; sasapanchenko 286.1; shironosov Titel; w-ings 284.1. |Kassing, Reinhild, Kassel: 148.4, 148.13, 148.19, 246.1, 246.2, 247.1, 248.1. |Kehr, Karoline, Hamburg: 293.1. |Kranz, Sabine, Frankfurt am Main: 129.1, 282.5, 282.6, 293.2, 302.1. |Loewe Verlag GmbH, Bindlach: Frauke Scheunemann: T wie Tessa- Plötzlich Geheimagentin (Band 1), Loewe Verlag, Bindlach © 2021 230.1, 231.10. |Marckwort, Ulf, Kassel: 270.2. |mauritius images GmbH, Mittenwald: Mio 109.2; Palmer 44.1; Photo-NewZealand 63.1. |Mithoff, Stephan e, Egestorf: 7.1, 7.2, 101.2, 112.1, 277.1, 277.2, 277.3, 277.4, 277.5, 278.1, 279.1, 280.2, 280.3, 280.4, 282.1, 282.2, 282.3, 282.4, 285.1, 285.2, 285.3, 291.1, 292.1. |Münchner Verlagsgruppe GmbH, München: David Levithan: Das mysteriöse Verschwinden des Aidan S. 230.3, 231.12, 233.1. |Naumann, Andrea, Aachen: 3.2, 3.3, 76.1, 90.1, 92.1, 92.2, 92.3, 92.4, 94.1, 94.2, 94.3, 94.4, 94.5, 94.6, 96.1, 96.2, 97.1, 97.2, 97.3, 98.1, 99.1, 100.1, 100.2, 100.3, 100.4, 100.5, 101.1, 102.1, 105.1, 107.1, 108.1, 109.1, 111.1, 113.1, 115.1, 115.2, 115.3, 136.1, 148.10, 148.17, 269.1. |OKAPIA KG - Michael Grzimek & Co., Frankfurt/M.: Manfred Uselmann 270.1; Moritz Wolf 58.2. |Picture-Alliance GmbH, Frankfurt a.M.: Arco Images GmbH/Huetter, C. 169.1; dpa 54.2, 252.1; dpa/Brakemeier, Tim 289.1; dpa/Dave_Cheskin 47.2; dpa/HPIC/Jia Shiqing 49.2; dpa/Karmann, Daniel 175.1; imageBROKER/Niehoff, Ulrich 262.1; Süddeutsche Zeitung Photo 148.1; Süddeutsche Zeitung Photo/ Schellnegger, A. 85.1, 86.1; ZB/Bein, Matthias 261.1. |plainpicture, Hamburg: Frank Herfort 42.1. |Ruthe, Oda, Braunschweig: 174.1, 174.2. |Schäfer, Anke, Laubach: 4.1, 116.1, 118.1, 119.1, 122.1, 123.1, 125.2, 125.3, 126.1, 126.2, 126.3, 126.4, 128.1, 131.1, 131.2, 131.3, 133.1, 134.1, 134.2, 134.3, 137.1, 137.2, 138.1, 143.1, 143.2, 149.1, 149.2, 149.3, 149.4, 149.5, 149.6, 184.1, 204.1, 206.1, 206.2, 207.1, 208.1, 209.1, 212.1, 213.1, 214.1, 215.1, 216.1, 217.1, 218.1, 219.1, 220.1, 222.1, 223.1, 224.1, 225.1, 225.2, 227.2, 297.1, 297.2, 298.1. |Schönauer-Kornek, Sabine, Wolfenbüttel: 305.1. |Schwarzstein, Yaroslav, Hannover: 123.2, 123.3, 123.4, 123.5, 123.6, 123.7, 228.1, 231.1, 231.2, 231.3, 231.4, 231.5, 231.6, 231.7, 231.8, 231.9, 233.2, 234.1, 235.1, 236.1, 237.1, 238.1, 240.1, 243.1, 264.1, 264.2. |Shutterstock.com, New York: Dvoyniko, Vladimir 244.3; Dwra 244.6; Eugenia-Petrenko 121.1; FamVeld 152.1; Fmgt 287.1; hsdc 244.9; Impact Photography 249.1; KC Yoong 244.2; Leonid Andronov 244.10; Lesia, T. 176.6; Masarik 257.1; oxameel 176.5; Rousseau, Stephanie 253.2; sirtravelalot 244.1; softRobot 254.1; Xela Person 244.7. |Simper, Manfred, Wennigsen: 286.2. |Spangenberg, Frithjof, Konstanz: 148.2. |stock.adobe.com, Dublin: anatchant 175.2; blende11.photo 257.2; Chabraszewski, Jacek 78.1; DoraZett 160.2; epic 44.4; Evgeny 299.1; ExQuisine 258.1; Foto-Ruhrgebiet 195.1; ii-graphics 148.3, 148.6, 148.12, 148.18; Kneschke, Robert 44.2; made_by_nana 129.2; martialred 148.5, 148.9, 148.16; monicore 175.3; Nichols, Christine 160.1; Osterland 169.2; Poirier, Francois 148.7, 148.15; Schmidt, Angela 158.1; Swadzba, Marek R. 203.1; Tian 148.8, 148.11, 148.14; Trischberger Rupert 287.2; zilvergolf 266.2. |Thies, Tobias, Hamburg: 2.2, 4.2, 38.1, 48.1, 52.1, 57.2, 150.1, 150.2, 155.1, 156.1, 157.1, 159.1, 161.1, 163.1, 164.1, 164.2, 165.1, 166.1, 167.1, 172.1, 172.2, 172.3, 172.4, 174.3, 175.4. |Thinkstock, Sandyford/Dublin: Doyle, George 304.1; StHelena 244.4. |Tonn, Dieter, Bovenden-Lenglern: 3.1, 64.1, 66.1, 70.1, 71.1, 74.1, 74.2, 75.1, 81.1, 89.1, 253.1, 323.1. |TopicMedia Service, Mehring-Öd: Eckert 169.3. |Verkehrsclub Deutschland e.V. (VCD), Berlin: Aktion FahrRad! 77.1, 77.2, 89.2. |Wefringhaus, Klaus, Braunschweig: 69.1, 69.2, 82.1, 82.2.

Druck A² / Jahr 2023
Alle Drucke der Serie A sind im Unterricht parallel verwendbar.

Redaktion: Susann Gehlhaar, Laura Henrici, Ines Schnecker
Umschlaggestaltung: LIO Design GmbH, Braunschweig
Layout: LIO Design GmbH, Braunschweig
Druck und Bindung: Westermann Druck GmbH, Georg-Westermann-Allee 66, 38104 Braunschweig

ISBN 978-3-14-126426-5

Alle Inhaltsfelder sind in jedem Kapitel abgedeckt

Der Aufgabentyp 3: Argumentierendes Schreiben

Klartext deckt kompetenzorientiert alle Inhaltsfelder des Kernlehrplans ab – in jedem Kapitel. Die erforderlichen Kompetenzen werden an einem konkreten Aufgabentyp erarbeitet. Wer dem Kapitel folgt, baut zunehmend Kompetenzen auf und erarbeitet sich Stück für Stück die Kompetenzerwartungen der jeweiligen Jahrgangsstufen. Integrative Rechtschreib- und Grammatikvermittlung, Leseübungen sowie Methoden und Arbeitstechniken unterstützen den Kompetenzaufbau.

INHALTSFELD KOMMUNIKATION

Jedes Kapitel bietet funktionale und adressatenorientierte Sprechanlässe und trainiert mit vielfältigen Audios das Hörverstehen.

INHALTSFELD MEDIEN

Kompetent und kritisch-reflektiert Medien nutzen: Das gelingt mit Medien-Seiten, die in den thematischen Kontext eingebundenen sind.

INHALTSFELD TEXTE

Der Schreibprozess ist der Kern jedes Kapitels und wird anhand authentischer Schreibanlässe mit Ziel des Aufgabentyps aufbauend erarbeitet. Checklisten vermitteln Sicherheit und ermöglichen direktes Feedback bei der Überarbeitung.

Voller Einsatz für die Umwelt